U0551888

加薩

Preparing for Dawn

GAZA

DONALD
MACINTYRE
唐納德·麥金泰爾
黃中憲 譯

獻給奧弗里（Ofri）

目次

Contents

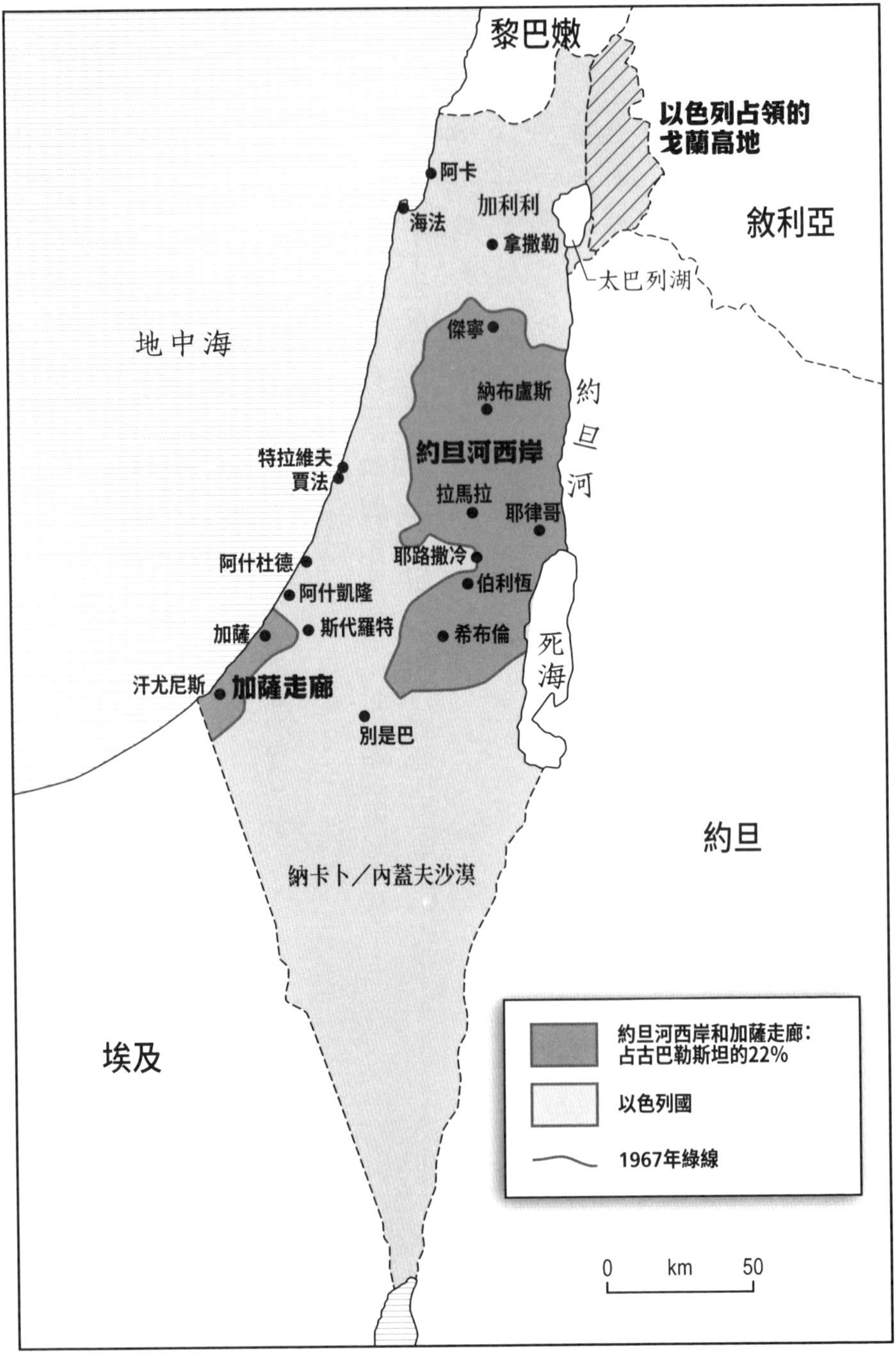
黎巴嫩
以色列占領的
戈蘭高地
阿卡
加利利
海法
拿撒勒
敘利亞
太巴列湖
地中海
傑寧
納布盧斯
約
旦
河
約旦河西岸
特拉維夫
賈法
拉馬拉
耶律哥
耶路撒冷
阿什杜德
伯利恆
阿什凱隆
加薩
斯代羅特
希布倫
死
海
汗尤尼斯
加薩走廊
別是巴
約旦
納卡卜／內蓋夫沙漠
埃及
約旦河西岸和加薩走廊：
占古巴勒斯坦的22%
以色列國
1967年綠線
0
km
50

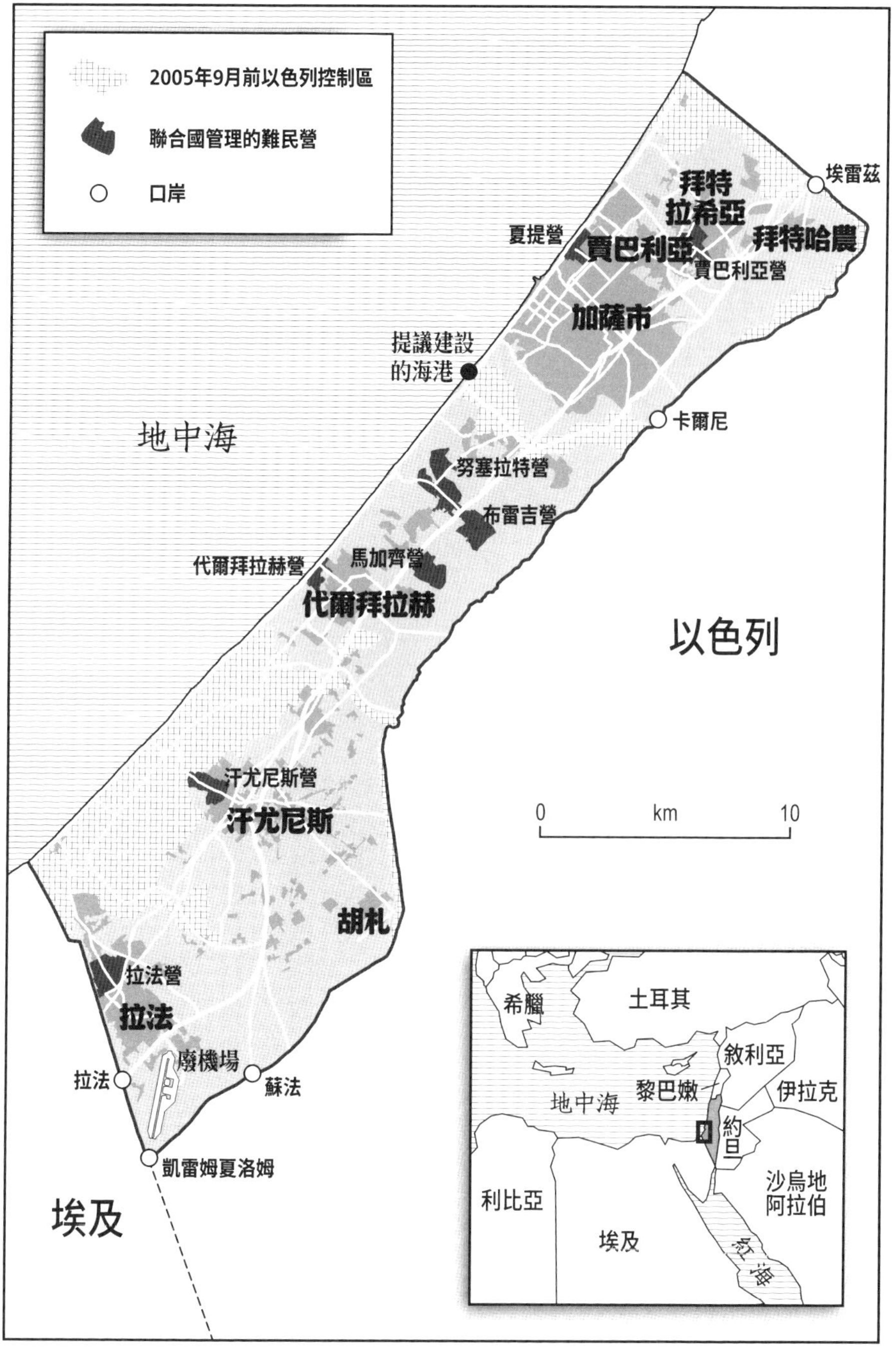
2005年9月前以色列控制區
聯合國管理的難民營
口岸
埃雷茲
拜特
拉希亞
夏提營
賈巴利亞
拜特哈農
賈巴利亞營
加薩市
提議建設
的海港
卡爾尼
地中海
努塞拉特營
布雷吉營
代爾拜拉赫營
馬加齊營
代爾拜拉赫
以色列
汗尤尼斯營
汗尤尼斯
0
km
10
胡札
拉法營
拉法
廢機場
拉法
蘇法
凱雷姆夏洛姆
埃及
希臘
土耳其
敘利亞
黎巴嫩
地中海
伊拉克
約
旦
利比亞
沙烏地
阿拉伯
埃及
紅
海

新序

本書談的是一個已不存在的加薩。

二〇二三年十月七日，哈瑪斯以推土機、皮卡與滑翔傘突襲以色列南部，衝破邊界，改寫了中東局勢。這場攻擊使以色列人最深的恐懼成真，也動搖了「以巴衝突可控」的假設，最終讓以色列陷入五十年來首次的多面作戰。伊朗與以色列爆發前所未有的直接軍事對抗；以色列也自二〇〇六年以來首度入侵黎巴嫩。被占領的西岸地區，陷入二十年來最嚴重的暴力衝突。

哈瑪斯與其他武裝團體突破裝滿電子感應器的高防禦圍欄——全球最封閉的邊界之一——屠殺一千兩百名以色列人，其中多為平民，還在邊境基布茨（編按：以色列的一種常見的集體社區體制）與一場通宵的音樂節現場擄走兩百五十一人。以色列隨即展開猛烈報復，十四個月後戰火仍未停歇。總理納坦雅胡誓言這是一場「強力復仇」的戰爭，如今已造成逾四萬三千名巴勒斯坦人死亡，十萬人受傷，一百九十萬人流離失所，死者多為婦女、兒童與老人。

加薩的破壞程度，堪稱中東史上最慘烈。據聯合國估計，八成七的住宅遭到毀損。歷史地標如歐瑪里清真大寺、馬穆魯克時期的帕夏府、千年歷史的聖波斐利教堂幾乎全毀。席法醫院大半化為廢墟，夏瓦中心——曼德拉與柯林頓曾發表演說之地——也已不存。曾經最繁榮的里馬爾區，如今只剩瓦礫。二十年來我所認識的許多人，如今生死未卜。

這場毀滅始於哈瑪斯的暴行，也伴隨以色列一連串選擇——包括不顧美國呼籲、堅持採取大規模轟炸、不願接受人質交換或停火協議。這些決策帶來的代價，是整座城市的崩解，是加薩社會的崩潰與創傷，是一整代人的未來被摧毀。

然而，本書的重心不只是哈瑪斯，也不只聚焦戰爭與政治。它記錄了戰爭前的加薩，記錄了一群生活在封鎖、暴力與被忽視中，卻仍懷抱希望的人們。他們重視教育、勇於創造，年輕人夢想成為醫生、工程師、音樂家，或只是想過上平凡而安穩的生活。他們的日常，是本書真正想記住的內容。

像穆斯塔法・阿塔姆內這樣的人，是加薩青年的縮影。我在二〇〇六年認識他，當時他十一歲，剛經歷一場奪走十八位親人的炮擊。二〇一七年，我們在加薩一起看足球轉播，他已是大學生，努力從創傷中走出來。他說，是足球與哥哥的榜樣讓他重新振作。

他拿到土木工程學位，卻找不到工作。和許多青年一樣，他想離開加薩，但在拉法口岸的等待名單上，他排在第一五一二四名。他沒放棄，靠著父親籌學費、靠政府微薄薪水維生，結婚、生子，一度建立起穩定生活。

直到二〇二三年的戰爭讓一切再次崩毀。家被炸毀，一家人流亡於多個臨時避難所。他親眼看著帳篷被雨浸濕，看著奶粉與尿布成為奢侈品。最後，他甚至考慮賣腎換取出境機會。穆斯塔法說：「早知道小孩會承受這一切，我就不會讓他們出生。」

我最後聯絡到的人，是司機穆尼爾．德韋克。他和家人也躲在帳篷裡。他說，他的房子和愛車都毀了，親族死傷慘重，但「現在顧不上悲傷，光是活著就要拚命」。當我問他過得如何，他只是回：「還活著。」

我無法再進入加薩，外國記者被禁止入內，即便隨軍也僅限數小時。我能採訪以色列南部被襲的村落，卻無法與加薩那一端的倖存者真切相見。

這場戰爭是哈瑪斯的選擇，也是以色列的選擇。而代價，是加薩人民的全部生活與希望。納坦雅胡為保政治地位，延長戰事，阻撓談判；而國際社會一再呼籲停火，卻始終未能以實際行動迫使以色列改變路線。

本書最後會討論這些政治現實。但更重要的，是記錄戰火尚未吞噬前的加薩——那個充滿壓抑但依然活著、依然希望的地方。記住這些，是為了那些已經失去、也可能永遠找不回來的人與事。

前言　莎士比亞在加薩

《李爾王》第四幕中，盲眼的格洛斯特說：「我們之於神，就如蒼蠅之於頑童。祂們殺我們當消遣。」在加薩市巴希爾拉耶斯女子高中，英語老師萊拉．阿卜杜勒．拉欣用這句話開場，引導學生思考莎士比亞的意圖，也質疑宗教的詮釋。她說：「這不屬於我們的信仰，阿拉不會折磨我們。」

我坐在教室後排，忍不住想補充：在其他一神教中，神的形象也不盡相同。但我沒說出口，因為這是阿卜杜勒．拉欣邀我來旁聽的課。課堂上，三十名學生神情專注，積極回應問題，準備大學入學考試，而《李爾王》正是必讀書目。課程結束時，學生們自發鼓掌。課後，一位學生用英語說：「我喜歡這部戲，因為李爾王開始關心別人，想起了無家可歸的人。」

我無法忘記，這樣一場熱烈討論莎士比亞的課，發生在一塊被牆與監控包圍、被世界孤立、被一個遭抵制的武裝組織統治的土地上。美國國務卿康朵莉莎．萊斯（Condoleezza Rice）曾將加薩簡稱為「恐怖主義盛行的荒地」，而這堂課則顯示出另一個截然不同的加薩。

我由另一位老師潔罕．奧卡帶去旁聽這堂課。她對莎劇是否適合中學生有所保留，但她也教

《李爾王》，因為它至少比《羅密歐與茱麗葉》更具教育性。當年，《羅密歐與茱麗葉》曾短暫列入入學考試範圍，引發教師反彈，潔罕就是其中之一。她認為這齣戲宣揚自殺與不服從，並擔心學生看電影版只是為了那些「不合時宜」的畫面。她並不反對莎士比亞本身，但認為劇中的價值觀與當地文化相抵觸。

潔罕直言，加薩的高失業率、十年封鎖帶來的社會壓力，讓暴力與犯罪增加。《李爾王》的殘酷情節可能對脆弱的學生產生誤導。她會在課堂提醒：「這不是我們文化的一部分，你們不應模仿。」

儘管有疑慮，她仍用心教學，深受學生喜愛。她的學生阿比爾說，她夢想成為工程師，即使明知加薩女工程師「很多，但找不到工作」。課堂上的學生對婚姻年齡也有清楚的看法，沒人想在二十歲前結婚，阿比爾甚至認為理想年齡是二十八歲。

回到校長辦公室，我們又談起教材問題。潔罕問：「為什麼要讓學生讀這麼悲慘的故事？」她提到，劇中人物接連死亡，甚至讓學生落淚。「加薩日子已經夠苦，不該再加重他們的負擔。」

這樣的擔憂或許有道理，但是否意味著加薩社會無法承受莎士比亞悲劇的情感深度？事實並非如此。二〇一六年，加薩市的米什哈爾文化中心連續八晚上演《羅密歐與茱麗葉》舞台劇。劇本改編成現代加薩版，主角分別來自法塔赫與哈瑪斯兩派，結局亦如原作般未解決兩派系的不和，充分反映加薩當前政治現實，對於美好的收場，巴勒斯坦人已非常悲觀。

同年夏天，努塞拉特難民營的學生還拍攝了自己的《李爾王》短片，在文化中心舉行首映。儘管海報中的蔻蒂莉亞露肩處被修圖遮掩，但影片本身充滿創意，用繪圖與旁白呈現劇情，家長與師生一同觀賞，沒有人覺得不妥。

首映當晚，一位伊斯蘭大學教授堅稱莎士比亞讀過《可蘭經》，並將《奧賽羅》與阿拉伯詩人作品相比。他說，這項文化活動旨在彌合巴勒斯坦與世界的隔閡。遺憾的是，英國文化協會早已因哈瑪斯當政而中止合作，國際對哈瑪斯的政治、經濟封鎖，也延伸到文化封鎖。

潔罕曾獲選參加美國國務院資助的教師培訓計畫，可惜因以色列與約旦拒發通行證而無法成行。她錯失了與世界對話的機會，也再一次感受到加薩人熟悉的那種「閉門羹」的絕望。

也許，即使她成行，仍不會改變她對《羅密歐與茱麗葉》的立場，但她會為國際教育帶來獨到見解。而她被拒出境，正是整個問題的縮影——一位希望提升教學品質的中學教師，因政治邊界而被困於牆內，而這堵牆，不僅是混凝土，更是文化與理解之間的高牆。

這就是這部書開場時，莎士比亞在加薩的故事。不是關於政治的，而是關於學習與尊嚴的；不是關於衝突的，而是關於人們如何在瓦礫與封鎖中仍想讀懂李爾王、感受蔻蒂莉亞、思索自己與世界的連結。

ONE

第一部

第一章

從鄂圖曼王朝至奧斯陸協議（一九一七－一九九五）

大英國協陣亡將士墓管理委員會（Commonwealth War Graves Commission）公墓，經由一條穿過高大柏樹林的沙質小徑可至，係整個加薩走廊最寧靜的地方。最近，那裡的廣闊草坪和得到精心照料的老鸛草、迷迭香花圃，甚受出外野餐的家庭和只想要在該公墓的歐洲夾竹桃、藍花楹的樹蔭下靜靜沉思的人青睞。但三千二百一十七個排列整齊的墓，也提醒人們英國在塑造現代加薩上扮演的關鍵角色。

在一次大戰的法國戰壕裡蒙受慘重損失後，新任英國首相大衛·勞合·喬治想要從和德國人結盟的鄂圖曼王朝——稱霸中東五百年的帝國強權——手裡，拿下一場迅速得手且大受矚目的勝利。有比耶路撒冷更好的攻取目標？若仿效歷史上三大領導人（西元前十五世紀埃及偉大戰士法老圖特摩斯三世〔Thutmose III〕、帶領阿拉伯人對抗十字軍的武將薩拉丁，以及拿破崙）的做法，進入巴勒斯坦的唯一路線就是取道加薩。阿奇博爾德·默里（Archibald Murray）爵士在代爾拜拉赫（Deir el Balah，英軍口中「親愛的老貝拉／Dear old Bella」）立了大營，但一九一七年春、夏，兩度要拿下耶城都未能得手。

愛德蒙・艾倫比（Edmund Allenby）爵士接替默里的位置後，大英帝國部隊雖遭遇猛烈抵抗，還是突破鄂圖曼王朝在加薩、別是巴（Beersheba）之間的防線；一九一七年十一月，艾倫比所部兵不血刃進入加薩城。不到一個月，艾倫比就已置身耶路撒冷，實現了勞合・喬治要在聖誕節前拿下耶路撒冷的夢想。一座又一座墓碑紀念在這三次突擊中陣亡的埃及遠征軍官兵，其中七百多座墓碑刻了沒有姓名的碑文「偉大戰爭的陣亡戰士：其名姓上帝知道」。八十歲的園丁易卜拉欣・賈拉德（Ibrahim Jaradeh），因為與家人看顧此公墓超過五十年而獲頒大英帝國員佐勳章（MBE），說英國人始終對他很好，但「我在這裡的工作當然使我痛恨戰爭。這些軍人年紀輕輕就丟掉性命。」賈拉德痛恨戰爭，卻經歷過許多戰火：除了看顧一九一七年爭奪巴勒斯坦之役陣亡的數千戰士的墓，他本人在三十年後走過對他的國家來說更為重大的一個轉捩點。

艾倫比所部進入加薩城的五天前，英國政府作出一重大舉措，從而啟動了一連串最終將導致第二場戰爭的進程。在寫給羅斯柴爾德勛爵（Lord Rothschild）的信中，外長貝爾福勛爵（Lord Balfour）寫道：「陛下的政府贊同在巴勒斯坦為猶太人建立一個民族家園，會竭盡所能促成此目標，同時也清楚認知到絕不能做出會損害巴勒斯坦境內既有之非猶太裔群體的公民權利、宗教權利的事，乃至會損害其他任何國家境內之猶太人所享有的權利和政治地位的事。」

經過千百年來歐洲、俄國境內的反猶行徑和對猶太人的迫害，猶太復國運動人士長久以來力主在巴勒斯坦建立一個民族家園，**貝爾福宣言**正是為回應此主張而發，但此宣言大體上擺脫不掉英國政府眼中自身的戰略利益擺布。英國政府希望藉此宣言說服國外的猶太人領袖運用其影響力強化美國的參戰決心。美國遲遲不願參戰，使寄望於美國的英國大失所望。與此同時，英國與法國所進行，旨在戰後由英法兩國瓜分中東的賽克斯－皮科（Sykes-Picot）談判，未能在巴勒斯坦問題上達成共識，決定該地應交由戰後的國際管理機構治理。艾倫比拿下決定性勝利後，英國人這時急於保住控制權。誠如歷史學家尤金・羅根（Eugene Rogan）所說：「表面上看，貝爾福勛爵要把巴勒斯坦交給猶太復國運動；實際上，勞合・喬治政府正利用猶太復國運動來確保巴勒斯坦歸英國統治。」[1]

但這麼一來，就和英國為誘使阿拉伯領導階層於一次大戰時起身反抗鄂圖曼王朝統治而提出的讓阿拉伯人免於外人統治的承諾背道而馳。而美國總統伍德羅・威爾遜於一九一九年巴黎和會上所提出的給予該地區「一個絕對不受干擾的自主發展機會」的承諾，又更加鼓舞了阿拉伯人追求獨立的心願。兩次世界大戰之間那些年，猶太人移入人口增加，招致阿拉伯人強硬抵抗——一九二九年阿拉伯人暴動和一九三六年全面叛亂——也就不足為奇。英國人這時受國際聯盟委託統治巴勒斯坦，但他們最終會認清，要給猶太人一個「民族家園」，又要保住占該地人口一半以上之「非猶太人」（阿拉伯人占多數）的權利，如此相牴觸的兩個目標要同時實現，英國自己根本做不來。巴勒斯坦會漸漸陷入阿拉伯人、猶太人地下武力、英國部隊三方日益升高且致命的暴力衝突中。誠如日後會當上以色列第一任總理的大衛・本古里安（David Ben-Gurion）在一九二九年阿拉伯人暴動後所發出的真知灼見：「就政治而言，它是個（阿拉伯）民族運動……阿拉伯人絕不可能成為猶太復國運動者。阿拉伯人不可能盼望猶太人成為多數。這是我們和阿拉伯人之間真真切切的對立，我們雙方都想成為多數。」[2]

二次大戰結束時，歐洲境內上演過的那些令人髮指的事——希特勒有計畫地屠殺了約六百萬猶太人——使得讓猶太人在巴勒斯坦擁有自己家園的主張更加理直氣壯。眼見無法促成和平協議，英國把此問題轉交給聯合國，一九四七年聯合國提出巴勒斯坦並存兩國的方案：一個是涵蓋該地五成六土地的猶太人國家，一個是占該地四成四土地的阿拉伯人國家。大部分國家支持這個分割提案，包括蘇聯和最初猶疑不決的美國。但巴勒斯坦境內外的阿拉伯人領袖都峻拒此提案，認為此前千百年他們一直和當地居人口少數的猶太人和平相處，相安無事，而且一次大戰期間和那之後，西方列強已承諾讓阿拉伯人獨立自主，若接受巴勒斯坦分割案，就是不只要他們接受一個被來自歐洲的移民——儘管其中包括逃離迫害者和希特勒種族滅絕行動的倖存者——控制的國家出現在他們的土地上，而且還要那片土地的大半地方受該國管轄。一九四七年，阿拉伯人仍占巴勒斯坦人口三分之二。海法、賈法等被聯合國分割決議指定為猶太人國家之一部分的城市，阿拉伯籍居民占人口多數；阿拉伯人擁有九成四的巴勒斯坦土地和該地區八成的可耕地。[3]

其實有少數巴勒斯坦人支持分割。穆斯塔法・阿卜杜勒・夏斐（Mustafa Abdel Shafi）是來自加薩某古老家族的巴勒斯坦籍外科醫生，寫了自傳性質濃厚的小說《他們會學到教訓？》（*Would They Ever Learn?*）。透過此作可難得一窺一九四〇、五〇年初期加薩的情況。小說主人公是做事勤懇且有遠大抱負的醫生巴西爾，小說以該時期動蕩不安的政治局勢為背景，鋪陳巴西爾的人生和情愛。巴西爾來自未遭反猶太成見污染的家庭——他父親驚駭於一九二九年阿拉伯人在希布倫（Hebron）等地屠殺猶太人之事（一如此小說作者和作者更出名的兄弟海達），雖然覺得無奈，但他接受了阿拉伯人應同意分割決議這個（近乎大不韙的）的觀點。「這個計畫讓人不快且不公正……但我們無法抗拒」，巴西爾在家庭討論場合上說。「仔細想想，假設我們反抗，列強會袖手旁觀，看我們打斷他們如此用心籌劃的東西？……他們會弄出可恥之事，嫁禍於完全無辜的我們，以合理化他們的行動。他們會提醒全世界人民奧施維茨、特雷布林卡、達豪三集中營的暴行，以合理化他們決意為猶太人在巴勒斯坦創建民族家園一事。俗話說『打不過就加入對方』，我們就該這麼做。振作起來，打造我們自己的國家，未來的事交給未來去處理。」[4]

鑑於後來事態的發展——二十一世紀時巴勒斯坦人還為了在兩成二的土地上（只有一九四七年提案的二分之一面積）建國而艱苦奮鬥——這看法的確很有遠見。如果說拒絕接受此分割計畫，如後見之明所常說的是個天大的失策——聯合國此決議問世時才十二歲的巴勒斯坦總統馬赫穆德·阿巴斯（Mahmoud Abbas）二〇一一年說這是「所有阿拉伯人的錯」[5]，但當時英國的工黨政府也幾未著力於阻撓此計畫。打完二次大戰，英國軍事、經濟都已元氣大傷，而猶太團體的武裝叛亂——英國人將此舉歸類為恐怖主義——更促使英國國內民意不願留在巴勒斯坦淌這渾水。*英國於聯合國大會投票時棄權。他們決定於一九四八年五月結束對巴勒斯坦的託管任務，後續也不協助執行聯合國決議。

託管結束那天，大衛・本古里安宣布以色列為獨立國家。第一個承認這個新誕生國家的外國重要領袖是美國總統杜魯門（接著是史達林）。美國國務院一直想要讓本古里安延後宣布獨立，冀望避免比鄰而居的猶太人、阿拉伯人大動干戈，但杜魯門不理會國務院的意見。眼見國內選戰再六個月就要開打，杜魯門著眼於爭取猶太人選票——在經過納粹對猶太人的恐怖屠殺之後，不表態支持以色列這個新國家，別想拉到猶太人選票。一如去年十一月美國在聯合國大會投下和多數會員國同樣立場的一票所起的作用，杜魯門承認這個新國家，會使以色列更加堅定認為美國是其最重要的支持者——相較於英國遲遲才承認，以色列更加這麼認為。美、以關係偶爾因嚴重爭

＊三個武裝叛亂事例：英國的中東事務大臣莫因勛爵（Lord Moyne）一九四四年在開羅遭猶太恐怖主義組織萊希（Lehi）暗殺；耶路撒冷大衛王飯店（英國行政總部所在）一九四六年遭伊爾貢組織（Irgun）炸掉，九十一個英國人、猶太人、阿拉伯人因此遇害；一九四七年當局拒絕將兩個被判死刑的伊爾貢組織成員減刑時，兩名淪為人質的英籍警察小隊長遭吊死。伊爾貢當時的領導人梅納海姆・比金（Menachem Begin）和萊希的共同領導人易茨哈克・夏米爾（Yitzhak Shamir），後來都當上以色列總理。

執而變複雜，但接下來五十年會大幅加深。

這時，加薩，一如巴勒斯坦其他地方，已被捲入對以色列來說是獨立戰爭，但對巴勒斯坦人來說則是「納克巴」（nakba）——即「浩劫」之中。哈加納（Hagana）所發展出的軍事「D計畫」，旨在掌控並保衛聯合國分割計畫所分配給以色列的領土，「以及那些區域外的屯墾區和通往那些屯墾區的走廊，以為猶太人主權國家提供堅實且連續不斷的基礎」。哈加納是準軍事性質的猶太人防衛組織，以色列誕生後成為以色列國防軍（Israel Defense Forces）。儘管出於無奈而支持分割、但骨子裡仍是民族主義者的「巴西爾」，幾年後在他工作所在的美國城鎮告訴猶太裔聽眾，「他們打算占據他們所能占據的所有阿拉伯人領土，竭力將該地名正言順的居民撤走。」巴西爾接著談到代爾亞辛一地臭名遠播的屠殺，「該地數十名手無寸鐵的無辜男女小孩遭冷血殺害」。他說此舉「意在令其他阿拉伯裔村民心生恐懼，使他們離開家園……」。[6]

不管是否有此「用意」，一九四八年四月耶路撒冷城外代爾亞辛（Deir Yassin）村的屠殺，的確為其他地方阿拉伯人的逃離家園「大大推了一把」[7]（此慘劇發生後，前往耶路撒冷哈達薩醫院暨希伯來大學院區的一個車隊，有七十三個猶太人遭報復性殺害）。

事實上，這指的是兩場戰爭，或者說是一場兩階段的戰爭。第一場是發生在巴勒斯坦猶太人與阿拉伯人之間的內戰，或稱「種族」戰爭，從一九四七年十一月聯合國分割決議出爐，打到本古里安於一九四八年五月宣布以色列建國為止。第二場始於一九四八年五月，交戰雙方是新建國的以色列和前來支持巴勒斯坦的鄰近阿拉伯國家的軍隊：約旦、敘利亞、伊拉克和埃及。其中埃及因地理因素，形成了包含加薩和加薩周邊鄉村的南方陣線。

烏里・阿弗內里（Uri Avnery），一九四七至一九四八年戰爭時以突擊隊員身分為猶太人打仗，後來成為左翼反戰運動先驅。據他的說法，在第二階段時，「驅逐（住在巴勒斯坦村鎮的）阿拉伯人這個蓄意的政策，成為（以色列）本身的戰爭目標。」[8] 誠如阿弗內里也指出的，在阿拉伯人所攻下的地方，猶太人一個不剩[9]——例如耶路撒冷舊城區的猶太人區。但比起迫於猶太人進攻而逃離家園、永久流亡（境內或境外流亡）的七十多萬阿拉伯人，或後來遭摧毀的數百座巴勒斯坦村落，這其實算不了什麼（遭阿拉伯人攻下的少數猶太區，在二十年後的六日戰爭之後，以色列重新奪回，故其下場和這些巴勒斯坦村落不同）。

大批難民湧入加薩，其中既有來自周邊村落者，也有在賈法、阿什杜德（Ashdod）、馬吉達爾（Majdal）、別是巴落入以軍之手時，從這些大鎮逃過來的——馬吉達爾就是今日的阿什凱隆（Ashkelon），穆斯塔法・阿卜杜勒・夏斐在這裡當過全科醫生。一九四八年十月十九、二十兩天夜裡以色列空軍一再以低空掃射和炸彈攻擊別是巴，加薩公墓園丁易卜拉欣・賈拉德的家人逃離該鎮。十月二十一日以色列地面部隊進入該鎮，「個人和部隊隨之處決了幾個埃及籍戰俘並大肆劫掠」。[10] 當時十一歲的賈拉德憶起乘駱駝逃至希布倫，他們一家人最終在那裡獲得短暫的棲身之所，捱過一九四八年冬天。「所以，真主不只讓外人移入，還用寒冷和雪使日子更難過，那時我們常緊挨著睡在一塊，抱住（較幼小的）孩子，用很薄的毯子給他們保暖。」賈拉德說。之後，這家人加上兩隻駱駝和一隻猴子啟程前往加薩。他的弟弟被放在駱駝的一只鞍袋裡，就這樣走完這段路。六十九年後他告訴來訪的英國人，埃瑟爾．曼寧（Ethel Mannin）所著的《往別是巴的路》（*The Road to Beersheba*）真實記述了「以色列（如何）搶走我們的地」，但接著低聲說：「但願情況會轉好，我們請求真主讓猶太人、阿拉伯人歲月靜好。」

許多難民，包括賈拉德的家人（以及此戰爭期間以埃及軍官身分在加薩區任職的加瑪爾．阿卜杜勒．納瑟），把領土喪失歸咎於埃及的失敗。阿提亞．希賈濟（Attia Hijazi）二十二歲，住在離加薩區基布茨（kibbutz）亞德莫德哈伊（Yad Mordechai）只有半公里的代爾斯內德（Deir Sneid）。他父親是該村的穆赫塔爾（mukhtar，當地領袖）。「戰前我們和他們（猶太人）關係很好。他們是巴勒斯坦猶太人，外來移民。我父親常去拜訪猶太人的穆赫塔爾。共同的農業利益把我們連在一塊。」

戰爭開打時，居民決意防止該村被拿下。但，「埃及軍於戰爭期間到來時，要我們的戰士休息，說『我們會搞定』」希賈濟說。五月時打了五天的仗後，埃及人占領亞德莫德哈伊，該役期間，當地的基布茨成員在一支哈加納部隊幫助下，挺過埃及的猛烈炮擊，使以色列部隊有時間止住埃及軍的北部攻勢。希賈濟說埃及人開始退回代爾斯內德時，「猶太人攻擊他們，我們理解到埃及軍在掩護自己撤退，而非作戰。十月時他們已拋下我們，未給我們任何保護，猶太人炮轟此地。我的兄弟受傷。（十一月）看到埃及國旗在亞德莫德哈伊降下，我們前往（加薩）的拜特拉希亞（Beit Lahiya）。」[11]

冬天時，已有一萬三千五百個難民避難於加薩市南邊布雷吉（Bureji）的前英國陸軍營地。「他們用破布或壓扁的汽油罐標出自己的小空間。每個人很髒且冷。在某個小空間裡，我們看到一群十人看著地板上剛死的老婦人，這群人年紀最小的還是嬰兒，最長者約七十歲……」[12]

那時，巴西爾／阿卜杜勒．夏斐已成了某個診所唯一的醫生。他在汗尤尼斯（Khan Yunis）照料難民，抗議該營「令人無法接受」的不衛生狀況。據國際紅十字會估計，該營孩童每日死亡率為十人左右。

一九四九年二月以色列和埃及簽訂停戰協定，結束這場戰爭，接下來幾個月和敘利亞、約旦簽了類似的協定。這些協定把巴勒斯坦一分為三：第一個當然是以色列這個新國家；第二個是由約旦控制、不與海接壤的五千六百四十平方公里領土，包括東耶路撒冷（含舊城區）和後來（且如今仍）被稱作（約旦河）西岸的一塊地；最後則是「加薩走廊」。加薩走廊歸埃及控制，被這時屬以色列南部的地區將該走廊和約旦人控制的東耶路撒冷和西岸隔開。以色列根據聯合國分割計畫已獲授予巴勒斯坦五成六的土地，這時以色列則據有七成八；剩下的由加薩、東耶路撒冷、西岸構成。

這時加薩境內有二十萬難民，數量遠超過既有的人口，而他們的處境未因這個停戰協定有些許好轉（從以色列被歸屬的領土逃出來的巴勒斯坦籍難民高達七十五萬：二十八萬在西岸，其他大多在敘利亞、約旦、黎巴嫩）。原本由貴格會等組織志願照料他們，但聯合國難民救濟和工程處（UNRWA）這個新機構已接管此工作。一年後，曾任英國的第一任耶路撒冷軍事行政長官的羅納德・史鐸爾斯（Ronald Storrs）爵士，多次懇求外界捐衣給難民救濟和工程處，以救助某營地的某個聯合國官員所謂的「已逃離他們世居一千多年的家園」的難民。這個官員談到「數以百計的小孩，其中大多半裸著身子，無鞋可穿，瑟瑟發抖……」。[13]

烏里・阿弗內里始終認為，真正決定此衝突之後續發展的時刻，不是難民遭驅逐、逃走之時；而是在戰後作出「不讓七十五萬阿拉伯裔難民回自己家園」的決定；這個決定得到無情的貫徹。穆斯塔法・阿卜杜勒・夏斐的自傳小說，描述了他忘不了的驗屍經歷。死者是一貧如洗的難民，先前在老家村子「靠辛苦工作所賺的錢為生」。他們試圖回村子，即使只是想取回一些個人物品，結果在新停戰線上遭以色列部隊射殺：「有個死掉的男子，身上有多處彈孔，腸子外露，巴西爾首度看到蠕動的蛆；那景象很恐怖……回去途中，他想著這些無辜、不知情、手無寸鐵的人死於非命，這樣的屠殺何時才會停。」[14]

加薩的許多非難民，處境也好不到哪裡去。加薩走廊這時受埃及控制，但停戰線使該地的面積比英國託管時的舊加薩區窄了許多；長四十一公里，最寬處只十二公里。於是，自家土地落在停戰線外——也就是以色列境內——的農民，根本無以為生。連送給難民的最基本生活物資，他們也無緣享有；他們的那些營養極度不良的小孩被叫去乞討，有些最窮的人淪落到賣自家的門、窗，甚至屋頂的木材。難民救濟和工程處的區長官開始負責這些難民的教育和福利救濟工作，至今仍是。當時的區長官史蒂芬（D. C. Stephen）指出，加薩本地人先前「按照中東普遍接受的標準來看，日子過得頗不錯。」「他們屬於自豪的一類人，而陷入目前的處境，他們的丟臉之感，就和我們若陷入同樣處境會有的感受一樣……『當權者』訂定目前的邊界，意味著加薩人民已完全失去他們唯一的謀生工具。」[15]

接下來十八年，加薩——這時歸埃及控制——在以色列和其阿拉伯鄰邦的交戰裡扮演了極重要角色，雙方的交戰則在一九六七年的全面戰爭中達到最高點。滲入以色列境內的巴勒斯坦人殺害一名以色列腳踏車騎士後，以色列國防部長大衛·本古里安批准一九五五年「襲擊加薩」行動（Gaza Raid）。此行動由二十七歲的傘兵軍官阿里埃爾·夏龍（Ariel Sharon）統領，殺了三十七個埃及軍人，以色列國防軍本身則有八人為此喪命。此舉幾可肯定中止了埃及的加馬爾·阿卜杜勒·納瑟和以色列的鴿派總理摩西·夏雷特（Moshe Sharett）的祕密對話。此對話若順利，本有可能降低諸阿拉伯國家對誕生八年的以色列國始終不消的敵意。[16]結果，經此襲擊後，此前一直約束巴勒斯坦籍「費達因」（fedayeen，大多出身自難民家庭的民族主義志願激進分子）行動的納瑟，允許他們越過加薩邊界突擊以色列。[17]

不久再度出任總理的本古里安，接著採行對抗性質強烈許多的對埃政策。納瑟於一九五六年七月決定將蘇伊士運河收歸國有後，英、法、以三國締結祕密夥伴關係以對抗納瑟，結果此夥伴關係以英法兩國政府一敗塗地收場，導致英法和美國總統艾森豪正面槓上，使該運河落入納瑟手裡。納瑟在中東地區的威望於英法慘敗後大增。但對以色列來說，這是軍事勝利，至少短期內是如此。以色列侵占了埃及的加薩、西奈沙漠。本古里安也被迫屈服於美國壓力，從加薩、西奈撤軍，而且他未如願拉下納瑟，但以色列軍隊還是在其占領加薩走廊四個月期間滅了費達因在加薩的各大基地。[18]而且他拿到美國的保證：美國保證埃及會允許將伊朗石油運給以色列的船隻不受阻撓穿過蒂朗海峽（Straits of Tiran）。

接下來十年，埃及、以色列間相安無事，納瑟於這期間著手將巴勒斯坦民族主義勢力納歸阿拉伯國家保護，尤其是歸埃及保護。他帶頭促成阿拉伯聯盟（Arab League）於一九六四年成立巴勒斯坦解放組織（簡稱巴解）和其軍事分支「巴勒斯坦解放軍」；他們公開表明的目標是「恢復巴勒斯坦人故土」——包括讓一九四八年難民回到他們位在這時以色列境內的老家。巴勒斯坦解放軍由埃及、伊拉克、敘利亞三國政府贊助，事實上也受這三國政府嚴密控制。[19]納瑟也致力於抑制較好戰且較獨立自主的法塔赫（Fatah）組織的活動。[20]

一九六七年五月二十二日，納瑟決定禁止以色列船隻航經蒂朗海峽。此舉具有危險的挑釁意味，但納瑟並不打算藉它引發戰爭。兩星期後的六月四日，爆發六日戰爭，但此戰堪稱是唯一一場「雙方都不想打」的阿－以戰爭。[21]阿拉伯世界要納瑟展現其與埃及盟友敘利亞休戚與共的壓力愈來愈高，而敘、以兩國邊界衝突日益緊張，最終在一場空戰中達到最高點，四月時六架敘利亞米格機在此空戰中遭擊落。歷史學家阿維・什萊姆（Avi Shlaim）把納瑟說成是在進行「一場具有邊緣政策性質且會把他推向懸崖的冒險」，同時他駁斥以色列蓄意挑起戰爭以擴大其領土這個廣為阿拉伯人所接受的看法。[22] 以色列打敗埃及、約旦、敘利亞的軍隊，拿下驚人的軍事勝利後，的確大幅擴張了領土，而此擴張是行動的結果，而非挑明的戰爭目標。

對以色列所攻占之領土上的巴勒斯坦人來說，其所受的創傷未因此稍減。以色列這時占據了自一九四九年停戰協定以來原一直被約旦控制和埃及控制的土地全部（前者指西岸和東耶路撒冷，後者指加薩）。* 一九四八年在擁擠且貧困的難民營裡所搭建的帳篷和臨時克難小屋，至一九六七年時已大多被聯合國難民救濟和工程處用較牢固的房子取代。但稍有改善的處境，更添難民永久被迫離開家園的淒涼之感，而且這時阿拉伯國家的慘敗，使這樣的感受更為強烈。對難民來說，這意味著自己要被十九年前把他們趕離老家的那些勢力控制——而令人傷痛的，老家有時就位在從加薩走廊望去仍可看見的土地上。

穆罕默德・卡達什（Mohammed Kardash），當時三十三歲，住在賈巴利亞，四十年後以嫌

* 敘利亞戰敗也使以色列控制了戈蘭高地和西奈半島。戈蘭高地，一如西岸、東耶路撒冷、加薩，五十年後仍在以色列手裡，西奈半島則根據一九七九年的比金－沙達特和約被以色列還給埃及。

惡口吻憶起埃及人的首席宣傳員艾哈邁德·賽義德（Ahmed Said）當時的浮誇說法。明明埃及的空軍在六月戰爭第一天就被打掉，賽義德卻宣稱以色列戰機「如蒼蠅般落下」。「我們一直圍擠在收音機旁聽他講話。我相信他說的，其他每個人也是。他說：『我要恭喜地中海的海，因為他們會吃到猶太人的肉。』」對於受騙之事，卡達什這時仍憤恨難消，「他說話的樣子讓人覺得可恥」。

一九四八年時卡達什就已隨父母逃難，搭土耳其人的小船逃離家鄉賈法來到加薩。六日戰爭後的此時，他再度成為難民，這次則避難於約旦。他這次逃難，緣於當時以色列總理列維·埃什科爾（Levi Eshkol）的一個受到限制且注定失敗的計畫——在一九六七年戰爭後欲（用一些錢）把難民撤出加薩（其實卡達什為他身為巴勒斯坦解放軍一員的兄弟藏了兩把步槍。捱了他所謂的一頓打後，他說「以色列軍隊要我在坐牢或離開加薩間二擇一」。他始終未透露兩把步槍的下落）。[23]

六日戰爭後，亞塞爾·阿拉法特（Yasser Arafat）於十年前創立的世俗性抵抗組織法塔赫，才開始於巴勒斯坦解放運動裡得勢。一九六九年，法塔赫加入巴解，立即主宰該組織。阿拉法特生於開羅，父母都是巴勒斯坦人，他的格子花頭巾（keffiyeh）和戰鬥服會成為巴勒斯坦人抗爭的全球象徵。他在埃及首都求過學，打過一九四八年戰爭，五〇年代初期在科威特創立法塔赫，追隨他的那群人包括兩個主要在加薩活動的難民，兩人後來都成為巴解的重要領導人。*

隨著一九五六年以色列占領加薩而被壓下的好戰心態，六日戰爭後在加薩死灰復燃。此戰爭結束後幾個月，軍方占領當局就開始允許加薩居民經由加薩北部口岸埃雷茲（Erez）出境入以色列工作。此後三十年間，這將會是加薩數萬戶人家的主要收入來源之一，但此收入完全仰賴以色列的善意和對廉價勞動力的需求。法蒂・薩巴赫（Fathi Sabbah）在拉法（Rafah）難民營貧窮且過度擁擠的夏布拉（Shaboura）區度過成長歲月，後來成為行動主義者，再後來成為重要的記者。他記得武裝激進分子朝運送工人的以色列巴士丟手榴彈，在難民營的小巷裡伏擊軍人，攻擊軍事基地。他憶道，「有句老話說巴勒斯坦激進分子統治晚上的加薩，以色列軍隊則統治白天的加薩。」[24]

一九七一年，這時已掌管以色列國防軍南部軍區的阿里埃爾・夏龍，將大股兵力調入難民營，要以無情的軍事行動消滅剛興起的抵抗勢力。一九七一至一九七二年數百名巴勒斯坦人遇害於加薩，另有數千人遭羈押，有時被遣送出境。他的士兵在宵禁令下挨家挨戶搜索，剷平數千間房子以打造緩衝區，拓寬道路以讓裝甲車在難民營裡更來去自如。[25]薩巴赫憶道，在夏布拉，「只有一條街鋪了瀝青，而這是出於保安考量，而非為了人民。他們的車子撤走不易，於是他們摧毀數百間房子，把人從夏布拉遣送到加拿大營、巴西營。」這兩個營因一九五六年西奈戰

＊分別是哈利勒・易卜拉欣・瓦濟爾（Khalil Ibrahim al-Wazir）和薩拉赫・哈拉夫（Salah Khalaf），分別以化名阿布・吉哈德（Abu Jihad）和阿布・伊亞德（Abu Iyad）更為人所知。

役後立即奉聯合國指示短暫巡邏邊界的加、巴兩國分遣隊而得名，將兩營隔開的分界會在許久以後（一九八二年）成為新邊界，從而把拉法一分為二，使數千個巴勒斯坦人從此被困在埃及那一側。這時，一九七一年——在一九四八年集體出逃和一九六七年進一步被迫離開家園後——難民再度上路。

夏龍的嚴酷戰術收效。在中東地區的其他地方，接下來的十年動蕩不安：巴解和約旦的「黑色九月」衝突、一九七二年在慕尼黑奧運會殺害以色列運動員、一九七三年贖罪日戰爭、一九七七年安瓦爾．沙達特決定赴耶路撒冷的以色列國會演說、一九七九年以埃和平協議、一九八一年沙達特遭暗殺身亡。但加薩相對來講較平靜。以色列國防部長摩西．戴揚（Moshe Dayan）的「無形」占領政策，欲「盡可能減少兩民族間的摩擦區域」，以沖淡巴勒斯坦民族主義。此政策有益於加薩財政：好處之一是對每日出境務工者開放邊界；好處之二則是允許加薩農民和製造業者與以色列公司貿易，但對此貿易有所限制，以確保他們的出口不致於打垮以色列同業（但從以色列輸入加薩的貨物不受這類限制）。對外出口——出口到以色列和西岸兩地之外——一律由以色列籍代理商經手。不過一個世代之後貨物和勞力出口被禁，失業率飆升到四成以上（年輕人失業率則超過六成），這時，較老一輩的巴勒斯坦平民回顧一九七〇年代，常把那——弔詭的——視為類似白銀時代。

穆尼爾．德韋克（Munir Dweik）十五歲開始在以色列工作。他在賈巴利亞營的赤貧難民家庭長大，父母是來自巴塔尼加爾比（Batani al-Gharbi）的小農。巴塔尼加爾比位在阿什杜德東邊，係一九四八年五月以色列國防軍「閃電作戰」（Operation Lightning）期間以色列部隊鎖定攻打——以及大部分情況下以迫擊炮攻擊——的諸多村子之一。在此軍事行動下，吉瓦蒂旅（Givati Brigade）奉命「製造大恐慌……以使敵人（得不到）未來軍事行動所仰賴的基地。」[26]德韋克一家人踏上當時普見的迂迴逃亡之路，經由鄰近數個村落逃到加薩，一路上每碰上避難的村落也陷落，就繼續上路往別的村子逃。他的父親找不到正職工作，他堅毅且善於臨機應變的母親斷定羽扇豆（tourmo）可保住一家人性命。羽扇豆是中東地區主食之一，普見於加薩人餐桌上。

四十年後，五十二歲、開計程車謀生的德韋克憶起這過程的每個細節。首先，他母親買來一袋羽扇豆，倒進大燉鍋裡煮熟；然後她把豆子分倒進六個陶罐裡，陶罐中有糖水以去除豆子本有的苦味。她一天換三次水，如此做了數天，直到味道好到可以入口。早上八點，德韋克和其父親會把數袋料理好的羽扇豆從難民營帶到二．五公里外的拜特拉希亞販售，抵達該地時叫著「羽扇豆，羽扇豆」；如果能找到辦婚禮的人家，或許中午前就賣光；不然他們就待到下午。德韋克記得夏天回賈巴利亞時走在滾燙的沙子上。他父親有塑膠鞋，但他沒有；有時為了替雙腳降溫，他會坐在地上，把雙腿抬離地面。「熱死人。有時我小便，把雙腳放進尿裡降溫，然後起身跑，跑到陰涼處等我爸。」

有個同校的朋友建議德韋克放暑假時和他一起去特拉維夫做拔雞毛、替某店家清掃的工作。從週一至週四，兩男孩早早搭巴士穿過埃雷茲，一星期賺約一百五十塊以色列謝克爾（shekel）。十六歲時德韋克決定在以色列從事全職工作；他母親強烈反對，因為儘管家裡財務艱困，她希望他留在學校完成學業。「這是你的未來，你該繼續讀書學習，說不定你能當個老師或醫生」，他母親如此告訴他。德韋克想起母親的慈愛和無私，雙手遮臉掩住淚水。

從一九八一年直到一九九〇至一九九一年波斯灣戰爭期間以色列境內的巴勒斯坦籍工人受到限制為止，德韋克一直在以色列從事全職工作。他精進了技能，說得一口流利的希伯來語，在這期間為數家猶太裔雇主工作，每個雇主都用較高的薪水從他的前一雇主那兒將他挖角過來，最後他的週薪達到四百五十謝克爾左右。德韋克憶起他的那些雇主時，幾乎對每個雇主都抱著喜歡之情。

這時，靠一九七七年勝選而上台且由梅納海姆．比金領導的右派聯合黨（Likud）政府，已開始在占領區擴大猶太人屯墾區。一如巴勒斯坦人難民營，屯墾區是個常被一般人誤解的東西。難民營這時並非帳篷林立，而是由居住性建築構成，儘管這些建築通常粗製濫造、過度擁擠，座落在塵土飛揚的小巷旁。同樣的，屯墾區（settlement）一詞讓人聯想到位於偏遠山頂上倉促湊在一塊且有帶刺鐵絲網保護的一群移動屋，但猶太人屯墾區並非如此。這類邊遠居民點始終存在——其中許多居民點即使按照以色列法律也屬非法——通常是初具雛形的新拓居地或既有之拓居地的進一步擴張。但大部分屯墾區——基本上是占領區裡的殖民地——會在一段時日後成為規劃完善的聚落，往往靠近巴勒斯坦人的村或鎮，一般來講由帶有紅屋頂的別墅構成，往往還有店鋪、猶太教會堂、休閒娛樂中心，出於發展農業和居家生活所需而大量使用當地的水和地。這些農業屯墾區當時一般來講靠自己的武裝保安小隊和派駐周邊的以色列國防軍士兵保護，以防遭巴勒斯坦人侵犯，如今依舊如此（而在巴勒斯坦人眼中，屯墾區的存在是每日的侮辱）。巴勒斯坦人看到自己的土地，包括牧草地和橄欖樹林，被屯墾區和屯墾區周邊的軍事安全區吞噬，而且他們本身，與這些屯墾民是不同的，受以色列軍法體系管轄，這些屯墾民則享有和以色列公民一樣的正規公民權。前幾大屯墾區，與一九四九至一九六七年的「綠線」接壤，比如靠近耶路撒冷的馬阿列．阿杜米姆（Maale Adumim），或阿里埃爾（Ariel）這個東西橫穿過西岸的長條狀大居住區，成為基本上屬郊外住宅區性質的城市，這些城市裡負責養家活口者，有許多會在以色列境內上班。

儘管以色列外交部自己的法律顧問暗地裡向內閣各部呈交的書面意見表明，一國將平民轉移到占領地，違反國際法，尤其違反日內瓦第四公約，但在六日戰爭後某工黨政府主政期間，以色列就已開始在加薩、西岸建設屯墾區，儘管一開始並未大刀闊斧進行。這個律師若不是西奧多．梅隆（Theodor Meron），此事所具有的意義或許就沒那麼重大。梅隆後來更上層樓，成為世上最有名望的國際法學家之一和為前南斯拉夫設立的國際刑事法庭的庭長。梅隆捱過納粹對猶太人的大屠殺保住性命，從未放棄其上述主張，二〇〇七年說他這看法未變。[27]但儘管有這個法律看法，且大部分西方國家政府也抱持該看法，一九七〇年代期間，在西岸和加薩，屯墾區還是有增無減——在加薩，屯墾區數量增加最快的時期是八〇年代。而這反過來使許多巴勒斯坦人相信，以色列無感於要其結束占領的國際壓力。

因為這個和其他諸多因素，一九七〇年代初期相對較平靜的加薩局勢不可能長久。隨著一九七九年以埃條約的簽訂，巴勒斯坦人更覺得自己遭拋棄；沙達特實質上把埃及本身的利益看得比巴勒斯坦人追求的目標來得重要，比金甚至連條約裡已受到嚴厲限制的巴勒斯坦自治條款都沒什麼執行意願。與此同時，諸巴勒斯坦人派系正開始再度活動。法蒂・薩巴赫憶道，一九八一年他十九歲時加入巴解裡一個較小的左傾派系，巴勒斯坦解放人民陣線（Popular Front for the Liberation of Palestine，PFLP），屬於一個負責提高政治覺悟的團體。「我們的主要職責是閱讀關於納克巴時期情況的資料……然後就該主題呈報該團體。」接著這個團體把他們所已知曉的轉告高中生和其他人。巴勒斯坦解放人民陣線發展自左派，而且和共黨一樣未拒斥武裝鬥爭。該陣線成員讀馬克思、恩格斯、馬克西姆・高爾基（Maxim Gorky）、切・格瓦拉的著作，把加桑・卡納法尼（Ghassan Kanafani）當成偶像。此人是該人民陣線的高級成員，二十世紀最偉大的巴勒斯坦籍作家之一，一九七二年三十六歲時遭以色列暗殺。巴勒斯坦解放人民陣線也經營社會計畫，包括食物捐贈、房屋修繕、街道清掃。

一九八〇年代期間，反以色列軍人的陣營裡，學生和其他人一再發生衝突。一九八六年，以色列國防部長易茨哈克．拉賓（Yitzhak Rabin）重新執行一九三〇年代英國人所用過、但長年被擱置的非常時期行政拘留法規。這些法規使當局得以在當事人未遭指控下將人拘留（此法如今仍有效），數千名巴勒斯坦人因此鋃鐺入獄。

十二月，在賈巴利亞，一輛以色列卡車衝進一車陣，奪走四條巴勒斯坦人命，從而激起加薩走廊全境的大規模抗議。這是意外事件，但很快就有傳言說這是為了一名遇害的屯墾民而蓄意報復。夏巴卜（shabab），即無武裝青年，帶頭對以色列目標施以自發性且不怕死的攻擊——丟石頭和土製燃燒彈——群眾起事於焉開始，是為巴勒斯坦人第一次起事（First Intifada）。後來，當地一群領導人出來組織抗議活動，把它們分為罷工、抵制、集體示威，但巴勒斯坦人起事的大眾自發性質未失。有個親眼目睹者回憶了一場典型的抗議：

> 看到年輕、年老的女人走出房子，和男人一起上街抗議，令人震驚。有次，我從加薩市席法（Shifa）醫院裡，看著一群年輕男子朝以色列軍隊扔石頭。軍人想要進醫院逮捕當天早上更早時在衝突中負傷的部分巴勒斯坦人。女孩和女人形成一道人鏈，為頂在前線的夏巴卜當後盾，年輕男子用阿拉伯頭巾矇住臉，有人供應他們小石塊和邊緣呈鋸齒狀的磚石。催淚瓦斯射進醫院時，年紀較大的女人提供洋蔥以減輕刺痛。28

拉賓在這次起事初期宣布以色列部隊應把參與抗議的巴勒斯坦人「骨頭打斷」的傳言始終未消。拉賓否認此事，但以色列軍隊的反制措施無疑很嚴厲：開槍、逮捕、流放、暗殺、*催淚瓦斯、每日宵禁、關閉中小學和大學。電視播出軍隊朝扔石頭的少年開槍或毆打女人小孩的畫面，不只傷害以色列的形象，而且使巴勒斯坦人要求獨立、結束占領的心聲更受到國際關注。這場巴勒斯坦人起事持續到一九九一年方歇。這些派系的作為之一，係想要阻止巴勒斯坦人去以色列上班，認為此舉削弱抵抗運動。一九八九年，以色列發行磁卡，巴勒斯坦人沒有磁卡就不得出境去工作；行動主義者法蒂・薩巴赫記得，巴勒斯坦解放人民陣線從持有磁卡者那兒沒收了兩萬至三萬張磁卡，有時動粗沒收。但迫於現實的生計考量，要人拒用磁卡不容易。穆尼爾・德韋克記得，一如其他數萬加薩人，他會向以色列軍事當局申請補發磁卡，如果收集磁卡運動特別雷厲風行，會在特拉維夫低調待上一兩晚。

就在這次的巴勒斯坦人起事初期，哈瑪斯崛起，成為巴勒斯坦政壇上另一股勢力。哈瑪斯源於穆斯林兄弟會，穆斯林兄弟會則是一九二八年創立於埃及的宗教性、教育性、慈善性質組織，也反對英國的帝國統治。哈瑪斯更直接的源頭是穆賈馬（Mujamma，「伊斯蘭中心」）。穆賈馬一九七三年由穆斯林兄弟會的追隨者組成，這些追隨者的龍頭是四肢麻痺、具群眾魅力的謝赫艾哈邁德・亞辛（Ahmed Yassin），其成員包括數個日後的哈瑪斯領導人，例如馬赫穆德・札哈爾（Mahmoud Zahar）和阿卜杜勒・阿濟茲・蘭蒂西（Abdel Aziz Rantissi）。這個組織最初並不支持在以色列搞暴力叛亂。事實上，巴勒斯坦伊斯蘭聖戰組織（Islamic Jihad）於一九八一年脫離原屬團體自立，係因為其同為伊斯蘭主義者的同志不願搞暴力叛亂。穆賈馬的職能主要在伊斯蘭的社會性、慈善性、教育性工作上。以色列當局給它相當大的自由活動空間，以制衡持民族主義立場的巴解。穆賈瑪的領導班子反對巴解，因為他們愈來愈反對世俗性的巴勒斯坦人組織。例如，一九八〇年，穆賈馬的追隨者攻擊巴勒斯坦紅新月會（Red Crescent Society）這個重要的民間組織的辦事處。紅新月會的角色如同紅十字會，由海達·阿卜杜勒·夏斐（Haidar Abdel Shafi）成立。海達是穆斯塔法的兄弟，廣受尊敬的世俗性民族主義者和左派人士。阿卜杜勒·夏斐的摯友暨盟友，後來創立加薩人民精神健康計畫（Gaza Community Mental Health Programme）的精神科醫生埃亞德·薩拉吉（Eyad Sarraj），憶述了伊斯蘭主義者進攻紅新月會辦事處的情形：「數千個留著鬍子的人」，喊著「解放阿富汗」之類口號，附近有輛袖手旁觀的以色列軍隊吉普車。後來薩拉吉見了加薩的以色列軍事行政長官易茨哈克·塞蓋夫（Itzhak Segev）准將，告訴他，「你在玩火，這可能反過來給你招來暴力。」塞蓋夫向他保證，「沒事，我們知道怎麼搞定。如今我們的敵人是巴解。」[29]

甚至就在晚至一九八八年才成立的哈瑪斯正參加這次起事時——儘管從這次起事的聯合領導

＊包括在突尼斯暗殺阿拉法特的長年戰友阿布·吉哈德。以色列特工當著他妻小的面將他射殺。

班子之外參與——哈瑪斯，一如其持伊斯蘭主義立場的先輩，仍舊是對巴解深懷敵意的以色列政治人物的聯絡窗口。一方面，哈瑪斯指出，只要以色列撤出其於一九六七年占領的領土，它會考慮長期停戰，但此提議遭以色列拒絕。另一方面，一九八八年夏，哈瑪斯發出其反猶性質出了名的共同綱領，該綱領也把整個受託管的巴勒斯坦——包括這時屬以色列的地方——界定為神聖的穆斯林領土。一九八九年，哈瑪斯發動其早期的激進行動之一，擒住兩名以色列軍人並予以殺害；以色列則逮捕三百名哈瑪斯的領導人，包括亞辛和札哈爾，中斷所有聯繫，把加入哈瑪斯訂為犯法行為。

但一九八八年八月，巴解從其自認相對實力較強的立場（因為這次起事的成功而這麼認為），正式接受永久性兩國方案的構想：以加薩、西岸、東耶路撒冷為基礎的巴勒斯坦人國家，和以色列比鄰而居，和平相處。*阿拉法特公開承認以色列，公開棄絕恐怖主義，認可以六日戰爭後的聯合國二四二號決議為本的和平協議——二四二號決議要求以色列撤出占領區。從事後的角度看，這是理所當然而不足為奇，但在當時，這是具重大歷史意義的妥協；巴勒斯坦人的領導階層不再堅持其認為整個古巴勒斯坦為其所有的主張，這時同意巴勒斯坦人在巴勒斯坦兩成二的土地上（即一九四七年聯合國兩國方案所提議給予巴勒斯坦人之土地面積的一半）建國，讓以色列占有巴勒斯坦其餘土地，巴解願意承認以色列的疆域。於是，巴解符合了美國針對它立下的條件，美國最終同意和巴解接觸。這一突破，一如其最初所予人覺得的，的確讓人生起問題解決的希望。在加薩，「人們上街頭跳舞慶祝，不理宵禁令（從而冒著喪命的危險），軍人則站在一定距離外，一臉不可置信的驚訝看著。」[30]

雖然經過又三年曲折的外交談判，這些事件終於促成由美國居中安排、在馬德里召開的國際和會。美國總統老布希揚言要取消給以色列政府的一百億美元貸款擔保，以色列極右翼總理易茨哈克·夏米爾（Yitzhak Shamir）才同意出席。老布希對以色列祭出威脅之舉，就美國總統來說很不尋常。他的前任總統隆納德·雷根為了一九八二年以色列入侵黎巴嫩之事與以色列有嚴重分歧，但他的政策走向主要在於藉由發予貸款擔保和給予每年三十億美元軍援，來強化本就緊密的美以關係（這筆軍援後來會變成常態）。後來幾年美國這麼做還會出於別的幾個理由，但有個理由是長遠的戰略考量——一九八〇年代初亞歷山大·海格（Alexander Haig）的看法，言簡意賅點出這個考量，即「以色列是美國在世界上絕不可被擊沉、艦上毫無美國軍人、又位在攸關美國國家安全的一個地區的最大航空母艦。」[31]自一九七〇年代初以來，美國一直是以色列和其諸阿拉伯鄰邦打交道時所指望賴以居中調解的國家；但老布希這時要以色列見識其身為調解人的實力。

在馬德里和會上，夏米爾無意同意巴勒斯坦人建國，因為他矢志維護占領區（包括加薩）裡的猶太人屯墾區，極力支持建立從約旦河綿延至地中海這個大以色列的想法。哈瑪斯，一如以色

＊此正式決定係由巴解的「立法」機構巴勒斯坦民族議會（Palestinian National Council）所作出。

列右派，堅持要將整個巴勒斯坦託管地據為己有，反對馬德里和會，要阻止巴勒斯坦人參與一場看來會首度給以埃和平帶來機會的高峰會，卻在加薩境內完全得不到民心對此的支持。儘管阿拉法特缺席，這場高峰會還是召開。夏米爾事前表態不願和這個「恐怖主義」巴解組織領袖談判。

阿拉法特缺席的結果，就是使加薩的海達．阿卜杜勒．夏斐成為國際矚目焦點。他為這場會議做的開幕演說，係歷來闡述巴勒斯坦人主張的講話裡，最具說服力、最具前瞻性、最具止戰締和之意的一個。在此演說的某個段落，這個氣宇不凡的七十歲醫生說，「我想代表巴勒斯坦人民直接向以色列人民講話，我們和以色列人民互相傷害已太久；我們何不反過來共同懷抱希望。我們願意在這塊土地上，懷抱著對未來的許諾，比鄰而居。但共享有賴於兩方都願意以平等身分共享……你們的安全和我們的安全相倚相賴，一如我們小孩的恐懼和惡夢交織在一塊。」[32]

令夏米爾大為驚愕的，美國人這時堅持要雙方在華府就細節談判，初期要和阿卜杜勒．夏斐領導的巴勒斯坦人代表團談。在華府斷斷續續的談判極不順利，即使一九九二年以色列選舉把以和巴勒斯坦人和談為政見的工黨領袖易茨哈克．拉賓送上台後亦然。

十二月，有個哈瑪斯特工擄走一名以色列邊防警察，要求釋放該組織的創辦人暨「精神領袖」艾哈邁德．亞辛，才肯釋放該警察。以色列拒絕；數日後該警察的屍體被人找到。為報復，拉賓將四百一十五名哈瑪斯行動主義分子放逐到黎巴嫩南部一處臨時營地。第八次且是倒數第二次談判時，談判破裂，阿拉伯人代表團，包括巴勒斯坦人，離場。重啟談判時，情況仍很棘手。

巴勒斯坦人認為新選上的美國總統比爾．柯林頓比前任總統更偏袒以色列——而巴方這麼認為並不偏頗。[33]

就是這時，阿拉法特和以色列政府開始透過挪威暗中對話。拉賓決定批准和巴解在奧斯陸進行直接但祕密的談判，這是對先前以色列政策的一大反轉。也是在這時，阿拉法特因在伊拉克一九九〇年入侵科威特後貿然支持薩達姆．海珊而損及他的威望，巴解資金也陷入極度短缺。根據以高度批判立場替他立傳的賽義德．阿布里什（Said Aburish）的說法，這個巴解領袖決定，任何和平協定，都應由他本人主導促成，而非由華府那些談判者。否則，「儘管種種證據表明他所擔心的情況不會發生」，他還是擔心華府那些巴勒斯坦談判人員會「把他和突尼斯巴解的領導之位除掉」。

隨之誕生的奧斯陸協議（Oslo Accord）規定，以軍應先撤離加薩（但負責保護屯墾民的數千士兵除外）、耶律哥和其他巴勒斯坦人城市，同時保有西岸六成土地。據此協議的構想，在為談定最終協議而進行談判期間，會有一個過渡性的巴勒斯坦自治政府（Palestinian Authority）主持教育、健康、福利救濟之類服務性工作，此談判則會在兩年內開始，五年裡完成。

作為以色列人和巴勒斯坦人締結的第一個協議，奧斯陸協議具重大歷史意義。但它有多可靠？這個協議未使以色列表態支持巴勒斯坦人建國，即使在明訂的五年時間過去後亦然；未載明以色列最終會撤出西岸多少地方；把一九四八年難民返回原居地和歸還耶路撒冷這兩個棘手問題推遲處理，但巴勒斯坦人希望以耶路撒冷東部（即耶城阿拉伯人區）為其首都；未處理一萬巴勒斯坦籍囚犯該如何處置的問題。巴勒斯坦阿拉伯人的領導人和其他阿拉伯國家的領導人已因為一貫拒絕妥協的立場而一再受到斥責，而且不只被以色列斥責。六日戰爭後，阿拉伯聯盟的喀土木高峰會已發出其著名的三「不」政策：不承認以色列、不和以色列談判、不和以色列止戰締和。[34]儘管以色列本身有拒絕或避免透過外交途徑解決此衝突的前科，以色列外長阿巴．埃班（Abba Eban）的珠璣之語，多年來引發不少人的共鳴：巴勒斯坦人「只要有機會錯過機會，從未錯過該機會。」但在奧斯陸，阿拉法特是否可能並未要求太多，反倒其實得到太少？危險之處在於以色列讓占領區享有某種程度的自治，卻未承諾讓巴勒斯坦人建國，藉此使巴勒斯坦人領導階層有責而無權。要實現海達．阿卜杜勒．夏斐「兩夥伴以平等身分共享」的夢想，無論如何需要一股遏制不了的勢頭。

最早的「原則宣言」（Declaration of Principles），簽署於一九九三年九月十三日拉賓和阿拉法特在華府握手那個著名儀式上。許多巴勒斯坦人民，包括位在加薩的人民，其初步反應，除了審慎，還有鬆了口氣、歡天喜地，以及生起長久的和平終於要到來的希望。而以下諸因素，使這份希望更加濃烈：在白宮草坪舉行的儀式在國際上大受矚目；本雅明．納坦雅胡（Benjamin Netanyahu）和阿里埃爾．夏龍這兩個日後都會當上總理的人物所領導的以色列右派，激烈反對其眼中為放棄「大以色列」和讓巴勒斯坦人建國大開綠燈的協議；阿拉法特對這些協議過度樂觀的解讀；[35]此協議裡所載明真的具重大歷史意義的相互承認（巴勒斯坦人承認以色列這個國家，但以色列只承認巴解為巴勒斯坦人的「代表」）。對此持反對立場的巴勒斯坦人，包括宣稱阿拉伯人據有巴勒斯坦全境的權利就要被拋棄的哈瑪斯。哈瑪斯在巴勒斯坦人裡的角色，就和右翼反對派在以色列一樣，差別只在立場南轅北轍。阿拉法特派法塔赫成員吉卜里爾．拉祖卜（Gibril Rajoub）以特使身分去見仍流亡於黎巴嫩的哈瑪斯諸領導人，希望為奧斯陸協議爭取到些許支持，而且是再怎麼冷漠的支持都不覺遺憾。但這番示好不久就被潑了冷水。[36]

此外，有些巴勒斯坦人，與在基本原則上寸步不讓的哈瑪斯毫無關係，也反對奧斯陸協議；事實上，這些批評者中，有些人比阿拉法特更早主張共存、兩國。官方談判小組——費瑟．侯賽尼（Feisal Husseini）*、哈南．阿什拉維（Hanan Ashrawi）†、海達．阿卜杜勒．夏斐——此前對於巴解私下另闢談判管道完全不知情。他們都一心要談成協議，為此在華府積極折衝。但那也使他們格外看清奧斯陸協議的缺陷。誠如在突尼斯一場氣氛激烈的會議上，有人在簽署儀式前把

* 費瑟．侯賽尼是務實且廣受敬重的耶路撒冷重要人物，主張和以色列共存，本身是巴勒斯坦民族主義者，最早開始和以色列從事試探性會談的巴勒斯坦人之一。曾被視為亞塞爾．阿拉法特的可能接班人，二〇〇一年去世。

† 哈南．阿什拉維是信基督教的巴勒斯坦人，來自拉馬拉，在馬德里和會擔任巴勒斯坦代表團的發言人，口條很好，由此嶄露頭角。海達．阿卜杜勒．夏斐在此和會上的演講稿，出自她之手。後來她當上巴解的文化部長。

最初的「原則宣言」拿給諸位談判代表看時，阿卜杜勒．夏斐所告訴阿拉法特的，那會使以色列有機會在過渡期間繼續於占領區擴大猶太人屯墾區。如此的擴張除了始終令住在屯墾區旁的巴勒斯坦人惱火，也會對以色列、巴勒斯坦人最終的土地分割結果，構成不斷的威脅。這三個赴華府的談判代表在突尼斯當面質問阿拉法特時，「招來他們的領導人尖聲喊道『我們破產了，我們撐不下去了。』」[37]這三個談判主將因此辭職。阿什拉維日後曾說她很確定他們本來可以在華府爭取到更好的條件。[38]

大失所望的阿卜杜勒．夏斐回到加薩，在加薩以委婉的措詞批評該協議，同時表明他不會煽動人民反對該協議，不接受以暴力表達反對心聲。[39]後來，出於忠誠，侯賽尼、阿什拉維收回辭職決定，以色列人如協議撤出加薩、耶律哥。阿拉法特穿過埃及邊界勝利返回加薩，大批民眾立於道路兩旁歡迎。巴勒斯坦籍警察被派到加薩和耶律哥，並陸續被派到西岸各大城。巴勒斯坦自治政府成立。一九九五年，拉賓遭反對他的右派人士施以惡毒的人身攻擊；聯合黨的本雅明．納坦雅胡出現在群眾大會上，會中抗議者揮舞著把拉賓描繪成納粹分子的海報。然後，一九九五年十一月四日，在特拉維夫為力挺這些協議而舉行的群眾大會上，這位總理遭以色列極右翼狂熱分子易加爾．阿米爾（Yigar Amir）暗殺。

奧斯陸協議雖有種種缺陷，但拉賓若未遭暗殺，是否能利用此協議打造出最終的和平協議，乃是中東歷史上最耐人尋味的反事實條件陳述之一。可以確定的是，沒了他，達成和平協議的機率低了許多。為了和巴勒斯坦人達成諒解，拉賓於其人生晚年冒了一個不折不扣的險——最終要了他的命的冒險。身為具有國家安全意識且一九四八年就戰功彪炳的將領，若他願意結束對加薩、西岸、東耶路撒冷的占領，他將具有絕無僅有的權威來做成此事。許多以色列人，還有不少巴勒斯坦人，為他的死而哀痛。

第二章
和平夭折：從充滿希望到巴勒斯坦人起事（一九九五－二〇〇三）

二〇〇三年一月，某個冷颼颼、灰濛濛的週日下午，加薩市南部宰屯（Zeitoun）居住區，我們站在前一夜之前還是馬赫穆德．巴赫提提（Mahmoud al-Bahtiti）之車輛引擎修理店的地方外頭。前一夜，以色列坦克，在阿帕契攻擊直升機支援下，轟隆隆駛過南北向的主幹道薩拉丁路，推撞開三輛巴士——這些受損嚴重的巴士仍斜著身子橫在馬路上——使市場攤子著火，夷平三間房子。以色列情報單位認定這三間房子是越境攻擊以色列的巴勒斯坦人家所有。那天夜裡十二個巴勒斯坦人遇害，其中十一人是拿著AK－47衝上馬路，朝配備重裝甲車輛的以色列部隊開火者。此前，十枚土製卡桑（Qassam）火箭射入以色列，雖未造成死傷，以色列還是出兵反擊，從而有這次的入侵行動。天未亮，此行動即結束。五十歲的巴赫提提朝著他冒著煙、已被打爛的金屬車間點頭（一夜之間化為烏有的十幾個建築之一），聳聳肩，臉上掠過一抹咧嘴的微笑。

「所以阿布．阿馬爾說加薩會是新的新加坡」，他說。

這個帶有譏諷意味——和典型加薩人風格——的玩笑，拿九年前阿拉法特煞有介事發出的加薩復興預言來挖苦，具體而微點出這個巴解領袖一九九四年風光返回加薩一事所激起的期待，已如何和巴赫提提的車間一樣化為烏有。二〇〇三年一月那天，以色列軍方說他們已摧毀一百個已被用來或未來可能被用來製造火箭的車床。巴赫提提堅稱他從未造過火箭；他的車間只用來修理汽車引擎。無論如何，加薩短期內不會走上往新加坡轉型之路。

這是我第一次來到加薩，但席法醫院裡令人絕望的情景會變得「稀鬆平常」：疲累的白大褂醫生和穿著深綠色醫院工作服的護士，穿梭在走廊裡焦慮或剛喪失親人的家屬之間，泛黃的病房牆壁需要重新粉刷。二十三歲的阿札姆躺在病床上說，「巴勒斯坦人每射出一發子彈，就招來兩發以色列坦克炮彈。但我們給了他們教訓，我們迫使他們離開。」那時我還沒意識到這不過是一種逞強的說法：以軍一如他們一直以來的計畫，幾小時後就撤走，而且這次未有任何死傷。

這時，距一九九三年奧斯陸協議簽訂，已過了將近十年。拉賓和阿拉法特所預想的會在這時穩穩屹立的和平並未出現，反倒這時是巴勒斯坦人第二次起事的第三年，而且這次起事所奪走的人命比前一次多了許多。

一九九六年，阿拉法特選上巴勒斯坦自治政府主席（哈瑪斯未參與選舉）。阿拉法特一掌權就鎮壓哈瑪斯等異議分子，尤其是加薩境內的異議分子；早在一九九四年十一月上旬，就有十名示威者遭槍殺於加薩某清真寺外，數百名巴勒斯坦人遭拘禁在以色列占領軍用過的監獄裡，而且往往遭拷打。指控巴勒斯坦自治政府貪腐的聲音開始出現。

在以色列，實現奧斯陸協議的長久和平願景的任務，這時落在新總理希蒙・裴瑞斯（Shimon Peres）肩上，但他缺乏拉賓的威望。一九九六年選戰時，裴瑞斯承諾恪守奧斯陸協議，但犯下愚蠢的大錯。第一個大錯是忽視尤西・貝林（Yossi Beilin）和馬赫穆德・阿巴斯所簽的一項協議。貝林是裴瑞斯最親信的部長，阿巴斯則是法塔赫的高層人物，一九九三年代表巴解簽訂奧斯陸協議。簽署這份文件，旨在以該文件作為雙方為結束衝突而進行之談判的藍圖，以及裴瑞斯據以打選戰的行動計畫。裴瑞斯的第二個大錯係同意辛貝特（Shin Bet）的一個必然貽害甚大的提議。辛貝特是對內的以色列情報機關，相當於英國的軍情五處（MI5），該提議是要在加薩暗殺哈瑪斯的重要激進分子亞希亞・阿亞什（Yahya Ayyash）。[1]阿亞什，人稱「工程師」，曾從加薩策劃了數起哈瑪斯的自殺炸彈殺人行動；但他遇害時，哈瑪斯據稱已和巴解談成非正式協議，同意在一九九六年巴勒斯坦選舉前的那段時間暫停攻擊，而且阿亞什當時正在藏匿中。[2]

以以色列平民為目標的自殺炸彈攻擊，背離哈斯瑪以往的作風。巴勒斯坦人第一次起事期間，哈瑪斯只攻擊占領區裡的軍人和屯墾民。哈瑪斯依舊反對奧斯陸協議，而炸彈攻擊無疑有助於拖慢該協議的執行進度。這種炸彈攻擊師法自黎巴嫩什葉派團體真主黨（Hezbollah），而哈瑪斯係在當地猶太裔屯墾民巴魯赫・戈爾德斯泰因（Baruch Goldstein）一九九四年二月在希布倫的易卜拉欣清真寺屠殺二十九名巴勒斯坦人後，首度使用此攻擊手法，但此手法可能也已成為暗中搗亂其對手巴解的手段。[3]在加薩舉行的阿亞什葬禮，有多達數十萬巴勒斯坦人出席；哈瑪斯誓言要為他報仇，而且說到做到，在阿什凱隆、耶路撒冷、特拉維夫發動一連串自殺炸彈攻擊，奪走六十條以色列人命，使更多以色列人受傷。以色列軍情局的資深前局長什洛摩・加齊特（Shlomo Gazit）說，阿拉法特後來告訴他，阿亞什遭暗殺後，他約束不了「極端主義者」。[4]

因此導致的政治後果，係裴瑞斯的對手本雅明・納坦雅胡的實力變得更強，一九九六年大選險勝，從而更有利於阻撓他在野時一貫反對的和平進程。但經過納坦雅胡三年執政，以色列民意仍企盼拉賓所已開展的進程能走到終點。這三年裡，納坦雅胡堅決無意於維繫奧斯陸協議所開啟的進程，令包括柯林頓在內的西方諸領袖大為惱火。一九九九年，工黨領袖埃胡德・巴拉克（Ehud Barak）選舉大勝，取代納坦雅胡的位置。巴拉克和其軍事、政治方面的恩師拉賓一樣，是個拿過許多勛章的將領。看來可能會有新的開始。

巴拉克不只向巴勒斯坦人，也向以色列人，要言不煩且清楚地說明結束占領一九六七年所攻下的領土的好處。「為了保住這個作為單一政治實體的區域，不管祭出什麼作為，其結果若非催生出一個不民主的國家，就必然是催生出一個非猶太人的國家。因為，如果巴勒斯坦人投票，那就會是個兩民族的國家，如果他們不投票，那就會是個種族隔離的國家。」[5]很難找到比這更有力的理由來支持一般所稱的「兩國方案」：即以色列和一個巴勒斯坦人國家，根據雙方談定的邊界分割巴勒斯坦，並得到世界其他國家承認。此外，與奧斯陸協議的做法截然相反的，巴拉克未設想經由拖得老久的過程來實現該目標，而是想要透過一次談判一勞永逸結束此衝突。與阿拉法特的會談，二〇〇〇年七月在比爾・柯林頓主持下於美國大衛營舉行。

這些會談涵蓋了攸關此解決辦法的所有重要議題：巴勒斯坦人渴望在加薩、西岸建立以一九六七年六月前的邊界為國界的國家（只占古巴勒斯坦面積的兩成二）；擁有對包括舊城區在內的東耶路撒冷的完整主權；至少在理論上，讓一九四八年難民和其家人有權利在返回這時已在以色列境內的老家和領取賠償之間二擇一（聯合國巴勒斯坦難民事務機構UNRWA這時登錄在案的人數約四百五十萬）。當時一如今日，談判能取得多大進展，繫於能否談成「土地交換」（若成，以色列將至少保有居民較多的約旦河西岸屯墾區群的其中一部分），能否達成讓猶太人和阿拉伯人都能在聖地禮拜的安排，能否讓數萬難民取得象徵性返回以色列、其餘則返回未來巴勒斯坦新國家的較受限制的回歸權利。

在其他諸多議題上，雙方未能達成協議——巴拉克在大衛營的最後提議是西岸九成一的土地歸巴勒斯坦人所建立的國家——但會談最終觸礁，主要卡在耶路撒冷，尤其卡在哭牆的神聖所在地（阿拉伯人眼中的「高貴聖所」哈蘭沙里夫／Haram al-Sharif，猶太人眼中的聖殿山／Temple Mount）、含有阿克薩（al-Aqsa）清真寺和岩石圓頂聖殿（Dome of the Rock）的那個廣場。對猶太人來說，哭牆神聖不可侵犯，對阿拉伯人來說，阿克薩清真寺和岩石圓頂神聖不可侵犯。阿拉法特同意哭牆歸以色列，但不同意哭牆所屬的更長的西牆歸以色列；他也不接受柯林頓在最後關頭的以下提議：讓巴勒斯坦人擁有對哈蘭（Haram）／聖殿山的「監護主權」，以色列則保有「殘餘主權」。[6]隨後柯林頓結束以巴會談。

阿拉法特堅稱巴勒斯坦人願意繼續談，但巴拉克、柯林頓都在公開場合將大衛營會談失敗、後來幾次嘗試撮合的失敗，大大歸咎於阿拉法特。後來這些撮合嘗試，都發生於柯林頓在其總統任期快結束時（二〇〇〇年十二月），他在任期最後關頭才揭露他本人的和平協議「指引」（parameters），試圖挽回局面，但為時已晚。由於巴拉克做出比他之前任何以色列領導人更大許多的讓步，表示願讓巴勒斯坦人在加薩、西岸（大部）、東耶路撒冷建國，巴拉克／柯林頓這個猛為自己塗脂抹粉的說法因此更易取信於人。巴拉克這時斷言，巴勒斯坦人方面已沒有可以和以色列談和的「夥伴」。這個說法被大部分以色列人深信不移；這個倡議最終談崩一事，對以色列內部主和陣營的殺傷力之大，係其他任何事件所不能及。

一個大不相同的看法漸漸浮上檯面，持此看法者包括參與談判的部分美國人。[7]此看法認為，這場高峰會和其後續活動，事前準備不足、構思不周、時機挑得不對，還認為「態度冷漠」的巴拉克拒絕在極重要關頭和阿拉法特當面會晤。[8]此前也完全未設法把阿拉伯國家拉進來參與，而想要在爭論不休的耶路撒冷問題上達成一致意見，那不可或缺。柯林頓提議西岸四%至六%的領地——包含被以色列前幾大屯墾區群占據的那塊領土——併入以色列，並在有所偏袒的交換中，把相當於以色列二%至三%面積的土地轉移給巴勒斯坦人。以色列軍情局局長阿莫斯·馬爾卡（Amos Malka）認為，若向阿拉法特提出比柯林頓「指引」還要好、但不一定要大不相同於那些「指引」的提案，阿拉法特會接受。[9]此外，對於柯林頓十二月時針對耶路撒冷所提的建議，以色列態度的「保留」，可以說至少和巴勒斯坦人的態度一樣強烈。[10]但這個與傳統觀點南轅北轍的看法從未深植於以色列廣大人心裡。

巴勒斯坦人看出，自一九九三年簽訂奧斯陸協議以來，根本情況完全未改善，反倒猶太裔屯墾民的數量，以及伴隨他們而來的所有保安組織，在加薩境內增加一倍多，達到六千七百人，在西岸則從十一萬七千人增至二十萬人，[11]從而進一步約束三百萬巴勒斯坦人的生活和生計。這一體認，使本就對大衛營會談結果失望的巴勒斯坦人更加失望。而猶太裔屯墾民的增加，海達・阿卜杜勒・夏斐早就預料到。

在大衛營會談後如此兩極對立的氛圍中，堅決反對巴拉克給阿拉法特之提議的以色列在野陣營領袖阿里埃爾・夏龍，認為耶路撒冷舊城區（包括該城區裡伊斯蘭教、猶太教聖地）的主權該歸以色列獨享，並決定以行動申明此獨享權。二〇〇〇年九月二十八日，他高調參觀西牆（遭羅馬人摧毀的猶太人古老第二聖殿的神聖殘遺）、岩石圓頂聖殿和阿克薩清真寺所在的哈蘭沙里夫廣場。夏龍於一千名左右的警察伴護下完成此行，而在面臨年輕對手本雅明・納坦雅胡與他爭奪他右翼聯合黨的領導權之際，此行極具象徵意義。夏龍也不是一般追逐上位的政治人物。他的政治對手易茨哈克・拉賓死後，他是政壇諸多大老裡唯一打過一九四八年戰爭且尚在世的人。那場戰爭使他身受重傷。當陸軍軍官時他勇敢、企圖心強、常抗命，是個不折不扣的戰士——他的自傳就以戰士為書名，以其整個參軍、從政生涯期間一直非常不信任阿拉伯人的心態而著稱。一九五三年擔任第一〇一突擊隊少校時，他率部執行了對西岸吉比亞（Qibya）村的惡名昭彰的襲擊，摧毀五十四間房，殺掉六十九個平民。他也很瞭解加薩：一九七一至一九七二年為消滅剛冒出的巴勒斯坦人抵抗勢力，以色列發兵征討，而這場導致人員喪命的軍事行動，就由時任以色列國防軍南部軍區司令的他主導。後來，以色列針對第一次黎巴嫩戰爭設立的官方調查委員會，以他於基督教民兵在貝魯特的薩卜拉（Sabra）、夏提拉（Shatila）兩難民營屠殺八百名巴勒斯坦人的事件中，「未採取適切措施阻止此殺戮」為由譴責他，並在一九八二年革去他國防部長之職。他是最積極推動猶太人在阿拉伯人土地——加薩和西岸境內——成立屯墾區的將領，曾在西岸規勸猶太人，「人人都必須動起來，跑起來，把能抓到手裡的（巴勒斯坦）山頂都抓到手裡，以擴大（猶太人）屯墾區，因為我們現在拿下的每樣東西都會留在我們手裡。」換句話說，以色列在占領區建立的「既成事實」愈多，即使是較左傾的政府也很難結束占領。[12]

夏龍出現在耶路撒冷的最神聖穆斯林聖地一事，委婉的說，使情勢惡化，至少對巴勒斯坦人來說是如此。阿拉法特警告夏龍之行可能引發致命後果，但巴拉克放行。後來巴拉克解釋說，要阻止夏龍，他只能祭出國家安全理由——誠如後來的事態所表明的，這理由使以國政府可以非常理直氣壯的禁止赴該地。[13]

隔天，穆斯林週五禮拜後，反彈就出現。巴勒斯坦人開始從哈蘭沙里夫朝在下方西牆作禮拜的猶太人丟石頭。隨著暴亂擴及西岸、加薩境內，以色列警察強攻入哈蘭沙里夫，在接下來的衝突中殺了四個巴勒斯坦人，造成更多巴勒斯坦人受傷。最初起事者一般來講手無寸鐵，但竟招來重武裝鎮壓。以色列學者阿隆・布雷格曼（Ahron Bregman）主張，以色列軍方知道，如果巴勒斯坦人訴諸武裝衝突，軍方在軍事上的巨大優勢會使其占上風，因此，由於軍方想要挑激巴勒斯坦人開火還擊，故對此暴亂「反應太過度」——第一個月發射了一百三十萬發子彈。[14]

如果軍方有此用意，那軍方就如願了。但即使沒有此意，以色列部隊肯定在防止此危機升級上著力甚少，同時立下一個巴勒斯坦人死傷會大大超過以色列人死傷的暴亂－平亂模式。儘管有應對巴勒斯坦人第一次起事的豐富經驗，不管是警方，還是軍方，都未表現出控制平民群眾的意向，反倒只表現出一致的軍事回應，包括對巴勒斯坦籍槍手和手無寸鐵的抗議者都動用實彈。[15]

此次起事的第二天，加薩出現第一位象徵性的烈士。巴勒斯坦新聞台攝影師拍下的一段影片立即傳遍世界。影片中，十二歲的穆罕默德・杜拉（Mohammed al-Dura）和其平民父親蹲在離內察里姆（Netzarim）屯墾區極近的主幹道薩拉丁路旁，極為害怕，然後，身陷巴勒斯坦籍狙擊手和以色列軍人的交叉火力，中槍身亡。

這場槍戰開始於以色列士兵為壓制丟石頭的示威者而動用催淚瓦斯後，示威者則是為了抗議夏龍參觀聖地而上街。賈瑪爾・杜拉（Jamal al-Dura）當時正和兒子從一汽車拍賣會場返回。就在各方為誰該為此事負責而爭論不休時，穆罕默德的死迅即成為具體的巴勒斯坦人苦難象徵，而在當時，西岸和加薩境內喪命的巴勒斯坦人數在兩星期內就達到百人。

不到兩星期後的十月十二日，兩名以色列後備軍人約瑟夫・亞伯拉哈米（Yosef Avrahami）和瓦迪姆・諾齊赫（Vadim Norzich），在數千名憤怒的巴勒斯坦人正為哀悼哈利勒・札赫蘭（Khalil Zahran）而聚集時，誤駛入拉馬拉的中心區。哈利勒・札赫蘭是兩天前遭以色列部隊殺害的十七歲男孩。這兩個後備軍人躲在當地的巴勒斯坦人警局，受巴勒斯坦自治政府保護，但暴民衝入警局，將他們捅死。其中一名後備軍人的屍體受到毀傷，被丟出二樓窗子，然後被抬著在拉馬拉遊街示眾。這一駭人事件也被（一組路過的義大利電視台工作人員）攝錄下來，令以色列人群情激憤，包括許多原本積極支持和巴勒斯坦人談成解決辦法的以色列人。

上述每一樁事件都為情勢迅速轉變成沒完沒了的武裝衝突起了推波助瀾的作用，而沒完沒了的武裝衝突又為挽救失敗的大衛營會談扯後腿，儘管二〇〇一年一月，巴拉克和柯林頓的任期都快結束時，雙方在西奈半島度假勝地塔巴（Taba）作孤注一擲的最後談判時，雙方的歧見已減少。取代他們位置者，不管是小布希，還是二〇〇一年三月首度選上總理的阿里埃爾・夏龍，都已在上任時把外交折衝的持續，視為從這場將以色列人、巴勒斯坦人捲入的危機脫身的手段。

夏龍於二〇〇三年三月，即馬赫穆德・巴赫提提的車間化為冒煙的廢墟的兩天後，再度當選總理。三月，光是在加薩，就有四十八個巴勒斯坦人遇害。挺巴勒斯坦人的兩個英國人，國際團結運動（International Solidarity Movement）的行動主義者湯姆・赫恩達爾（Tom Hurndall）、正在製作紀錄片的攝影師詹姆斯・米勒（James Miller），也在那個春天遇害。但直到也是國際團結運動一員的二十三歲美籍行動主義者瑞秋・科里（Rachel Corrie），因為想要阻止一輛以色列推土機前進而遭輾死時，加薩境內衝突才大概引來國際高度關注。當時那輛推土機正在埃及邊界附近的拉法執行全面拆屋的任務。夏龍答應華府予以「徹底、可信且透明」的調查，但卻未針對以色列國防軍所謂的一樁「令人遺憾的意外」有任何作為；美國國務院認為夏龍的承諾是空言。這個充滿理想的美國學生二月下旬來到拉法後，曾用電子郵件告訴其母親辛蒂：「我正目睹一場非常嚴重且不知不覺逐漸加劇的種族滅絕，我真的很害怕，使我對人性本善的根本信念起疑。這事得阻止。我認為為了阻止此事，我們所有人應該捨棄一切，獻出生命。」[16]

在無法獲得任何公正補償的情況下，科里的家人提出了象徵性求償一美元的民事訴訟。二〇一〇年，在海法某法庭上，和科里一樣從事社會運動的英籍造園師理查・珀素（Richard Purssell）作證說，當時身穿螢光橘夾克的科里，已快要爬到由一輛五十六噸 D9 Caterpillar 推土機所正在堆起的土堆頂端，雙腳就在土堆頂端下方。

「那時她正往推土機的駕駛室裡面瞧」，珀素憶道。「推土機繼續前進。瑞秋轉身開始下坡往回走……她靠近土堆底部時出現狀況，導致她往前倒下。推土機繼續前進，瑞秋消失不見。推土機又前進了約四米才停住……我聽到一些人對著推土機大喊，用手勢示意推土機停下」，然後「推土機原路後退，直直後退；瑞秋躺在地上。」審理此案的法官裁定，科里「意外身亡於一樁

『和戰爭有關的活動』裡……國家不用對一個和戰爭有關的行動所加諸原告的傷害負責。」科里「把自己放進險境裡」。後來，以色列的最高法院維持此判決。

這次的巴勒斯坦人起事緩緩過去時，哈瑪斯愈來愈常動用自殺炸彈攻擊，受害者大多是以色列平民。漸漸的，忠於法塔赫的人士和其他派系，與哈瑪斯爭奪激進分子的支持，也發動這類攻擊。二〇〇一年初兩次攻擊的第一次，哈瑪斯的一名自殺炸彈客在特拉維夫的海豚館（Dolphinarium）迪斯可舞廳外，炸死二十一個以色列人，其中大多是俄裔少女；第二次，十五個以色列人遇害於耶路撒冷商業區的 Sbarro 披薩餅店。這兩次攻擊只是此後許多自殺炸彈攻擊的先聲。直到二〇〇四年和二〇〇五年底，哈瑪斯和較小的派系「巴勒斯坦伊斯蘭聖戰組織」才各自大體上不再以自殺炸彈殺害以色列平民。

自殺炸彈攻擊很少從加薩出擊，因為離開加薩極難。但由於哈瑪斯的巴勒斯坦人領導階層人在加薩，以色列常發動定點打擊，有時因此波及不相干的平民，造成頗大的「附帶」死傷。[17] 這些攻擊也鎖定此派系的一部分最重要的軍政領導人。

至二〇〇四年，這類暗殺已反映夏龍政府為了——他的參謀總長夏烏爾·莫法茲（Shaul Mofaz）許久以後所說的——「除掉（哈斯瑪的）恐怖分子」，而有計畫進行的作為。[18] 這些暗殺反過來激起更多自殺炸彈攻擊——或為這類攻擊提供了藉口。鎖定特定目標的定點擊殺招來國外的批評，因為這類行動是否符合國際法有待商榷。但對這些行動，有個更為有力的指控，即它們偶爾被用來破壞已成事實的停火或可能成真的停火。這些停戰若成真，國際上要以色列採取切合實際的重要措施，以透過談判實現兩國方案的壓力可能升高，尤以二〇〇三年四月三十日後為然。

中東事務相關「四方」（Quartet）——歐盟、俄羅斯、聯合國、美國——在那一天提出其中東和平「路線圖」。「四方」中以美國最重要，此文件實際上出自美國之手。根據「路線圖」的構想，要逐步推展，最終達成一個「定案且全面的永久地位協議，從而在二〇〇五年終止以巴衝突……」夏龍和馬赫穆德．阿巴斯收下此文件，阿巴斯並在那天宣誓就任巴勒斯坦總理——這是在阿拉法特本人形同被以色列政府宣告為不受歡迎人物後，華府要阿拉法特創設的職位。

阿巴斯是阿拉法特的長年奮鬥夥伴，但完全沒有他那種高調張揚，也少有他那種群眾魅力，六〇年代初法塔赫基本上還是個準軍事組織時，就被吸收進該組織。與阿拉法特不同的，他是一九四八年戰爭的難民，他的家人於他十二歲時從加利利山城薩斐德（Safed）逃到敘利亞。他也有豐富的談判經驗。儘管那時他和阿拉法特主要在突尼斯活動，但他也密切參與了奧斯陸協議談判過程。一九九五年他和以色列政治人物尤西．貝林草擬了希蒙．裴瑞斯拒絕在其最終敗選的一九九六年選戰中宣傳的那份框架協議。從巴勒斯坦人第二次起事開始，他就公開反對暴力，藉此樹立鮮明形象。如果說巴勒斯坦人陣營有哪個人能使這個新國際倡議圓滿收場，阿巴斯似乎是理想人選。

從許多方面來說，這個「路線圖」是伊拉克戰爭的副產物，係華府為入侵伊拉克之舉能得到如此多國的響應而做出的回報，尤其是對英國首相東尼·布萊爾和約旦國王阿卜杜拉的回報。這兩人力促小布希為終止以巴衝突提出一項正面倡議，以減輕消滅伊拉克海珊政權對中東民心的衝擊。

此倡議的第一階段，企圖心之大，和接下來該倡議為徹底解決以巴衝突而構想的含糊但追求速成的措施不相上下。根據第一階段的構想，巴勒斯坦人不只要「停止暴力和恐怖活動」，還要「拆掉恐怖主義力量和基礎結構」，以色列則要把自家軍隊撤離自這次巴勒斯坦人起事以來，有以軍在境內恣意發動軍事行動的占領區的很大一部分（這些軍事行動中，以二〇〇二年三月逾越節期間以色列人在內塔尼亞的公園飯店遭屠殺後，以軍發動「防衛盾行動」期間，在西岸諸城市奪走的人命為最多），以及立即中止包括「自然成長」在內的「所有屯墾活動」——「自然成長」係針對為滿足日益增加的猶太裔屯墾民人口的需要而從事之擴張的較客氣說法。

從一開始，問題就出在解讀上。以色列內閣於「路線圖」公布一個月後以極保留的心態接受「路線圖」之舉，背離了原本的意識形態立場，因為此舉表明，至少原則上表明，由聯合黨主宰的政府同意將當初被託管的巴勒斯坦全境分割為兩個國家，而聯合黨，一如巴勒斯坦人陣營的哈瑪斯，歷來反對此議。夏龍這時也毫無顧忌的談起「占領」——此前在聯合黨陣營裡一直是個忌諱且會在十年後再度成為忌諱的一個字眼——談到需要找到一個「政治解決辦法」，以「使我們不必費心去控制人數始終有增無減的三百五十萬巴勒斯坦人」。[19]這令聯合黨右派大為反感，該派仍堅持要建立從約旦綿延至地中海的大以色列。七位聯合黨籍部長，包括當時的財政部長本雅明．納坦雅胡，在表決「路線圖」時，若非棄權，就是投下反對票。

這個以色列內閣針對阿巴斯已無條件批准的這份文件，發表了十四點「保留意見」，而這些意見大有助於減輕此決定的衝擊。

自「路線圖」於二〇〇二年首度被提出以來，夏龍為確保他這一方在巴勒斯坦人履行其所申明的安全方面的義務之前不必做任何變動（包括中止屯墾），施加了頗大的外交壓力。[20]他的外交作為失敗收場，至少就書面上看是如此，因為此文件規定，「各方得在每個階段同時履行各自的義務」。

但接著這個內閣堅稱，「取得進展的第一個條件，會是（巴勒斯坦人）完全停止製造恐怖、暴力、煽動。」這個說法，連同其他保留意見，都間接表明夏龍仍然認定，不管「路線圖」的構想為何，雙方各自的作為會是有先後之分，而非同時進行，也就是巴勒斯坦人先走，以色列再跟上。數年後，夏龍的參謀總長暨最親信的副手道夫．魏斯格拉斯（Dov Weisglass）所做的樂觀評估，幾乎全然順著這個思路走：「夏龍的高明之處——我無比斗膽的說——乃是我們同意（路線圖）時，心知結果會不一樣……理論上，如果巴勒斯坦人完整執行了第一階段，我們可能在二〇〇三年結束前就已和阿拉法特進行永久地位談判……而他們其實什麼都沒做。」[21]

但巴勒斯坦人「什麼都沒做」一說大大悖離事實。馬赫穆德．阿巴斯，這時極力反對武裝鬥爭，立即著手於小布希和約旦國王在亞喀巴（Aqaba）召開高峰會前，和其他派系，尤其是和哈瑪斯，談判停火。在這場高峰會上，阿巴斯直白的說：巴勒斯坦人「武裝起事必須結束」。[22]若非哈瑪斯已表示它會——頭一遭——接受停火，這類話語可能沒有人會當真。

夏龍的政府希望阿巴斯用武力和哈瑪斯算個總帳，因此，對該政府來說，這顯然還不夠。在這期間，以色列官員頻頻援引發生於以色列建國之初的一則意味深長的小故事，即大衛．本古里安的「阿爾塔萊納號時刻」（Altalena moment）。[23]話說一九四八年六月，以色列的首任總理命令新成立的以色列國防軍炮擊一艘美國海軍老船，船上載了許多要給伊爾貢的軍火。那時，伊爾貢的領導人是梅納海姆．比金，該組織作風的極端、暴力甚於本古里安本人領導的哈加納已有多年。此船在特拉維夫外海中了一發炮彈後下沉，大部分軍火葬身海底，四十個伊爾貢組織的成員喪命。[24]阿爾塔萊納號事件使伊爾貢併入新成立的以色列國防軍一事成為定局。以色列這則小故事所要表達的，就是那時的伊爾貢就如同今日的哈瑪斯，以色列國防軍／哈加納就如同今日的法塔赫。但儘管猶太人自相殘殺一事具有重要的象徵意義，導致隱而不顯的精神創傷，本古里安憑其身為國家和軍隊的最高領導人的權勢擊沉阿爾塔萊納號，要比阿巴斯發動內戰以滅掉一整個武裝派系容易得多。阿巴斯在巴勒斯坦自治政府裡只是二當家，但正被以色列力促，且被美國以愈來愈強的力道催促，除掉哈瑪斯的武裝力量——這是以色列雖擁有更強大許多的軍事資源，但始終未能做到的事。

在這樣的情況下，阿巴斯向巴勒斯坦各大派系（包括哈瑪斯和規模小了許多的巴勒斯坦伊斯蘭聖戰組織）爭取到的三個月的停火，似乎是他唯一實際可行的路。儘管此一停火的可靠性在耶路撒冷和華府都招來不加掩飾的懷疑，以色列眼下停止定點暗殺行動，大體上整個七月處於停火狀態。大部分以色列人認為此次停火結束於八月十九日一輛巴士遭駭人的恐怖炸彈攻擊。行凶者是來自希布倫的一名哈瑪斯行動主義分子，在西耶路撒冷奪走十六個大多屬極端正統派猶太教徒的成人和七個小孩。事實上，在那之前，停火狀態就已開始瓦解。這次的炸彈攻擊之前，巴勒斯坦伊斯蘭聖戰組織的軍事部門首腦穆罕默德・席德（Mohammed Sidr）於八月十四日遭槍殺於希布倫。以色列說席德一直在計畫恐怖攻擊，用保安部隊所愛用的詞語說他是顆「定時炸彈」。以色列《國土報》（*Haaretz*）的軍事評論員阿莫斯・哈雷爾（Amos Harel）寫道，若是如此，就應對此做出更多說明，而非只是「泛泛的陳述」，不然的話，「就始終會有人懷疑，係以色列挑起亂子以使自己擺脫『路線圖』所要求的讓步束縛」。[25]

這或許本是可能把「路線圖」和其欲迅速透過談判終止衝突這個非常費事的大目標保持在正軌上的最後時機。這場危機太險峻，致使阿巴斯最終爭取到阿拉法特許可，動手對付哈瑪斯和伊斯蘭聖戰組織，於是，至少在希布倫，逮捕了這次耶路撒冷炸彈攻擊的凶手，關閉這兩個派系所經營的學校和醫療設施。[26]

但以色列不願等。二〇〇三年八月二十一日，以色列直升機在加薩朝一輛白色福斯車發射五枚火箭，殺死哈瑪斯最高領導階層一員的伊斯瑪儀．阿布．夏納卜（Ismail Abu Shanab）和其兩名保鑣。哈瑪斯立即宣布停戰結束，伊斯蘭聖戰組織和法塔赫的阿克薩烈士旅（al-Aqsa Martyrs' Brigades）也在加薩做同樣宣布，阿巴斯本人則警告，「這肯定會影響整個（和平）進程和巴勒斯坦自治政府（為對抗哈瑪斯）所做的決定」。[27]

前一年，以色列對加薩境內某房子丟下一顆一噸的炸彈，藉此已暗殺了哈瑪斯的軍事部門首腦薩拉赫．謝哈德（Salah Shehadeh）。事前，據情報部門的說法，他正和妻子、助理待在那裡。這次攻擊也奪走他女兒和隔壁公寓大樓裡十三個不相干平民的性命——其中十人是小孩，最幼小者是個兩個月大的嬰兒。全球各地傳出激烈抗議，抗議者包括許多以色列人。二〇〇三年八月，人們聽到以色列空軍司令丹．哈魯茨（Dan Halutz）的一番話，這股強烈反感再度爆發。當時有人問他對此次炸彈攻擊的看法，他回道「我感覺到飛機因釋放炸彈機身稍稍顛了一下。一秒後，那感覺就消失。就這樣……」[28]

這次，阿布．夏納卜遭暗殺時，只有一人受了「池魚之殃」喪命，死者是七十歲老婦，身中炸彈碎片，一星期後傷重不治。[29]但這次選定的目標被許多人認為是個小角色，在加薩尤其有特別多的人如此認為，因為阿布．夏納卜是哈瑪斯的政治人物，而非軍事人物，屬於哈瑪斯的加薩領導階層裡較不激進的一派，在促成停戰上貢獻甚大。英國《衛報》的克里斯．麥格里爾

（Chris McGreal）從現場發出文字報導：「阿里埃爾・夏龍肯定十分清楚殺了阿布・夏納卜會壞了停火。過去他被許多人認為比其領導階層同僚務實。那時他甘冒哈瑪斯組織裡的大不韙，承認必須有個和以色列並存的巴勒斯坦人國家，而非由巴勒斯坦人國家取代以色列。」[30]白宮以一貫不痛不癢的說詞「以色列有權自衛」回應阿布・夏納卜遭暗殺，同時有點大膽的告誡以色列也應「考慮到他們的作為對和平進程的影響」，並力促阿巴斯「採取立即措施以廢掉恐怖分子的武功」。

不管夏龍是因為阿布・夏納卜相對較溫和的立場而刻意鎖定他動手，還是他根本對此暗殺行動蠻不在乎，這樁暗殺行動就此使那個任務無緣完成。如果阿拉法特在此暗殺行動前同意動手對付哈瑪斯，此時他已不會這麼做。阿巴斯本人被任命為總理——以及，甚至，創立這個先前不存在於巴勒斯坦自治政府裡的職務一事——直接肇因於夏龍本人對阿拉法特的深懷敵意和小布希二〇〇二年六月的重大演說。這篇演說強調要成立「新的另一批巴勒斯坦人領導班子」，夏龍的副手在此演說文的草擬上涉入甚深。[31]

但阿巴斯的總理職權一逕被以色列的政策扯後腿。這不只因為夏龍陣營把阿巴斯貶低為「還未長毛的小雞」，或夏龍本人遭外洩的以下評論：「阿布・馬仁*也仍是個阿拉伯人」。[32]屯墾民活動未停。夏龍所承諾拆除的少許幾個邊遠屯墾區，經調查，若非本就是空蕩蕩的棚屋，屯墾民為了製造兌現承諾的假象而主動好心將它們拆掉，就是在攝影師拍下人去屋空的畫面後，隔天就恢復盎然的生氣。以色列軍方奉夏龍命令開始建造的隔離牆，已開始嵌入西岸境內，此舉形同不顧美國口頭上的反對併吞巴勒斯坦人的領土。

最重要的，面對阿巴斯一再要求釋放囚犯，夏龍堅決不放。若同意放人，將使阿巴斯更得巴勒斯坦民眾信任。以色列最終放了四百個左右的囚犯，但其中大多是已快服完刑期的短刑期囚犯。至於其他囚犯，夏龍死抓其原則不放：「手上沾血」的囚犯，亦即因直接涉及攻擊以色列人之事而已被判定有罪的人，不該放掉。但，誠如阿巴斯所不斷提醒他的，因為這個原則，許多在奧斯陸協議前就被拘禁且老早就過了會構成威脅之年紀的囚犯無緣獲釋。這時堅決反暴力的阿巴斯向夏龍點出其矛盾之處，即他這時和這個以色列總理同坐一桌，但未能替他在奧斯陸協議簽訂之前許久他本人所派去執行軍事行動的手下爭取到獲釋——但夏龍聽不進去。[33]不足為奇的，阿巴斯於九月六日辭職，而且把他辭職之舉，既歸咎於和阿拉法特在安全管控上意見不合，也頗為詳盡的，歸咎於以色列和美國人。

＊「阿布」（「父親」）一詞是暱稱（kunya，阿拉伯人名裡的一部分），常用於表示親暱或尊敬，通常冠上長子之名來構成完整的暱稱。因此，由於馬赫穆德．阿巴斯的長子叫馬仁（Mazen），因此他成了「阿布．馬仁」。但暱稱偶爾可作為與家族無關的化名，例如阿拉法特的「阿布．阿瑪爾」（Abu Ammar）。阿瑪爾一名取自先知穆罕默德的一個同伴。

只有國際社會，尤其美國，逼雙方強化堪稱脆弱的停火並以此停火為互動的基礎，務使以色列收斂其定點暗殺政策，開始履行其在「第一階段」該履行的義務，「路線圖」才有可能得到預期的成果。但這樣的情況未出現。史考特・拉森斯基（Scott Lasensky）和當時美國駐以大使丹尼爾・庫爾策（Daniel Kurtzer），針對中東和平的達成寫了深具啟發性的〈基本法門和忌諱〉（How-to and How-not-to）指南，在其中直白說道，「在得到歐盟、俄羅斯、聯合國所力挺的所謂的美國的『四方』集團的支持下，『路線圖』於薩達姆・海珊遭拉下台不久後大吹大擂的發表……但沒有人為落實此倡議付出持續性的努力。它遠大的目標和時間表實際上遭揚棄。」[34]

阿巴斯辭職那一天還未過完，一架F－16對一間屋子發射了一枚兩百五十公斤的炸彈，當時哈瑪斯的首要創辦人和公認的領袖謝赫艾哈邁德・亞欣，正在屋裡和他關係甚密的夥伴伊斯瑪儀・哈尼耶（Ismail Haniyeh）等哈瑪斯成員共進午餐。此屋嚴重受損，但無人遇害。隔天，四肢麻痺、在此次攻擊中只受輕傷的亞欣，在他加薩家中的床上，一身白袍，神態平靜，接見川流不息前來向他祝福者，房間裡張貼了哈瑪斯海報、宗教海報，他的輪椅靠牆放著。「真主救了我們」，他說。

兩天後的九月九日，十五個以色列人喪命於又兩次自殺攻擊。這兩次炸彈攻擊籌劃極周詳，因而不可能是為亞欣遭攻擊未遂事件報復；反倒是為阿布・夏納卜等人遭暗殺之事報仇。八名以色列人，其中大多是退下勤務的軍人，在特拉維夫城外，四十四號道路上，離某陸軍基地不遠的一個著名的巴士站暨搭便車站遭炸死。現場景象慘不忍睹。炸彈把屍塊炸飛到離地二十英尺的巴士站頂棚上，棚上血跡斑斑。爆炸九十分鐘後，搶救人員將受害者遺骸收進無菌袋裡時，仍有一條腿躺在地上，可看到一條斷肢懸在巴士站頂棚上。35

幾小時後，七名以色列平民，包括耶路撒冷夏阿雷采德克（Shaare Zedek）醫院的急診室主任大衛・阿普勒鮑姆（David Applebaum）醫生，遇害於耶城「德意志殖民地」（German Colony）居住區裡甚有人氣的希萊爾咖啡館外。受害者還包括二十二歲的咖啡館保安阿隆・米茲拉希。這個保安注意到這個炸彈客，阻止他進入店裡，從而避免了更大的傷亡。有個年輕女人走在離咖啡館約二十五碼的人行道上，被這枚鐵釘炸彈的一根螺栓打死。此事件再度警醒人，「普通」巴勒斯坦人和「普通」以色列人要為停火中止和外交折衝失效付出的代價。

夏龍立即回敬：隔天，在加薩市，以色列空軍轟炸哈瑪斯領袖馬赫穆德・札哈爾的房子，殺害他的一個兒子、一名警衛。與此同時，以色列總理斷絕和巴勒斯坦自治政府的友好關係，使內閣通過一項決議。該決議誓言「用我們所挑選的方式，在我們所挑選的時間」，「除掉」他們眼中的最大「障礙」阿拉法特。

事後回憶時，這段時期不可避免予人暴力循環似乎無法阻擋的印象。其實，在以色列，一如在占領區，生活作息未斷。在加薩，店鋪和市場營業，有人結婚，學生上學（在學校未因衝突而停課時），工廠運轉，貨物有進有出。但經濟傷害甚大：自這次巴勒斯坦人起事爆發以來，經濟水平本就低的加薩，和西岸一樣陷入經濟衰退，巴勒斯坦人失業率攀升至三成七，實際收入比一九九九年時少了四成六。這時，六成人口苦於貧窮，即每天靠不到二・一〇美元的錢過活。[36]從未富裕過——更別提成為新加坡——的加薩，其經濟受約束的程度，比二〇〇〇年這次起事開始之前還要嚴重許多。

第二次巴勒斯坦人起事，儘管付出慘重的人命代價，在使國際注意力集中在以巴衝突上卻有所成。但與第一次起事不同的——第一次起事後上演了馬德里高峰會和奧斯陸和平進程——第二次起事給巴勒斯坦人貽害甚大，而且該次起事的某些參與者後來承認這點。[37]第一次起事給世人留下的最鮮明印象，係武裝精良的以色列士兵朝丟石頭的小孩開槍，至於第二次起事，則往往是手無寸鐵的以色列平民蒙受的慘死和駭人破壞。最重要的，第二次起事使夏龍得以把以巴衝突和九一一恐攻後美國領導的「反恐戰爭」緊密掛鉤，儘管兩者的根本肇因根本不同；也使夏龍得以說服西方列強如此照做。許多西方政治人物，尤其美國境內的政治人物，認為這次巴勒斯坦人起事就是在搞恐怖活動。恐怖主義使人看不到另一個真實情況，即以色列軍人和平民對加薩、西岸、東耶路撒冷的壓迫性占領。巴勒斯坦人第一次自殺炸彈攻擊時，這樣的占領已存在超過二十五年。

自殺炸彈攻擊總是令人極反感。而把往往易受蠱惑的年輕自殺炸彈客送上死路的那些人，為合理化此舉而提出的制式化說詞，也只能稍減此反感——許多巴勒斯坦人也抱持的反感；這說詞就是，巴勒斯坦人沒有以色列的第一世界現代軍隊的武器，因此，要令他們所認定的敵人心生恐懼，就只有這個做法能辦到。但這類攻擊能遂行，有其大環境配合。這些年輕的男炸彈客——和較少見的女炸彈客——無疑出於數個動機而這麼做，包括為大業捐軀的「榮譽」、不能自拔的宗教狂熱、他們往往貧困的家庭會因此有望得到補償（包括在薩達姆·海珊垮台於伊拉克戰爭之前這個伊拉克獨裁者給的補償）、為命喪以軍之手的親戚報仇。但若非活得絕望、無力，恐怕不會有這麼多的年輕人主動請纓捐軀。畢竟，沒有選舉權且日益貧困的占領區居民在社會、經濟方面蒙受的嚴重傷害，加上生活在有檢查站、土地遭沒收、移動不自由、失業、日常生活受到無所不在的軍隊——對巴勒斯坦人來說外國軍隊——無情控制的占領區裡，已生起真真切切的絕望、無力之感。

用這說法來合理化恐怖主義，或許就和用它來合理化英國託管時期——阿拉伯人、猶太人都一再發動恐怖主義行動的時期——的恐怖主義，一樣站不住腳。但有時，以色列境內的人，比以國境外的人，更理解這箇中緣由。日後會當上以色列總理的埃胡德·巴拉克，在一波自殺炸彈攻擊後的一九九八年坦承：「我如果是年紀適合（的巴勒斯坦人），我大概會在某個階段加入某個恐怖組織，會從那裡出擊，後來肯定會試圖從內部影響政治體制」[38]（這波攻擊是把他的工黨拉下台的推手之一）。但夏龍把巴勒斯坦人恐怖活動和全球恐怖活動扯在一塊，化解了要這個以色列總理尋求外交解決的壓力，使他得以放手用嚴酷的軍事手段平定此起事。

夏龍的做法代價甚大：二十一世紀頭五年，死亡人數會節節攀升。喪命的巴勒斯坦人，比遇害的以色列人多了一倍。[39]在加薩，死亡人數之多，使以色列入侵加薩所帶來的另一個衝擊相形之下較不受重視，但這個衝擊將會在未來數年立下一個模式：徹底摧毀農地，包括把果園、橄欖樹園裡的樹連根拔除。而以色列人通常以需要保護以色列籍屯墾民，使免遭可能利用它們掩蓋行蹤的激進分子侵犯，合理化此舉。據當地估計，光是從這次巴勒斯坦人起事開始，至二〇〇一年七月底為止，就有三千三百多英畝的加薩農地（也就是七%的加薩農地）遭摧毀。[40]這次起事初期在加薩服役的以色列軍官候補生諾阿姆・哈尤特（Noam Hayut）憶道，「身為懂得老果園之價值的農民之子」，看到一個愁容滿面的老巴勒斯坦人，黎明時和他的孫子一同出現，眼見他的樹被砍掉，「跪在沙地裡哭，我所能做的，就只是用我懂得甚少的阿拉伯語，大喊『離開這裡』」。[41]

喪命者包括雙方共數百名不相干的平民，包括小孩。馬爾卡（Malka）是以色列人阿諾德・羅特（Arnold Roth）的十五歲女兒，一直以來勇敢保護她嚴重殘疾的姊妹，二〇〇一年在耶路撒冷遇害於斯巴羅披薩店炸彈攻擊。羅特哀痛於女兒死於非命，說「我希望人們知道她不只是又一個冷冰冰的統計數字」。[42]這樣的感受，巴勒斯坦人達烏爾（al-Daour）家會心有戚戚焉。二〇〇三年八月，在加薩北部賈巴利亞鎮西邊一個人口稠密區，以色列攻擊直升機朝熱鬧道路上的一輛白色雷諾5汽車發射了三枚火箭。車裡的三名激進分子逃出車子跑走之後，兩枚火箭才擊中該車，該車付之一炬，但其他人就沒這麼幸運。十歲的莎娜・達烏爾（Sana al-Daour）當時正坐在一輛賓士計程車後座，要去買新學年所需的書，車裡還有她的父母和姊妹。火箭來襲時，計程車正要超車雷諾車，火箭碎片紛紛砸向莎娜；八天後她死於席法醫院。兩天後，她哀痛的父親賈米爾在喪事帳裡接受吊唁。親戚按照習俗把椰棗和小杯咖啡分給致哀者時，賈米爾・達烏爾對於這波奪走莎娜性命的暴力循環該怪在誰頭上的問題，低聲給了一個帶有譏諷意味的答覆：「我怪我女兒進了那輛車」。

第三章

撤離：加薩境內猶太人一個不剩（二〇〇四－二〇〇五）

二〇〇五年八月那個酷熱的午後，前來帶走莎莉特．科恩（Sarit Cohen）的三十個左右的警察，在她彎下身從沙漠裡抓起一把沙，讓所有人看沙子流過她的指縫時，他們面帶羞愧，別過頭去。這些一臉嚴肅、穿著制服的男子，等著用他們所能使出的最大溫柔把她帶走，而她死死盯著他們，嚎哭道：「你們要把這土地留給想要殺了我們的人。」

她家共十四個人——孩子、已為人父母者、孫子——在房子外唱他們最後的禱文，房子庭園整齊乾淨，屋頂鋪著紅瓦。她的兩個女兒在哭。然後，這個年老的女大家長，戴著無邊平頂的筒狀女毛帽，身穿飄垂的長裙，手裡緊握一本飾有浮雕圖案的大部頭黑色聖經，帶領面露責備神情的這一小群人走向等著的巴士，途中停下來譴責站在他們身後的警察、軍人背叛猶太同胞。一行人走到巴士，有個中年男子撕開自己的襯衫。他是科恩的友人暨鄰居。後來他解釋他為何做出這個出現於聖經中表達哀悼的古老動作，哀嘆說，誠如他所看到的，合法居住在「以色列土地」的這個角落的人，因為他們的國家在經過巴勒斯坦人數年攻擊後不想再保護他們而被迫撤退。「這是個從未傷害過人而且有生存計畫的一戶美好人家」，他說。「獎賞恐怖活動，讓世人看出恐怖活動管用，那不是世人所需要的。」

另一個也姓科恩的人，與他氣憤難平且同姓的鄰居沒有親緣關係，則沒這麼逆來順受。什穆埃爾．科恩（Shmuel Cohen），塊頭很大、留著黑鬍子的男子，在從他家到巴士這段十五公尺的路上拚命抵抗，七個軍人出手壓制才逼他上車。他的妻子和數個流淚的小孩也奮力抵抗；不得不出動四個女警將她抬走。主掌這次行動的軍官少校薩吉（Sagy）解釋說，這些作出抵抗姿態的人，有許多人想要讓人抬走，這樣他們就不必說自己是自行離開，但「我們早上拜訪過這家人，知道我們很遺憾必須動粗」。

這個強行驅逐行動——甚至應該說以色列整個撤離加薩的行動——有其激進人心的戲劇性一面。在內維德卡利姆（Neve Dekalim）這裡，驅逐三百五十戶左右未自行離開的人家，只是這齣大戲裡的一幕。內維德卡利姆創立於一九八三年，是古什卡蒂夫（Gush Katif）猶太人屯墾區群裡人口最多的屯墾區。許多屯墾民已在此住了二十年或更久，當初受以色列政府住房折扣、海灘、有利可圖的務農前景吸引而前來屯墾。他們的痛苦很真切，而對總理阿里埃爾．夏龍的憤怒和沮喪，使他們心裡更痛。畢竟，多年來提倡以色列人屯墾最力者，就是夏龍，而如今宣布至二〇〇五年底「加薩境內猶太人（將會）一個不剩」的政治人物，也是他。[1]哈瑪斯誇說加薩已被「抵抗勢力」「解放」，此說正好和「獎賞恐怖活動」一說相呼應。

在這樣的情緒下，很容易就忽略一個事實，即在有一百四十萬巴勒斯坦人居住的一塊狹長土地上，僅僅八千五百名的以色列籍屯墾民，就控制了該地兩成五的領土（包括軍事哨站、安全區、檢查站、只供他們使用的道路），以及四成的可耕地和取用某些最佳水源的權利。[2]或者忽略掉他們將會得到政府補償，每戶人家會領到二十萬至四十五萬美元不等的錢；又或者忽略民選政府其實是在除掉被大部分國家（包括每個歐盟成員國）按照國際法判定為非法的屯墾區。

同樣的，數月來一直有人提出的不妙預言——屯墾民會掀起內戰、搞武裝暴力活動——並未成真。隔天，在內維德卡利姆，部隊強行進入兩座猶太教會堂的其中一座，逐出約八百名正在唱聖歌、又踢又尖叫的支持屯墾民的年輕人，其中大多從西岸滲透進來。在克法爾達羅姆（Kfar Darom），他們抵抗最烈，警方說二十七名警員受輕傷，其中有些警員被酸液砸中臉，有個警察踩上示威者刻意留在樓梯上的油滑倒，然後掉到兩層樓下。但強行撤離行動未導致人員死亡，甚至連重傷都沒有。極右翼示威者喊出的「納粹」、「蓋世太保」、即將被推平的房子上的塗鴉（「再見，我溫馨的家」、「我們恨你阿里埃爾·夏龍」）、不斷重複喊的「猶太人不驅逐猶太人」口號，就已足以說明他們心中的憤慨。但儘管如此慷慨激昂的抗議，即使是最好戰的屯墾民和他們的盟友，也敵不過四萬軍警所代表的公權力和總值十億美元的補償方案的威逼利誘。[3]

放眼世界，比以色列人所占領的巴勒斯坦人領土還更費心構築的人造環境並不多。用以保護屯墾民使免受巴勒斯坦人侵犯的地道和「外環路」，其中許多鑿穿山腹而成；具有電感測器、旨在把以色列人和巴勒斯坦人隔開的混凝土牆和圍籬；比較像是國際邊境口岸的檢查站；以色列不斷蓋建築（通常是以色列人的建築）或不斷拆建築（通常是巴勒斯坦人的建築）之舉——全都為了滿足一個軍事或政治目的。即使拿那些標準來衡量，二〇〇五年八月十七日在加薩走廊展開的行動都非常重大，尤其因為被摧毀的房子是以色列人的房子。不到八天，夏龍政府就撤回八千五百名猶太裔屯墾民，軍方的 D9 Caterpillar 裝甲大推土機開始把他們的兩千八百間房子推成瓦礫，是為自一九六七年六日戰爭以來第一次從占領的巴勒斯坦人領土撤離的行動。

這時距夏龍承諾加薩的屯墾區會留住，宣布「特拉維夫的命運，就是內察里姆的命運」，才過了三年。因為內察里姆這個離加薩市才五公里的孤立屯墾區，係加薩境內最難防止巴勒斯坦人攻擊的屯墾區，從而受到以色列國防軍最嚴密保護，若要讓住在加薩的以色列人放心，保住內察里姆大概是最有力的表態。這可讓他們相信，既然內察里姆都不會被解散，其他所有屯墾區當然不必擔心會不保。那麼，什麼因素促使這個老戰士，這個把人生如此長歲月用於推動以色列人在占領區拓殖的政治人物，拋棄其在二〇〇二年四月作出的承諾，轉而在二〇〇三年十二月發出其第一個撤離聲明？

這個左派的全國性宗教拉比曾告訴屯墾民，神不會允許這樣的事發生，許多屯墾民相信他的話，但有些屯墾民則深信夏龍這麼做有其不為外人所知的考量：管控選舉募款醜聞，使其不致葬送他兒子奧姆里（Omri）的政治生命。「聖經說我們的先祖亞伯拉罕願在必要時為國家犧牲他的兒子」，當時有個古什卡蒂夫的居民以譏諷口吻如此解釋。「夏龍為了他兒子犧牲國家。」抱持此看法者不只屯墾民：此聲明發布時擔任以色列國防軍參謀總長的摩西・亞阿隆（Moshe Yaalon），也認為夏龍在追求國人和國際的肯定，以使可能爆發的醜聞不致上身。

但如果此說為真，那並非唯一的動機。他當上總理後，有句話一再被認為出自他之口：「你從這裡看到的，從那裡看不到。」他「從這裡」所看到的，有一部分是從政治上講現狀無法長久。他打二〇〇三年一月選戰時以「安全無虞的和平」為政綱，那年夏天時，就已有甚多的以色列民眾要求不只著手實現第二目標，還要著手實現第一目標。

對於以色列、巴勒斯坦人雙方要人針對如何實現兩國方案協議所談定的兩個非正式但詳細的行動計畫，夏龍公開表示不值一顧。其中一個是尤西・貝利和阿拉法特的副手亞塞爾・阿貝德・拉博（Yasser Abed Rabbo）所談定的日內瓦協定（Geneva Accords）；另一個是薩里・努塞貝（Sari Nusseibeh）和阿米・阿亞隆（Ami Ayalon）所談定的協議。努塞貝是溫文爾雅的聖城大學（al-Quds University）校長，第一次巴勒斯坦人起事時就很活躍，阿亞隆則是辛貝特的前首長。但二〇〇三年九月空軍後備部隊二十七名飛行員的一封廣被宣傳的聯名信，則較不容視而不見。該信宣布，他們願意繼續為真正保衛以色列所需的任何任務效力，但反對「於（占領）區」「執行非法且不道德的攻擊」，「繼續占領，嚴重傷害以色列的安全和其民心士氣」。[4]

發行量甚大的《新消息報》（*Yedhioth Ahronoth*）的一篇聯合專訪文，影響力至少一樣大。

接受專訪者是包括阿亞隆在內的四名辛貝特前首長，文中他們也痛斥占領。一九八〇年代就主掌此情報機關的亞伯拉罕．夏洛姆（Avraham Shalom）嚴正表示，「如果我們不放棄建立『大以色列』的目標，如果繼續以如今這種可恥的方式對待對方，如果不開始理解對方也有情感，對方也在受苦，那麼我們就在通往深淵的路上。」5

夏龍應對「路線圖」時有個重點，即巴勒斯坦人領導階層不「消滅恐怖活動」，雙方的談判就不可能有進展。而這四個前情報頭子對這個重點的批評，尤其點出箇中蹊蹺。一九九〇年代中期主掌辛貝特的卡米．吉隆（Carmi Gillon）說這是失策時，夏洛姆糾正道，「你錯了，那是個藉口。」6

夏洛姆的分析切中要害；這時夏龍已完全不信「路線圖」有何價值。自行撤離加薩之舉有幾大可取之處，其中之一是可把這作為「路線圖」之外的替代方案交給華府斟酌，而且這個方案不需要和阿拉法特談判，並使以色列完整保住其所占領的西岸。事實上，夏龍於某次正式訪問義大利期間，在其於羅馬下榻的飯店和美國副國家安全顧問艾略特．艾布蘭斯（Elliott Abrams）會晤，向艾布蘭斯首度提出此想法時，就已挑明要用別的方案取代「路線圖」。艾布蘭斯是小布希總統的盟友，做事幹練，自封為「新保守派」，係夏龍最信任的美國官員。*這個以色列總理大

*二〇一七年初，艾布蘭斯被視為副國務卿人選，但因為總統選戰時批評候選人川普，而遭選上的川普拒用。

口吃下一大盤他一臉驚呆的猶太同胞眼中懷疑是火腿的東西時，[7] 據夏龍自己所述，夏龍告訴這個美國人，「由於沒有夥伴，我認為以色列陷入險境，因此，我們必得擺脫『路線圖』約束，另闢蹊徑。」

夏龍的盟友也從人口方面切入，提出支持撤離加薩的論點。整個巴勒斯坦境內有五百四十萬猶太人、四百六十萬巴勒斯坦人，如果以色列的阿拉伯裔公民也算進去的話。但巴勒斯坦人的數量在增加，尤以加薩境內為然。當時加薩的人口成長率是每年四％。如果走到阿拉伯人多於猶太人那一步，那會愈來愈難主張，甚至不可能主張，屯墾民和右翼政黨所鍾愛的「大以色列」是不折不扣猶太人的「大以色列」，更別提民主的「大以色列」。夏龍「開始看出以色列不可能牢牢握著所有占領地並維持以色列的猶太人國家屬性這個左派論點的令人信服之處」。[8]

最後，可藉撤離加薩向華府邀功索賞。儘管夏龍實際上拋棄了「路線圖」，小布希政府贊同這個「大膽且具重大歷史意義的主動作為」。小布希政府作出一個令這個以色列總理大吃一驚的外交舉動，同意他索取報酬的要求。那就是小布希寫了封令巴勒斯坦人的領導階層和諸阿拉伯國家政府驚駭、且惹火歐洲境內官員的信——二〇〇四年四月夏龍訪問華府時正式交給夏龍。此信棄絕行之已久且為美國兩黨所接受的美國政策，大有助於日後任何兩國解決方案都大大偏袒以色列。

此信表明支持以色列繼續保有西岸境內各大猶太人屯墾區群——或如此信所說的，「既有的各大以色列人口中心」。以法塔赫成員為主力的巴勒斯坦自治政府談判人員看出，在任何關於最終地位的談判中，為了達成土地交換，有些靠近邊界且人口甚多的屯墾區大概會歸以色列所有，但此信的這番表態，使他們連拿剩下的小屯墾區來談判的機會都沒有。後來夏龍大言不慚的說，此信已被巴勒斯坦人視為自一九四八年戰爭以來對他們的「最大打擊」。以色列媒體報導說，要載他去華府參加這場重要會議的飛機仍在本古里安機場的跑道上時，夏龍打電話給美國國務卿康朵莉莎·萊斯，揚言此信用詞若不完全照他的意思，他會取消訪美之行。這樣的報導不難讓人相信。

夏龍最親信的副手道夫·魏斯格拉斯於二〇〇四年十月向《國土報》提供了一個解釋：

實際上，這個被稱作巴勒斯坦人國家的整套計畫，以及該計畫所牽涉到的一切東西，都已被無限期的移出我們的待議事項清單。而且此舉得到官方認同和許可，得到美國總統支持和美國參眾兩院批准……我們讓世人理解到沒有可談的對象，而且我們收到「沒有可談對象」的證明書。那份證明書載明：一、沒有可談的對象，二、只要沒有可談的對象，地理現狀就維持原樣，三、只有在這件事發生時——巴勒斯坦成為芬蘭時——這份證明書才會被廢掉，四、到時候見，祝安好。9

這則解釋催生出一個普遍看法，即夏龍撤離加薩的真正用意，係要鞏固以色列對其所占領之西岸的牢牢控制。另一方面，替夏龍立傳的大衛·蘭道（David Landau）提出一個很讓人信服的主張，即這個以色列總理打算更進一步自行撤離西岸，但漸進撤離。[10]但這兩個看法並非互斥。夏龍所構想的日後任何撤離西岸的舉動，都很可能會保住三大屯墾區群的完好無損，頂多就是放棄隔離牆以東的土地。因為隔離牆在數個地點嵌進西岸境內，屆時會有數塊巴勒斯坦人土地留在以色列手裡。

民調一再顯示以色列民意過半支持撤離加薩，但夏龍他自己的右翼政黨聯合黨裡，有些人把此舉視為向激進分子投降，一貫反對此舉。為何他和當時的國防部長夏烏爾·莫法茲整個二〇〇四年間一心要「冷酷的表明，陸軍不會像二〇〇〇年五月離開南黎巴嫩那樣——無論如何在他們看來離開得很急——急匆匆離開加薩」，這是原因之一。[11]二〇〇四年三月，以色列境內一樁自殺炸彈攻擊，奪走十名港口工人的性命，而不尋常的是，這次攻擊從加薩境內發動。一星期後的三月二十二日，在以色列內閣連番揚言要殺光哈瑪斯領導階層的氣氛中，報復上場。一架阿帕契直升機射出三枚地獄火飛彈，第一枚殺死艾哈邁德·亞欣和兩名保鑣、七個旁觀者，當時他已結束在加薩市薩卜拉居住區某清真寺裡的晨禮，正坐在輪椅裡被人推離晨禮會場。

夏龍說亞欣是「巴勒斯坦人恐怖活動的策劃者」，但挑他動手，不乏挑釁意味。他的出殯行列，據當地估計有二十萬左右的人參與，手持ＡＫ－47步槍和ＲＰＧ火箭筒的卡桑旅（Qassam

Brigades）戰士組成大編隊隨行，重複喊著：「暗殺謝赫亞辛就是以色列末日的開始」。亞辛因其精明、不怕死、刻苦簡樸的生活方式而受到欽敬，而且欽敬者不限於這個伊斯蘭派系的成員。身為批准哈瑪斯之自殺炸彈攻擊的領導人，他曾在一九九七年透過約旦國王胡笙向以色列表示，只要長期停戰，他願意叫停這類攻擊。[12]

阿卜杜勒．阿濟茲．蘭蒂西立即被提名接掌亞辛的哈瑪斯領導人之位，卻在四月十七日被又一枚地獄火飛彈暗殺。然後，又一次的風光大葬，更多令人毛骨聳然的報復威脅，以及頭戴巴拉克拉瓦盔式帽（blalclava）、身配武器的抬棺人抬棺穿過擺動身子的密集人群時，更多對空齊射的子彈。棺裡蘭蒂西蓄鬍、死白的臉未被披覆他身體的綠色哈瑪斯旗遮住。有人透過麥克風高聲說：「你們的領袖？蘭蒂西。你們走的路？抵抗。你們的團體？哈瑪斯。你們所希望的？成為烈士。」

蘭蒂西的接班人是個鮮為人知的伊瑪目，名叫穆罕默德．夏姆阿（Mohammed Sham’ah）。但這次，哈瑪斯學到教訓，不公布他的名字，以防再遭暗殺。但哈瑪斯的諮議會（Majlis al-Shura）所採取的預防措施不只這個。據某個消息靈通人士的記述，該會批准由埃及居中牽線和以色列談成的一個祕密協議：以色列不再暗殺哈瑪斯領導人；哈瑪斯不再搞自殺炸彈攻擊。[13]這就可以解釋為何以色列未如其所揚言的剷除加薩境內整個哈瑪斯領導階層，為何哈瑪斯這時不再把以色列境內的自殺炸彈攻擊當戰術作為施行（但未簽署此協議的巴勒斯坦伊斯蘭聖戰組織繼續搞這類攻擊）。

但蘭蒂西遭暗殺後的那個月，係自巴勒斯坦人這次起事以來最血腥的一個月。五月二日，以色列籍屯墾民塔莉．哈圖埃爾（Tali Hatuel）和她的四個女兒開車離開加薩途中遭槍殺。兩天期間，裝甲運兵車在加薩中地雷，十一個軍人喪命，其中之一是以色列極著名舞台演員什洛摩．維辛斯基（Shlomo Vishinsky）的二十一歲兒子。哀悼者聚集於耶路撒冷的赫茨爾山（Mount Herzl）公墓參加這些軍人的葬禮，維辛斯基忿忿說道，他兒子是執政黨的「替死鬼」。他在《新消息報》上寫道：「誰都看得出，除了聯合黨黨員，沒人想待在加薩。」[14]

十五萬以色列人參加在特拉維夫的拉賓廣場舉行的群眾大會，表達他們對撤離加薩的支持，而十一個軍人喪命使他們更堅定此決心。阿隆．阿胥肯納吉（Alon Ashkenazy），去年遇害於加薩的一個軍人的父親，向他已死的兒子講話時，感動了許多人：「我是你的父親，我愛你……每次以色列入侵後，每次殺了鎖定的目標後，你都告訴我，我們該離開加薩。」

這場群眾大會，反諷意味甚濃。場中有許多人是以色列反戰運動的支持者，卻赫然發現自己扮演起一個彆扭的角色，即再怎麼不情不願還是支持阿里埃爾．夏龍的計畫。其中有些人是二十二年前來到同一廣場表達對夏龍之怒火的四十萬人之一。當時，夏龍擔任國防部長，以色列軍方允許黎巴嫩長槍黨（Phalangist）的槍手在薩卜拉、夏蒂拉這兩個黎巴嫩難民營犯下屠殺數百名巴勒斯坦人的惡行，從而引發這股民憤。這個廣場也是一九九五年十一月右翼狂熱分子易加爾．阿米爾在反戰群眾大會上槍殺總理易茨哈克．拉賓的地方。此暗殺事件前有一場長達兩年的政治運動，右派在該運動中因為拉賓和阿拉法特談判奧斯陸協議而詆毀他，夏龍和納坦雅胡則在此運動中都扮演了重要角色。

今時這場群眾大會代表兩派人之間的不穩定結盟關係，其中一派人把自行撤離加薩視為一個有限的措施而予以支持，另一派人——那一晚大概占多數——希望夏龍往前邁更大步，透過和巴勒斯坦人談判，結束對加薩、西岸、東耶路撒冷的占領。現場瀰漫興奮之感和希望之情，希望撤離加薩會催生出更大的成果。群眾散去時，數十顆白氣球在約翰．藍儂的〈給和平一個機會〉的歌聲中釋放，飄向空中。

對於這些軍人遇害，軍方的回應可想而知很狠。五月十二日，以軍在拉法難民營發動彩虹行動，陸空軍殺害五十多名巴勒斯坦人，夷平數百戶房子，而且做出奇怪的恐怖舉動，調轉矛頭摧毀當地動物園。以色列國防軍和巴勒斯坦人爭執平民遇害人數，但我親自走訪拉法人滿為患的納賈爾醫院，看到死傷的小孩。十四歲的艾哈邁德．穆加耶爾和其十六歲的姊姊阿絲瑪中槍時，人在他們家公寓大樓的樓頂，開槍者似乎是一名以色列狙擊手。艾哈邁德那時在餵鴿子，他姊姊則在替人洗衣服賺取微薄外快。停屍間塞滿屍體，只能收容阿絲瑪的遺體。轟炸還在繼續時，忙碌的該醫院副院長艾哈邁德．阿布．恩凱拉醫生，帶《衛報》的克里斯．麥格里爾和我去一處苗圃。在那裡，一片白色康乃馨花壇旁邊，有個冷凍儲藏間，康乃馨正要開始開花。艾哈邁德和另外十二人的遺體擺在那個儲藏間裡，已經過處理，隨時可下葬。其中八人顯然是激進分子，身上蓋著他們所屬派系顏色的布：哈瑪斯是綠色、伊斯蘭聖戰組織黑、黃色，法塔赫的阿克薩烈士旅黃色。

以色列國防軍說這些小孩是被巴勒斯坦人的炸藥意外傷害，但恩凱拉醫生揭開一張蓋屍布，讓我們看緊鄰艾哈邁德髮際線上方的一個小傷口，那是一顆子彈射入所造成。然後他指出他後腦勺的射出傷口。那和他姊姊的傷口一模一樣，但大了許多，而且出血多了許多。這個經驗老到的急診醫生確信那是以色列子彈所造成。「這是以色列人在談的『意外事件』」他說，「以色列人總是這麼說。歐美人相信這類說法，我很遺憾。」

這場在拉法的軍事行動，有計畫的拆掉住家，尤其是該難民營之巴西居住區的住家，因此爭議性至少一樣大。此行動期間，某個早上十點至十二點間，四十歲的易卜拉欣．阿布．哈馬德站在瓦礫堆和被擠壓得不成形的混凝土板前，描述他家被毀時他恍如作夢般的詭異經歷。那裡原座落著他的房子。阿布．哈馬德和其妻子、七個小孩待在他們家裡時，一輛裝甲推土機以摧枯拉朽之勢一路前進，來到他們家前面。那時他正和他的以色列籍雇主講電話，他為那個雇主從事營造活已十五年。這個名叫梅爾．格林斯泰因（Meir Grimstein）的以色列人在加薩服兵役，打電話來問他的這個雇員，身陷這次軍事行動所造成的混亂，過得如何。

「我告訴他推土機已開始拆我的房子時，他說『怎麼可能，我知道你家在哪裡，你家不在邊界附近。』」阿布．哈馬德終於讓他相信他所言不假時，「他說『我能怎麼幫你？』我告訴他，

『你幫不了。推土機已在這裡。太遲了。』」這時，隆隆作響的推土機已緩緩停在離後牆不到五公尺處，給這家人逃走的空間，這時他們揮舞白布，冀望那會使士兵不再朝他們腳邊的沙地開槍。顯而易見的，阿布・哈馬德擁有以色列發的許可證，可經埃雷茲跨過邊界到以色列上班，本身絕不是激進分子，而且他家底下沒有地道。看著自家房子短短幾分鐘被毀，那種諷刺意味，阿布・哈瑪德點滴在心頭。「我在以色列蓋房子，而以色列人摧毀我在這裡的房子」，他說。

自第二次巴勒斯坦人起事初期以來，拆房子的事在拉法一直上演；瑞秋・科里二〇〇三年就遇害於試圖阻止推土機拆屋時。加薩和埃及交界處靠加薩那一邊，分布在約三百米長地帶的房子已被清掉。但至二〇〇四年六月時，拆屋速度已從一個月約十五戶加快至百戶。此前四年裡，已有一萬五千多人（拉法人口一成多）沒了家。以色列司法部長暨世俗性中間派政黨「改變黨」（Shinui）的黨魁湯米・拉皮德（Tommy Lapid）說，看了電視上一個巴勒斯坦籍老婦人在彩虹行動期間於她家的瓦礫堆裡摸找她的藥，他想起他（死於奧施維茨集中營）的祖母——他的某些內閣同僚聽了大為光火。*

以色列國防軍（IDF）的一貫說法是，拆除行動是為了摧毀走私武器用的地道井口，並保

---

* 拉皮德於二次大戰期間在布達佩斯的猶太人隔都度過部分的成長歲月，迅即堅稱他無意拿納粹對猶太人的大屠殺相提並論。

護在拉法與埃及邊界沿線、設防森嚴的「費城走廊」（Philadelphia corridor）巡邏的以色列士兵。然而，人權觀察組織（Human Rights Watch，HRW）的一份詳細報告對這些說法提出質疑。例如，在彩虹行動中摧毀了一百六十六棟民房後，軍方自己承認所聲稱發現的三條地道中，一條只是未完工的井狀通道，另一條甚至根本不在拉法境內。報告還指出，走廊範圍逐步擴張，凡是任何可能讓士兵暴露於風險中的建築，軍方便加以拆除，事後再以這些風險作為繼續拆除的正當理由。人權觀察組織與聯合國祕書長科菲．安南（Kofi Annan）都認為，像哈馬德家這樣的房屋被無差別拆除，已違反國際法，因為這些拆除行動「並非出於軍事必要」。人權觀察組織推測，此舉可能是為了報復五月十二日拉法有五名以色列士兵遭殺害，並藉此展現軍事力量。[15]

然而，除了國際法的問題之外，還有一個牽涉更廣的政治問題。聯合國人道事務協調廳（OCHA）當時的駐地主任大衛．席勒（David Shearer，後來成為紐西蘭工黨黨魁）指出了這一點。他與律師阿奴什卡．邁爾（Anushka Meyer）主張，無論拆除行動是否合法，作為占領國，以色列有責任修復其造成的破壞，並安置無家可歸者。

雖然歐盟輪值主席國譴責以色列在拉法的行動「徹底過當」，且展現出對人命的「魯莽漠視」，但它與其他國際捐助者仍然響應聯合國難民救濟和工程處提出的一千五百萬美元募款呼籲，資助協助安置因以色列軍事行動而無家可歸的巴勒斯坦人。正如席勒與邁爾所說：「雖然國際法被用來譴責拆除行動，但至今它對國際援助政策卻未產生實質影響。」[16]

這具體而微說明了在援助巴勒斯坦人方面一個更大的問題。巴勒斯坦籍政治人物穆罕默德・什塔耶（Mohammad Shtayyeh）喜歡點出一事，即通往拜特哈農（Beit Hanoun）路上的一座橋被炸了三次，每次都用歐盟的資金重建。阻止以色列轟炸該橋，花費不是更低？這類付款不就在補貼占領？席勒和邁爾說，如果把拉法重建的「費用……交給」以色列買單，或許會「促使以色列重新思考戰略」。

此做法給巴勒斯坦人帶來危險，因為「捐款者等待以色列擔起其身為占領者的義務時，人的苦難依舊，不會減輕。」但席勒和邁爾推斷，「捐款者該好好想想可如何——在規定的條件下——把一年十億美元更有效的用於實現和平，而非被騙去只是買護創膠布。」

二〇〇四年底，西方諸國政府滿懷希望，以為不需要這類和平工具，和平就會在望。原因之一是夏龍願意撤離屯墾區，即使只是撤離加薩境內屯墾區。另一個原因是阿拉法特二〇〇四年十一月去世。在此不適合揣測他的死因：巴勒斯坦人幾乎人人懷疑他是被替以色列辦事的巴奸毒死，但以色列始終堅決否認。阿拉法特一九八八年接受有所妥協且具重大歷史意義的兩國解決方案，把巴勒斯坦人帶上通往自決和透過談判解決以巴衝突的道路。但夏龍一如至少自一九八〇年代起他一貫的心態，繼續頑固視他為敵人。堅決反對武裝鬥爭的馬赫穆德・阿巴斯可能接替阿拉法特的位置一事，似乎為以巴關係的開展新頁提供了機會。

但實際情況是這一年結束時，血腥程度一如以往。好似為了突顯該年更早時的拆屋行動未能阻止巴人挖地道，十二月十一日來自哈瑪斯和「法塔赫鷹派」*的激進分子，使用位於拉法的埃及－加薩出入境口岸底下的一條地道，引爆一千五百公斤的炸藥，奪走五個以色列軍人的性命。這些軍人全是（長年以來獲准志願從軍的）貝都因人。激進分子聲稱此攻擊是為了報復阿拉法特遭「暗殺」。但誰都看得出，一如夏龍和莫法茲繼續以行動證明以色列不會在遭哈瑪斯攻擊下逃離加薩，這些武裝派系——尤其哈瑪斯——也打算證明他們不會在遭以色列攻擊下逃離加薩。雙方都想要讓各自的支持者——和懷疑者——知道自己掌握主動權：以色列和加薩境內媒體對每次進攻對方之軍事行動的廣泛報導，都進一步強化這兩個觀點。

哈瑪斯也採用另一個方法：具宣傳鼓動性質的街頭藝術。阿貝德·阿姆爾（Abed Amr）在汗尤尼斯的一家畫商業看板、視覺藝術設計的公司工作。此攻擊的前一天，這個（不沾惹政治的）二十歲美工接到來自當地哈瑪斯行政人員的來電，確定如先前所議，請他替汗尤尼斯牆壁畫上壁畫和塗鴉，以紀念哈瑪斯創立十七週年——一天工資三十六美元。這時這個哈瑪斯行政人員強調此工作很緊急，說「別接其他工作」，還半開玩笑說，「如果謝赫阿卜杜勒·阿濟茲·蘭蒂西死而復生，請你替他工作，也別接受！」後來阿貝德才理解到，哈瑪斯希望在汗尤尼斯居民察覺到這場爆炸發生之前，街頭牆上已有壁畫。

在北愛爾蘭，一九六〇年代後期至一九九八年的動亂期間，有類似的視覺藝術宣傳。但在加薩，這類宣傳——從畫在薄金屬板上的以巴衝突遇害巴勒斯坦「烈士肖像」，到呈現著名巴勒斯坦領導人的壁畫，再到速成但精巧的「書法塗鴉」——種類較多樣，形象較複雜。蘭蒂西遇害時，在他家附近牆上，出現一件生動有力的噴繪書法作品，其文字表示：「阿布．穆罕默德，你得遂所願，你贏了。」乍看那似乎是在譏諷這位哈瑪斯領導人數月前所發表的以下看法：寧可被以色列阿帕契直升機殺掉，也不願死於心臟病發。事實上，這些視覺藝術表現都是受委製的宣傳作品，意在抵消哈瑪斯遭嚴重打擊一事對公眾的衝擊。

在巴勒斯坦人第二次起事那些年，宣傳例子包括某難民營的刷白牆上單單一個血紅阿拉伯字眼「Jabahywoun」（「陣線成員」），並有用象徵武裝鬥爭的符號——蒙面的臉（keffiyah）、AK－47步槍、手榴彈——組合成意指巴勒斯坦解放人民陣線的字。或者，瞳孔裡映照出耶路撒冷阿克薩清真寺的一隻淚眼；或者被哈瑪斯支持者尊崇為「工程師」的亞希亞．阿亞什的人像，人像旁有他親手幹下的令人毛骨聳然的傑作：一輛被炸毀的以色列巴士，被炸飛到空中的屍體，垂掛在窗子上的一具屍體，一隻斷掌。

這些派系輪流使用牆上空間。阿貝德解釋道，「我們為哈瑪斯畫牆一星期，然後把牆刷白，改為法塔赫畫牆一星期。」他們為痛失親人的人家無償服務，自掏腰包為他們辦葬禮，只索要顏料的費用，如果該人家負擔得起顏料費用的話，但為各派系服務則是純粹營利性。至少就法塔赫

＊法塔赫激進分子於第一次巴勒斯坦人起事時已使用此名。

的委製項目來說，他們有張新面孔可大展身手。那張新面孔不像阿拉法特那麼吸引人，在加薩較不為人知，沒有蒙面臉這個招牌標誌。在哈瑪斯未下場角逐的二〇〇五年一月選舉中，馬赫穆德．阿巴斯不出所料選上總統，從而使國際更加樂觀的認為，隨著一個公開聲稱走中庸路線的人接替阿拉法特的位置，談成結束衝突的協議一事終於不再遙不可及。

這個新總統立即前去加薩。一月底，他爭取到各武裝派系同意「冷靜」（tahdiya）一個月。一個月的「冷靜」期結束不到一天，就有巴勒斯坦伊斯蘭聖戰組織的一個自殺炸彈客殺了五個以色列人。阿巴斯把這次攻擊斥為「蓄意破壞」和平進程之舉，主動表示要找以色列人、巴勒斯坦人共同調查此暴行，恢復和各武裝派系談判。三月，他說服他們再度同意不設期限的「冷靜期」，前提是以色列也同意冷靜。各派系會大體上維繫這個冷靜期，直至夏天才破局。

阿巴斯的策略係讓各派系相信，這樣的暫時停火會使他有空間和夏龍開啟認真的和談。在別的情況下，這大概會是美國所領導的「四方」力推這樣的和談的時機。但夏龍一心只想著實現其所計畫的撤離加薩，未這麼看待此冷靜期。他繼續堅持那個讓人難以置信的條件，即主動停火還不夠，阿巴斯得對抗哈瑪斯，得消滅「恐怖主義基礎結構」。

就連最支持夏龍且最得夏龍信任的美國官員艾略特．艾布蘭斯都承認「冷靜期」對這個以色列總理有利，寫信告訴當時他的直屬上司國家安全顧問史蒂芬．哈德利（Stephen Hadley）：「此地區有樂觀氣氛，但也有一個兩難。以色列抱怨阿巴斯不對抗哈瑪斯，力促他有更多作為。

他（阿巴斯）慢條斯理且不對抗的做法使局勢平靜，然後以色列人埋怨局勢平靜，但此局勢對正身陷內部政治戰的夏龍是個助力。對抗哈瑪斯會產生更多暴力，而那是阿巴斯和夏龍眼下都不想要的。」[17]

夏龍這時打定主意不經對方同意獨斷獨行，甚至在撤離加薩的實際執行上不尋求和阿巴斯談判，更別提要把談判當成更大範圍和平進程的一部分。而美國不會施加壓力於他，至少在撤離加薩之前是如此。美國認為，撤離加薩一事，用外交官愛用的字眼，是「城裡唯一的秀」（喻最重要的事）。

小布希政府鼓勵夏龍幫這個巴勒斯坦新總統提升其在一般巴勒斯坦民眾心目中的權威感，但夏龍沒幫上什麼忙。以色列答應釋放的囚犯，又是侷限在九百人（總數是七千五百人），而這九百人裡有許多人是被定罪的刑事犯而非政治犯，或者刑期已快滿。以色列國防軍的作為則使「冷靜期」維繫不下去——例如二〇〇五年四月，以軍射殺了在加薩、埃及邊界附近踢足球的三個巴勒斯坦籍男孩。此事引發激進分子對古什卡蒂夫屯墾區發動意料之中的一連串迫擊炮攻擊。而且夏龍答應美國人拆掉西岸屯墾區的「邊遠居民點」卻食言——這些居民點往往只是一些充當進一步擴張之起點的移動屋，其存在不只違反國際法，也違反以色列自己的法律。

但到了二〇〇五年七月時，還是有愈來愈多加薩境內的以色列屯墾民開始理解撤離行動就要成真。長久以來不准巴勒斯坦人踏足的內維德卡利姆海灘，的確依舊呈現鮮明的以色列色彩。有天早上，沙子熱到會燙腳時，海灘上有個穿著厚重黑外衣、戴寬邊帽的正統派猶太人；一票共抽一根水菸筒的少年屯墾民，筒裡塞了蘋果香味的菸草；兩個在巡邏這段海岸的穿制服武裝警察；兩名下了勤務穿著泳褲在看報紙的軍人，他們的M16步槍插在他們身邊沙子上，槍口朝上；兩三個在海上等待浪破碎那一刻以享受沖浪快感的沖浪客；一個被刀片刺網圍繞的以色列國防軍崗哨，崗哨的雷達天線不斷在轉圈，不停的搜尋可能進犯的巴勒斯坦人和粗心大意晃到那段狹長近岸海域之外的禁入水域的巴勒斯坦人漁船。梅爾·安席克（Meir Amshik）是沖浪客、救生員，也是信仰非常虔誠的猶太高等學校學生，研讀大部頭希伯來聖經時，身上裹著智利式披風，但一邊肩上也披著一條繡了圖案的白色祈禱用披肩。

安席克把以色列屯墾民被逐出加薩比擬為聖經中所記載猶太人逃亡至埃及，認為阿拉伯人完全離開巴勒斯坦，不只會是「最好的選項」，還「可能在彌賽亞到來時發生」。但安席克還是推斷神不會阻止此撤離行動。他較世俗化且較不固執己見的朋友暨救生員同僚利奧爾·巴爾達（Lior Barda）也這麼認為，說如果撤離加薩會終止「一切殺戮之類的」，他不反對撤離。

以色列一結束對加薩的占領，沖浪客把沖浪板打包，加薩的巴勒斯坦人終於有了值得慶祝的事。九月十二日，以色列軍隊——士兵、推土機、坦克等等——終於離開加薩走廊境內。以色列仍控制邊界、空域和六海浬之外的領海（加薩漁民只能在六海浬內水域捕魚，但根據奧斯陸協議，漁民可在離岸二十海浬內的水域作業）。但隨著以色列人撤離加薩，以色列人屯墾加薩二十多年來所加諸的諸多內部限制——和風險——有一些也跟著消除。其中之一是當地人所痛恨的阿布胡利（Abu Houli）檢查站，該檢查站形同把汗尤尼斯以北的加薩一分為二。阿布胡利有平交道式的柵門分立於築有防禦工事的軍事瞭望塔兩側，始終令巴勒斯坦人氣惱，為了通過該檢查站，巴勒斯坦人得在汽車、卡車裡排隊等上數小時，甚至數天。[18]

破曉時，哈瑪斯的綠旗和伊斯蘭聖戰組織的黑黃旗已插在高高的瓦礫堆上。支持哈瑪斯的伊斯蘭大學（Islamic University）年輕學生埃哈卜·巴茲（Ehab al-Baz）說明了為何插上這些旗子，而非巴勒斯坦國旗：「這個屯墾區得到解放，靠的是抵抗勢力的武器，不是談判。我們頭一個到這裡。」好似為了強調他的觀點，他講話時，有個非常搶眼的車隊駛入這個屯墾區中心，車隊共有六車，車上有揮舞AK－47步槍的蒙面伊斯蘭聖戰組織的激進分子。

與此同時，一個巴勒斯坦自治政府的推土機司機正要拆掉築有圓頂的猶太教會堂的堅實混凝土牆。夏龍決定讓這座會堂和加薩境內二十一個屯墾區裡的其他所有會堂一樣完好留下，不管那是出於宗教理由，還是為了誘引巴勒斯坦人予以破壞，然後他的政府可順勢譴責該行為「野蠻」。拆除現場的工頭海塔姆·加尼姆（Haitham Ghanim）說他奉命行事；但與巴茲不同的，他還說，撤離加薩的確是大家所樂見，但那「有一半來自抵抗，一半來自以色列的決定。別自欺欺人。」關於是否是「抵抗勢力」，尤其哈瑪斯，把以色列人趕出加薩，巴茲和加尼姆看法不同，而這差異正是五個月後選舉時哈瑪斯和法塔赫兩者的差異。

數萬巴勒斯坦籍男女小孩湧出附近的汗尤尼斯（加薩第二大城）。伊斯蘭聖戰組織的聖城旅（al-Quds）、哈瑪斯的卡桑旅（Izzedine al-Qassam）、法塔赫的阿克薩烈士旅所派出的部隊，在瓦礫堆裡插上更多歌頌「戰勝猶太復國主義」的旗子。阿克薩烈士旅的一個班想燒掉此屯墾區兩座會堂的其中一座。但來此的人大部分是平民；其中有些人來瓦礫堆翻找值錢或有用的東西，有些人好奇拆除行動而前來看個究竟，還有些人只是為了感受不必擔心中槍、在原本禁止進入區域閒逛的新奇感覺。「我不敢相信自己會踏上這塊土地」，五十歲的拉絲米婭・納賈爾（Rasmiya al-Najar）和其他數百個滿懷好奇、希望、歡慶心情的巴勒斯坦人一起上街，走進這個屯墾區時，如此說。「我始終沒想到會有這一天。」翻找東西的人牽來驢車，把門、燈具、洗滌槽、玻璃，以及他們能從鎮公所等官方建築搜刮到的其他每樣完好無損的東西，搬上車。十四歲的巴西爾・古韋達（Basil Quweida）早上七點從汗尤尼斯來到這裡，直奔原本穩穩屹立、這時已淪為廢墟的紅瓦別墅，以搜刮較尋常的東西。在某個猶太教會堂裡，四處傳來男子用金屬棒撬開窗框、把鋁條從走廊丟到地板上發出的聲響，這個男孩得意展示他整個早上塞進他手提袋裡的東西：一顆足球、一只撥浪鼓、一個藍色大玩具車、一個兒童用的黃色塑膠頭盔、一只茶壺。他面帶微笑說他會把這些東西全給他母親，還說這些玩具要給他的五個兩歲至十三歲的弟弟妹妹。

另有來自汗尤尼斯的數千個巴勒斯坦人，只想從距家只有兩英里、但長年以來以不准他們進入的海灘看看海並跳入海裡（六個巴勒斯坦人因此死於非命：溺死）。[19]從未見過這片海的九歲孩子穆罕默德．希傑吉（Mohammed Hijezi），穿好衣服，吃完早餐，就從他家一路跑過來。「照理我該去學校」他說，「我父母不知道。我很想游泳。水很漂亮，很冷。」[20]

但儘管加薩民眾當下如此歡欣雀躍，撤離加薩之舉不會產生馬赫穆德．阿巴斯一月選上總統時所期望的那個政治效益。夏龍本可以公開要他參與以色列人撤離加薩前關於此撤離行動的談判，本可以象徵性的將諸多屯墾區公開轉交給這個巴勒斯坦總統，本可以高調命令以色列國防軍統籌將屯墾區控制權轉移給阿巴斯的保安部隊一事。若這麼做，可能會使心存懷疑的巴勒斯坦人更加認為非暴力和談判大有可為。但他未這麼做。力挺撤離政策的大衛．蘭道在其對此期間之夏龍的描述中寫道：「儘管他的基本戰略性決定，係以色列必須自行其是，事前不必徵得對方同意，但仍有在戰術層面上和巴勒斯坦自治政府密切協調的空間——和需要。夏龍鄙視『阿拉伯人』，因此他本人在這方面不夠用心……以色列本可以出上更多許多的力，協助確保巴勒斯坦自治政府保安部隊於以色列國防軍離開後牢牢掌控加薩走廊。」[21]

蘭道認為未能和阿巴斯協調撤離之事，與夏龍更早許多時說「阿布．馬仁（阿巴斯）也仍是個阿拉伯人」的看法有關係。蘭道認為此說法「不小心洩漏了（夏龍）內心深處對這個鄰邦的厭惡和不信任」。因此，不經協商自行其是的方針，絕非「在欠缺可靠的談判夥伴的情況下的最後一招」，反倒「非常契合夏龍內心想法……頭一招使出的政策，乃至應列入首選的政策」。[22]

當時的英國總領事約翰．詹金斯（John Jenkins）爵士，參與了二〇〇五年在西岸和巴勒斯坦政治人物賽義卜．埃雷卡特（Saeb Erekat）等人的會議，會中「他們說『他們（以色列）要撤走，我們有這個保安計畫……我們要和他們協調，設安全警戒線圍住這些前屯墾區、溫室之類地方，我們會確保它們受到保護。』」詹金斯表示懷疑時，「他們說『他們非這麼做不可』；他們相信以色列人得這麼做，不然無法把屯墾民弄走。他們，巴勒斯坦自治政府，的確很倒楣。」

詹金斯不留情批評巴勒斯坦官員所擬的「保安計畫」粗略，但也說，「我認為（夏龍）無意和巴勒斯坦自治政府協調。這使巴勒斯坦自治政府大感意外。以色列人本能和巴勒斯坦自治政府做更多協調？當然能。他們本可以使阿布．馬仁（阿巴斯）得以攬下這功勞。我只是認為夏龍打定主意絕不讓巴勒斯坦人平白得到好處。」至於哈瑪斯反倒可能會從中得利，可以主張係他們把以色列人趕走，他說「我認為他（對此）不在乎」。[23]

從政治上講，此撤離的執行有瑕疵，但夏龍保住其「推土機」形象。撤離加薩未促成雙方就最後的和平協議上桌談判；夏龍也無意藉此舉促成此事。但夏龍已克服其最危險的政治對手本雅明．納坦雅胡的反對（納坦雅胡日後會以總理身分領導以色列建國以來最右派的政府），而且已立下一個重大先例，即如果有個以色列領導人具有把猶太裔屯墾民完全撤走的意念、意志和遂行此事的權威，此事還是可辦到。何時會有、是否會有另一個領導人，能夠且願意把這些個人特性用在將屯墾民撤離西岸並結束對西岸占領這個遠更浩大的任務上，則遠更說不準。

第四章
夢想變成惡夢（二〇〇五－二〇〇六）

三條車道上長長車陣，喇叭聲此起彼落，使拉法和已被剷平的軍事基地間那條原本不再使用的東西向沙子路整個堵住。在這之前，因為存在該軍事基地，巴勒斯坦人一直無緣去到海邊。這裡的巴勒斯坦人也在慶祝以軍於屯墾民離開一個月後撤離加薩邊界，那場面讓人覺得好似這座加薩最南城鎮——過去五年裡暴力最嚴重且受摧殘最烈的地方——的每個人都在叫喊。每輛車都龜速移動，皮卡上載著一班班武裝、蒙面的哈瑪斯激進分子，驢車嘎吱嘎吱緩緩前進，車上載著從遭棄的建築瓦礫堆撿來的任何可用或可賣的東西，汽車滿載想要去廢墟探個究竟、想要大口吸海風的一家人。三十三歲營造工人穆罕默德·馬胡萊因（Mohammed Mahulain），聽到以軍已離開拉斐阿亞姆（Rafiah Yam）屯墾區後，天一亮就穿著睡衣衝出家。後來，他穿著灰色潔淨的阿拉伯長袖長袍，站在他的公寓大樓外，看著這壅塞的車陣，臉上不由自主咧嘴而笑。公寓大樓牆上彈孔累累。他的確擔心這個屯墾區會被用去建造供巴勒斯坦自治政府重要官員住的避暑房子，而非用來為邊界旁的住家已在過去五年裡被毀的數千居民提供新住房。但他不願為此壞了這一天的心情。「我心情很好」，他低聲笑道。

隔天，儘管官方口岸依舊關閉，還是有些拉斐阿居民甚至能短暫出到加薩境外。過去五年，只要靠近這道八公尺高的鋼牆，就會招來構築了嚴密防禦工事的鋼牆沿線軍事崗哨的炮擊或機關槍射擊，或招來在鋼牆另一邊的費城走廊（Philadelphia Corridor）上巡邏的坦克、裝甲車的同樣攻擊。隨著軍隊撤走，數百名歡欣鼓舞的巴勒斯坦人爬上梯子翻過鋼牆，或鑽過遭棄置的炮塔所留下的空隙，越過自一九七九年埃及－以色列和約簽訂以來將此鎮一分為二的國際邊界，興奮於有機會拜訪親戚、購買便宜的埃及貨。名叫阿拉．阿丁．佛德（Ala Adin Fodeh）的中年居民開玩笑說，沒有一再傳來的爆炸聲和槍聲作伴，他不好入睡。六十歲的蛋商穆罕默德．賽義德．阿布．馬拉希爾（Mohammed Said Abu Malahil），則在十年來首次去拜訪他七十五歲姊姊的途中說，「這是和平降臨的明證」。

巴勒斯坦人對未來滿懷希望，但比起國際上的肯定，算不上什麼。對夏龍來說，撤離加薩後的幾星期，「世間榮耀無可抑制的湧現。在（二〇〇五年九月）紐約的聯合國大會上，夏龍首度蒞會講話，數十個國家的政治家爭取和這個以色列領導人當面晤談、合照的機會，全球公認他已帶中東往前一大步。」[1]

此外，以色列政治光譜裡抱持最極端民族主義立場的那些批評者，對夏龍所發出的強勁且有時近乎歇斯底里的反對，反倒大大強化了這個共識。外國領袖推斷，如果那些右派批評者如此厭惡撤離加薩之舉，他的政策就肯定走對了（夏龍於十一月二十一日宣布他要創立新政黨，藉此終於一舉甩掉自己黨內批評他的人。後來該黨取名前進黨／Kadima）。

但事態發展最終未如蛋商阿布．馬拉希爾所斷言。他能去埃及探訪他姊姊一事，根本未證明什麼。以色列向埃及和巴勒斯坦自治政府強烈抱怨安全出現嚴重漏洞後，邊界就於不久後關閉。更根本的是，以色列人撤離加薩在加薩平民心裡激起的期望，一如那十多年前奧斯陸協議所激起的期望，最終會是一場空。撤離加薩的確是具重大歷史意義的先例。弔詭的是此舉也代表使加薩經濟大傷的長達十年的經濟封鎖，以及以色列三次破壞力甚大的軍事攻擊，就要降臨。這三次攻擊的破壞力之大，係加薩動蕩歷史上所發生的任何軍事攻擊都比不上。

從一開始，撤離加薩一事就被雙方拿來製造迷思。哈瑪斯立即拿加薩走廊獲「解放」作文章，立起聲稱耶路撒冷和西岸都會走上同條路的橫幅。馬赫穆德．札哈爾說，「沒有人可以說撤離加薩是夏龍自行做出的舉措和他送的禮物。那是令這個猶太人國家顏面大失的重大挫敗。」[2]此說言過其實到了無恥程度。此舉在某種程度上反映了以色列人愈來愈無法忍受本國軍人在大部分人眼中毫無戰略價值的古巴勒斯坦的危險一隅丟掉性命，但其結果遠非哈瑪斯所吹噓的那麼嚴重的以色列挫敗。

為了雙方各自追求的目標，哈瑪斯可以說加薩已被「解放」，以色列可以說其對加薩的占領已結束。但以色列仍在空域和領海巡邏，執行其針對加薩漁民所加諸的任何限制；以色列核發每張身分證，把每個出生資料記在其內政部電腦裡，而且以色列決定誰可以離開加薩前往以色列或西岸。加薩居民已可在加薩境內自由四處走動，而且自六日戰爭以來頭一遭，加薩境內沒有以色列士兵。但要離開加薩至外面世界，和以前一樣難；而且，不久後還反倒變得更難。按照以色列左派評論家吉迪翁・列維（Gideon Levy）的事後看法，「典獄長撤離監獄，這時從外面關著該監獄的囚犯」。[3]而且士兵不久後就會回來，即使不是就此常駐，至少頻頻回來。

屯墾民譴責夏龍「背叛」一事，不折不扣反映了激進分子所謂的他們的「勝利」。但以色列的主流看法對巴勒斯坦人來說更危險。大部分以色列人認為以色列已給加薩人管好自己生活、使用屯墾民離去後所棄置的土地和其他資源、過上繁榮和平日子的一個前所未有的機會；但這番付出所得到的回報，乃是火箭射入以色列，以及加薩轉變為貧困荒涼之地，而且世人莫名其妙的要以色列為此轉變負責。

真實情況並非如此。如果屯墾民留在加薩，以色列會更安全一說，經不起深究。以色列撤離加薩後，哈瑪斯所用的火箭，威力和射程都提升，但其實，撤離前五年裡有一百六十二個以色列人和外籍工人遇害，撤離後的十年間則是一百四十人。[4]

屯墾民已給加薩留下一個具有繁榮潛力的綠洲一說，也大謬不然。前一年，世界銀行已示警說，由於巴勒斯坦經濟已「失去所有經濟動能，經歷了（自這次巴勒斯坦人起事以來）非常重大的衰退」，光是撤離加薩「不會改變這個危險且無法永續的情況」。[5]巴勒斯坦人的收入自二

○○○年以來已少了三分之一，使一半的人落到貧窮線以下，除非大幅放寬自這次起事以來以色列所施行的封閉、限制措施，巴勒斯坦人的生計不會因撤離加薩而有多大改變。

即使位在卡爾尼（Karni）的最大貨物口岸開放時，商人仍面臨諸多嚴重障礙，例如進出口貨物通過口岸時得「轉換貨車」（back-to-back）再裝卸一次的過時體制。但若用上隨時可派上用場的掃瞄機，將會在毋需人力搜查的情況下加快貨物的過境，同時確保安全無虞。向來言語枯燥乏味且愛將嚴重事情輕描淡寫的世界銀行主張，未能加快卡爾尼貨物過境一事，正為巴勒斯坦商業衰退和接下來失業推波助瀾，示警說這有違以色列本身的利益：「世界銀行說，年輕巴勒斯坦人的貧困和疏離，正在削弱巴勒斯坦自治政府的公信力，提升好戰派系的吸引力，威脅以色列的安全。」

結果，以色列反倒在撤離加薩之前幾個月，就已開始施行將加薩和以色列、西岸兩地都「分開」的政策，而加薩的貨物和勞力主要銷往這兩地。夏龍所批准構築的四百四十英里長的「隔離牆」，使加薩就此和以色列、西岸分隔開。隔離牆有許多段把占領地圍了進去，使數千個巴勒斯坦籍農民從此無法進入他們在邊境地帶的土地。這時，夏龍的政府則採取措施，更嚴厲切斷加薩和以色列間本就受到限制的連結。

他們乘坐破舊不堪的老速霸路、標緻汽車，五或六個人擠一台車，凌晨四點半左右抵達，以排隊進去工作。他們是既擁有寶貴的以色列磁卡、也擁有以色列核可的雇主許可證的少許幸運兒之一，但仍得把襯衫撩到脖子處，把褲子往上拉到膝蓋處，以讓守衛此區的軍人知道他們未攜帶爆裂物。這一切只為進入一個位在加薩境內的區域。三十八歲的木工莫赫森・阿舒爾（Mohsen Ashur）開玩笑，「為了工作，顧不上尊嚴，不然，顧上尊嚴，就沒工作。」但心情是好的；這是加薩另一個充滿希望的時刻：已有三十年歷史的埃雷茲工業區重新開放。此工業區由以色列控制，但位在加薩境內，工業區裡的以色列、巴勒斯坦企業——從家具至汽車修理——兩國國民都可上門洽談交易。工業區裡的工作於二〇〇四年四月一連串攻擊後遭暫時中止，但在那之前，這些企業已僱用約四千名巴勒斯坦籍工人。這時是二〇〇五年二月，阿里埃爾・夏龍和新任巴勒斯坦總統馬赫穆德・阿巴斯於夏姆埃爾謝赫（Sharm El Sheikh）的高峰會上雙雙宣布矢志達成停火的兩天後。另一個工人，法赫米・巴赫提提（Fahmi al-Bahtiti），一如那些在黑夜裡排隊的其中許多人，看著半島電視台（Al Jazeera）播放的這場高峰會情況。「這會議開得好。我們想和猶太人和平相處」他說，「我希望停火會管用。下一步該是落實路線圖。」

但那天早上排隊的那些人不知道他們在創造歷史——而且是他們所不樂見的歷史。因為這個工業區是長年以來加薩和以色列主要的實質接合處，而這些人是最後一批在該工業區工作的人。二〇〇五年六月，當時的工業部長埃胡德・奧爾默特（Ehud Olmert）永遠關閉此區，宣布以色列公司從此會被遷到以色列境內，並給予補貼，以支應它們從此得付給以色列籍員工的較高工資。

奧爾默特列出為何關閉此區的「安全理由」。但鑑於阿巴斯三月時已履行其在夏姆許下的承諾，透過談判和各武裝派系談定停火，而且停火狀況良好，關閉此區看來似乎另有理由：亦即為了把加薩和以色列、西岸兩地分開（這時以色列政府已挑明的政策）。誠如以色列的國家安全委員會主席吉奧拉．艾蘭德（Giora Eiland）所說的，「撤離加薩意在政治上將以色列和巴勒斯坦人分開，並出於安全考量這麼做，而這有賴於經濟上也分開才辦得到。」[6]

為了經濟上分開，以色列已施行頭幾項措施。以色列宣布其有意從二〇〇八年起不再發放以色列境內工作許可證給巴勒斯坦人。但對加薩來說，這一天來得更快許多——不只在這個工業區，而且在以色列境內。自一九九一年以色列改變其讓巴勒斯坦人自由移動的政策，開始限制發給巴勒斯坦人——工作、讀書或探親——的旅行許可，一個逐漸限縮的過程展開，而關閉此工業區是此過程的壓軸之舉。從經濟角度講，在世道較好的情況下，讓巴勒斯坦籍工人受僱於加薩境內具生產力的產業，會遠比讓他們向以色列提供廉價勞力明智。但那也需要大開大闔的重新思考已開始使加薩和外界隔絕的關閉政策才行。

世界銀行二〇〇四年發出光是撤離加薩不會減輕該地經濟困境的警告。這項警告是由七十二歲猶太裔世銀行長詹姆斯．沃爾芬森（James Wolfensohn）所批准。二〇〇五年四月，小布希挑中沃爾芬森擔任國際中東「四方」集團（美國、歐盟、俄國、聯合國）的第一個特使。

為了藉由撤離加薩推動以巴雙方經由談判締和——並在這過程中復甦加薩經濟——沃爾芬森費了很大力氣。他的友人，經驗老到的美國中東外交官馬丁．英戴克（Martin Indyk），示警說，他正被美國和以色列兩者「利用」，但他不理會這不祥的示警。艾略特・艾布蘭斯，在以巴問題上站第一線和對手打交道的美國新保守派，力挺以色列的鷹派，在背後「嘲笑」他；夏龍則對於和巴勒斯坦人達成協議「毫無興趣」，只願意和沃爾芬森談，以展現「進展」，同時篤定認為他的想法不會落實。[7]

沃爾芬森不為所懼，自認在執行一項非常重要的任務，而該任務包括務使巴勒斯坦人從加薩境內以色列屯墾民的最大經濟資產受惠。這個資產就是出口導向的多種農產品的溫室種植，從賣給極端正統派猶太人的不含蟲子的生菜，到聖女番茄和老鸛草，種類多樣。零星分布在二十一個加薩屯墾區的那些類似大帳篷的塑膠溫室，有一些是高科技溫室，配備先進的溫控設備和灌溉設施，一年的營業額達到七千五百萬至一億美元。必須盡快將把它們拿到手裡；因為屯墾民絕望於收到的溫室補償金不符期望，七月中旬時已拆掉約一半的溫室，剩下約五百英畝的溫室農場完好無損。[8]沃爾芬森從美國的慈善家募得一千四百萬美元，包括他自掏腰包一百萬美元和來自比爾蓋茲夫婦基金會的一千萬美元補助款，以買下屯墾民所留下的溫室，完好無損轉讓給巴勒斯坦人。

沃爾芬森理想主義十足的夢想最終未能實現。為何如此，有個標準說法是屯墾民所留下的溫室毀於劫掠，巴勒斯坦人自己浪擲了這個機會。[9]的確，以色列人撤離加薩後，巴勒斯坦自治政府警方從一開始就未能阻止拾荒者自行取走許多溫室的水管和其他有用的組件。據代表巴勒斯坦經濟發展法人團體（Palestinian Economic Development Corporation）掌理「前屯墾區計畫」的阿耶德·阿布·拉馬丹（Ayed Abu Ramadan）的說法，其中有些劫掠受到私人地主的慫恿。這些地主曾有地被以色列徵用於屯墾，這時想要收回。[10]同樣重要的，有些劫掠受到以下看法的推波助瀾：為了巴勒斯坦自治政府領導人的自身私利，巴勒斯坦自治政府或其機構會接收屯墾區。加薩經濟學界龍頭歐瑪爾·夏班（Omar Shaban）說：

> 這些難民，受害於占領的人，覺得努力抗爭，到頭來卻什麼都沒得到，就連我們所解放的這塊土地都給了那些壞人。而位在汗尤尼斯的難民營，最悲慘的難民營，離一個好區域兩百米，這個營裡的人看著給那些漂亮別墅的溫室使用的水，自己卻沒水可用，民憤高漲。於是，人們午夜時去偷，什麼都偷。這不是因為他們本就從事劫掠或他們喜歡偷，而是因為他們認為這些資產屬於他們，認為會有人再把它們拿走。[11]

但沃爾芬森指出，經過「一兩天劫掠」，造成「一些損害」，溫室「基本上完好無損」。[12]他和巴勒斯坦自治政府財政部長薩拉姆·法亞德（Salam Fayyad）一同巡視加薩時，發現保安部隊在保護溫室，「到處人們都為建造飯店、促進觀光業、創造繁榮經濟而興奮」。

此外，儘管一開始不順利而且欠缺來自以色列籍溫室主人的詳細目錄或指導——這些以色列人為了灌溉和管理水井，僱用四千五百名臨時工、三百名監督人、多種分包商——但溫室計畫迅即大受歡迎。溫室裡種上草莓、番茄、聖女番茄、甜椒、藥草，十一月第一次收成，然後開始第二次栽種。問題出在把這些蔬果運出加薩，經由以色列運到種植之初就鎖定的歐洲市場上。費事的「轉換貨車」體制，使易壞的農產品得鋪放在路面上供執行往往很花時間的安檢，從而使得獲准過境且為數不多的託運貨物，有相當多在離開加薩時已爛掉。

這一拖延加劇卡爾尼口岸本就猖獗的貪污。這個口岸的開放程度愈低，以色列官員以不讓貨車進入加薩為要脅索賄的金額就愈高。[13]但這套體制也適用於少許獲准出加薩的貨車，難過的沃爾芬森因此語帶挖苦的說，這些賄賂是「以巴在官方層級合作的最佳例子」。

對阿布·拉馬丹來說：

> 夢想變成惡夢。那就像監獄裡有頭你無法餵飽又不能放出去的大象，你不知道該怎麼處置牠。擁有值數百萬美元且能為數千人提供就業的溫室，的確是件幸事，但種了植物，產量太大，在本地市場賣不掉。結果以色列卻又不允許你出口，不然就強行拖延出口。之後我們經歷了選舉（二〇〇六年一月哈瑪斯贏得該選舉），以色列人就更加不願配合了。

沃爾芬森看到災難就要降臨，儘管漸漸被擠出小布希／萊斯的圈子，還是說服萊斯運用其權勢使以色列和巴勒斯坦人談成兩項開放邊界的協議，確保收成的作物能運出加薩。其中一個協議使貨物和人員可以經由以色列進到西岸；另一個協議則旨在提供以色列安全保障，允許加薩人經由拉法口岸自由進出，該口岸由巴勒斯坦自治政府和埃及共同運作，但受新成立的歐盟邊界援助團（Border Assistance Mission，簡稱ＥＵＢＡＭ）這個組織的歐盟官員監督。

二〇〇五年十一月萊斯來到耶路撒冷，以參與關於加薩准入和移動協議（Access and Movement Agreement for Gaza，簡稱ＡＭＡ）的會談。艾略特．艾布蘭斯寫下讓人更清楚認識此時期情況的記述，在撤離加薩三個月後，「大家以為巴勒斯坦人會得到的好處」「杳無蹤影」，他們無法「正常進出口」。[14]但他也說這個美國國務卿需要在短期內取得外交成就，以修補先前中東之行時在巴林舉行的以民主為題的美國－阿拉伯高峰會全盤失敗傷害的形象。在耶路撒冷的大衛堡壘飯店談判期間，以色列明顯不願簽沃爾芬森所擬的這份協議。十一月十四至十五日那個午夜左右，艾布蘭斯打電話給夏龍最親的助理道夫．魏斯格拉斯，告訴他：「哎，康迪（即康朵莉莎．萊斯）需要這份協議……我解釋了巴林和新聞界的情況。告訴總理（夏龍）這事關私人。幫她一個忙；她需要在此拿下一個勝利。他很快清楚怎麼回事，說他會盡力。」[15]

對此協議的簽訂來說，這是個好兆頭，但對其落實來說，則遠非如此。出現了一樁戲劇化的小插曲，沃爾芬森在此間揚言辭職，對艾布蘭斯大發脾氣——「哎，艾略特，我覺得你是個混蛋。」他發火，因為攸關他計畫之成敗的事情談判期間，他被晾在一邊。

根據某條重要規定，「今年二〇〇五年收成季期間，碰上事態緊急時，以色列會允許來自加薩的**所有**農產品出口」（粗體是作者本人所添）。結果，聯合國估計，這一季的收成只有四％出口。對身體健康已在這過程中出問題的沃爾芬森來說，這是「我受命執行此任務期間個人最失望的事」。[16]

如此失望的人不只他。巴拉卡特．博赫（Barakat al-Boh）於二〇〇五年九月時被找來參與受沃爾芬森啟發而成立的加薩農業計畫（Gaza Agriculture Project），在原屬加奈塔爾（Gannei Tal）屯墾區的猶太裔屯墾民所有的溫室裡採收青椒和番茄。博赫是苗圃工作的老手，有二十多年的工頭經歷，二〇〇〇年爆發第一次巴勒斯坦人起事，才中斷此生涯。那之後他失業，很高興有這份工作。「老實說，賺的錢不多，一天才六十謝克爾（那時相當於七．三英鎊），不足以溫飽。但我們很高興有工作做。我可以告訴你，我們的生產力比那些屯墾民高。這是巴勒斯坦人的計畫，屬於我們的計畫，我們想要向世人證明它能成功。」二〇〇六年五月，他和已來和他一同工作的兄弟，在此計畫停擺時被資遣，停擺則是因為沒有收入，承受不住巨額虧損。「它停擺時，我們真的很難過」博赫說，「聽到貨車要去卡爾尼，然後不准過境，我們很生氣，很苦惱。」

巴勒斯坦人權中心（PCHR）主任拉吉．蘇拉尼（Raji Sourani），在許多方面是加薩公民社會的領袖，和沃爾芬森很熟。兩人第一次見面時，沃爾芬森說，「『拉吉，我知道你對經濟學一竅不通。就經濟來說，你的夢想為何？』我說，『我希望加薩和西岸、外界之間人、貨能暢行無阻。這是我的夢想。如果實現，那真是太棒了』。他說『就經濟來說的確該如此。人、貨無法自由流動，就沒有經濟可言。』」蘇拉尼說，卸下「四方」集團特使之職時，沃爾芬森為自己未能給加薩帶來「道地的經濟」而難過的向我道歉。[17]

加薩准入和移動協議如果落實，將會大大提升加薩平民福祉。屆時他們將不只擁有自這次巴勒斯坦人起事以來所無緣擁有的前去西岸的自由，而且加薩工農業產品的銷路會大幅擴展；根據此協議的構想，從二〇〇六年一月十五日起，每天會有四百輛運送出口貨物的卡車離開卡爾尼，包括每天一個出境前去西岸的車隊。此協議載明，最遲從二〇〇五年十二月十五日起，每日會有一個類似的載客巴士車隊，從而使加薩人有望得到工作並減輕封閉所帶來的社會、心理壓力。進入埃及所必經的拉法口岸，在歐盟的「第三方監督」下，依舊幾乎每日開放，直到以色列軍人吉拉德·夏利特於二〇〇六年六月遭激進分子擄走才關閉，但此協議的其他部分都胎死腹中。二〇〇六年出境的卡車數量，每天平均十二輛左右；車隊出境則始終未發生。[18]

一如以往，以色列以安全顧慮說明此協議為何未能落實。照理不管是小布希政府，還是歐盟，都該嚴正質疑此事，但兩者都未這麼做。以色列於十二月五日一次自殺炸彈攻擊在內塔尼亞（Netanya）造成五人死亡、約五十人受傷後，取消和巴勒斯坦自治政府談如何落實此協議的會談；但此攻擊來自西岸，動手者是伊斯蘭聖戰組織（與哈瑪斯等派系不同的，此組織自七月以來已三次違反三月時所宣布的停火協議）。的確，更早時，哈瑪斯，就已和伊斯蘭聖戰組織一樣，朝以色列境內發射了數十枚火箭，導致五個以色列平民受輕傷，以掩蓋哈瑪斯為九月某場軍事展覽中一枚卡桑火箭爆炸奪走二十條巴勒斯坦人命的意外所該負的責任。此攻擊招來以色列激烈反擊，首度朝加薩境內發射炮彈，殺了一名伊斯蘭聖戰組織的特工。但那發生在加薩准入和移動協議簽訂之前兩個月。這時，哈瑪斯已恢復停火。

此外，據聯合國中東特別代表阿爾瓦羅．德．索托（Álvaro de Soto）的說法，依照預定的構想，就如何落實此協議舉行的會談「不會被客觀情勢搞砸」。[19]但以色列不這麼認為。內塔尼亞爆炸案後，以色列的官方立場是巴勒斯坦自治政府必須更努力壓制恐怖主義，以色列才會和該政府談准入和移動（儘管巴勒斯坦自治政府的保安部隊聲稱已於先前幾個星期逮捕二十個左右的伊斯蘭聖戰組織成員）。

但以色列的要求再度挑起一個疑問，即以色列本身都未能用武力消滅意志堅定的激進分子所帶來的威脅，阿巴斯怎有辦法辦到？——連康朵莉莎．萊斯都覺得傷腦筋的疑問。一年後，萊斯力促以埃胡德．奧爾默特（夏龍總理之位的接掌者）為中心的團隊和阿巴斯認真和談時，該團隊堅持要阿巴斯先「止住恐怖活動」，他們才願談。萊斯直白反駁道，「止住恐怖活動，他們（巴勒斯坦自治政府）辦不到……我們在伊拉克或阿富汗也辦不到。」[20]這個直白點出實情的說法，揭露了以色列自二〇〇三年起所堅持的原則不切實際。但二〇〇五年十一月，以色列仍抓著不放。

此外，關於如何給予以色列長遠且更穩固的安全保障，有兩個相牴觸的看法，一派認為該施行以色列領導人所支持的懲罰性、軍事性做法，另一派認為，該如沃爾芬森所相信的，讓加薩居民對擁有正常生活和工作懷抱些許希望。

二〇〇五年一開始，情勢讓人樂觀。隨著阿巴斯取代阿拉法特，以色列堅稱「沒有可談的夥伴」的那四年似乎有望結束。儘管以色列報復巴勒斯坦人起事和巴勒斯坦自治政府自己內部的不和，削弱了巴勒斯坦自治政府的力量，但阿巴斯已使加薩境內停火。以色列撤離加薩一時讓人對更大的進展生起些許希望。但這些希望幾乎全落空。在加薩，唯一具體可見的獲益，乃是在隔離牆內可自由走動，儘管該隔離牆斷了加薩和外界的聯繫。以色列的撤離，儘管得到熱烈的肯定，卻進一步傷害加薩本已破敗的經濟；無緣落實的加薩准入和移動協議是修復該傷害的最後希望。

因此，二〇〇五年在悲觀的心情下結束，而數起無政府、暴力事件，使悲觀氣氛更濃。多達百人的武裝民兵攻入法塔赫高階人物穆薩．阿拉法特（Musa Arafat，穆罕默德．達赫蘭的對手）家，將他擊斃，而加薩境內法塔赫所主導的巴勒斯坦自治政府保安部隊無法阻止。*然後，十二

* 這樁謀殺案被認為是人民抵抗委員會（Popular Resistance Committees）所為。這個組織由不滿於當局的法塔赫激進分子和一些曾屬於哈瑪斯、伊斯蘭聖戰組織的人組成，首領是前「法塔赫之鷹」賈瑪爾．阿布．薩姆哈達納（Jamal Abu Samhadana）。日後，哈瑪斯會於贏得二〇〇六年選舉後，讓他掌管哈瑪斯新成立的準軍事警察組織「執行隊」（Executive Force）。

月二十八日，會說阿拉伯語、獻身於人道援助事務的英國人凱特・伯頓（Kate Burton），暫時被調去受敬重的阿爾梅贊（Al Mezan）人權組織服務期間，在前去南加薩途中，連同她來到加薩的父母被擄走。兩個蒙面歹徒用槍逼他們進入一輛白色馬自達車，這兩人屬於一個獨來獨往的極端主義團體「聖戰士－耶路撒冷旅」（Brigades of the Mujahadeen-Jerusalem）。這一家三口於紐約除夕那天凌晨獲釋，但那是在冷靜、能幹的伯頓女士被迫站在其中一個槍手旁拍了影片後才放人。那個槍手在影片中譴責英國在中東歷來的惡行，並揚言劫持為了不到一個月後的巴勒斯坦選舉而來到加薩的歐盟監督員。

在加薩，為了報導這樁擄人案，我和我的一個英籍同事，一如那段時間我們所常做的，去聯合國海灘俱樂部（UN Beach Club）喝一杯。這個俱樂部創立於一九五〇年代，係加薩境內唯一仍賣酒的地方。它有木質鑲板、扶手椅，冬天升起讓人暖心的火，店老闆是個面帶悲傷但和善可親的基督教籍巴勒斯坦人。偶爾，夜間營業尾聲，店裡冷清時，他會給他的常客遞上非法的大麻菸捲。這家店聲稱只做外人生意，但也有一些巴勒斯坦人上門，包括一個留鬍子、曾長期任職於阿拉法特的海軍警察部門的人。此人常在這個酒吧角落慢慢喝啤酒。

這會是我們之中任何人最後一次在那裡喝酒。隔天夜裡，凌晨兩點左右，這間酒吧打烊時，五名身分不明的武裝男子來到這間面海酒吧，捆綁保安，用槍托擊他，在酒吧裡安裝了炸藥，然後遠端引爆，把天花板炸飛，重創酒吧的其他房間。事後來看，伯頓被擄和海灘俱樂部被炸掉，都是即將到來之騷亂的前兆。

撤離加薩之舉，雖是具重大歷史意義且叫人喜聞樂見的先例，卻讓加薩的平民巴勒斯坦人不只要面對以色列的繼續占領（是另一種形式的占領），還得面對日益升高的經濟危機、人道危機，以及巴勒斯坦自己內部目無法紀的衝突所帶來的新危險。與此同時，如果說夏龍的意圖是在撤離加薩後同樣自行撤離其所占領的西岸的部分地方，此事從未成真。二〇〇六年一月，他大中風，因此昏迷，未再醒來。幾個星期後，以色列就會有個新總理。巴勒斯坦人亦然。

第五章

選舉：送給世人一幅美麗的畫（二〇〇六）

通到拜特哈農的那條大路上，每根路燈桿上都飄著綠色三角旗，這些旗屬於此前從未推人參與過開放性選舉的一個組織，因而更加醒目。時為二〇〇五年一月，這些旗子的存在，展現了有意問鼎市長寶座的哈瑪斯三十九歲候選人穆罕默德．納澤克．卡法納（Mohammed Nazeq al-Kafarna）的選戰拚勁。此人有禮貌但意志堅定，在大學擔任宗教課講師。這次選舉，馬赫穆德．阿巴斯擔任總統期間舉行的第一場選舉，要選出市議員，舉行於舉足輕重的二〇〇六年國會議員選舉之前一年。

這是將近三十年來在被占領的巴勒斯坦人領土（西岸和加薩）上舉辦的第一次地方選舉，是一年後更重要的國會選舉的彩排，加薩共有十四個市議會參與，拜特哈農是其中之一。在先投票的西岸，掛在巴勒斯坦解放組織名下的諸團體——主要是法塔赫，但也有一些共產黨人——大勝，拿下八成五的席次。這時，哈瑪斯則希望接下來在加薩這場地方選舉，會有類似的一面倒選舉結果，而且這次往哈瑪斯一面倒。

卡法納必須努力拉票。令當地農民大為氣惱的，以軍砍掉該地許多橙園，據他們所說，哈瑪斯把卡桑火箭射入附近的邊境城鎮斯德羅特，以軍於是如此回敬。在外人看來，哈瑪斯這個在以色列境內外都很容易讓人聯想到凶狠奪命之好戰作風的伊斯蘭組織，竟投身小城政治，實在奇怪。但卡法納的選戰，談的全是道路清掃、供水、污水排放，而且他承諾除掉「中間人」，亦即那些靠關係取得好處的人，無論是市政府的工作，還是建築許可。「哈瑪斯不只是抵抗組織，它也是社會與政治運動」，他在投票的前夕說。[1]

法塔赫的競選總幹事梅黑爾・辛巴里（Meher Shinbari），注意到哈瑪斯突然熱衷於路通水通之類的民生政治的確能打動人心，但認為那不會是決定成敗的因素。他指出，十四天前的總統選舉（哈瑪斯未參與的選舉），馬赫穆德・阿巴斯在拜特哈農拿下七成五的選票，「過半的人支持阿布・馬仁和其努力制止卡桑火箭攻擊的作為。可見左右投票結果的第一因素會是和以巴衝突有關的政治主張，家庭因素排第二，本地的公共服務排第三。」

他徹底看走眼。隔天，哈瑪斯在拜特哈農拿下十三個席次裡的十個，而這樣的一面倒大勝在加薩走廊各地一再上演。共一百一十八個席次中，法塔赫拿下三十九個，以「改變和改革清單」一打選戰的哈瑪斯則拿下七十六席。拜特哈農的選民告訴我，地方議題左右他們的投票決定。四個月後，六十四歲、長年支持法塔赫的穆罕默德・阿里，大加讚許新成立的哈瑪斯議會，為位在此鎮邊緣，他所住的那條小土路，裝設了一盞路燈，提供了巴士服務，使他的孫子從此可以搭巴士上學，不必像過去那樣走上一小時的路。「重點在正派老實」他說，「這些年來，錢到哪去了？我們沒看到錢。哈瑪斯很老實……」[2]

「家庭因素」對投票的影響，也不如辛巴里所預言的那麼大。忠於氏族是加薩人生活的一大特色，而在拜特哈農，兩大氏族是卡法納氏（Kafarnas）和馬斯里氏（Masris）。那年更晚時，有個馬斯里氏族人的一輛驢車刮傷一輛運動休旅車，該車的主人屬卡法納氏，而且較有錢。這個路怒事件隨之引發兩氏族衝突。接下來兩個月兩氏族的武鬥奪走九條人命。但選舉不一樣。這兩個氏族內部都因成員政治立場不一而分裂為兩派；哈瑪斯既提名一個卡法納氏族人為候選人，也提名一個馬斯里氏族人為候選人，哪個氏族都不得罪，而大部分候選人都非這兩個氏族出身。

事後來看，鑑於哈瑪斯已在市鎮選舉得勝，哈瑪斯於一年後巴勒斯坦立法會（Palestinian Legislative Council，簡稱ＰＬＣ）選舉得勝，竟會讓外界震驚不已，就讓人費解。如果西方諸國政府當初較認真看待哈瑪斯在巴勒斯坦立法會拿到過半席次的可能性，可能就會更用心思考他們接下來的作為。

還是有專家向耶路撒冷的西方外交官勸說道，哈瑪斯在加薩的地方選舉獲勝，不代表該組織會突然轉向武裝起事並偏離兩國解決方案。一月底，阿布薩拉米亞．埃弗蘭吉（Abusalamia Effrangi）告訴美國駐特拉維夫的大使館，他和其他人已看到「麻煩要來」。埃弗蘭吉是「熟諳政治的法塔赫主流成員，參與了法塔赫候選人的提名作業」。問題之一是候選人名單包含了大眾所太熟悉（且痛恨）的地方政治人物。相對的，哈瑪斯的候選人只有三成至三成五左右的人活躍於該派系的檯面上，而與該派系較疏遠的候選人支持該派系的反腐或「清廉政府」的政綱。既因為法塔赫的貪腐，也因為法塔赫未能改善巴勒斯坦人的日常生活，選民已受夠該組織，傾心於埃弗蘭吉所謂的「法塔赫候選人以外的任何人」。[3]

西方諸國政府拿到這樣的選情分析結果，卻似乎從中得出錯誤的結論，亦即認為選民的投票意向既然受哈瑪斯的意識形態左右較少，受治理不良的現狀左右較大，碰上較攸關國家命運的國會選舉，他們會回頭支持法塔赫。只有少許西方外交官看出，巴勒斯坦立法會選舉時，巴勒斯坦選民可能會有類似的投票意向。在此立法會選舉前，立法會，一如地方議會，一直由法塔赫主掌，而且法塔赫在立法會表現很不理想。

法塔赫據認是較受以色列青睞的派系，而碰上選舉，以色列對法塔赫幫助不大。若非夏龍「莫名所以的、近乎故意作對的不和（巴勒斯坦自治政府）總統阿布・馬仁協調撤離加薩之事」（替夏龍立傳者語），[4]結果可能就不是這樣。尤其他對於這個巴勒斯坦總統提倡平心靜氣談判一事，完全未助一臂之力。一如在此選舉許久以後，連美國總領事雅各・華勒斯（Jacob Walles）都會說的，「沒有和平進程……（法塔赫）沒有東西可拿出來秀給大家說『我們就是這樣辦到的』。」[5]儘管阿巴斯承諾十年後舉辦第一次選舉一事，有助於確立他推動改變者的形象，夏龍卻一再讓人對以色列是否會允許巴勒斯坦人自由移動一事心生懷疑，而巴勒斯坦人的國會選舉要辦得成，自由移動是必要條件。這很難不讓人推斷，老是訴苦說無法把阿拉法特視為和談「夥伴」的夏龍，同樣決意向他自己的公眾和以色列的西方盟友證明，這個新的巴勒斯坦總統同樣不配當和談「夥伴」，藉此又有助於轉移要他開始和他談判的國內外壓力。

但這招用在阿巴斯身上，比用在阿拉法特身上難得手，因為阿巴斯不只大力支持經由談判達成兩國並立的解決方案，還挑明反對武裝起事。這一次，就連美國都不同意夏龍不理會阿巴斯的做法，反倒堅持要選舉辦下去。尤其，這時的美國政府，處於第二個任期，不必為了選舉迎合美國國內親以色列遊說團體的需求，又得到包括英國在內的歐盟幾大國政府的支持，一再駁回夏龍和其閣員要求不讓哈瑪斯推出候選人參選的主張。美國政府甚至堅持要百般不願的夏龍允許在巴勒斯坦人——甚至在大部分西方政府——眼中被占領的東耶路撒冷之地舉行投票（在以色列政府眼中，東耶路撒冷是其所聲稱擁有主權的「未分割」的首都的一部分）。不讓耶路撒冷居民投票，幾乎必然會使阿巴斯不得不取消選舉。

在西方人看來，這場選舉攸關阿巴斯地位的穩固。如果法塔赫在選舉中徹底打垮哈瑪斯，其民意基礎會更強固許多。事實上，沒有哈瑪斯這個最大反對勢力參與的選舉，幾乎就是毫無意義的選舉，因為這個伊斯蘭主義派系已決定要和一九九六年時一樣參與此次選舉，不予以抵制。相對的，以色列繼續主張，讓武裝派系參與選舉，不符民主精神。以色列外長齊皮・利夫尼（Tzipi Livni）說，「你能想像哪個歐洲國家或美國允許恐怖主義組織參與選舉？」[6]對於阿巴斯可藉由在這些選舉裡打敗哈瑪斯來提升自己的權威一事，以色列人沒那麼在意，還是主張阿巴斯不應等選舉過後再來解除激進分子的武裝。但歐盟／美國的做法要成功，取決於法塔赫選舉獲勝。誠如某個歐洲外交官所說的，「我們——比美國更起勁的——對以色列人說：你們該讓選舉舉行（二〇〇六年巴勒斯坦立法會），該讓哈瑪斯參選，以便打敗、拆解他們。沒有針對如果他們選贏制訂的B計畫。人人都說他們會輸。」[7]

問題在於「人人」都看錯了。哈瑪斯於二〇〇六年一月二十五日的選舉拿下過半席次，在立法會一百三十二個席次中拿下七十四個，叫外交官、選民、哈瑪斯自己的許多領導人大吃一驚。鑑於加薩人民將因為那天做出的選擇而受到很大的苦，在此值得細究此選舉的過程和其後續影響。因為這是接下來十年加薩之命運的轉捩點之一——堪稱唯一的轉捩點。

一段時日後，會有人說這個選舉結果反映了大部分巴勒斯坦人擁抱伊斯蘭原教旨主義或武裝抵抗以色列路線，或兩者皆支持。以色列著名教授班尼．莫里斯（Benny Morris），已轉到右派的開創性「新史家」，斷言「只有傻子和小孩」認為哈瑪斯係因為具有「清廉形象或發放食物給窮人」而打贏二〇〇六年選舉。他主張這些都是「因素」，但「哈瑪斯獲勝的主要原因在宗教、政治方面：巴勒斯坦民眾愈來愈虔誠的宗教信仰，以及他們『承認』哈瑪斯體現了『真理』，『承認』哈瑪斯會和其透過武裝鬥爭於二〇〇五年使異教徒撤離加薩走廊一樣，在阿拉幫助下促成對異教徒的最後勝利。」[8]

在政治光譜的另一端，哈瑪斯政治領導圈子裡老經驗的鷹派馬赫穆德・札哈爾，把此派系的勝利說成「此結果在在表明……抵抗比所謂的和以色列平心靜氣談判更得人心」。[9]

兩人都忽視了襄助哈瑪斯打贏選舉的平凡無奇的因素。首先，從一開始法塔赫就分裂到沒救的地步。法塔赫內部有兩派，一派是在本地協助領導第一次巴勒斯坦人起事的「裡面人」，另一派是大抵上和阿拉法特一起在突尼斯流亡地遠遠看著這場起事的「外面人」，也就是「老將」。兩派的長期鬥爭於十一月下旬、十二月上旬內部初選時來到白熱化。在西岸，較年輕一輩大出風頭，其中得民心、具群眾魅力且坐過牢的馬爾萬・巴古提（Marwan Barghouti）在拉馬拉的黨內初選拿下九成選票。但老將反擊，尤以在加薩反擊最力。他們在初選選票上動手腳，允許自己的支持者衝入投票所，以免上述情形出現於加薩，阿巴斯因此取消初選，包括在西岸已舉行的初選。阿巴斯擔心法塔赫分裂而垮掉，批准作為折衷方案的混合選舉制。[10]六十六席的全國不分區名單——有別於個別選區名單——既有「老將」，也有「新人」。巴古提排名第一，但緊接在後者是兩個鐵桿「老將」，兩人都是加薩人：英提莎爾・瓦濟爾（Intisar al-Wazir）和巴勒斯坦自治政府前外長納比爾・夏阿特（Nabil Sha'ath）。瓦濟爾是阿布・吉哈德（Abu Jihad）的遺孀，阿布・吉哈德和阿拉法特一起打天下，共同創建了法塔赫，一九八八年遭以色列暗殺。這個折衷辦法惹火兩派裡無緣列入候選人名單者，結果，數十名有意參選而心懷不滿的法塔赫成員自行參選，和法塔赫正式支持的候選人在地方選區打對台。

而且，法塔赫打選戰的本事比哈瑪斯差了許多。離投票還有十四天時，兩個選戰專家被英國工黨（東尼．布萊爾領導下的執政黨）派去拉馬拉做友好訪問，試圖在這個各不相讓的混亂情勢下能幫上什麼忙。凱文．李（Kevin Lee）和史卡勒特．麥奎爾（Scarlett McGwire）於選後提出的「絕密」報告顯示，他們兩人驚駭於所見所聞。他們指出法塔赫候選人同台相鬥的問題，也說選戰打得「亂無章法，缺乏有力領導」，「沒有明確的指揮架構」，又有「許多人事變動」。「好的想法未在記者會上或透過能打動選民心理的材料轉化為具建設性的行動」，「沒有研究成果和具體佐證的證據支持法塔赫的主張」。[11]

此報告說，除了試圖把哈瑪斯說成塔利班，法塔赫攻擊其對手的主要「台詞」是無法讓人信服的，諸如：哈瑪斯因為反對奧斯陸協議而拒絕參與一九九六年巴勒斯坦立法會選舉，這時則在「路線圖」不像奧斯陸協議予人那麼大的希望時參與立法會選舉；即使以色列不允許在東耶路撒冷投票，這個伊斯蘭派系依舊支持選舉辦下去，因此哈瑪斯並不在乎耶路撒冷。這份報告還說，「我們提出約十種對付哈瑪斯的論述，他們聽了喜歡，但那時已是選前最後幾天，只有發言人說會使用它們，因為我們始終未和較高層的候選人見到面。」統籌選務者似乎也不知道誰是支持者和支持者在哪裡。已設了有二十條電話線的客服，但「這只用於回覆選民的來電詢問，而非用於主動出擊。」法塔赫的高層致力於把一百二十個有意脫黨參選、和自家人打對台的法塔赫成員勸退，為此耗去他們的許多心力——據某個消息靈通的觀察家的說法，勸退的方法，「大概不是祭出組織紀律，而是許以退選就給予現金、巴勒斯坦自治政府裡的職務，若在加薩的話，則是承諾以色列人撤走後的土地。」[12]

經過五天密集觀察此次選戰，這兩位工黨派來的專家，其結論貶多褒少。見了負責選務的大部分高層黨工後，他們指出法塔赫落敗的原因：政績不佳（「我們找不到他們可拿來講的好事。我們所見到的閣員很平庸」）；黨內分裂；「這個總統因為廉潔，是最受敬重的人之一，但他認為自己應超然於政黨政治之上，不願投入選戰。」

辛貝特首腦尤瓦爾．迪斯金（Yuval Diskin）也提出上述最後一點。他發出驚人之語，說「巴勒斯坦領導階層的每個人，對這兩個地方的情況的掌握，都比不上」辛貝特，然後說阿巴斯迄這時為止最明顯的失策，係「決定扮演好巴勒斯坦人的領導人，而非扮演好政黨領導人」。[13]迪斯金也說：「哈瑪斯是個需要認真看待的專業組織，知道該如何思考議題，如何得出符合自身利益的理智結論……（而且）這個加薩領導階層有實力去落實該結論——下令停止恐怖主義行動，九成九的人奉行。」

關於法塔赫打的選戰，李／麥奎爾的報告推斷，「名義上主掌選務的人，對於怎麼做會讓巴勒斯坦人願意把票投給他們，遠不如我們懂」，「老鳥候選人一逕我行我素，而且坦白說，往下直到小選區似乎都是這作風」。該報告還說「亂無章法——完全沒計畫……沒願景……完全不擔心哈瑪斯會贏——儘管種種證據表明哈瑪斯會贏……」[14]

這些難以克服的缺點，在加薩最為顯著。在那裡，年輕的法塔赫女行動主義者阿瑪妮・阿布・拉馬丹（Amani Abu Ramadan），絕望於選戰打得太糟糕，在選戰初期辭去其職務，後來，與前歐盟中東和平進程特別代表米蓋爾・莫拉蒂諾斯（Miguel Moratinos），開車從埃雷茲口岸到拉法時，憶道，「十足混亂。第三條路黨或改變與改革黨（哈瑪斯）有人在接待處給你競選資料。而在法塔赫，基本上只有幾個男孩坐在桌前，擺出在競選的樣子」（第三條路黨／The Third Way是獨立小黨，領導人是能幹的前巴勒斯坦自治政府財政部長薩拉姆・法亞德和參與過先前幾次談判的哈南・阿什拉維）。[15]這一切使得加薩的法塔赫青年組織的領導人阿卜杜勒・哈基姆（Abd al-Hakim）看破這個派系，在投票日隔天抱怨說，「哈瑪斯沒打贏選舉，是法塔赫輸了選舉。」[16]

難怪法塔赫在加薩的最重要人物穆罕默德・達赫蘭六月時找上尤瓦爾・迪斯金，「想要請以色列的領導階層幫忙推遲選舉」。[17]達赫蘭是汗尤尼斯選區的候選人，比他在西岸的許多同僚更精於從當前政治情勢判斷未來的情況。就連阿巴斯都在此次選戰的最後階段憂心忡忡，因而私下建議以色列還是禁止在耶路撒冷投票——藉此使這個巴勒斯坦總統得以順理成章推遲選舉，同時公開怪罪於以色列（但未獲採納）。[18]

與法塔赫內部的混亂截然相反的，哈瑪斯雖然較無經驗，卻打出很有效率、甚至很有行家水準的選戰。哈瑪斯於市鎮選舉得勝後，二〇〇五年初就決定要參與巴勒斯坦立法會選舉，但哈瑪斯內部經過約三年辯論，才敲定參與選舉這個原則。表面上，哈瑪斯抵制一九九六年選舉，係因為該選舉是奧斯陸協議所訂定，而哈瑪斯極力反對且訴諸暴力反對該協定。但一九九六年時，哈瑪斯也沒什麼勝算贏阿拉法特。[19]

但到了二〇〇六年，哈瑪斯的民意支持度已成長。哈瑪斯主張係它於前一年八月把以色列部隊和屯墾民趕出加薩——夏龍自行決定撤出加薩之舉所留給巴勒斯坦人的政治紅利——而這主張無疑使某些選民更加支持哈瑪斯。事實上，以色列撤離加薩之前許久，哈瑪斯的政治實力就已強於過往，二〇〇五年的地方選舉就表明這一點。但一如在地方選舉時的做法，哈瑪斯打出無意識形態色彩的「改變與改革」旗號來競選，而且競選前已作好萬全準備。哈瑪斯聘了數個顧問，其中之一的納夏特・阿克塔什（Nashat Aqtash）博士是熟諳美國選戰打法的公關專家。他有打選戰的計畫，有組織完善的地方團隊來落實該計畫，有一套前後一致的宣傳綱領。這套綱領強調，候選人參選是為了「改善你們的處境，不是為了我們的私利」，而且透過當地的無線電視台，巧妙鎖定看不起衛星電視頻道的四成加薩人宣傳其理念。[20]

伊斯瑪儀・哈尼耶（Ismail Haniyeh），在哈瑪斯裡屬於較務實一派，名列哈瑪斯的全國不分區名單的第一名。值得注意的，以「改變與改革」為綱領打的選戰完全不提以色列的破壞。

巴塞姆・奈姆（Bassem Naim）掌理哈瑪斯在加薩市的選戰。一如該派系的許多高階人物，他是醫生，結腸直腸外科醫生，後來當上衛生部長，接著主掌哈瑪斯的「國際關係委員會」。二〇〇四年夏，在艾哈邁德・亞欣和阿卜杜勒・阿濟茲・蘭蒂西遭定點暗殺身亡後，奈姆憶道，

「大部分領導人躲了起來，我們被叫去和其中一個領導人開會，因為他出外不易。我們所有的就只是一隻筆、一張空白紙。我們不懂選舉規則和規定，一竅不通。一年半後，我負責加薩省（的巴勒斯坦立法會選戰）。」

計畫一絲不苟。「我有約七千人幫我，因此我們能掌握每個投票所的情況……要用哪所學校、誰負責食物供給、車輛安排、誰負責法律事務和問題。」奈姆對結果不覺意外。會在投票日負責保安的巴勒斯坦自治政府的部隊成員，在投票日前不久先行投票，結果其中兩成五把票投給哈瑪斯。奈姆說，那點出即將發生的事。「選前幾天，我不是說幾星期，我就幾乎百分之百確定我們的得票率會是多少。我們清楚知道每個房子裡誰會出來投票，誰會被留下，誰仍中立。」[21]

選舉那個星期，加薩境內每個人都能看出哈瑪斯氣勢正旺。投票日前三天，由三十輛裝著擴音器、飛舞著橫幅、按喇叭的車子組成的車隊，在加薩市遊街。面對哈瑪斯的宣傳攻勢，早該有動作的法塔赫遲遲才出手自衛。有次，在原是阿拉法特的大院的外面，有場參加人數不多的群眾大會，法塔赫最重要的候選人薩米·馬謝拉維（Sami Masherawi）宣布，「法塔赫為過去所犯的錯道歉。我們絕不會讓一些貪腐之人傷害法塔赫的名聲。」同樣的，由於幾無別的招術可反制哈瑪斯所吹噓的係它把以色列趕出加薩一說，另一個法塔赫的行動主義者法德·馬迪（Fouad Madi）在這場群眾大會上說，「帶著橄欖枝和槍的人是我們。我們率先動武，用石頭。」附近，一面巨大的橫幅，呈現一名疲於戰鬥的蒙面武裝法塔赫激進分子，宣告：「在加薩，我們得勝，而且我們要去西岸和耶路撒冷。」

那天更晚時，我隨穆罕默德．達赫蘭去到他的大本營汗尤尼斯。在那裡的某個傍晚，一場法塔赫的群眾大會，因為許多情緒激動、陽剛味十足的青年湧入而聲勢大漲，其中有些青年對空鳴放AK－47步槍。但在汗尤尼斯，在加薩第二大城的難民營裡，懷疑法塔赫的心態仍然鮮明可見。薩瑪黑爾．悉達（Samaher Sidha），有四個小孩的二十三歲媽媽，坐在彈孔纍纍的自家外頭，指著被以色列拆掉的房子的瓦礫。她的房子所在的那個居住區，在以色列人於八月撤離之前，位在該難民營和以色列屯墾區內維德卡利姆之間的前線上。她說達赫蘭來過，「他保證會搞定這一切。但上次選舉時，我們就聽過這話。好多承諾，但沒有一個做到。」悉達太太承認，哈瑪斯為這個區的窮人家，包括她家，供應了食物和金錢援助，談到巴勒斯坦自治政府時說，「十年來他們什麼都沒做。我們想要換人，我們得換人做看看。」對她來說，「貪腐和不安全」是主要議題。談到晚近為巴勒斯坦自治政府職員加薪五成之事，她說，「為何當局為他們的雇員加薪？那是賄賂。我們選出法塔赫和達赫蘭，但他們在改善失業上毫無作為，或未開啟營造工作。」

連積極支持達赫蘭的人都有類似的憂心。二十七歲的莎米拉．陶斐克（Samira Tawfiq）是巴勒斯坦自治政府的雇員，說她會把票投給法塔赫，希望達赫蘭日後當上巴勒斯坦總統。但她也說內部不安全和失業是主要議題。「這裡被占領時，我們常看到血，但如今我們仍看到血。我們需要的是一個很強的領導人。法塔赫需要改變，但他們不是極端主義者。他們會和以色列談判。」

在加薩，這場選戰來到後面階段時，最引人注目的事件之一是達赫蘭和馬赫穆德・札哈爾的一場熱烈——且前所未見——的電視辯論。兩人在一九九〇年代阿拉法特取締伊斯蘭主義者期間各自的作為，使這場辯論火光四射。札哈爾指控達赫蘭是當年對他和其他哈瑪斯要員「用刑」的幕後主使者。達赫蘭則指控哈瑪斯致力於透過其在一九九六年和在較晚近的以巴衝突期間所犯下的自殺炸彈攻擊案來削弱巴勒斯坦自治政府。札哈爾指責法塔赫未能實現其目標，說法塔赫和巴勒斯坦自治政府「深陷貪腐」。但達赫蘭嘲笑哈瑪斯拒絕談判，要他們告訴大家，不談判，他們要如何照顧到巴勒斯坦人的未來。「你們要怎樣讓工人進入以色列工作？」他問，「透過你們的地道或網路？」

選務官員主持選務中立，令人刮目相看，但更早時，在選戰期間，偶爾還是爆發暴力事件。選前那個星期，在席法醫院，為第三條路黨打選戰的二十二歲蘇萊曼・阿夏比亞（Suleiman Ashabia），仍為他一隻手和雙腿上的七處槍傷痛得臉部肌肉抽搐。有個蒙面槍手，假裝是支持者，把他誘至馬加齊難民營，然後下此毒手。「我們在馬加齊取得很大進展」阿夏比亞說，「不管那人是誰，就是想要我們不要這麼賣力。」

投票那天，我去看了加薩境內多個投票所，足跡從北部與以色列接壤處到南部和埃及接壤處，嘆服於中央選委會能讓各派系的代表都離入口一段距離，以免讓前來投票者心生害怕。這次選舉並非十足順利：汗尤尼斯出現槍擊，很可能是部落間的恩怨所致。十年後，哈瑪斯說靠它派出的武裝人員「保護」，票箱從投票所順利運到中央選委會統一計票，才使其對手無從作票。[22]但就加薩境內的大部分地方來說，即使不是始終看不到槍，也是禁止開槍。許多投票者的心情是驕傲於終於舉行自由且公正的選舉——來自卡特中心和歐盟的國際監督員對此選舉的評價——乃至為此歡欣鼓舞。載選民至投票所的汽車不斷按喇叭，以及橫掛於街道上方、乃至披掛在兒童腳踏車上的橫幅——哈瑪斯的綠色橫幅、法塔赫的黃色橫幅、左派的巴勒斯坦解放人民陣線的紅色橫幅——使這股近乎嘉年華的氣氛更為濃烈。

大部分投票人樂於談他們的投票選擇。在拜特哈農，對於由納澤克·卡法納所領導、這時已執行職務一年的哈瑪斯市議會的表現，民意看法分歧甚大。他的表現證明，他的確是不像他的哈瑪斯同僚那麼教條的社會主義保守派。拜特哈農市議會只有兩個女議員，其中之一的伊卜提薩姆·札阿寧（Ibtisam al-Za'aneen），以無黨無派的身分選上，說服他讓她成立一個每週向八十個女人提供意見的單位，包括就家暴這個極敏感議題提供意見。他告訴她，「清真寺裡那些謝赫恐怕會給妳帶來大麻煩，但盡力去做。」[23]哈雅特·馬斯里（Hayat al-Masri），二十八歲的已婚大學生（她的姓再度表明政治立場完全取決於所屬氏族的政治立場一說不盡屬實），說這個地方議會已改善了道路，「做得非常好」，還說，「我希望它會改善經濟和安全。他們信教虔誠，如果他們能叫人停止偷搶，會有更多錢可用於營建。」但阿瓦德·奈姆（Awad Naim）這個支持法塔赫的四十二歲會計嚴正表示，「什麼都沒變。他們搞不好街道清掃、水費、失業的問題，而且在市政府裡僱用哈瑪斯的人。」與此同時，他嚴厲批評由法塔赫支配的現任立法會，說「它十年來什麼都沒改變」。

哈瑪斯行之已久的窮人慈善救濟組織，的確有助於哈瑪斯贏得選票。有些哈瑪斯的選戰人員無疑也告訴較容易被說服的選民，真主會支持那些把票投給伊斯蘭信仰虔誠之候選人的人。[24] 而且哈瑪斯強調其所謂的是它把以色列趕出加薩的說法，不管該說法多麼值得商榷。但投票日當天的整體民意傾向，感覺不像班尼·莫里斯所想的。首先，細審投票結果，發現所謂的哈瑪斯壓倒性大勝一說並非事實。就全國不分區投票來說，哈瑪斯以四十四%的得票率拿下二十九席，法塔赫以四十一%得票率拿下二十八席。法塔赫的敗選，幾乎完全敗在內部分裂，即在選出全國一百三十二席之另一半席次（六十六席）的各選區選舉中，法塔赫有人脫黨參選，和該派系正式推出的候選人打對台。哈瑪斯沒有這種自家人相爭的情況，拿下各地方選區共六十六席裡的四十五席，法塔赫只拿下十七席。但哈瑪斯推出的候選人總共只拿下三十六·五%的選票。換句話說，在選區選舉中，有六成三的票投給非哈瑪斯的候選人。整體來看，哈瑪斯在巴勒斯坦立法會拿下過半席次，以七十四席對四十五席力壓法塔赫，但總得票率只有四成四。因此，這談不上巴勒斯坦民心已大舉轉為相信阿拉將從此引導巴勒斯坦人用武力打敗「異教徒」。

巴勒斯坦自治政府的腐敗的確不利於法塔赫選情。在加薩，種種顯示基層腐敗或巴勒斯坦自治政府裡有權有勢者發財致富的跡象，從瓦斯塔（wasta，即弄到公家職務所需的關係），到受自治政府特別照顧的企業家所擁有的新賓士車和臨海別墅，選民都看在眼裡。他們知道一再傳出的部長和官員從賣地或土地計畫決定收取回扣、盜用公款或其他暗中收取非法款項的報導。阿拉法特似乎無意於自己發財，但始終保有從打游擊時養成的一個習慣，即利用外來的資金買到他手下的效忠。巴勒斯坦自治政府一九九四年成立時，由於可用的資金多了許多，這種機會大增。[25]

投票日隔天，在汗尤尼斯和另一個法塔赫候選人打對台並艱苦打贏選戰的穆罕默德·達赫蘭，對選舉結果大為光火，痛斥阿巴斯任由法塔赫內部亂象持續至選戰開打前，痛斥他任命「無能」的納比爾·夏阿特為競選總幹事。[26]但法塔赫的敗選不能單單歸因於選戰打得太糟糕。已故的葛蘭姆·厄舍爾（Graham Usher），分析巴勒斯坦政局最為精闢的西方新聞記者，針對法塔赫為何敗選，得出和班尼·莫里斯截然不同的結論：

> 大體來看，巴勒斯坦人不是投票支持政治性的伊斯蘭、乃至武裝鬥爭。哈瑪斯選勝出於三個原因：儘管過半數的巴勒斯坦人贊成和以色列締和或與以色列進行有意義的政治談判，但巴勒斯坦人對於這樣的未來已不抱希望；哈瑪斯在提供服務上所扮演的政府角色（尤以巴勒斯坦人起事的那段艱困歲月期間為然）、其帶頭領導巴勒斯坦人武裝抵抗

的作為，得到巴勒斯坦人肯定，巴勒斯坦人普遍認為武裝抵抗是促使以色列於去年夏天自行撤離加薩的因素；最重要的，對巴勒斯坦自治政府在法塔赫主導下十年來治理不當極為反感，而該政府在以色列撤離加薩後未能帶來法律、秩序、經濟復甦，使反感達到極點。[27]

哈利勒．席卡基（Khalil Shikaki），最受國際敬重的巴勒斯坦籍民意調查人，更篤定表示這個選舉結果不代表民意支持哈瑪斯的「極端主義看法」，還說，「過去十三年我所做的民調表明，巴勒斯坦人的立場從未像現在這麼溫和」。[28]

事實表明，投票日是加薩另一個充滿希望的時刻，因為儘管受到種種約束，巴勒斯坦選民所順理成章感受到的是一場足堪作為榜樣的民主選舉。四十歲的汽車技師馬赫迪．哈蘇尼亞（Mahdi Hassounia）下班，穿過揮舞哈瑪斯、法塔赫旗幟的喧鬧年輕男子群眾，以前去加薩市中心的卡梅爾中學投票時，太陽已經下山。這些年輕人對哈蘇尼亞影響不大，他打定主意要把票投給小了許多的左派組織巴勒斯坦解放民主陣線（Democratic Front for the Liberation of Palestine，簡稱DFLP）。這個組織早在一九七四年就協助法塔赫將巴解組織導向兩國解決方案。但這次選舉所帶給他的歡喜，不是因為他所支持的黨選得好，而是出於愛國情懷。「很好」，他說。「我們認為以後還會有別的難題，但這次選舉非常順利。我很驕傲巴勒斯坦人民已送給世人一幅好畫，一幅美麗的畫。這樣的選舉並非到處可見。有些難題要解決，但這些難題可能出現在任何地方。我希望這會有助於讓人們認識到該有一個巴勒斯坦人國家。」誠如接下來幾天裡以色列和西方諸政府對此次選舉的回應，大家開始痛苦的看出，情況不會如哈蘇尼亞所想的那樣樂觀。

第六章

國際社會對哈瑪斯勝選的反應（二〇〇六）

國際外交的一大特點是集體決策的步調緩慢，甚至在危機時亦然。二〇〇六年一月巴勒斯坦選舉後國際「四方」集團做出決定，相對來講快得叫人嘆服。尤其因為那之前從未有人費心去想如何處理這個正在展開的情況。在華府，「連想到要以『如果哈瑪斯勝選該怎麼辦』為題寫份計畫性報告的人都沒有，因為沒人認為會出現那樣的結果。」[1]一月二十六日星期四，選舉結果已相當清楚，三天後巴勒斯坦的中央選委會才予以正式確認。隔天，美國、歐盟、俄羅斯、聯合國，應康朵莉莎·萊斯的催促，趁在倫敦參加阿富汗問題會議時抽空會晤，表態支持一份聲明。該聲明先是「祝賀巴勒斯坦人民完成了一個自由、公正且安定的選舉過程」，然後道出該聲明的重點：「四方」集團已斷定，日後對任何新政府的援助，將「必然」會「由捐款國根據該政府對非暴力原則的信守、承認以色列、接受先前的協議和義務的情況予以審核」。

此聲明的用語四平八穩，符合外交習慣，但其意思再清楚不過。哈瑪斯所主持的巴勒斯坦自治政府若要得到國際承認，更別提得到國際援助，就得公開表示徹底棄絕使用武力、承認以色列、撤銷其十年來反對奧斯陸協議的立場，從而得——立即且在會被認為於拿下驚人勝選後不久就公開屈服外部壓力的情況下——放棄其所矢志追求的三件事。對此聲明表示贊許的艾略特・艾布蘭斯寫道，「對『四方』集團來說，這是特別強硬的立場」，「我們樂見」。[2]

這些「原則」——由美國擬出並很快就得到「四方」集團其他成員批准——決定了此後十餘年各國和哈瑪斯的關係。它們左右了國際，更具體的說，以色列，對加薩境內每個重大事件（包括三次戰爭和十年經濟封鎖）的政策。就中東地區來說，這些「原則」催生出對美歐長年以來聲稱矢志促成中東民主一事的強烈嘲諷。而且它們使得一場具有對照功用的實驗無緣進行，喪失了驗證和一個（相對來講較）務實且急欲得到國際承認的伊斯蘭主義政權共存是否可能的機會。「四方」集團這個決定加劇了巴勒斯坦民族運動內部的破壞性分裂。它既未能拉下哈瑪斯，也未能改變哈瑪斯，反倒使這個伊斯蘭派系對伊朗的依賴劇增。簡而言之，事後來看，這決定就像是說明西方外交政策如何收到反效果的一個典型案例，而且很難從此決定找到一點獲益。

艾布蘭斯太客氣，因此不願說一月三十日這個「特別強硬」的決定係以色列和美國（包括他本人和萊斯）施壓的成果。在那三天前，已有人表示未經進一步討論就通過這麼一個倉促、公開且嚴厲的最後通牒恐怕不妥，尤其在哈瑪斯幾乎不可能接受它的情況下。在布魯塞爾，歐盟執委會一名高階官員提醒，「除非絕對必要」，勿把對巴勒斯坦自治政府的援助當政治工具來用，他頗有先見之明的說：

巴勒斯坦領土（即西岸和加薩）上的一百萬人直接、間接倚賴歐盟的資助。收回該資助，後果會很嚴重，可能引發暴力。歐盟沒有義務在金援立場上和美國、以色列的立場一致。歐盟過去沒這麼做過。大家正盯著歐盟如何回應這些選舉。如果我們的作為讓人覺得我們不接受選舉結果，那麼，我們口口聲聲說的提倡民主會少了公信力。[3]

英國駐耶路撒冷總領事約翰．詹金斯，則在發給倫敦的電報中較含蓄的表示，沒必要立即遽下判斷。「在對方要求我們作出決定之前，仍有太多事有待巴勒斯坦人決定。但我們應至少開始思考，從哈瑪斯的角度看，我們在接下來幾星期、幾個月裡需要哪種政策和行為選單，該何時出手。」[4]

前往倫敦的美國大人物不理會這個深思熟慮的建議。聯合國的阿爾瓦羅．德．索托，週一早上出席了「諸位首長」開會前的特使會議，說他受到來自艾布蘭斯和美國助理國務卿大衛．威爾奇（David Welch）「連珠炮似的猛烈攻擊」，包括以下這個「讓人覺得不妙的暗示」：除非聯合國祕書長科斐．安南（Kofi Annan）從哈瑪斯勝選的角度「檢討」其為巴勒斯坦人提出的方案，美國國會審議對聯合國的補助款時，可能會有「影響」。[5]

這時馬赫穆德．阿巴斯已表明，身為巴勒斯坦自治政府主席，他願意和哈瑪斯談組成政府。德．索托建議「四方」集團的聲明採取較正面的口吻，歡迎哈瑪斯藉由參與選舉所表達的「動向」，希望「這樣的動向會繼續下去，以使國際社會能一如以往支持巴勒斯坦人」。選前他已提議「四方」集團允許聯合國和俄國就如何加快那個「動向」和哈瑪斯對話——他認為美國人未挑明反對此議。但在特使會議上，德·索托毫無所成。

這樣的對話，不採取大肆張揚的邊緣策略，若成真，說不定有機會促使哈瑪斯就是否願意支持其他可供選擇的條件——包括立即停止火箭攻擊和它此前多次提出的長期停戰——暢談其看法。對話時可以帶上一個挑明的條件，即如果哈瑪斯重啟攻擊，「四方」集團會斷絕接觸並停止對哈瑪斯所領導的巴勒斯坦自治政府的援助。但哈瑪斯不必因此永遠且原則上放棄對世上大部分人眼中違反國際法的占領的武裝抵抗。這樣的對話不會要哈瑪斯遵守這時已堪稱形同具文的奧斯陸協議，反倒可能委婉勸哈瑪斯接受二〇〇二年阿拉伯和平倡議。這個倡議保證，只要阿拉伯國家承認以色列，就讓以色列、巴勒斯坦兩國以一九六七年六月前的邊界劃界並存，巴勒斯坦國的疆域由西岸、加薩、東耶路撒冷組成。最後，哈瑪斯在外交、金融上的孤立處境，使其在不得民心時，有個現成的藉口為自己辯解；望重國際的薩拉姆·法亞德等人為何告訴歐洲官員，讓哈瑪斯在和前任法塔赫政府一樣的——已相當拮据的——預算條件下當家主政，藉此讓哈瑪斯接受考驗，會比較好，原因在此。[6]

但事態不是這樣發展。至週一晚間開會時，只剩俄國外長塞爾蓋·拉夫羅夫（Sergey Lavrov）還抱持異議。就這次選舉所可能造成的影響，拉夫羅夫和萊斯「大聲」爭辯。但萊斯打出她的王牌：「如果以色列人被迫接受哈瑪斯為巴勒斯坦政治舞台上的一個角色，以色列人會拒絕談判」，從而，她這時正向以色列新總理埃胡德．奧爾默特和阿巴斯推銷的「和平進程」將會走不下去。[7]拉夫羅夫最終屈從於這個論點。

選後，哈瑪斯立即的反應是要求和法塔赫組聯合政府，但哈瑪斯的重要人物之一馬赫穆德．札哈爾警告說，如果雙方談不攏，哈瑪斯獨力治國不成問題。從一開始，法塔赫內部不願加入聯合政府的心態也非常明顯。選後的星期五（一月二十七日），就有一千名憤怒的法塔赫成員，包括一百個左右的武裝男子，在加薩的立法會大樓外火燒汽車，一再喊著要法塔赫中央委員會辭職、不接受聯合政府的口號。他們認為該委員會該為法塔赫敗選負責。法塔赫的某些最高階人物本就不願加入聯合政府，而以色列、美國反對此事，也使他們意志更堅。[8]美國官員已警告說，只要巴勒斯坦自治政府有哈瑪斯加入，就會切斷對自治政府的援助，到了二月中旬，美國官員已在討論一個要迫使阿巴斯因為巴勒斯坦自治政府「缺」錢而重新舉辦選舉——結果可能不同的選舉——的策略。[9]

三月，阿巴斯依舊是總統，名列哈瑪斯不分區名單第一名的伊斯瑪儀．哈尼耶，這時是哈瑪斯出身的新總理，組成了以哈瑪斯成員為主的內閣。身為聯合政府，這個內閣的管轄權，這時不只涵蓋加薩，還包括西岸。以色列根據奧斯陸協議每個月替巴勒斯坦自治政府收取六千萬美元的稅收（主要是關稅）並交給自治政府，但這時以色列不再交付此收入。華府果然切斷直接給巴勒斯坦自治政府的援助，但未切斷給巴勒斯坦總統辦公室的援助。美國國會裡支持以色列的議員，開始準備制定禁止承認或資助有哈瑪斯參與之巴勒斯坦自治政府的法律（二〇〇六年十二月終於通過此法，名為巴勒斯坦恐怖主義法）。

　　但哈尼耶的講話明顯具有和國際社會修好的意味，向國際社會保證「我們的政府願意（而且日後也願意）和『四方』集團對話，以探究可終止本地區衝突狀態並給本地區帶來和平的所有途徑。」哈尼耶特別費心稱讚阿巴斯舉辦了選舉，誓言「我們不只尊重憲法所明訂的與自治政府主席的關係，而且有心強化此關係」。[10]他甚至——在受到堪稱嚴格限制的範圍裡，以含蓄口吻——向以色列講話；強調以色列所加諸巴勒斯坦人的苦難和巴勒斯坦人的抵抗權利，同時承諾「在所有的一般事務上和占領當局做必要的接觸：商貿、健康、勞動」（哈瑪斯所控制的西岸諸自治市已在「一般事務」上和以色列定期、直接接觸。英國等這時抵制哈瑪斯的諸國的外交官對此非常清楚）。

　　根據某個巴勒斯坦籍頂尖專家的評估，「哈尼耶講話的弦外之音，處處透著」兩國方案的概念。[11]根據二〇〇二年阿拉伯和平倡議（Arab Peace Initiative），只要阿拉伯國家完全承認以色列，就讓巴勒斯坦人建立以一九六七年邊界為國界並以西岸、加薩、東耶路撒冷為基礎的國家。而針對此倡議，哈尼耶想要「提醒世人，占領當局始終無視二〇〇二年倡議。問題始終不在巴勒斯坦人或阿拉伯人一方，反倒在以色列占領當局。」

關於哈瑪斯親自主政治國是否明智，當然存在疑慮。歐瑪爾・夏班（Omar Shaban）憶道，有次和哈瑪斯高階官員開會，會中他力勸他們勿親自主政，反倒應利用其在立法會裡占多數的地位「監督」既有的行政機關，告訴他們：「你們沒有在這樣的情況下治國的經驗，而且我們處於被占領狀態，有太多障礙。」[12]

事實上，哈瑪斯在此問題上分成兩派。根據哈尼耶的盟友艾哈邁德・尤塞夫（Ahmed Yousef）的說法，人在境外的領導階層——亦即哈瑪斯政治局，包括當時主要在大馬士革活動的政治局主席哈立德・梅夏爾（Khaled Meshal）——反對哈瑪斯組建政府，考慮到伊斯蘭解救陣線（Islamic Salvation Front）於阿爾及利亞一九九一年選舉的第一輪獲勝後爆發軍事政變和內戰之事。「但有些人認為『人民已選我們出來治國，不是要我們從立法會看人治國』。」[13]

另一個和哈尼耶過從甚密的盟友加齊・哈馬德（Ghazi Hamad），認為那時哈瑪斯不該獨自組成政府：「那時，或許法塔赫也沒助哈瑪斯建立（聯合）政府，或許他們也想要看哈瑪斯落魄、受苦，但我認為那時哈瑪斯本該睜開眼睛，全盤考量周邊情勢後，看出它不適合組成政府。」[14]

由於哈瑪斯被列在歐美的恐怖分子名單上且面臨來自數個阿拉伯國家的敵視——加上巴勒斯坦自治政府在財政上仰賴國際捐款——哈馬德預期哈瑪斯會「吃愈來愈多的苦頭」。但「令人遺憾的，哈瑪斯未深入研究這類事情，因而看不出哪裡是他們能落腳的地方……或許有人認為國際社會會改變其立場，認為國際社會看到哈瑪斯掌權時，會不得不和他們談。但實情……並非如此」。

但哈馬德仍然認為「歐盟和國際社會犯了大錯，即孤立哈瑪斯。我認為如果他們從一開始就幫他們，整個政治局面會改變」。

這當然是一個哈瑪斯政治人物極具黨派立場的看法，但在加薩，無黨無派的人士也呼應此說。歐瑪爾·夏班，既是歐洲諸國政府的顧問，也是經濟學家，嚴厲批評他所認為國際社會的「愚蠢決定」，認為「加薩境內所有危機」都是這些決定所造成。在他看來，「四方」集團本應提「一攬子建議」給哈瑪斯，給哈瑪斯時間考慮那些建議：

> 你們告訴他們，「你們若不遵守國際的政治主張，就別指望在政治上、財政上得到國際支持……你們會有六個月時間去思考此事，如果不清楚這點，抱歉，你們會受罰。」這會在哈瑪斯團體裡添亂。哈瑪斯就像學生——你可不會在他第一天上學時就要他考試……哈瑪斯說不，因為他們沒給他們時間好好想想。

薩米·阿卜杜勒·夏斐是經驗老到的商業顧問，擔任卡特中心在加薩的代表。他如此描述「四方」集團這個決定：「昨天你們支持那些選舉，今天你們獲告知選舉結果，然後因為那結果不合你們的意，你們迅即抵制……這是雙重標準……歐美正和一些政黨談，而那些政黨的立場，不誇張的說，比這裡這些人激進許多。」[15]

阿卜杜勒・夏斐所提到，西方準備對話的諸多團體之一，係被美國列為恐怖組織的黎巴嫩真主黨。就英國和歐盟來說，被列為恐怖組織者是真主黨的軍事組織，而非政治組織，但在哈瑪斯身上則沒有這樣的區別。二〇〇九年，英國政府，似乎在美國鼓勵下，決定和真主黨的政治組織重啟接觸時，英國外交部某官員向半島電視台解釋說，「真主黨是個政治現象，是黎巴黎國家結構的必要部分。我們得承認這點。我相信這類接觸會有助於推動這個團體參與政治過程、實現此地區的和平。」[16]此說法突顯了西方未以類似的做法對待哈瑪斯。

事後來看，就連「四方」集團的某些「首腦」都質疑，甚至遺憾，一月三十日的決定。其中之一是英國外長傑克・史卓（Jack Straw）。他在其回憶錄裡寫道，他「不確定那對不對」。史卓引用了保守黨國會議員麥可・安克蘭（Michael Ancram）的說法，安克蘭「非常相信，一味孤立哈瑪斯，就和在臨時愛爾蘭共和軍還在繼續搞恐怖活動時拒絕和他們談一樣不明智。他在一九九三至一九九七年擔任北愛爾蘭事務的重要部長，在臨時愛爾蘭共和軍仍在英國各地殺害無辜者、殘害無辜者肢體時，站在第一線和該共和軍進行最初祕而不宣的會談。這種內部衝突，能在不和恐怖組織談判下解決的不多。」[17]

距一月三十日的會議還有三天時，他被以色列外長齊皮・利芙妮（Tzipi Livni）逼得不得不替他所謂該「尊重」「選舉結果和巴勒斯坦人民的民主願望」的主張辯護——儘管他還是在不久後就修正該主張，說「我們無法接受仍同時是個恐怖組織的政黨執政」。但史卓未在其回憶錄裡提到這段插曲。[18]根據此次交談的官方紀錄，利芙妮說「國際社會沒必要談要不要接受此選舉結果」。

史卓在其回憶錄裡寫道，當時遭利芙妮尖銳指責後，史卓深入思索了一個「在正式場合絕不會有人提起」的弔詭事實，即「以色列恐怖主義團體——伊爾貢和斯特恩幫（Stern Gang）——為了實現其建立獨立以色列國的目標，一九四〇年代發動恐怖行動對付英國人」。[19]利芙妮的雙親都曾是伊爾貢組織的成員。史卓還說，「我能……理解為何有這麼多猶太人，在納粹屠殺猶太人這個無法形容的恐怖事件後，一心要建立猶太人家邦，而訴諸恐怖主義。令人意外之處，乃是以色列人如今已把『不和恐怖分子談』提升為某種原則問題。」

抱持史卓那種修正主義觀點者不只他。根據他的回憶錄，美國人同意以色列「堅決」不願和哈瑪斯談的原則，在提到英國首相時說，「東尼當然也是如此」。但東尼．布萊爾那時支持美國抵制哈瑪斯的主張，而且基於英美政策的要求，在他從二〇〇七年至二〇一五年擔任「四方」集團特使的整個期間貫徹此主張，但後來也改變其看法。二〇一七年初——那時他已不再受職務束縛，並和哈瑪斯政治局主席哈立德．梅夏爾等哈瑪斯高階人物在卡達開過至少六次會——他說，「事後回顧，我認為我們從一開始就該努力拉他們進來對話，改變他們的立場。我認為事後來看我會這麼想。但顯而易見的，那很難做到，以色列人極力反對對話。但你知道，我們原本很有可能想出一個使我們得以辦到的辦法——我們最終其實還是非正式做了的辦法。」[20]

布萊爾當首相期間一直擔任他的幕僚長的喬納森・鮑爾（Jonathan Powell），則更堅決主張該這麼做。鮑爾長期參與最終促成一九九八年四月耶穌受難日協議（Good Friday Agreement）的北愛爾蘭和談；卸職後，他一直力促和武裝團體談判。*二〇一七年，他說「四方」集團的做法「大錯特錯」，因為錯失了「一個將巴勒斯坦人統合為一的機會，那樣的團結自那之後成為絕響」。鮑爾指出，只和法塔赫領導階層談判——其實就是康朵莉莎・萊斯此後會提倡的做法——意味著「以色列談判人員所蒙受的風險，係得對法塔赫讓步，然後得對哈瑪斯做出新的讓步。你想要的是一次談判，不是兩次……如果有個代表所有巴勒斯坦人的團隊與你談判，事情會好辦許多。」[21]

事後來看，「四方」集團二〇〇六年的決定影響極大。幾乎每個巴勒斯坦老百姓都希望全民團結，都想要阻止哈瑪斯和法塔赫分道揚鑣——但不久後兩者還是走上帶來可怕災難的分道揚鑣。以色列人抱持與此截然相反的看法，自不難理解。過去六年，哈瑪斯已奪走數百條以色列人

---

*二〇一四年，鮑爾出版了《與恐怖分子談：如何結束武裝衝突》（*Talking to Terrorists: How to End Armed Conflicts*）。

命。此外，以色列政府至少前後一致；它本就反對讓哈瑪斯參與選舉，外界無法指責以色列只因為哈瑪斯勝選就改弦更張（對於法塔赫－哈瑪斯協議，民調顯示，以色列公眾的立場，比他們的領導人的立場，明顯更溫和。二〇〇六年九月，有份民調顯示六成七的以色列人支持和由包括哈瑪斯在內的各黨派組成的巴勒斯坦聯合政府談判[22]）。

但極力推動選舉的西方諸國政府，立場則前後不一。儘管某些會員國私下存有疑慮，歐洲卻受到「四方」原則同樣程度的束縛。而令艾略特・艾布蘭斯暗自竊喜的，這些原則已具有「可能讓人覺得是權威性的色彩」。[23]

四月，歐盟也切斷援助。此舉影響甚廣，尤以對十四萬巴勒斯坦自治政府職員（包括教師、醫生、護士）和七萬保安部隊人員的薪水，影響最為直接且立即。其中一半人的薪水靠以色列所代收、理應交給巴勒斯坦自治政府、但這時已停止交付的通關稅收——法律上應歸巴勒斯坦人所有的錢——來支付，另一半人的薪水則來自捐款，包括歐盟的捐款。加薩人，尤其是最窮的加薩人，比西岸的巴勒斯坦人更倚賴巴勒斯坦自治政府這些薪水過活。這時，加薩境內已出現巴勒斯坦自治政府職員從此會領到椰棗抵薪的笑話。但這事完全讓人笑不出來。一轉眼間，「四方」集團和哈瑪斯僵持不下的後果，似乎是會有數萬憤怒的人領不到薪水，就保安部隊來說，則是領不到許多武器。

為內部安全問題而起的一個爭端，二〇〇七年夏終於一發不可收拾，演變成一場死傷程度前所未見的內戰。而在由哈瑪斯主宰的新內閣成立後不久，哈瑪斯、法塔赫雙方最高領導階層舉行的一場緊繃的會議中，就已埋下此爭端的種籽。阿巴斯堅決認為，他身為自治政府主席，該由他，而非由哈瑪斯出身的總理伊斯瑪儀．哈尼耶，繼續掌控保安部隊，從而，該部隊應聽命於這時身為阿巴斯之總統幕僚的穆罕默德．達赫蘭。鷹派的札哈爾，講話一貫生硬粗暴，據他自己所說，他告訴阿巴斯，「我們不想透過你來治理。你腐化了，人民懲罰了你。」[24]

一星期後，哈瑪斯成立了它自己的藍制服「執行隊」，是為哈瑪斯在維持治安上的新創舉。「執行隊」隊長是賈瑪爾．阿布．薩姆哈達納，此人是「人民抵抗委員會」的激進領袖之一，此前已主導了多起對以色列境內的火箭攻擊，被認為和二〇〇三年三名美國人在加薩遇害一事有密切關係。「我們任命了四百五十名警員，他們數小時工夫就控制街頭」，札哈爾如此說。事實上，結果是相互較勁的勢力相對峙，爆發零星的槍戰。阿巴斯和哈尼耶試圖建立某種穩定的共存關係，但他們是在愈來愈不穩定且危險的大環境裡作這番努力，而這樣的大環境則是相對立民兵部隊間往往奪人性命的衝突所構成。

但這類努力未消停。阿巴斯一改平日的低調作風，發出一個高調張揚的倡議，以揭露哈瑪斯對於和以色列談判兩國方案以解決衝突一事的真正態度。關在以色列監獄裡的哈瑪斯、法塔赫囚犯共同簽署的一份文件，代表哈瑪斯激進分子的態度有了令人耳目一新的轉變。其中的法塔赫囚犯，為首者是正在以色列監獄服多項罪刑的馬爾萬．巴古提。這份文件未「承認」以色列，但清楚要求建立以六日戰爭前的邊界為國界的巴勒斯坦人國家；主張所有派系將談判之事交託給巴勒斯坦自治政府主席；以及——首度——主張將「抵抗」矛頭單單指向被占領地裡的目標，例如屯墾區或負責保護屯墾區的士兵，從而不再於以色列境內發動攻擊（包括來自加薩的火箭攻擊）。這份文件甚有分量，因為大部分巴勒斯坦人把被囚者視為英雄。阿巴斯迅即公開認可此文件，宣布哈瑪斯應正式支持在一九六七年被以色列人占領的領土上建立巴勒斯坦人國家，藉此澄清其官方政策。哈尼耶和阿巴斯開始談判，以敲定這兩個領導人都同意的此文件定稿。

但美國和以色列決意阻止這類協議誕生。華府一再警告阿巴斯和中東的諸位阿拉伯領袖，「這番努力不會有好結果」，如果出現「由所有黨派組成的聯合政府」，財政抵制不會結束，而且「那會使和以色列談判一事告吹」。[25]

埃胡德·奧爾默特更有過之。六月六日接受《金融時報》的哈維·莫里斯（Harvey Morris）和我訪談時，奧爾默特表明他為開啟談判所設的條件——阿巴斯以武力和哈瑪斯對抗——不因哈瑪斯勝選而有所改變。此外，他說這個原則是歐盟和美國所訂。

問：從實際角度說，阿布·馬仁（阿巴斯）要有什麼實際作為，你們才願意談判？

埃胡德·奧爾默特：以國際社會所規定的方式履行這些原則。

問：那意味著要解除勝選而執政的哈瑪斯的武裝？

埃胡德．奧爾默特：當然，當然，當然。這是原則。你們的人，我是說你們的政府，已把這說得很清楚，我絕對贊同這麼做。[26]

這時，當地的情勢迅速惡化。以色列空襲拉法境內某個基層組織，殺了阿布．薩姆哈達納等四個人民抵抗委員會的成員。以色列國防軍說該基層組織正計畫攻擊以色列。不管以色列是否存心鎖定阿布．薩姆哈達納攻擊，由於他在哈瑪斯領導的政府裡所扮演的新角色，要求報仇的呼聲喊得更響。接下來二十四小時裡，多枚火箭從加薩北部射進以色列；以色列開炮還擊；在拜特拉希亞（Beit Lahiya）的某處海灘上，加利亞一家七口人遭炸死。他們去那裡做週五下午的野餐，由於數百碼外傳來炮擊聲，他們被炸時已開始要離開。

這個事故——二〇〇六年有巴勒斯坦平民喪命的兩件最嚴重事故之一——比阿布．薩姆哈達納遇害，遠更受國際矚目，原因之一是一名巴勒斯坦籍攝影師拍下讓人揪心的一幕並放送到全世界。影片中，十歲的胡達．加利亞（Huda Ghalia）幾乎發狂的跑過海灘，喊著「爸爸，爸爸，爸爸」，然後倒在父親屍體旁。在事發地，有凝結於沙中的血塊，一隻裂開的鞋子，一小塊肉黏在翻過來的鞋底上。[27]

哈瑪斯和以色列間實際上極脆弱的停火，自去年二月以來大體上維持住，這時則已快撐不下去。加利亞一家人喪命隔天，哈瑪斯的軍事組織散發傳單，傳單上揚言施以殘忍的報復。埃亞姆・加利亞（Eyam Ghalia），阿里・加利亞的二十歲兒子，在海灘遇害這家人裡唯一毫髮無傷躲過一劫者——親眼見到他父親的腸子垂掛在肚子的裂口下。他說，「抵抗勢力」要求報仇，「可以理解」，但也說，「我認為如果以色列人和巴勒斯坦人不再兵戎相向，生活在一塊，會更好。我們受夠了」。

「受夠了」的心情，在數公里外的以色列邊境鎮斯德羅特具體可感。為報復，哈瑪斯發射了兩百枚卡桑火箭，其中大多射向斯德羅特。以色列國防部長暨加入奧爾默特之聯合政府的工黨的領袖阿米爾・佩雷茨（Amir Peretz），不需走訪該鎮，就能感受到當地居民對於遭火箭襲擊的憤怒；小時候被從摩洛哥帶到以色列後，他在斯德羅特住過很長時間。他曾是工會領袖，骨子裡反戰，提倡兩國方案，認為以色列人和巴勒斯坦人從中都可獲益；照此方案，以色列將不只享有和平，還將能把本用於軍事占領的資源，轉用於救助最窮的以色列人，例如斯德羅特的許多居民。他發現學校因擔心孩童安全而停課，他的某些鄰居絕食以抗議火箭攻擊。其中之一的七十二歲摩西・科恩說，「我不想讓人以為我們因為卡桑火箭就不想和巴勒斯坦人締和。我們都想要和平。但你看到世人大談加利亞一家人的遭遇，卻不清楚我們想要和平。誰關注我們的問題？誰瞭解他們？」

面對從加薩射來的火箭，斯德羅特首當其衝。隔著拜特哈農東北邊山坡上一排排的橄欖樹望去，能看見該市，尤其家家戶戶開燈的夜裡。相距只有三・五英里。據斯德羅特市長埃利・莫亞爾（Eli Moyal）的說法，自以色列撤離加薩以來，已有一千多枚火箭射向該城。與加薩境內不同的，這裡有早期預警空襲警報和避難所——當地居民喜歡把他們的城鎮說成「世界的防空洞首府」，流露冷冷的自豪之情——死亡人數比邊界另一頭少了非常多。但由於長久以來幾乎每天有火箭射來，住在那裡並不舒服。

對拜特哈農、斯德羅特兩地的居民來說，這時局勢平靜下來。但這樣的平靜不穩，不久就被打破。六月二十五日，八名加薩激進分子經由地道襲擊以軍在凱雷姆夏洛姆（Kerem Shalom）的邊防哨所。經過一場槍戰，他們打死兩個以色列軍人，自己損失兩人，並擒獲十九歲的應徵入伍軍人吉拉德・夏利特（Gilad Shalit）下士。這些激進分子分屬三個組織，即哈瑪斯的軍事組織卡桑旅、人民抵抗委員會、「伊斯蘭軍」（Army of Islam）。伊斯蘭軍是個既從事聖戰、又有些像黑幫的團體，不久前由蒙塔茲・杜格穆什（Mumtaz Dughmush）創立，杜格穆什則是行事異於常人的前法塔赫行動主義者。這三個派系聲稱此軍事行動是為阿布・薩姆哈達納遇害報復，但此行動也可能是強硬派為了打斷阿巴斯、哈尼耶的修好努力而擬出。[28]

哈尼耶主持一內閣會議時，似乎沒料到會發生這樣的事，說哈瑪斯的軍事組織行事並非總會先向加薩的哈瑪斯政治領導階層徵詢意見。哈馬德說這個擄人事件叫他「大吃一驚」，說哈尼耶已要他向卡桑旅查核是否屬實。哈尼耶「要我開記者會，我用英語、希伯來語開了記者會，說我們不會傷害他。我們想要向以色列方面傳達某些訊息，想要請（他們）勿訴諸暴力，開始會談、談判。」

主張以巴共存的以色列人格尚．巴斯金（Gershon Baskin），與以色列政府和哈瑪斯政治局都有接觸。他安排哈馬德和吉拉德．夏利特的父親諾阿姆通電話，先是要諾阿姆放心，說以色列領導階層希望他兒子得到善待，但接著鼓勵他向以色列當局施壓換囚，以換回他兒子。[29]諾阿姆．夏利特冷靜且低調的奮鬥了五年，終於爭取到他兒子獲釋。二〇一一年十月，更白、更瘦的夏利特終於回到他位於加利利北部的家，以色列則放了一千多名巴勒斯坦籍囚犯作為交換。

但二〇〇六年六月時，奧爾默特無心談判。六月二十七日，以色列發動夏雨行動（Operation Summer Rains），一開始先攻擊加薩唯一的發電廠，使至少七十萬加薩用戶的供電因此大減，從而斷了水的供給，使公寓大樓裡的人沒有照明、無法炊煮、看不到電視新聞、沒升降梯可搭，使電風扇和冰箱（炎夏高溫下不可或缺的東西）停擺。此行動也使加薩更加倚賴以色列——從醫院發電機所需的燃料到來自以色列電網的電，其供應或停供全要看以色列的臉色。發電廠的損傷最終會修復——花掉國際捐款五百萬美元左右——但從此十多年，每天都會停電至少八小時。

與此同時，以色列空軍摧毀加薩中部三座橋。以色列國防軍堅稱這是為了阻止抓走夏利特的人將該軍人從南部移到北部；但開車人乾脆改走小路，穿過乾涸的加薩河谷（Wadi Gaza）。檢查受損情況的諸人中，六十二歲的札克里．烏赫（Zakri al-Ouh）是先前協助造橋的營造工人。「下雨時，或許九月時，這條路就會用不了，但眼下，我看不出這能幫那個軍人多少」，他說

「最初我贊成盡快歸還那個軍人。我們得考慮到以色列強而我們弱。但如今他們幹了這事，我認為應先換回囚犯再把他還回去」。

其他人也如此認為。七月上旬的一次民調顯示，加薩、西岸境內七成巴勒斯坦人贊成諸派系不換俘就不釋放夏利特的做法。[30]對以色列境內許多人來說，尤其是有子弟在服兵役的家長來說，夏利特被俘是他們最害怕的事，代表剛轉為大人的年輕男子受到不可原諒的利用。巴勒斯坦人則完全不這麼看。一萬個左右被囚的巴勒斯坦人正在以色列監獄裡受苦。其中有些人未遭控告就遭羈押；有些人在奧斯陸協議前就開始服長刑，巴勒斯坦人把他們幾乎全視為戰俘。在這樣的背景下，夏利特遭囚禁一事，在許多巴勒斯坦人看來，就是合理的抵償——即使接下來六個月加薩因此吃苦果亦然。

夏利特被擒兩天後，哈尼耶和阿巴斯宣布一個以修正版的「俘虜文件」（Prisoners’ Document）為基礎的修好協議。當時，這個軍人遭擄導致民心沸騰，注意力都擺在這件事上，幾乎未注意到這個協議，而它最重要的地方，係它會在此後十年和十年後一直是哈瑪斯所謂的在世人眼中它具有政治正當性一說的依據。

與此同時，奧爾默特在另一個戰線上碰上更大麻煩。夏利特被抓走三星期後，真主黨激進分子在以色列北部邊界殺死三個以色列軍人，擄走兩個以色列軍人。奧爾默特的回應，再度不是談判，而是發動軍事攻勢，引發三十四天的戰爭，使一千名左右的黎巴嫩人、一百二十一名以色列國防軍軍人、四十四個以色列平民喪命。這個沒有結果的結果和真主黨不斷朝以色列北部開火所帶來的衝擊，重創奧爾默特的民意支持度。

在加薩，以色列繼續用武力施壓巴勒斯坦人，而針對哈瑪斯所領導的巴勒斯坦自治政府施以的經濟抵制，衝擊則愈來愈烈。那年夏天，在加薩市甚有歷史的黃金、首飾露天市場，出現不尋常的現象：商人只買不賣，顧客只賣不買。七十八歲的祖母札里法・阿卜杜勒・哈德爾（Zarifa Abdel Khadr），來這裡變現她已持有五十年的兩只金戒指，以救助她的四個女兒和五個兒子，賣得約一百五十英鎊。其中三個子女受僱於巴勒斯坦自治政府，沒薪水領的日子已邁入第三個月。她沒把賣戒指的事告訴家人。「他們如果知道，不會同意我這麼做」，「我會買麵粉、基本必需品，送給他們。我會告訴他們，這是真主送給我的。這兩個戒指我當然很看重，但我的子女、孫子女得吃飽。」

哈瑪斯接掌巴勒斯坦自治政府之前，該政府財政問題就很嚴重。二〇〇五年，每月財政赤字超過六千萬美元，比其所收到的外援多了約六成。[31]歐洲幾大捐款國裡已有數國停止撥款給世界銀行的一個信託基金，原因正是巴勒斯坦自治政府人事費大增和高階公務員薪水高。由於以色列扣著通關稅收入不發（該稅收占該政府收入六成）、捐款國資助停擺、美國祭出嚴格規定以防止銀行經手要撥給該政府的資金，該政府自二〇〇六年三月起就無法發出全部薪水。於是，當初有幸覓得政府工作的那些人，這時有七成一處於貧窮線下，也就是六口之家一個月收入不到四百六十美元，相對的，一年前是三成五。[32]巴勒斯坦自治政府也切斷對最窮家庭的社會保障支付。

二〇〇六年六月，歐盟終於說服國際「四方」集團批准「暫時國際機制」（Temporary International Mechanism，簡稱ＴＩＭ）。該機制意在提供援助（包括健康、教育部門的薪水），同時繞過哈瑪斯所領導的自治政府撥款。但這個做法——至年底每季撥發一億三千兩百萬美元左右的資金——「付更多的錢給較少的巴勒斯坦居民」，繁瑣費事且沒效率。[33]例如，「暫時國際機制」不得和衛生部直接往來，因此難以打消嚴重的藥物短缺。在席法醫院，英提莎爾・薩卡（Intisar al-Saqqa）在等名叫泰素帝（Taxotere）的藥，以治療她已轉移到肺和肝的乳癌。「我不怪誰」，她說「我只希望這一切結束」。即使病人能得到在以色列或西岸境內治療所不可或缺的許可，巴勒斯坦自治政府——據哈瑪斯所主持的衛生部所述——也快要經費不足，付不起該醫療費。

二〇〇六年三月，以色列不讓最後僅存的少許可經由埃雷茲去以色列工作的巴勒斯坦人去那裡上班（一九六〇年代至二〇〇〇年第二次巴勒斯坦人起事爆發這期間，每天有約兩萬六千名加薩人在以色列工作）。加薩民間出口業的生命線已開始受損。位於卡爾尼的最大貨物出境口岸二〇〇六年間頻頻關閉，儘管直到次年夏天才永遠關閉。先前，作風異於常人的準軍閥蒙塔茲・杜格穆什已密謀攻擊該口岸，但受挫於巴勒斯坦自治政府的保安部隊。此外，二〇〇四年間，暴力活動程度大增時，這個口岸只有兩成時間關閉，相對的，這時是五成。但對於哈瑪斯勝選掌權之前就已開始瓦解的一份協議，國際上認真鼓吹讓其重新發揮效用的人不多。詹姆斯・沃爾芬森此前向美國參院某委員會示警說，停止支付巴勒斯坦自治政府員工薪水會在加薩帶來危險後果（包括激進化），但該委員會不予理會。二〇〇六年八月，即他卸下「四方」集團代表一職四個月後，他主動向小布希總統獻上其看法。「我告訴他，除非我們重拾國務卿萊斯、以色列人、巴勒斯坦人在我在場時一致同意的十一月計畫，以色列和巴勒斯坦人間不會有和平……如果沒有這個計畫，哈瑪斯會變得更強、更激進，受挫、憤怒的年輕人會為了對抗霸道的以色列而獻出性命。」

沃爾芬森憶道，他離開時，總統的感謝語「迴蕩在我耳際」；但他不認為小布希或當時也在場的艾略特・艾布蘭斯「看重我的看法」。那其實是客套話。[34]

至二〇〇六年底，這些因素的累積效應已到處可見。阿迪卜・札魯克（Adeeb Zarouk）的遭遇就相當典型。四十四歲的他已婚，有七個孩子，能幹、勤奮、開朗，說得一口流利的希伯來語，在以色列自攬焊接、電力工作二十年，然後在現已遭夷平的埃雷茲工業區受僱於一家以色列公司五年，已習慣於拿到尚可的工資——凌晨四點就開始經由埃雷茲出境。十二月某個早上，我們見面，當時他妻子馬吉妲正在準備有豆子、炸豆泥和一些番茄的早餐。不待我問，她就說這頓早餐花了三謝克爾（二〇〇六年合三十六便士）。札魯克參加了聯合國難民救濟和工程處的臨時就業計畫三個月（每月一百二十英鎊薪資），然後試圖靠修理電視衛星天線或其他工作謀生。但工作沒上門。共進早餐時，札魯克開口說，「兒子跟你討半塊錢謝克爾時，你沒半塊錢……」，他停住話，因開始哭而感到難為情；他起身去洗滌槽沖洗臉。心情回復後，他說他選舉時把票投給法塔赫。但，他以挖苦口吻說，「我認為錯在民主。全世界希望我們民主，說我們的選舉有多公正。問題是他們不喜歡我們的選舉結果。」

一如在此處境下常見的情況，帶領一家人掙扎求生者是女人。九月，在舒賈亞（Shujaia），三十五歲的伊提妲爾·納茲利（Itidal al-Nazli）讓我看了她家冰箱裡稀少的東西。儘管自六月下旬以色列人轟炸加薩唯一的發電廠以來，每日都有供電中斷之事，而且一斷就很久，但她仍在冰箱裡為她包括十個孩子（包括四胞胎）的一家人存放了較耐放的食物。冷箱裡有六根皺縮的胡椒、一包咖啡、放在碗裡的三顆橄欖、一袋木炭、三袋麵包皮。她原籍加薩，有資格領取聯合國發給難民的糧票。她說，一年一或兩次，有些難民朋友轉送來一袋麵粉和油、豆、濱豆。她每月房租三十七英鎊，每月水電費十八英鎊，但她已六個月沒交這些費用。她丈夫薩米，三十八歲，一個月打幾天零工，但已找不到工作。她說，「我們什麼都沒有。小孩吃的東西和我一樣——濱豆和豆子。肉？我們沒看過。」

她的兩房公寓有著光禿禿的煤渣砌磚牆和混凝土地板。客廳擺了一張床；大部分孩子蓋毯子睡地板。但納茲利太太似乎流露抑制不住的開朗。儘管出身窮人家，她花了兩年拿到阿拉伯語教學資格，卻一如其他許多加薩畢業生找不到工作。她說，如果她有工作，可能就不會生這麼多小孩，同時迅即補充說「他們是真主所賜」，笑得很燦爛。

但三十三歲的蘇瓦德・古拉亞（Souad al-Quraya），住在同條街上相隔數戶人家的房子裡，談起她和她的五個孩子吃的簡單早餐——共值一塊錢謝克爾的麵包和豆子——時，哭個不停。她年紀大了許多的丈夫薩米爾，已於兩年前被診斷出癌症時丟掉工作，這時在埃及住院。她原本靠著存款和一個月三十二英鎊的巴勒斯坦自治政府社會救濟金勉強溫飽——但哈瑪斯勝選後，救濟金停發，溫飽成問題。她說她不得不每個月向人借四十八英鎊支付房租，以免房東「上門，拿到房租才肯離開」。她說，鄰居幫得上忙時就幫她，但她的父親，很不尋常的，「願真主原諒他」，不再來她家。「他說我丈夫的兄弟這時該幫我。但他們袖手旁觀，要我開口求助於他們很難，因為我扯不下臉。」[35]

以色列和哈瑪斯的交戰，持續到二〇〇六年十一月以色列國防軍突然再度侵入已殘破不堪的拜特哈農。該地境內諸多已被砍掉果樹的橙園是哈瑪斯最中意的火箭發射地。死於這次入侵者包括阿塔姆內（Athamneh）家的十八名成員，其中包括六個不到十六歲的小孩；另有一人後來傷重不治。這是那年加薩最令人心痛的事。受害者都是平民，這家人都支持法塔赫。以色列國防軍做了內部調查，發現炮組的導引系統裡一枚有缺陷的微晶片，誤將攻擊導向附近橙園裡的「發射場」。國際激烈抗議，以色列境內也出現頗激烈的批評，包括來自阿列克斯・費希曼（Alex Fishman）的批評。費希曼是《新消息報》的軍事分析家，問為何炮擊持續了十五分鐘左右。「每發炮彈的落點為何未受到人的監控？」[36]該家庭的倖存成員痛苦得無以復加。兩天後，妮哈德．阿塔姆內和其十一歲兒子穆斯塔法欲逃走時，妮哈德命喪屋外巷子裡，穆斯塔法傷心得哭不停。「我媽媽倒下時我和她在一塊」他說，「我跑開了」。[37]

接下來的諸多火箭攻擊中，有一個射向斯德羅特，奪走五十七歲的法伊娜．斯洛茨克（Fa'ina Slotzker）的性命，是為二〇〇〇年以來第九個被來自加薩的卡桑火箭奪走性命的以色列人；另一次攻擊重傷國防部長阿米爾．佩雷茨的一名保鑣。在人心惶惶的斯德羅特，各方看法不一。市長莫亞爾堅稱，要祭出更狠的軍事手段才能止住火箭攻擊，而自家窗子在一次火箭攻擊中遭炸毀的一個居民說，「軍隊應該進入拜特哈農，徹底摧毀所有房子，以清光可用來發射火箭的地方。那是唯一可能的解決辦法。」但二十六歲學生奧爾莉．薩魯西（Orly Saroussi）希望停火。「不能再這樣下去」，她說「這就像連鎖性破壞。」她承認她的許多鄰居主張更狠，同時說「正有小孩喪命，小孩受傷。我們不能過這樣的生活」。十一月二十六日，阿巴斯已說服諸派系停止火箭攻擊和挖地道，換取以色列停止攻擊加薩。這至少暫時緩解衝突。自七月初以來，即夏利特遭擄走引發的後續效應期間，已有三百一十七名巴勒斯坦人命喪以色列保安部隊之手，其中三分之二，據以色列人權組織卜采萊姆（B'Tselem）的說法，「未涉入戰鬥」。[38] 除了兩名以色列軍人在夏利特被擄期間遇害，在斯德羅特又有兩個軍人、兩個平民喪命。

與此同時，哈瑪斯已找到新的資金來源——即使由於銀行不願配合，哈瑪斯不得不靠非正規手段來運送資金。以色列於十二月不讓哈尼耶帶塞了三千五百萬美元現金的手提箱過拉法邊界。

但馬赫穆德・札哈爾已於六月時把裝了兩千萬美元現金的九個手提箱帶過拉法邊界，而且據他自己所述，已這麼做「數次」。伊朗已宣布給予哈瑪斯兩億五千萬美元的補助金。伊朗和哈瑪斯自一九九〇年代以來關係一直良好，[39]這時雙方關係則來到最高點，直到哈瑪斯批評敘利亞總理巴夏爾・阿塞德（Bashar al-Assad）在伊朗人支持下對自己的人民動武，惹惱伊朗人，關係才變差。哈瑪斯堅稱伊朗的大筆金援會用於加薩境內衛生、教育方面的服務性事業，但這筆錢也被用於買武器。以色列和其某些西方盟邦痛斥哈瑪斯和伊朗勾連，這樣的反應可以理解。但西方不願資助哈瑪斯所正努力運行的政府，從而大力將哈瑪斯推進伊朗的懷抱——對一個源自穆斯林兄弟會的遜尼派組織來說，投入什葉派懷抱不合情理。埃及情報機關首腦歐瑪爾・蘇萊曼（Omar Suleiman），與以色列對話密切，不是哈瑪斯的朋友，已在二月時向國際社會示警道：如果西方切斷對哈瑪斯的援助，「伊朗會給他們錢」。[40]

法塔赫也開始收到錢。二〇〇六年底，阿巴斯已建議新辦選舉，但遭哈瑪斯反對。以色列將其所該交給巴勒斯坦自治政府的四億美元關稅收入裡的一億美元，直接撥給這個自治政府主席。美國則在等國會批准供用於向阿巴斯的總統衛隊提供訓練和「非致命」裝備的八千六百萬美元，以及供用於推動哈瑪斯之外的「替代選項」的四千兩百萬美元。[41]這些舉動反映了美、以希望阿巴斯最終會願意對抗哈瑪斯的心理，反映了他們覺得阿巴斯似已不再努力推動和這個伊斯蘭派系組多黨聯合政府而感到鬆了口氣。阿巴斯這方面的努力，因組建新內閣困難重重，因為美、以暨告這兩個派系達成協議會危及和談的可能性，因為法塔赫、哈瑪斯暴力相向所奪走的人命——這時包括法塔赫情報機關的著名上校巴哈·巴魯夏（Bahaa Balousha）的三個年幼小孩——愈來愈多，而功敗垂成。這三個孩子於坐車上學途中中槍身亡。

阿巴斯和哈尼耶試圖達成和解時，未得到來自國際社會的鼓勵。兩派系裡較具侵略性的成員，實力則變得更強。這時哈瑪斯和法塔赫都有資金——和武器——可用於為日後的衝突作好準備。

二〇〇六年十二月，不幸和殺戮頻傳，少有人感到鬆了口氣，但令人吃驚的，有個當地樂團受僱於哈瑪斯群眾大會表演，以稍稍紓解緊繃的民心。這場加薩市群眾大會以慣見的武術表演為特點：哈瑪斯的軍事組織的成員從體育場旁一棟建築的上面緣繩下降，展開一幅二十英尺長的人像——上個月引爆自身的七十歲女炸彈客。這個星期更早時，總理哈尼耶的車隊遭攻擊，他的一個保鑣因此喪命，哈瑪斯認為這是法塔赫所為。剛從此攻擊脫身不久的哈尼耶搭賓士車，在重重武裝人員護衛下進入會場，然後保證他絕不會同意新辦選舉。但接著，極專業、清一色米色西裝的五人人聲合唱團登場，演出一齣幽默——且內容出奇不偏不倚——的阿拉伯語對位聲部搖滾輕歌劇。兩名該樂團成員，各代表巴勒斯坦兩大派系之一，以國際抵制所帶來的衝擊為題，演出喧鬧的二重唱。其中一人唱道，「哈瑪斯給我們的橄欖樹澆水」。另一人吟詠道，「你就無法給以色列一丁點肯定？」「我們領不到薪水。你要使我們淪為乞丐」。然後，分飾「哈瑪斯」、「法塔赫」的兩位歌手走到一塊合唱，象徵巴勒斯坦人的「團結」。觀眾看得津津有味。但對巴勒斯坦人來說，二〇〇七年迎來的不會是團結。

第七章

內戰：前路多艱（二〇〇七）

「加薩人民不斷忍受各種狗屁倒灶事的本事，始終令我驚愕」，米莉亞姆．法里斯（Miriam Faris）於二〇〇七年一月在其日記裡寫下其內心感觸。「這個貝拉德（belad）？*用一把小刀就能把它切開。眼看這樣的政治情勢，人人都認為會迎來最糟的情況。」

缺電之事已開始出現在她自去年九月以來一直沒斷過的日記裡。她和丈夫穆罕默德在加薩經營「玫瑰紅」這家健身美髮美容店，最能感受缺電的衝擊。「供電惡化，而非改善。如今，汗尤尼斯和拉法從埃及得到（供電），但我們不是，真是災難。」「發電機完全壞掉。」「因為以色列關掉口岸，加薩境內沒有魚。許多東西弄不到：上學用品、水果、染髮劑、巧克力。拉法關了。」

她的日記也記載了法塔赫、哈瑪斯兩派民兵一再交戰之事。「到處逞凶鬥狠。軍人上樓開

---

*阿拉伯語，意為「土地」或「國家」。

槍……很大的槍……穆罕默德從玫瑰紅走路回來，他把車子留在那裡，以免車子再中槍。隔壁建築裡，有個女孩中槍喪命，死時正坐在她房間裡。她下個星期就要結婚。一如以往，穆罕默德不知道怎麼辦，於是我給了他一份差事，要他替樓上的軍人煮些吃的，這些可憐的傢伙沒東西吃。大部分職員早早被打發回家。」

米莉亞姆・克拉克（Miriam Clarke）排行老九，是家中老么，一九六〇年代在英格蘭坎布里亞郡（Cumbria）西南部的沿海城鎮米洛姆（Millom）長大時，從未想過她會有兩個名叫奧尼（Awny）、薩米爾（Samir）的兒子，會學得一口流利的阿拉伯語，會在加薩走廊度過她一半以上的成年歲月。但她也沒料到後來她會和穆罕默德・法里斯在度假時偶遇，愛上他，更別提料到結婚超過三十五年後，兩人的婚姻還會更加堅固。據米莉亞姆所述，「那時他是個外向、很愛現且自以為是的年輕小伙子，想要什麼女孩都能到手。」而她那時二十二歲，活潑而不知天高地厚、作風直接乾脆，據穆罕默德憶道，「腦筋快且聰明，應答機敏」。

一九八〇年兩人在西奈半島北部的埃爾阿里什（El Arish）結婚。他們原打算在加薩結婚，但他們找上的那個伊瑪目不贊同穆罕默德娶外國人，可能因為伊瑪目自己有七個女兒，不樂見米莉亞姆這種自命不凡的人搶走條件較好的加薩男子之一。這對新婚夫妻先是定居於坎布里亞——穆罕默德說，「我喜歡（坎布里亞郡）『湖區』，但我不敢相信竟然買不到大蒜」——然後遷居倫敦。穆罕默德英語流利，在酒館當副經理當了一段時間，但儘管甚受雇主看重且雇主已表明要升他職，他想念加薩和他的家人。「在英國的時候，每天都有人對我們說『你們國家怎樣怎樣』，」米莉亞姆說，「所以當他說想回去時，我就說，好啊，回去總算不會再聽你抱怨了。」她笑著看著穆罕默德補了一句：「現在你回到自己的國家，也可以親自聽聽大家怎麼說你的國家了。」

穆罕默德和兄弟、父親合開了一間家族公司。一九九〇年代中期時它已是加薩前幾大消費品（電視、冰箱、洗衣機）、抽水機、工業機器的進口商之一。這家公司營業額達百萬美元；穆罕默德曾和亞塞爾．阿拉法特晤談經濟問題。他財力夠，於是在一九九九年創立了玫瑰紅，以在兒子就要長大成人時，讓米莉亞姆「有事可做」；但不久，進口一再遭打斷，他們的生意受重創；公司破產，原本被幾乎當成消磨時間用的店，突然變成兩夫妻唯一的生計。這家店經營始終不易，但隨著經濟於二〇〇六年開始下滑，而且玫瑰紅的服務成為愈來愈多加薩女人所負擔不起的奢侈享受，經營這家店更艱難許多。

然後，米莉亞姆開始寫日記，在日記裡盡情抒發個人想法和感受。她把這日記稱作〈中東生活〉，裡面有許多直接將阿拉伯語音譯的詞語，還充斥著對每日加薩生活之艱苦的無奈感想：她和穆罕默德為使一間債務愈來愈重的店不致破產所付出的努力；政治情勢對家庭、職員、朋友的衝擊；與商業合夥人和債權人的摩擦。關於這方面的摩擦，有則日記寫道，「穆罕默德竭力和蘭西、森納講道理，但沒用。」「卡達竭力和哈瑪斯、阿布．馬仁講道理，沒什麼進展。」

至二〇〇七年一月二十三日，數次停火裡的最後一次已失效。一波交火、法塔赫和哈瑪斯互對對方據點發動的致命攻擊、擄人當人質，導致僅僅兩星期就有多達七十四個巴勒斯坦人喪命，其中許多人是無辜的路人。在公民社會裡，民心的憤怒無法置之不理。巴勒斯坦人權中心的拉吉·蘇拉尼，在以巴衝突最烈期間一直留在加薩。他憤憤掄起拳頭重擊桌面，說「如果這情況（暴力）繼續下去，你在這裡會找不到我。不是因為我害怕，而是因為我無法忍受。那使我非常難過。納克巴再現。」蘇拉尼認為法塔赫和哈瑪斯都難辭其咎，還說每個派系都必須認識到對方會「繼續存在」。

沙烏地阿拉伯國王阿卜杜拉在阿拉伯語衛星電視上看了這場殺戮慘劇——半島電視台的報導較偏袒哈瑪斯，阿拉伯衛星電視台（Al Arabiya）則較偏向法塔赫——這時把阿巴斯、哈立德·梅夏爾、哈尼耶找來麥加，以阻止全面內戰爆發，承諾只要雙方組成穩定的聯合政府，會給加薩十億美元。「在這塊土地上，所有工作都在針對麥加會談的結果預作準備」，米莉亞姆於二月五日的日記上寫道。「我店裡的女孩在爭論星期四要不要來上班，因為如果會談破裂，可能兵戎相向。」但二月八日，她寫道「工作內容主要是美容，但仍不足以使我們擺脫目前的困境。法塔赫和哈瑪斯同意合組政府。人們上街頭開槍，這次因為高興而開槍……」。

巴勒斯坦人緊盯著政治情勢的演變，原因很簡單，政治情勢影響他們的日常生活。這份喜悅則可以理解，因為此協議似乎表示派系間的爭鬥就要結束。聯合政府不到一個月就組成，哈尼耶任總理，法塔赫的阿札姆·艾哈邁德（Azzam Ahmad）任副總理。此外，內閣閣員裡有三人不屬這兩個派系且具有公信力，包括擔任財政部長的前國際貨幣基金會官員薩拉姆．法亞德。根據此協議，哈瑪斯同意身為總統的阿巴斯有權力和以色列談判。兩名走較強硬路線的哈瑪斯政治人物，馬赫穆德．札哈爾和前內政部長賽義德．錫亞姆（Said Siyam），則被拒於這個內閣之外。

這個由所有黨派組成的聯合政府於三月十三日正式成立，在那前一天，米莉亞姆於日記裡簡略記載了一件突顯當時加薩境內無法無天的事件。「他們劫持了艾倫．強斯頓，可憐的傢伙。他和大家相處得很好。」就在他擔任BBC駐加薩通訊員差十六天就滿三年時，他在離他辦公室約一百公尺處遭押走。一輛車猛然斜插到他車子前；兩名男子用槍抵著，將他強塞進車裡，給他戴上頭罩，逼他躺在車後座。他人生中最慘的十六個星期就此開始。

強斯頓是加薩境內唯一的外籍常駐記者，報導過先前外國人（包括凱特．伯頓和她父母）和前一年兩名福斯新聞記者遭劫持的事件——這些人較走運，遭劫持時間短了許多。強斯頓晚近搬到新的海濱住宅區，那裡據認較安全。前一年他已在BBC廣播四台的「記者來鴻」（From Our Own Correspondent）節目裡思考過此事，說「如果輪到我，我會嚇死」。二〇〇七年初在耶路撒冷的某場派對上，他和我討論過綁架的可怕，那是當時我們身為報導加薩新聞的記者所共有的恐懼。

自二〇〇四年起，強斯頓一直在報導加薩無休無止的動蕩情勢，包括如今他本人也受害其中的無政府狀態的到來，而且報導得有聲有色。他是「巴勒斯坦人民的朋友」（他父親葛蘭姆在兒子被囚期間於其某個饒有見地的廣播節目中所說），但也堅持據實報導。他懂得些許阿拉伯語，在他被囚期間這肯定有益於他——甚至可能救了他一命。

十年後憶起這段改變一生的經歷時，他指出他未受到拷打，並把他自己遭劫持一事和他眼中包括加薩在內的世界各地的衝突裡其他平民所承受的更巨大無比——且無所逃——的「無數苦難」相比。但對強斯頓本人、對加薩來說，他遭劫持一事還是極危險。如果這事沒順利落幕，那將證實加薩正走向「索馬利化」——亦即任由擁有槍、有決心、有著和加薩大部分人心背道而馳的行動計畫的任何獨立自主的團體或氏族宰制。與此同時，此事給了他一個儘管十足不樂見但絕無僅有的機會，就近觀察一個比哈瑪斯更走極端、更不可預測的團體。

對一貫好客的大部分巴勒斯坦人來說，這起綁架事件是加薩所已墮入的殺戮和混亂狀態的有力表徵。據估計，二〇〇六年，殺戮和混亂奪走九十條巴勒斯坦人命，使三百三十六個巴勒斯坦人受傷。巴勒斯坦記者罷工三天以支持強斯頓，與巴勒斯坦自治政府的保安部隊起了衝突。他們這麼做，不只出於同業對強斯頓的尊敬。「我覺得心情很差，很生氣」，拉吉·蘇拉尼於強斯頓被擄走十四天後說。「不只因為我瞭解艾倫的為人、他第一流的新聞專業素養、他與我的友誼。這不符我們的政治文化，或不符我們的社會文化。我們這樣的作為，如同朝自己的頭開槍。我們在破壞自己的形象。」在汗尤尼斯為抗議此劫持事件而舉辦的聚會中，在場每個人「發言力挺」強斯頓，在場者「從市長到最小的草根團體」形形色色。蘇拉尼還說，「每個人」，包括巴勒斯坦自治政府的保安機關，「知道誰綁架了艾倫，但我們無法貫徹法治，懲處凶手。」

蘇拉尼談的是杜格穆什氏族的成員，只是未指名道姓；前一年劫持福斯新聞職員、兩週後將他們釋放者，就是這批人。他們的作風是加薩境內親屬關係的較壞一面的典型表現。歷史上，氏族是加薩社會裡的一股很有力的勢力，傾向於追求自己的集體利益；許多氏族已被阿拉法特收編，為回報他們，阿拉法特允許氏族和包括保安部隊在內的巴勒斯坦自治政府機構緊密結合，以維持他們在某些商業市場（就杜格穆什家族來說是輪胎）的獨大地位，以解決他們自己內部的爭端或部落間的爭端。[1]但阿拉法特死後，諸氏族開始在以色列摧毀巴勒斯坦自治政府的基礎結構後留下的權力真空裡，以行動申明自己的獨立地位，取得正在解體的保安機關所留下的許多武器（他們原是這些機關的一部分），有時則向別的氏族報世仇。氏族間的血海深仇有時一輩子不消。加薩有個典型的笑話，以一個受了小小的冒犯就記仇一輩子，花了整整五十年才報仇雪恨的男子為對象：立即回嘴道「幹嘛那麼急？」

這種被部落驅動的法律、秩序的瓦解，有一部分肇因於阿拉法特當初所想要拉攏的那些氏族長老和穆赫塔爾（mukhtar）開始管不住較年輕、較倔強的族人。三十歲的蒙塔茲·杜格穆什就屬後一類人，二〇〇六年吸收族人建立了一個具有激進聖戰色彩的民兵組織。一九九〇年代期間，他是穆罕默德·達赫蘭所領導的巴勒斯坦自治政府預防性保安組織（Preventative Security Organisation）的一員，但第二次巴勒斯坦人起事期間，他和賈瑪爾·阿布·薩姆哈達納一道建立激進的「人民抵抗委員會」。二〇〇六年選舉後，旗下民兵組織正以「伊斯蘭軍」（Jaish al-Islam）的名號自主運行的杜格穆什，和人民抵抗委員會、哈瑪斯的卡桑旅聯手擒下吉拉德·夏利特。但接著，他的武裝團體和哈瑪斯決裂，不再擔負照管夏利特之責，藉由劫持兩名福斯新聞記者來公然反抗這個伊斯蘭派系勝選主政後享有的權威，後來據說主動向法塔赫表示願提供數百名武裝男子效力。

這時，哈瑪斯已表明其想要壓制氏族的權力，而其與某些氏族領袖的關係正開始惡化。但「伊斯蘭軍」似乎不受杜格穆什氏諸長老管控，後來這些長老說他們反對這次劫持行動，但無效。強斯頓遭關押期間，至少有一部分時間是在杜格穆什氏族在加薩市薩卜拉居住區的地盤上度過。在那裡，綁架他的人可倚賴鄰居和親屬的不插手或不出賣來確保自身安全。他被帶去的最後一間房間（他遭綁架期間的第三次遷移），肯定就在杜格穆什家大院。強斯頓遭監禁的時間當然比吉拉德·夏利特短了許多——更比不上那些巴勒斯坦籍囚犯，其中某些人已在以色列監獄關了超過二十五年。但這個以色列軍人至少被名義上聽命於加薩一民選政府的武裝團體關押，而外籍對話人能和該民選政府講上話。在當時的加薩，一般看法認為綁架強斯頓出於犯罪動機，即使裝出原教旨主義聖戰的模樣。這些綁匪基本上是不法之徒——這次綁架為何對強斯頓來說如此危險，這是原因之一。

但雖說「伊斯蘭軍」領導人可能拿這樁綁架案作為其與哈瑪斯進行權力鬥爭的武器，強斯頓卻在十年後憶稱，拘禁他的人是「不折不扣的聖戰士」：

> 我始終認定……執行這次綁架的人屬於如假包換的聖戰組織。我原以為抓我的人是一些較狂熱的個人，但一落入他們之手……我從頭至尾覺得這是某種基層聖戰組織。[2]

第一晚，強斯頓躺在他的薄床墊上時，有個穿白袍的人，用紅格子頭巾蒙住臉，進房間，用英語告訴他：「艾倫．強斯頓，我們什麼都知道。」誠如那年更晚時強斯頓所寫的，這個男人語氣平和，甚至和善；該男子說，他們會遵照伊斯蘭習俗，不殺人質，會善待人質，說他（強斯頓）一段時日後會寫書、結婚。

> 他們希望（英國）釋放囚犯……我說英國絕不會釋放（囚犯）……他止住我講話，說「英國會不得不照辦」。那肯定是聖戰組織的典型（反）十字軍作風。例如，他們問我是什麼樣的人？我說我是基督徒，他說，我是像喬治．布希那樣的十字軍？我對加薩夠瞭解，因而知道絕對要說自己是有經者（people of the book）。

強斯頓說，他記憶最深的事是一瞭解自己可能會被關押數年，不確定何時才會獲釋後，他的

「精神博鬥」；「穩住」自己的心，「不讓自己沮喪或憤怒」，「非常費勁，要不斷付出很大的努力」。遭拘禁一個多月後，情況有了突破性進展，這個人質終於說服看守他的人讓他擁有一台收音機。靠它，他能聽到「我大半職業生涯所待」的ＢＢＣ國際頻道，以及「那上面每個我所認識的人」——那時，該國際頻道已在播一檔每日播放的「艾倫．強斯頓節目」。夜裡，有人把收音機給他，他把收音機用毯子裹住，把收音機的喇叭貼著耳朵，「因為他們不希望我聽英語廣播時，讓鄰囚也聽到我在聽的東西，每件事都得考慮得非常周詳……這天是（利物浦一年一度）越野障礙賽馬舉辦的日子，我心裡只想到自己被關在加薩時，突然聽到那麼瘋狂緊張的英國活動……那實在讓人無法相信，使人極度想家，但也很高興聽到這新聞。但接著，那天晚上的第一則最新消息說我已遇害。太不可置信，太離奇……聽到我在家鄉認識的人，在那裡告訴我我已被處死，然後想著我的家人會怎麼想。這大概是我一生中最悲涼的一夜，在那些黑暗時刻，想著處決部門或許會在公關部門發布此消息後不久殺了我，然後整夜坐著聽公寓裡的每個動靜，街上有輛車駛來，我想著：『他們就是了？這就是來動手的人？』」

結果不是。但有「三或四個時刻」，強斯頓想著可能「我死掉的機率比活著還高」，而上述並非其中最後一個這樣的時刻。

看守強斯頓的諸人中，哈米斯（Khamis）執勤的時間最久。這個人二十多歲，喜怒無常，完全不會說英語，被以色列通緝，但他在哈瑪斯、法塔赫裡的敵人也幾可肯定想要逮到他。強斯頓漸漸明白，哈米斯，一如加薩大部分巴勒斯坦人，出身自一九四八年從如今屬以色列所有的地方逃難過來的難民家庭，而且一如人數眾多的少數人，曾被以色列人關過。他會突然發怒。在體重掉了十公斤且「始終有點餓」的情況下，有天強斯頓想要烤個洋蔥，於是拿起一隻長柄勺，「把洋蔥放在勺裡，直接放在瓦斯爐爐嘴上烤，洋蔥烤的情況正合我意，但把勺背烤得一團黑。他為此勃然大怒。他很注重家居整潔，對那隻勺子變黑真的很生氣。」但他是個「很複雜的人」，偶爾言行也正派：

電視上正在播蘇格蘭和法國的足球比賽，他叫我過去，讓我看比賽。有次，我的家人出現在記者會上，他叫我過去看……我看到我的家人走在屋前的狹長海灣邊，你知道的，那真是不可思議，海邊岩石上有雪，而你正在這個聖戰組織的藏身處看著家人從房子走下海灘。

你掃視房間，什麼都沒有，或許只有三或四枝卡拉什尼科夫步槍，我很確定電視下方的架子上有一顆手榴彈……還有一把M16（步槍）。

有個因素使綁架他的人大不同於始終把要實現的目標侷限在巴勒斯坦的哈瑪斯，那就是他們要求釋放與以巴衝突毫無直接關連的囚犯，包括生於巴勒斯坦的約旦公民阿布·卡塔達（Abu

Qatada）、伊拉克國民莎吉妲・里夏維（Sajida al-Rishawi）。阿布・卡塔達曾與凱達組織關係密切，那時被拘禁在英國，莎吉妲・里夏維則在約旦遭定罪後面臨處決。二〇〇五年十一月，凱達發動了數起自殺炸彈攻擊，在安曼奪走六十條人命，她因為參與執行其中一場攻擊未遂而遭定罪。

有次，強斯頓聽到哈米斯與人爭執，然後進來，首度用鏈條將他拴住。哈米斯說，綁架強斯頓的人看了那些推測里夏維就要被處決的報導，似乎很火大，想要在隔天決定「要不要把我處決，他說，如果我們決定處決，會用刀片……他似乎很高興告訴我那事」（里夏維二〇一五年才遭處決）。

另一方面，有件怪事：他告訴我「我不喜歡用鏈條把你拴住。如果他們要我把你拴住，我會告訴他們，我會走人」；但他如果走人，我就苦了，因為被一個不想把你拴住的人拴住，總是好上許多。於是，我有了這種奇怪的交談。這個看守我的人，我的守衛，那時正要把我拴住，我說，「別，別，我不希望你走人，沒必要那樣。」甚至那時我在想，我得說服他留下來，得讓他相信那無妨。你不想來個很贊成把你拴住的傢伙。因此那是段艱苦時期，而只有一晚我被拴住，但那跟著你一輩子。直到被拴住才體認到的事，係噪音和束縛的感覺一樣糟糕——每動一下下，都跟著出現鏈條的撞擊聲。被拴著醒來是很奇特的事。那一夜之後，他們拿走鏈條，或許哈米斯爭贏了，或他們不再那麼生氣，或他們理解到莎吉妲不會被殺，或別的，但那段精神緊繃的日子消失。

但這樣的日子不久就會再來。而在那之前，局勢較平靜的時期令強斯頓的精神幾乎撐不下去。他會不斷拿自己的困境和他眼中更悲慘許多的他人處境相比，幾個月後寫道，「我覺得，我自己如果在這種舒服得非常非常多的被囚情況下精神垮掉，我將無法再拿起談納粹大屠殺的書來讀。」[3]

得到收音機後，他首度發現有一場全球性的運動在爭取他的獲釋，參與者包括許多巴勒斯坦人。他能聽到泰瑞．韋特（Terry Waite）和布萊恩．基南（Brian Keenan）透過BBC國際頻道親自發訊息給他，基南說，「身心比你想的還要強健」。這一切大大鼓舞了他。但那還是打消不了他的低落時刻，不管他如何用心壓制低落的心情皆然：

有天，我和哈米斯坐下來——我們最接近於真正交談的時刻——我說我受夠了，你認為這什麼時候會結束；你認為他們會釋放哪些囚犯？我必須讓他們知道，那絕不會發生。他們得知道，這不會隨著三個囚犯走出某地，尤其不會隨著阿布．卡塔達走出某地，就結束。於是哈米斯說，「他們會放阿布．卡塔達？」我說，「abadan」（絕不會），他們說「那你abadan」。我記得心情變得非常沮喪的一次，是他們再度於廣播電台中說他們想要阿布．卡塔達，這是我知道絕不會發生的事，就這樣一而再再而三，他們仍然想要那個傢伙。[4]

六月，隨著加薩再度陷入派系交戰，強斯頓和綁架他的人已愈來愈把心思擺在較會影響到自身的情勢。麥加協議已成為迫於形勢而倉促談成的結合，未解決誰來管理內部安全這個最重要的問題——而當時的派系內鬥和普遍的法紀蕩然，已使這問題成為最需要盡快解決的事項。此外，儘管有沙烏地國王的權威加持，這個聯合政府若要存活，亟需更廣泛的國際支持，更別提若要發揮提供服務的作用。阿巴斯和法亞德已請求西方援助，並請求以色列釋出它該給巴勒斯坦自治政府的關稅收入的尾款三億美元。兩個請求都未如願；以色列對這個新政府的敵意絲毫不減，而較輕鬆看待此事的小布希則向埃胡德．奧爾默特表示，「他不認為這個由所有黨派組成的聯合政府能久存。」[5]小布希說得對，但那可以說是具有自我實現作用的預言。

各黨派都能接受的內政部長人選是哈尼．卡瓦斯米（Hani Qawasmi）。此人是鮮為人知的加薩學者，沒有安全事務方面的經驗，對兩大派系都沒什麼影響力。卡瓦斯米想要把哈瑪斯行政勢力和法塔赫所支配的巴勒斯坦自治政府保安部隊合而為一，但此事遭法塔赫嚴厲反對。五月，卡瓦斯米辭職；以色列允許剛受美國訓練的法塔赫部隊分遣隊經由拉法進入加薩，哈瑪斯的槍手攻擊其所聲稱要將武器運給法塔赫的一支車隊，從而為五月下半和六月上半的血腥對抗搭好舞台，雙方都說對方正準備「政變」。

以色列繼續攻擊哈瑪斯陣地，加劇法塔赫和哈瑪斯間重啟的戰火。以色列這些攻擊，引來哈瑪斯回敬以火箭攻擊，有時以色列的攻擊則是哈瑪斯的火箭攻擊所引發。有時，兩派系的交戰會一再被停火短暫打斷（這個月共停火七次，往往停火只幾小時），只因為跨邊界的衝突再起。

五月十五至十六日深夜，加齊．哈馬德一行人的車隊，為談判這樣的停火而前往警察總局，途中遭一支多達二十人的法塔赫保安部隊攔住並包圍。據哈馬德所述，「我聽到有人在用對講機講話，他們說『加齊．哈馬德』在車裡』。他們要我下車，把卡拉什尼科夫步槍指著各個窗子。於是我按住車門柄要開門，但司機對我尖聲喊『請關著門，不要開』，於是我再度關上門。這些武裝人員往後退半公尺，射了一百多發子彈。子彈射穿輪胎。司機很慌張。我把頭埋在兩腿之間，要他『走，別停』。」哈馬德和其司機運氣好，巴勒斯坦自治政府的保安機關借給這支代表團的這輛車是防彈車，但哈馬德直到那一刻才知道這點。坐車跟在後面的一個埃及高階外交官舉起一隻手時，手指頭中彈。[6]

哈瑪斯和法塔赫各自的支持者，幾乎每天搞出幾十樁這樣的事，上述事故只是其中一樁，其中許多樁奪走人命。米莉亞姆．法里斯的日記讓我們看到那些和派系交戰不相干、想在此環境下正常過活的加薩人近乎超現實的努力：

貝拉德瘋了，幫派間搶劫、打人的事頻傳；玫瑰紅店外三聲槍響。我好累。這些亂七八糟的事，沒一刻可以暫時擺脫。

我們所在的城區平靜無事，原因之一是到處有自治政府主席的衛兵。夏提營有人開槍，在納瑟區，凌晨約一點半，有輛車丟出一個被綁住的男子，然後在玫瑰紅店外將他槍殺。人們圍了過來，有人將屍體抬走，十五分鐘後這條街恢復正常。

可憐的蘿茲，凌晨三點還在玫瑰紅店裡，她丈夫來找她，但槍聲大作，不敢出來。我們比平常早回到家，我紋了自己的眉，穆罕默德煮了一餐義大利料理，因為這天是我們的結婚紀念日。

槍聲……整夜。我的眼皮仍是腫的……哈瑪斯往以色列境內發射了多枚卡秋莎火箭。以色列繼續炮擊哈瑪斯……今天又有死傷。真是詭異，多美好晴朗的日子，卡桑（火箭）這時在這地方上空到處飛。

但更糟許多的日子還在後頭。決定性戰鬥始於六月十一日；眼見法塔赫在加薩最顯要的人物穆罕默德．達赫蘭人在國外（似乎是就醫）且兩派的許多高階人物都躲了起來，哈瑪斯激進分子開始橫掃加薩，攻占或摧毀法塔赫的設施，殺掉設施裡的許多人。至六月十五日，自治政府主席大院、預防性保安部隊總部、最大的薩拉亞（Saraya）*保安、監獄大院，都已落入哈瑪斯之手。內戰或許始終是最殘暴的戰爭之一；若是如此，兩方的部隊在這內戰中也不例外。共有三百五十名巴勒斯坦人死於這場派系內鬥，包括非戰鬥人員，其中有些人是小孩。數人遭蒙上眼睛、銬上手銬從高樓樓頂丟下，包括分別遭哈瑪斯、法塔赫的民兵丟下的一名為自治政府主席衛隊服務的廚子和一名從汗尤尼斯某計程車劫持來的乘客。俘虜遭立即處決。數百名非戰鬥人員在加薩市遊行，要求結束殺戮，結果其中兩名示威者遭射殺——凶手不明。

但儘管法塔赫民兵組織人數占上風，其中許多民兵最終或投降，或逃亡，或經由埃雷茲、拉法或乘小船逃離加薩。投降不表示沒事。預防性保安部隊總部六月十四日落入哈瑪斯之手時，據參與防守的某個國安部隊成員所述，「我們大部分人投降；只有一些人還在開槍。我們總共約二十五人。他們要我們全都靠牆，要我們往前，朝我們開槍，尤其朝腿部開槍，但大夥倒下時，身體其他部位中槍……那是屠殺……我聽說我的同事十七人死亡，其他人全負傷。」[7]

哈瑪斯自此完全控制加薩。據哈瑪斯的某份記述，這樣的發展出於運氣，而非出於計畫：有個很得民心的伊瑪目被法塔赫激進分子殺害，哈瑪斯的部隊忍無可忍，衝進自治政府主席大院以示報復，結果令他們大吃一驚的，守衛薩拉亞的法塔赫成員很快就投降，他們的指揮官告訴哈瑪

＊這座令人生畏的大院是英國人所建，形似要塞，後來陸續被埃及、以色列、巴勒斯坦自治政府、哈瑪斯拿來當作保安部隊總部兼監獄。

斯，「你們沒必要開火攻擊這裡，來，我們把鑰匙給你們。」[8]另一方面，哈瑪斯的阿克薩廣播電台先前已預言，哈瑪斯的部隊會從汗尤尼斯往北推進，陸續拿下自治政府主席大院和加薩的保安部隊總部，這間接表示哈瑪斯戰士事前有些許規劃，至少在這場短暫而血腥的內戰的最後階段是如此。[9]幾無證據顯示，哈尼耶或阿巴斯有過打倒對手派系，由自己派系完全控制加薩的念頭。但兩派系裡都有人從一開始就反對兩者聯盟；兩派系裡的鷹派都有理由動武以挫敗他們所認為對方之鷹派的野心。

無論如何，未及時走掉的法塔赫領導人受到令人髮指的報復。薩米赫·馬杜恩（Samih Madhoun）是法塔赫在加薩北部的重要激進分子，穆罕默德·達赫蘭的親密盟友，先前接受電台專訪時得意宣布他殺了數個哈瑪斯成員。他於六月十四日逃離自家，想要到自治政府主席大院避難。據他的兄弟所述，他接近哈瑪斯民兵的某個檢查站時，民兵朝他開火，他還擊，殺了一個哈瑪斯槍手。哈瑪斯特工抓到他，把他帶到他所射殺的那個男子的父母跟前，要這對父母殺了馬杜恩報仇。哀痛的父母不肯照做時，哈瑪斯的槍手自己出手殺了他，毀損他的肢體；處決影片放在YouTube上。[10]

哈瑪斯得知有人要在美國支持下搞政變，用武力推翻哈瑪斯，於是先發制人？二〇〇八年三月，記者大衛·羅茲（David Rose）在《浮華世界》雜誌刊出一篇文章，在文中說「有個祕密倡議，得到小布希同意，由國務卿康朵莉莎·萊斯和副國家安全顧問艾略特·艾布蘭斯執行，要挑起巴勒斯坦人內戰。」[11]這項報導，未遭萊斯明言否認，引述了大衛．沃姆瑟（David Wurmser）的一段大有蹊蹺的看法。沃姆瑟原是美國副總統迪克．錢尼的中東事務首席顧問，但已於哈瑪斯接掌政權一個月後辭掉該職。他說，「我覺得這情況與其說是哈瑪斯的政變，不如說是法塔赫的未遂政變。此政變還未發動，就被人先搞掉。」羅茲的論點也以國務院的一份文件為依據，該文件設想施行一個浩大的計畫以支持忠於阿巴斯的勢力，估算五年裡提供薪水、訓練、「需要的致命、非致命性保安裝備」共需花費十二億七千萬美元。

與哈瑪斯交手的巴勒斯坦自治政府／法塔赫部隊，肯定得到西方列強——主要是美國和出力較少的英國——的幫助，而且正得到西方列強積極鼓勵。[12]戰事最激烈時，達赫蘭人會不在加薩，但他已得到一支親手挑選組建的「特種部隊」支持。這支部隊的訓練得到西方協助，並在基思．戴頓（Keith Dayton）將軍支持下進行，戴頓則是小布希所任命的美國中東安全事務協調員。在類似的協助下，阿巴斯的自治政府主席衛隊增添了七百名新兵，強化了兵力，[13]而且國安部隊人員得到訓練和裝備提供（英國至少自二〇〇五年起就參與此事）。[14]這一協助，儘管是「非致命性的」，其實還是使歐盟對麥加協議公開但審慎的歡迎受到懷疑；很顯然的，如果麥加協議垮掉——果然垮掉——歐盟會員國會挺法塔赫。根據二〇一一年半島電視台所洩漏的「巴勒斯坦文件」（Palestine Papers），也可清楚看出戴頓主持一個定期舉行的「四方安全會議」，美國、以色列、巴勒斯坦自治政府、埃及的高層在會中討論如何遏制哈瑪斯；最完整的外洩會議紀錄

（二〇〇七年四月起），尤其著重於阻止哈瑪斯偷運武器入境。誠如羅茲所指出的，五百名服裝整齊的國安部隊成員，已在埃及受過四十五天訓練後，在五月跨過邊界進入加薩，也不是祕密。這些人配備新武器和新車輛，聽命於人不在加薩的達赫蘭。戴頓的幕僚也在此戰鬥快結束時與法塔赫的領導人通電話，欲強化他們的抵抗意志。[15]

但如果美國人以為他們能在二〇〇七年夏藉由幫助法塔赫部隊將哈瑪斯拉下台，那是癡心妄想，儘管他們那時未理解到這點。但哈瑪斯**認為**有人正在謀畫政變要拉下他們、從而據此作出回應一說，未因此較不值一顧。此外，艾布蘭斯於二〇一三年出版的書中承認，「理論上，如果戴頓的計畫年復一年繼續執行，同時哈瑪斯的武力維持原樣，我們或許已走到巴勒斯坦自治政府部隊能打敗哈瑪斯部隊的時刻。」但二〇〇六年底公開發表的給予法塔赫部隊更多資金的決定——更別提已在華府擬出的任何有更大影響的計畫——收效非常緩慢，原因之一是美國國會比原訂時間還晚批准這個資助案，然後裁減了資助金額約三千萬美元。艾布蘭斯自己的說法，與那份外洩資料裡反映的追求目標相符，但其實在抱怨對法塔赫的援助還**不夠**，因此，面對較有紀律、組織、衝勁的哈瑪斯激進分子，法塔赫的武力不足以和他們一決勝負：

沃德（戴頓一職的前任官員）和戴頓已面臨一個巨大挫折，即得在沒有資源可用的情況下完成將巴勒斯坦自治政府部隊專業化的任務；他們不得不一逕空談，直到第一批資金送達的二〇〇七年秋，即哈瑪斯行動幾個月後，才有所作為。[16]

當時擔任美國駐耶路撒冷總領事的傑克·華勒斯（Jake Walles），許久以後接受艾布蘭斯親自訪談時，說「我認為哈瑪斯真的認為我們在和達赫蘭密謀拉下他們。我不認為我們真的**如他們所認定的那樣**，但……我認為（哈瑪斯）覺得這個『陰謀』——根本不存在的陰謀——可能會推翻他們。所以，他們不等那發生，乾脆先下手為強」（粗體是作者所加）。[17]

但不管這個「陰謀」是否如艾布蘭斯、華勒斯事後所說的「根本不存在」，擺在眼前的事實是以色列不想參與該陰謀。對於砸錢武裝法塔赫的部隊，以讓法塔赫對付哈瑪斯一事是否可行——乃至可取——以色列的安全事務專家，遠比和他們對話的美國人更加存疑。辛貝特首腦尤瓦爾·迪斯金，對於哈瑪斯、法塔赫各自在組織人力物力上的本事，有真切的認識，在向記者介紹基本情況時，挑明說他對法塔赫這方面的本事沒有信心。[18]

五月下旬，美國大使理查·瓊斯會晤以色列國防部的新任總司令品查斯·布赫里斯（Pinchas Buchris），請求允許運入小型武器給法塔赫。這個以色列官員不置可否，告訴瓊斯，「他所關注的，係這些裝備最後是否會落入對的人手裡。我們不希望這些裝備落入哈瑪斯手裡，被他們拿來對付我們。」瓊斯回道，「如果法塔赫未得到幫助，哈瑪斯會完全控制加薩」，語氣有點難過。[19]瓊斯似乎未想到，提供這樣的「幫助」給法塔赫，反倒可能激使哈瑪斯接管加薩，而非阻止此事發生。

在這期間，艾倫·強斯頓已被拘禁了將近三個月。他不知道他的命運會被這個結果決定，但清楚意識到在他被拘禁所在的那棟建築周邊爆發的內戰。他被關在那棟建築的一間上了鎖且關上百葉窗的三房公寓裡，那是他的第二個拘禁處，也是他待最久的拘禁處。「當綁架你的人進來要你遠離窗子，因為在離公寓很近處，內戰打得正激烈，這時，你知道日子會最難過。於是，有了一種全新的危險……我記得我在想，即使這些人聽進勸說而放棄我或想要放棄我，我們所會面對的也是索馬利亞式的情況，也就是說走不出四個街區，我就會被別人逮到。」

但六月十四日哈瑪斯一獲勝，強斯頓就聽到哈瑪斯之軍事組織的發言人阿布·奧貝達（Abu Obeida）透過廣播電台說「這件記者綁架案得結束」。哈瑪斯要讓世人知道，它一旦徹底控制加薩，它能就此恢復秩序，而釋放他已成為彰顯這一能耐的必要條件。哈瑪斯的軍事組織「卡桑旅」，「已放話要對綁走艾倫·強斯頓的人不利」，米莉亞姆隔天在日記裡如此寫道。「因此，說不定會有好事發生。我鬆了口氣，從此不用害怕被綁架，但前路多艱。」

這個電台聲明其實未讓強斯頓感到寬心；反倒相反。劫持他的人擔心哈瑪斯哪天派人包圍，大為驚恐。他們要強斯頓穿上自殺炸彈背心以拍攝影片。影片中，擄走他的人揚言，如果他被人強行奪走，會引爆背心。這個影片於六月二十六日播出，碰巧和吉拉德·夏利特的影片同一天播出。夏利特也被命令照稿唸，而擬稿者是哈瑪斯。他唸道，「遺憾」以色列軍方「不在乎我」，力促以色列照哈瑪斯的要求，談判釋放巴勒斯坦籍囚犯以換取夏利特自由一事。

強斯頓的主要看守人哈米斯首度穿著軍人工作服現身。強斯頓被移到另一間公寓過了一夜，然後押回到位在杜格穆什地盤裡他第一次被帶去關的那棟建築。這時，哈瑪斯已羈押了三名「伊斯蘭軍」成員，哈米斯告訴強斯頓，劫持他的人已在此公寓下方設了一個陣地。「這時只擔心他們會打個你死我活……擔心會需要強攻這個地方，而非擔心綁架我的人放棄我……擔心那會以不可置信的凶狠執行，因此，我會是那個不會被殺的人的說法，似乎有點不可能。」

這時，已在加薩的我，去見了艾哈邁德·尤塞夫，那時他是伊斯瑪儀·哈尼耶的親信助理。他說，哈瑪斯未動用武力救出艾倫·強斯頓，純粹因為考慮到「艾倫的安全」，但他承認英國政府不希望哈瑪斯這麼做，同時又說「我們不能讓整個加薩走廊被這個情勢裹挾。我們得設法解決這個情勢。」我問尤塞夫，如今已知強斯頓被拘禁在位於薩卜拉的杜格穆什大院，如果哈瑪斯激進分子強攻該大院，強斯頓是否可能受傷乃至喪命，他以令人沮喪的直白回道，「他會成為為巴勒斯坦人的大業捐軀的烈士」。

哈瑪斯似乎打算這麼做。隔天傍晚，哈瑪斯的藍制服「執行隊」隊員守衛薩卜拉居住區周邊的街角，在薩卜拉周邊的高樓樓頂巡邏。卡桑旅的成員，用黑色巴拉克拉瓦盔式帽蓋住臉，聚集於杜格穆什地盤裡的小街和荒地上。哈瑪斯將杜格穆什地盤的數條街斷水斷電，盤問想要離開此區避難的該氏族的成員。穆赫塔爾說，該氏族只有少數成員贊同這個綁架行動，警方接受他的說法，允許據認和此事無關的人離開。

這次的武力展示威力夠大，滿腔怒火且一肚子不願意的「伊斯蘭軍」最終同意交出人質以換取他們保命。但對不知情此事的強斯頓來說，危險還未結束。那天半夜，他被套上頭罩，雙臂反扣，押下樓梯，下樓梯期間被打，被推去撞牆，然後被塞進汽車後座。哈米斯和另一個守衛伊薩分坐他兩邊——至這時為止「我身邊讓我覺得最凶的兩個人」。

他們得開車穿過哈瑪斯防線……載著坐在車後座我們這三個不開心的人，套著頭罩的我和其他相關的東西，以及……厲聲對我吼叫、猛發火的伊薩，他們對司機，對我，對車外的人，厲聲吼叫，有那麼一會兒，我們想必被攔住，隔著頭罩的毛料，我能看到（伊薩的）AK－47槍管。它離我的眼睛非常近，他在厲聲吼叫，憑我蹩腳的阿拉伯語，我很確定，聽到「腦袋」這個字眼，我想我聽到子彈和腦袋這兩個字眼，你們可以理解我怎麼會這麼認為。

突然哈米斯用他的手肘擊打強斯頓的臉；這個BBC職員能嘗出嘴裡的血味。然後哈米斯猛然打開車門，拿著他的卡拉什尼科夫步槍站在外面街上。

隔著頭罩的毛料，我能看到那個，能看到他在厲聲吼叫，把槍朝各處指，不知道為何這輛車沒有滿布彈孔。心情無比忐忑，他們處理這事就是這麼狂暴……伊薩這傢伙的一貫作風，卡拉什尼科夫步槍就在我眼睛近旁，一輩子都忘不了那段經歷，讓人覺得無比威脅。事後回顧，這些事有許多似乎帶有微微的黑色幽默味道。他們似乎在對司機吼——可能有一人吼說「走」，另一人吼說「停」。吼聲終於結束時，我可以說是被拖出去……頭罩拿掉，可以說是被丟在街道上，他們逕自開車離去，然後我往四處望，能看到街道上有約八個——十個－十二個武裝男子，那時不曉得他們是誰，他們走過來，抓著我的手臂，牽著我，一語不發，開始和我一起走。

有一瞬間，強斯頓以為自己被轉交給另一票綁匪。但這些人屬哈瑪斯。走了三十公尺左右，他轉過一個街角，進入一個園子，在那裡他看到他的朋友暨同事，BBC阿拉伯語部門的法耶德・阿布・夏馬拉（Fayed Abu Shamalla）。強斯頓終於知道劫難結束了。

哈瑪斯鞏固了其對加薩的控制，而釋放強斯頓是此鞏固過程中的一個決定性時刻。哈瑪斯會遭遇諸氏族（包括杜格穆什氏）欲以行動申明自身自主地位的零星嘗試，而這不會是其中最後一次，但這是其中勝算不小的最後一次。四天後，哈瑪斯奪回兩年前被從加薩動物園劫走的一頭母獅，劫匪是凶狠出了名的阿布・哈薩內因（Abu Hasanein）家族的成員。該氏族成員被許多人認為涉入走私毒品，除了以和這頭獅子合照招徠顧客收費，據說還常把牠帶到開會場合，以解決和對手的爭端。相較於強斯頓獲釋，搶回這頭獅子算不上大事，但此舉還是饒富深意：氏族在加薩的支配地位，一如這頭母獅，回到其牢籠裡。

但哈瑪斯若指望其成功救出強斯頓，會為其和歐洲人，或至少和英國人，乃至和美國，達成某種程度的修好一事，提供新的機會，那就大錯特錯。為了促成強斯頓獲釋，英國政府同意撤銷對與這個伊斯蘭派系接觸的禁令。為討論強斯頓之事，英國駐耶路撒冷總領事理查·梅克皮斯（Richard Makepeace）兩次會晤伊斯瑪儀·哈尼耶——誠如他在加薩向記者斬釘截鐵說的，會晤只為那件事。英國外長大衛·米利班（David Miliband）則承認哈尼耶在讓該人質獲釋上發揮了「極重大的作用」。[20]

強斯頓遭綁架期間，英國軍情六局駐耶路撒冷的人員，在大馬士革會晤過哈瑪斯政治局主席哈立德·梅夏爾。除了保證哈瑪斯會在強斯頓一事竭盡全力，梅夏爾還趁這難得的機會，自信滿滿的預言西方列強遲早會和哈瑪斯舉行涵蓋層面更廣許多的政治會談。他問道，為何不盡快這麼做，反倒要等中東飽嘗更多苦痛、死亡、絕望的數年之後？[21]

這時，贊成此做法的聲浪已漸漸變得更不容輕視。幾個月後，十一位以色列重要作家，包括三位最具國際知名度的作家阿莫斯·奧茲（Amos Oz）、耶和舒亞（A. B. Yehoshua）、大衛·格羅斯曼（David Grossman），一同提議以色列就停火以結束以色列對加薩的入侵、攻擊，以結束卡桑火箭對位在邊界沿線的附近以色列村鎮的攻擊，和哈瑪斯會談。在這年夏季那幾個月期間卡桑火箭的攻擊一直未歇且攻擊強度未稍減。

前以色列情報首腦，例如前摩薩德局長埃弗萊姆·哈列維（Efraim Halevy）、一九六七年後以色列在「占領地」的第一個——且在任甚久的——軍事協調員什洛摩·加齊特，呼籲和哈瑪斯就更廣泛層面展開對話。哈列維早在二〇〇三年就首度提出此議，對於某些人認為阿巴斯會照以色列、美國的要求動武鎮壓哈瑪斯，從而掀起內戰的想法，他覺得不值一顧。這不是因為哈列維極不「認同」哈瑪斯——「我認為他們是極可怕的一群人」——而是因為「堪慮之處在於打敗不了他們，而且他們會變得更絕望……會從此肆無忌憚，因為他們覺得人生已沒什麼可指望。」[22]

哈列維還表達了另一個看法，而此看法因二〇〇六年十二月奧薩瑪·賓·拉登的副手的一番言論而大受矚目。該副手怒責哈瑪斯參與「不會讓巴勒斯坦境內的一粒沙得到解放」的選舉。要防止凱達組織較激進的意識形態吸引巴勒斯坦人追隨，就必須與哈瑪斯上談判桌。哈列維主張，「我們在處理的問題，攸關自由社會的存亡。在此戰爭中四處尋找可能的盟友時，有時得甘於接納同床異夢的盟友。」

這時，小布希政府的前任國務卿柯林·鮑爾（Colin Powell）呼應他的看法。哈瑪斯在軍事方面打贏法塔赫後，他在美國的全國公共廣播電台接受專訪時說，中東「四方」集團必須和這個派系「接觸」：

我認為，不能把他們丟到黑漆漆的外頭，不考慮到哈瑪斯在巴勒斯坦人的社會裡所具有的地位，卻想找到解決此地區問題的辦法。控制加薩的哈瑪斯不會走開，而且他們得到大部分巴勒斯坦人頗大的支持。他們打贏一場我們堅持要辦的選舉。因此，他們這個團體儘管讓人不快，他們的某些看法儘管讓我覺得厭惡，我認為必須透過某些方法和哈瑪斯打交道。[23]

但這個結論和晚近勝選組成的奧爾默特政府──以及小布希政府所主導的中東「四方」集團──所得出的結論背道而馳。哈瑪斯和法塔赫的交戰於六月中旬打到最慘烈時，美國大使理查．瓊斯在特拉維夫會晤了具影響力的以色列軍情局（IDI）局長阿莫斯．雅德林（Amos Yadlin）。大使說，如果法塔赫落敗，會有人──他未指名道姓，但心裡大概想著他自己的上司──要求馬赫穆德．阿巴斯在西岸成立「另一個政權」，雅德林隨之表示，「這樣的發展會是以色列所樂見，因為那會使以色列國防軍得以把加薩視為敵國，而不必把哈瑪斯當成非國家的行為者來打交道。」他還說以色列可以在西岸和法塔赫政權合作。[24]

強斯頓獲釋時，情勢發展已完全如雅德林－瓊斯會議所預期的。阿巴斯的部隊在加薩落敗後，兩派交戰期間一直待在拉馬拉的阿巴斯，立即在該地革去伊斯瑪儀．哈尼耶的總理之職，迅速成立新內閣，以薩拉姆．法亞德為總理。美國和歐盟重新為巴勒斯坦自治政府提供資金（該年更晚時美國已宣布其為召開和會制定的計畫，根據該計畫，將邀請奧爾默特、阿巴斯與會，但不邀哈瑪斯）。這使巴勒斯坦自治政府得以再度支付其在加薩的數萬職員的薪水，但有個荒誕的但書，即他們得待在家裡，不為哈瑪斯當局效力——九年後仍在施行的規定。

九月，以色列的內閣，一如雅德林所料，正式宣布加薩為「敵對的實體」，加固、強化其在哈瑪斯於六月控制加薩後所施以的封鎖。針對這會給加薩帶來什麼樣的影響，同樣不乏忠告。根據以色列人權機構吉沙（Gisha）的說法，加薩八成人口這時仰賴人道援助，而人道援助差不多就是以色列所會允許流入加薩的唯一物資。

哈瑪斯獨霸加薩三星期後，加薩境內七成五的工廠，因為位於卡爾尼的主要貨物口岸的進口——和出口——停擺，而無法正常營運。約三萬名工業工人——加薩勞動人口一成——可能失去飯碗，二十一萬靠他們溫飽的人會直接受波及。由於在巴勒斯坦一側營運卡爾尼口岸的巴勒斯坦自治政府法塔赫籍員工已在此戰爭爆發後逃走，卡爾尼口岸因此已被以色列關閉，而且以色列拒絕和哈瑪斯打交道。這只是開始。但哈瑪斯提議，若非法塔赫籍職員回來，就是聘請一家土耳其公司來營運加薩一側的口岸業務，而阿巴斯對此解決辦法興趣缺缺；阿巴斯的西方金主也未催他找個解決辦法。反倒，他為自己能放掉加薩，專心經營西岸，顯得如釋重負。[25]

其實，對於巴勒斯坦人陷入貽害甚大的分裂——將會持續至少九年的分裂——哈瑪斯內部焦慮不安的程度，甚於巴勒斯坦自治政府或西方列強。加齊·哈馬德，哈尼耶最親信的顧問和軍師之一，本就反對哈瑪斯進入政府，在阿巴斯將哈瑪斯籍的總理革職後，極力反對這個伊斯蘭派系決定於加薩自立政府和巴勒斯坦自治政府打對台一事，主要因為他正確預期到以色列和西方的反應。如果以色列的目標之一是實現加薩和西岸的各自為政，這場短暫但慘烈內戰所留下的分裂局面正中以色列下懷。法塔赫的行動主義者已洗劫、焚燒西岸境內附屬於哈瑪斯的機構，藉此迅速回應兵敗加薩一事，而加齊．哈馬德認為此劫燒之舉已使哈瑪斯更加堅定要獨力治理加薩。但哈馬德還是辭去哈尼耶的發言人之職，以抗議此接管之舉，許久以後說他認為「那是個大失策，因為我知道這之後，哈瑪斯在加薩的處境會愈來愈孤立。」[26] 哈馬德辭去政府發言人一職後，會在幾個月後受命掌管諸口岸——不算是貶到邊疆，但離開加薩的政治權力中心。*

對老百姓來說，不管政治立場為何，哈瑪斯這時看來完全控制加薩，帶來一個很明顯的好處：即使法律未回來，但秩序恢復了。走在街上再度不用擔心安全，即使夜裡亦然。此前幾個月裡，在許多地方，走在街上，一不小心就可能陷入從街角狠狠瞪著對方的兩派系的小股武裝男子打出的交叉火力網。

外國人似乎也不再有遭綁架之虞。強斯頓遭劫持事件剛傳出時——那時此事被認為會和其他所有劫持案一樣幾天就落幕——外籍記者繼續在加薩各地走動。但針對信基督教或和基督教無關的目標無法無天施暴的離奇行為、恣意橫行的武裝團夥、綁架強斯頓者的堅決不放人，以及傳言槍手來到市中心某家媒體的辦公室，說要找更多外國人來綁架一說，已使加薩成為外國記者協會四月時所謂的「形同（外籍記者的）險地」。

二〇〇七年那個四月，我已去了加薩一趟，從埃雷茲搭聯合國車隊的便車進入加薩市中心，非常敬業的英國年輕人蘿倫．艾倫斯（Lauren Aarons）與我同行。凱特．伯頓和其父母親遭短暫綁架獲釋後，伯頓離開加薩，她在阿爾梅贊人權組織的工作即由蘿倫接下。這時，蘿倫難過的收拾其行李，因為她也在強斯頓遭綁架後被勸該離開加薩。一來到加薩市裡，即有個（不請自來的）巴勒斯坦自治政府警車一路伴隨保護我們，我來加薩這麼多趟，警車伴護是頭一遭也是唯一一遭。時值春天，陽光普照；加薩市繁忙一如以往，看來再正常不過。

但一個小時前，有人光天化日用爆裂物炸掉穆娜．加萊伊尼（Muna al-Ghalayini）的一輛本田車，穆娜則是人氣餐廳 Roots 的老闆之一。或許這是某個年輕男子數天前被拒絕進入該餐廳用餐而有此報復舉動，當時正值該餐廳只准家人共同上門消費的夜間用餐時間，該男子隻身一人，因而不得進入；或者說不定，此炸車行動有更不良的居心，動機類似那些作風極端的薩拉菲派分子（Salafists）。上個星期，拜特哈農一場大火燒掉阿塔（al-Atta）聯誼中心的電腦和五千藏書，縱火者很可能就是該派分子。有個與薩拉菲派類似但不詳的團體安裝一枚炸彈，在那個週日炸毀基督教聖經會的入口和正面。「薩拉菲派」標籤有以偏概全之弊，因為薩拉菲派雖是抱持

＊哈馬德於二〇一二年被任命為哈瑪斯副外長。

原教旨主義且極端保守的伊斯蘭教一支，以薩拉夫（Salaf，先知穆罕默德的第一代弟子）為榜樣，但動不動就動用暴力的聖戰士只占該派信徒的一小部分。

日後，這群凶狠的少數人會不服哈瑪斯在加薩的權威。但那年四月，對麥加峰會後所形成且仍被西方拒絕資助的脆弱聯合政府構成威脅者，仍是法塔赫、哈瑪斯的對抗本身。聯合國人道主義事務協調廳的廳長大衛．席勒（David Shearer），對人很貼心的紐西蘭人，從埃雷茲進城途中，深入思索了這個由所有黨派共組的聯合政府——沙烏地阿拉伯國王所催生，誕生才三星期的政府。他說，該政府需要錢才能「運行」，但如果運行，局勢有可能穩定。但如果該政府瓦解，「暴力會變多，包括派系間的暴力」，屆時會有許多人因此喪命。

這話很有先見之明，席勒說出此話後才兩個月，法塔赫和哈瑪斯於六月時兵戎相向，正應驗了他的預言。那場衝突格外凶殘，若要咎責，就只能歸咎在這兩個派系和他們的領導人上。而即使西方列強給了這個聯合政府成功的機會，這衝突或許還是避不掉。阿莫斯．雅德林於六月十二日向美國大使瓊斯轉達了以色列情報機關的看法，該看法認為阿巴斯和哈尼耶排除萬難建立密切的工作關係，但兩人都控制不了自己的軍事組織，而且哈瑪斯的卡桑旅一直自行其是，並得到以大馬士革為活動基地的哈瑪斯政治局主席哈立德．梅夏爾的「默許」。但雅德林*於六月和大使瓊斯會晤時，已提出另一個饒有見地的看法：他不認為哈瑪斯攻擊法塔赫是「為剷除（對手）而祭出的預謀行動」的一部分。反倒，哈瑪斯本就有能力想要什麼時候接管加薩，就什麼時候動手接管，而且「過去一年」的情況一直是如此。

如果美國真的幫忙搞欲推翻哈瑪斯的祕密政變，那麼它（和以色列不同的）可悲的低估了哈瑪斯的軍事優勢。但如果美國沒這麼做，那它無論如何完全未出手阻止其在法塔赫裡所中意的人自挖陷阱，然後走進該陷阱。不管是上述哪種情況，美國和歐洲人都要為這個結果——哈瑪斯徹底控制加薩——負上些許責任，而歐洲人，再怎麼不願意，還是默許情勢如此發展，因此必須負上這樣的責任。

這樣的控制使加薩街頭更為安定，那是加薩人民已十八個月無緣享有的，但反對哈瑪斯者卻為此付出沉重代價，因為哈瑪斯嚴厲鎮壓未逃離加薩的許多法塔赫的行動主義者。的確，哈瑪斯的支持者在西岸也受到法塔赫所支配的保安部隊類似的對待。國際特赦組織於十月指出，兩大派系都在此前四個月裡拘留——且有時拷問——了一千多名被認為持相反政治立場者，「加重、惡化了以色列軍事行動和封鎖所導致的人權、人道危機」。[27]該組織指出，法塔赫的槍手在西岸劫持、攻擊或殺害被認定支持哈瑪斯者，或「有時在保安部隊的眾目睽睽下」燒掉被懷疑和哈瑪斯有關連的房子、商家、慈善組織，而阿巴斯的巴勒斯坦自治政府——這時得到西方列強堅定支持

＊自從在一九七三年贖罪日戰爭中開軍機以來，雅德林的戎馬生涯非常出色，後來，從軍情局局長之位退下來後，他成為特拉維夫大學的國家戰略研究所所長。

——未究辦這些槍手。

但國際特赦組織批評加薩境內的哈瑪斯當局也不假辭色。該組織承認該地的公共安全有「顯著改善」，但也說先前的法紀蕩然已被「內部壓迫」取代，哈瑪斯針對法塔赫個別成員或保安部隊人員發動定點攻擊，驅散反覆喊著法塔赫口號的示威和婚禮，攻擊報導這類情事的巴勒斯坦記者。遭哈瑪斯「執行隊」和其軍事組織拘留者，聲稱受到拷問、虐待或「常」挨毒打。至少兩個被拘留者，四十五歲的瓦立德・阿布・達爾法、三十一歲的法德爾・達赫馬什，七月時死於遭「執行隊」看管期間。

但那年十一月，加薩市一場示威以流血告終，由此觀之，這些有力的批評如同狗吠火車。法塔赫——在哈瑪斯允許下——在加薩市中心的卡提巴（al-Qatiba）廣場辦了一場群眾大會，以紀念阿拉法特逝世三週年。群眾多得超乎預期（可能十萬人），而我抵達時，發現已有數百個示威者在零星的槍響裡開逃。隔著群眾，我能看見一群年輕男子抬著另一個年輕男子的遺體，遺體披著一件染血的黑白格子圍巾，係這次抗議期間遭射殺的六名法塔赫示威者之一。有個嚇壞的女人站在牆邊，一手緊抓著一個小男孩，懇求計程車司機讓她搭個便車。這個女人說，她去找她的大兒子，那個兒子想去看這場群眾大會。「我得回家等他」，她說。「我別無選擇。這要怪哈瑪斯。他們為何非來這裡不可？他們不應干擾這場群眾大會。」在聖城醫院，院中走廊擠滿四十名傷者的親屬，傷者幾乎全受了槍傷，二十歲的塔赫・納瑟躺在擔架上，有個朋友為他拿著點滴。

「我們正喊著『阿布．阿瑪爾，阿布．阿瑪爾』」他說，「哈瑪斯就開始丟閃光彈，*然後我背部中槍。」

哈瑪斯說法塔赫槍手先開槍。但始終保持警戒的巴勒斯坦人權中心認為哈瑪斯該負主要責任。該人權中心成立以來，詳細記錄了以色列和兩大巴勒斯坦人派系的暴行，勇氣可嘉。據該人權中心的報告，早上十一點半，一輛載著哈瑪斯便服武裝保安人員的吉普車，「以挑釁姿態」駛向數百名示威者，示威者隨之朝警方丟石頭，警方隨之回敬以不分青紅皂白的開槍。該人權中心未找到法塔赫群眾開槍的證據，對哈瑪斯的說法存疑。但無論如何，「警察和保安人員的職責是保護參與者。照加薩官方消息來源的說法，警方遭開槍攻擊，而在此情況下，警方朝聚集的平民不分青紅皂白、無節制、致命的開火，說不過去。」[28]

隔天早上，我去了拜特哈農的一個帳篷為易卜拉欣．艾哈邁德致哀。他是遇害的示威者中年紀最輕者，才十三歲，愛好運動，極支持法塔赫。那個場面極似遭以色列空襲或坦克炮火殺害的孩子的喪禮。易卜拉欣的二十三歲哥哥阿姆賈德解釋道，易卜拉欣去做了晨禮，然後和阿姆賈德、另兩個哥哥合搭一輛計程車去鄰近的拜特拉希亞，在那裡，四兄弟加入要去緬懷阿拉法特且

＊非致命性爆裂物，會發出暫時致盲的亮光和極大的聲響，藉此使人搞不清方向。英國的空降特勤團（SAS）一九八〇年解倫敦的伊朗大使館之圍時，使用了此物。

人數愈來愈多的行進人群。後來，他們分開，但阿姆賈德覺得沒什麼關係，因為這場群眾大會最初氣氛歡樂，簡直像嘉年華。下午，易卜拉欣的遺體已在席法醫院的停屍間；他頸部和身側中槍。

致哀者和死忠支持法塔赫的艾哈邁德家族，坐在易卜拉欣家旁小巷裡的一長排塑膠椅上時，已在五個月前以色列關閉卡爾尼口岸時丟掉工作的他父親，心情太煩亂，只是靜靜看著家人在他身邊就週一事件所代表的意義做愈來愈政治性的熱烈討論，無法參與其中。「他是個孩子，沒有武器或其他什麼東西在身。我認為保安部隊該負責。他們負有掌管安全的職責。」他的姻兄弟吉哈德．奧達冷冷加了一句：「連以色列人都沒做出這樣的事」。

這一開槍事件後，哈瑪斯在鎮壓異議上變得很不順利——而且這一事件傳達了雙重意涵。一方面，阿拉法特紀念大會湧入這麼多人，表明仍有許多人熱切支持哈瑪斯之外的另一個選擇，即阿拉法特所創立、五個月前在加薩敗於哈瑪斯之手的法塔赫派。另一方面，此事表明以色列的西方盟邦所抱持的以下想法不切實際：加薩老百姓在以色列嚴厲封鎖下日子愈來愈難過，可能會挺身反抗哈瑪斯。以色列如願將加薩和西岸分開後，完全掌控加薩的邊界、空域、領海。但在加薩內部當老大且會繼續當老大者是哈瑪斯。

紀念阿拉法特的示威大會過了兩星期後，康朵莉莎．萊斯長久以來一直想辦成的高峰會，終於在美國馬里蘭州的安納波利斯海軍學院舉行，出席者為奧爾默特、阿巴斯和諸位阿拉伯領袖。

此會的目的是促成以色列和巴勒斯坦人就「西岸優先」的和平協議重啟談判。哈瑪斯當然未受邀；會中幾乎未談加薩。但誠如米莉亞姆・法里斯在其日記裡寫下的深刻見解：「和談已開始，猶如加薩每個人都出席，因為所有人都在等結果。有人說沒人抱任何希望，但他們其實抱著希望。正是希望使所有巴勒斯坦人民五十年來堅持下去。」那些希望會——再度——迅即帶來苦澀的失望，至少在加薩是如此。

第八章
加薩「節食」封鎖（二〇〇八－二〇〇九）

在阿貝德・拉博・阿濟茲（Abed Rabbo Aziz）位於賈巴利亞難民營邊緣的工廠，一百名員工，有男有女，裁切、縫製牛仔褲，世道好的時候，縫紉機的操作聲和不斷高聲放送的阿拉伯語音樂，使人幾乎聽不到自己講的話。他的家族從事製衣已將近四十年。

但二〇〇七年九月我們首次見面時，世道不正常，即使就加薩標準來看亦然。阿貝德・拉博坦承，這是三個月來他第一次鼓起勇氣上到靜得詭異的二樓，一捆捆顏色鮮亮的線掛在牆上，閒置的機器旁。他隨手拿起他的最大客戶，位在特拉維夫的一家成衣公司，送來的一件紙質長褲樣品，樣品底下工作台上一大票小螞蟻隨之呈現眼前，加薩晚夏午後天氣酷熱，螞蟻正忙著。「你看看我們閒著時發生了什麼？」他消沉的問道。

阿濟茲兄弟的這家工廠，一如其他數百家工廠，六月中旬就開始歇業。以色列關掉位於卡爾尼的主商業口岸，以回應哈瑪斯在加薩打贏法塔赫，雙向的貨物往來——原物料入，製成品出——因此中斷，而阿濟茲，一如加薩境內其他數百個製造商，倚賴此雙向的貨物往來。自那之後，來自日本、美國、總值十二萬五千英鎊的現代機器就停擺。門附近堆著裝在塑膠袋裡的四千件長褲，每件褲子已打上要送去以色列公司的標籤。在街對面，他的倉庫裡，約三十捲布積了灰塵。三十九歲的阿貝德．拉博運不出去製好的衣服，從而賺不到錢，也就無法付薪水給他有純熟技能——這時已被資遣——的員工，其中許多員工迫於生計這時受僱於哈瑪斯。起初他借了少許錢給他一部分需錢孔急的老員工，但這時他負擔不起這開銷。在他一樓的小辦公室，坐在整齊得讓人覺得不妙的桌子旁邊喝著咖啡，他低聲自顧自說道：「我受夠了」。

這間工廠的遭遇在成衣業相當普遍，而成衣業是加薩製造業裡的最大宗，有將近一千家公司。從父親手裡接管這工廠後，阿貝德．拉博利用其企業家執照頻頻去以色列兜攬生意。加諸進出口的限制，在奧斯陸協議後就開始施行，但這家公司在第二次巴勒斯坦人起事期間和那之後繼續製造牛仔褲銷往以色列。儘管以色列頻頻出兵入侵，有些入侵離這家工廠近到讓人不安，甚至透過停電干擾加薩運行（以色列軍人吉拉德．夏利特遭綁架後，以色列炮轟加薩的發電廠，停電之事隨之頻頻發生），加薩和以色列之間脆弱的商業生命線未斷。

由於全球競爭，至一九八〇年代後期，已有八成多的以色列成衣公司倚賴加薩的廉價巴勒斯坦人勞力。另一個廉價勞力來源——中國，對特拉維夫的年輕時尚市場來說並非理想的選擇。在特拉維夫，潮流幾乎每個月變，從遠東運來的成衣，抵達時很可能已不流行。一段時日後，數家以色列企業轉向約旦和西岸，但加薩在價格上具競爭力，而且同樣重要的，在品質上具競爭力。

二〇〇七年夏，阿濟茲意識到其產品的市場變化無常，其最憂心的事情係整齊打包好的牛仔褲成品，到他能將它們運出境時已褪流行。一如其他大部分加薩人，他未料到十年後封鎖會仍在施行。

阿濟茲給員工的日薪在五至十英鎊間，視員工技能的高低而定。他說他為其最大客戶，特拉維夫成衣商耶胡達．修夏尼（Yehuda Shoshani），製作的牛仔褲，在以色列的零售價格會是他的出貨價的四倍。但阿濟茲非常清楚兩經濟體的差異，並不埋怨此事。「他很厲害，那裡最厲害的」，他如此說修夏尼。「我們百分之百相信對方，」對方也如此認定阿濟茲。卡爾尼口岸關閉已使修夏尼損失了五十萬英鎊，迫使他因為收不到來自加薩的成衣而資遣了十八名員工。但我打電話給人在特拉維夫的修夏尼時，他立即如此講阿濟茲這個人：「他來過這裡許多次。我們一起吃喝，他就像家人。」至於阿濟茲公司的做工？「他們的品質不輸世上任何地方」。被每個加薩人簡單稱之為「圍城」的封鎖，不只打壞加薩的經濟，還打壞邊境兩側間數百個類似的關係。每個這樣的關係，都建立在一個巴勒斯坦人和一個以色列人彼此的互敬和定期接觸上。

阿濟茲的父親於一九六九年創立此公司，那時距他於十歲被逃難的父母帶到加薩已過了二十年。他們逃離辛辛（Simsim）這個現已廢村的巴勒斯坦人農村，那裡離這座工廠現在的所在地僅十四公里，中間隔著邊界。一九四八年時該村村民抵抗過以色列戰士。他的辛辛先民所具有的那股頑強勁，阿濟茲似乎還保有一些；接下來十年裡，我去了這座工廠超過六次，每次都看到他拚盡全力，欲克服這門行業所面臨的棘手障礙，畢竟長久以來這一家都靠這一行餬口。

如果二〇〇七年九月時阿貝德．拉博．阿濟茲以為情況不會更糟，那他很快就幻滅。我們首次見面後過了十四天，以色列內閣通過了首度將加薩界定為「敵對領土」的決議案，並保證「會對哈瑪斯政權追加制裁措施，以限制多種貨物從以色列輸至加薩走廊，以減少燃料和電的供應」。[1]這個舉措開始嚴禁各種貨物的進口，只放行以色列所斷定基於「人道」考量所不可或缺的最基本物資，同時使三成五的人民陷入「重度貧窮」。世界銀行還說，沒有糧食援助的話，這數字會達到六成七。

以色列施行的封鎖，成效卓著。光是二〇〇七年，靠出口至以色列和西岸來維持的成衣生產，少掉本可能到手的兩千四百萬美金的銷售額。世界銀行言簡意賅的總結了加薩前兩大製造業的遭遇：「二〇〇七年六月，家具業從業人員約六千五百人，成衣業則是兩萬五千人。二〇〇八年六月，兩數字分別掉到七十五和零。」世界銀行不需要詳細說明靠加薩受僱者的收入得到溫飽的親屬所受到的多重影響，遭封鎖前五成三的加薩受僱者在民間產業工作。但世界銀行的確指出，「對經濟裡尚存的民間產業支柱的侵蝕」，會「愈來愈難消除」。[2]

加薩北部以質優著稱的草莓作物，只是那年十一月的例子之一。五個月前，拜特拉希亞農民賈米爾．阿布．赫麥德（Jamil Abu Hmaideh）的二十一歲平民兒子，喪命於哈瑪斯、法塔赫的交火裡。這時，他就快破產。他所種的甜美多汁、低殺蟲劑殘留、高品質的草莓，本應以一公斤三至四英鎊的價錢出口到歐洲，從而使他在借了一萬三千英鎊的錢用於種植後，至少收支可以打平。這時他則會把草莓拿到飽和且銷路不好的本地市場出售，一公斤賣價頂多二十五便士。收成的草莓大多會爛掉；卡爾尼口岸關閉使他無法進口保護草莓使免遭冬雨、寒霜傷害所需的塑膠布。「我不屬法塔赫，不屬哈瑪斯」，赫麥德說。「我是農民。我們用鮮血打造了這個市場。如果讓荷蘭人和其他歐洲人枯等我們的產品，我們要如何拿回這些市場？」

事實上，荷蘭政府已促請以色列允許草莓出境，保證它們會安全通過以色列境內。但以色列拒絕，而此立場開始讓人覺得疑似得到位在拉馬拉（且得到歐盟力挺）的巴勒斯坦自治政府支持。巴勒斯坦自治政府主席馬赫穆德．阿巴斯這時公開呼籲終止哈瑪斯政權，該政府真的如其所說力促重新開放卡爾尼口岸？「他們一再告訴我們，他們非常看重此事，不斷提出此事」，當時一個參與口岸問題會談的歐洲外交官如此說。「但實際情況似乎與此有些落差。」

對以色列來說，眼前的最高追求，就是務使加薩境內的巴勒斯坦人體認到，哈瑪斯控制下的生活只會帶來苦難，或許巴勒斯坦自治政府也愈來愈把這視為首務。但封鎖對加薩人民的傷害，遠甚於對哈瑪斯本身。年底時加薩人民要為此付出的代價，會大得超乎任何人的想像。

在這期間，加薩每週一次的驢市集，係測試二〇〇七年冬燃料短少之衝擊的理想地方。自聖經時代迄今，加薩人一直在買賣驢子。但這時，在離以色列邊界兩公里的謝賈亞（Shejaia），一塊高低不平的場地上，他們賣掉車，買進驢子。驢子行情太好，價格比六個月前漲了六成。

可想而知，顧客先是仔細檢查過驢子，才把驢子套上車子試駕。「得確認牠不會用後腿踢人，確認牠強壯，確認毛色沒問題」，二十五歲的薩伯・達布爾（Saber Dabour）說。一如加薩境內數萬巴勒斯坦人，他不久前丟了工作，已用四百一十塊約旦第納爾的價錢（將近兩百九十英鎊）買了一頭驢子，以便用驢拉車挨家挨戶賣蔬菜。「這裡沒工作機會，因此我要自己創造工作」，他說。「驢子不需輪胎，不需備用零件，不需汽油。」

四十歲的獸拉車製造商阿什拉夫・基什科（Ashraf Kishko）也趁這波行情發了財。「我們會回到（鄂圖曼）土耳其人時期！」他說。這的確是誇大之詞；但在嶄新的豐田、三菱ＳＵＶ行駛於附近邊界之另一頭的平整馬路上時，他這番話的意思不難看出。

經濟學家，尤其是加薩政治經濟方面首屈一指的外籍專家莎拉・羅伊（Sara Roy），有所謂的「去發展」（de-development）一說，而透過驢子突然奇貨可居的現象，正可輕鬆理解何謂「去發展」。此現象也揭露了羅伊自一九八〇年代以來一直在說明的一點，即加薩經濟徹底倚賴以色列的經濟。自六日戰爭起，加薩不得不靠以色列來取得工作（包括加薩境內外的工作）、消費品、水電等基本公用事業服務。如果以色列選擇切斷其中任一項或全部的供給，加薩就一無所有。那個過程——不管是藉由切斷阿濟茲之類企業（實質上就是以色列公司的分包商）的生命線，還是藉由持續減少水電供應——目前正在進行，而且接下來十年不會停。

首度彰顯封鎖之衝擊（並表明加薩人如何快速適應突然之改變）的事件，發生於二〇〇八年一月。哈瑪斯激進分子在加薩南部與埃及交界沿線的隔離牆上安裝了十七枚爆裂物，炸出十七個大缺口，藉此暫時減輕了日益升高的壓力。才幾個小時後，位在拉法邊界處，以色列撤離加薩前原是有以色列人巡邏的一道兩百英尺寬的走廊，就變成一處巨大購物者停車場，轎車、廂型車、驢拉車、運貨牛車載著成千上萬巴勒斯坦人，循著這條主幹道往南疾駛，以把他們的五加侖扁平空容器裝滿埃及的汽油，或從西奈半島北部帶回各種東西，從橄欖油到床墊，從水泥到電腦、藥物、麵粉、炊煮用瓦斯、菸草、巧克力、爐子，乃至要價一千美元的中國製摩托車，形形色色。這些東西，若非在加薩境內買不到，就是自遭封鎖後，在加薩變得奇貴無比。有個往南疾駛向拉法的少年，一副欣喜若狂的神情，從皮卡後車斗喊著，「我們要去天堂」。

穆罕默德．謝赫（Mohammed al-Sheikh），來自代爾拜拉赫的三十歲肉販——該地的牛肉價格已上漲幾乎一倍，達到一公斤七．五英鎊——乘坐埃及人開的一輛計程車到西奈北部的謝赫札耶德（Sheikh Zayed）村，把他用四千埃及鎊（合三百六十英鎊）買下的一頭黑白相間且活潑的母牛牽回邊界。來自加薩市的二十五歲農民馬爾萬．塔拉赫（Marwan Talah）所買下的東西，包括六隻一身粗毛的褐色綿羊和兩袋埃及水泥，而那一天似乎每個加薩人都買了埃及水泥。卡爾尼貨物口岸關閉後，長久以來沒有水泥進口，不只已使加薩全境的營建工程停擺，而且使加薩人家無法蓋住死去親人的墓穴。

貨物短缺得到暫時的紓解，揭露了被壓抑的需求，許多精明的加薩南部創業家隨之看出商機，挖了穿過邊界底下的商業用——而非用於走私武器——的地道，不久這些地道就成為危險但很有賺頭的加薩經濟支柱。十一天後，埃及再度關閉邊界。

自去年十一月安納波利斯峰會召開以來，奧爾默特一直在白宮支持下雙管齊下。一方面試圖和馬赫穆德·阿巴斯就未來的巴勒斯坦人國家，達成只涉及西岸的和平協議。另一方面以甚於以往的力道在經濟、軍事上向加薩施壓。十二月，奧爾默特駁回伊斯瑪儀·哈尼耶託人轉達的一項提議：停火換取以色列取消封鎖。可想而知，暴力循環再度開始。

這時，封鎖已使八萬名民間產業員工失業，受僱於哈瑪斯者，[3]從公務員到卡桑旅裡的激進分子，則增加。以色列內閣二〇〇七年九月決定進一步加緊封鎖——和該內閣後來所謂的「經濟戰」[4]——會對阻止火箭攻擊有多大的助益，實在難以看出。事實上，這反倒給了哈瑪斯開戰理由，或至少使哈瑪斯有充分理由要去向其他派系和更廣大人民證實他們在「抵抗」以色列的措施。

雙方暴力行動未停時，奧爾默特不只切斷以色列電網的供電，還切斷燃料供應（包括加薩唯一的發電廠所需的工業用柴油），官方說法是為了回應火箭攻擊。加薩許多地方因此苦於長期的黑暗和酷寒。企業家阿貝德·阿塞利（Abed al-Aseli）不得不找來兒子、女兒、侄甥、侄甥女，要他們輪流操作手動打氣機，取代電動呼吸機，以讓他七年前車禍癱瘓就臥床不起的十二歲兒子，在長久斷電期間能呼吸。在他只靠一盞瓦斯燈照明的公寓裡，阿塞利對於這是加薩境內巴勒斯坦人要為發動卡桑火箭攻擊付出的代價一說，給了不客氣的回應。「加薩境內的人都在發射卡桑火箭？或許有一百或兩百人發射卡桑。而加薩境內有一百五十萬人。我們不是個個都在發射卡桑。馬海爾在發射卡桑？」5

二〇〇八年頭幾個月，邊界兩側都被一場場的喪禮打斷原有的作息。以色列於短時間內又遭一波大量的致命攻擊和發動反擊後，發動炎冬行動（Operation Hot Winter），入侵加薩北部。三月二日，成千上萬加薩人於五十四名巴勒斯坦人遇害後徒步走過街道，前往拜特拉希亞、加薩市謝赫拉德萬公墓參加幾乎沒斷過的一場場喪禮，再徒步回來。這樁慘案是自八年前第二次巴勒斯坦人起事爆發後，最多人死於非命的一天。

四天後，有個巴勒斯坦人隻身走進耶路撒冷梅爾卡茲哈拉夫（Mercaz HaRav）猶太高等學校的圖書館，射殺該校八名學習拉比著作的猶太學生，然後遭擊斃。遇害者小者十五歲，大者二十六歲。這是兩年來對以色列平民的最嚴重攻擊。凶手的姊妹說他受了晚近加薩境內遇害事件影響，但他來自東耶路撒冷的郊區。但憤怒、哀痛的學生在此大學外示威，重複喊著「進兵加薩」。隔天喪禮上，該校校長亞伯拉罕·夏皮拉（Abraham Shapira）情緒激動的致詞，譴責政府「面對加薩境內的恐怖行徑軟弱」。這只使奧爾默特更加拒斥埃及欲居間促成以色列、哈瑪斯停火的努力。

不同意停火，讓雙方都付出慘重代價。二〇〇八年上半年，五名以色列平民、九名以色列軍人死於來自加薩的火箭、迫擊炮或子彈的攻擊。以色列南部因此人心驚恐，而由於哈瑪斯使用射程可及於阿什凱隆的更長程火箭，受威脅的區域變大。阿什凱隆是離加薩走廊最近的以色列大城，距拜特哈農十五公里。但這些攻擊未拉近以色列、巴勒斯坦雙方遇害人數的差距。同一期間三百九十個巴勒斯坦人遇害於加薩，其中一百五十五個似乎是平民。6

在如此慘淡的情勢中，人很容易就忘記加薩不只是戰場，還是有上百萬人在其中生活的土地，這些人不只正為過上正常生活而打拚，而且有許多人正為實現夢想而打拚。二〇〇八年那個春天，曾是巴勒斯坦自治政府警察的納迪爾．馬斯里（Nader al-Masri），懷抱著在還有四個月就要舉行的北京奧運上場跑五千公尺的志向。他已在加薩連贏兩場半馬拉松，路線是從代爾拜拉赫沿著海岸公路跑到加薩市。自一月起，他就在等以色列發下離開加薩的許可證，以前往卡達接受北京奧運前的培訓，但我們第一次見面時他還在等。馬斯里已被選入根據國際奧委會的一項辦法組成的巴勒斯坦隊，該辦法給了原本無法參賽的國家九十個參賽名額。但他決意在十三分鐘內跑完五千公尺，憑自己實力取得參賽資格。

很難想像會有哪個運動員碰上他所已碰上的那些障礙。他為拉馬拉政府服務時月薪兩百六十英鎊，從中省下剛好夠買下新跑鞋的錢，但封鎖使得加薩境內沒跑鞋可買。卡達人已送給他一雙奧委會認可的帶釘跑鞋，「但在加薩，我一穿上這鞋，這鞋一下子就會毀了。」因此，他倚賴他的舊愛迪達跑鞋。他穿這雙舊鞋在加薩市未完工且破爛的雅爾穆克（Yarmouk）體育場練跑，在他家附近滿是沙土且坑坑巴巴的馬路上、遍布瓦礫的空地上練跑，由於過度使用，已破舊不堪，鞋背周邊已出現破洞。

拜特哈農是加薩最北邊的邊界城鎮，自第二次巴勒斯坦人起事以來受戰爭摧殘最烈的地方之一。但馬斯里練跑未斷——通常一星期跑一百二十公里左右——只有去年法塔赫、哈瑪斯交戰最激烈那期間停掉。三年前馬斯里氏族和卡法納氏族因為宿怨而爆發致命衝突，雙方不相干的族人為了安全大多待在屋裡不敢外出，但即使在那期間，馬斯里也在他家外面一條兩百公尺長的小巷不斷上下來回跑，以保持體能。「關於以色列部隊，你知道他們在哪裡，於是你往不同方向跑」，他回憶那個時期時如此解釋，「但做這樣的事，你絕不知道什麼時候會有人開槍」。

相較於加薩，卡達專門打造的跑道是運動員的天堂。「該有的東西，他們一樣不缺」他說，「運動場、心理放鬆、吃得好——而且對世界開放。他們和巴勒斯坦人關係很好。」拉法口岸遭關閉後，以色列當局於二月告訴馬斯里，他不符合領到埃雷茲出境許可的「人道」理由。但由於以色列人權組織吉沙竭力施壓，他終於在四月第一個星期拿到去卡達的許可。要完成所需的訓練，以在規定時間內跑完五千公尺，取得參賽資格，已經太遲，但他還是去了北京，在開幕式驕傲的舉著巴勒斯坦國旗進場，他這時要進軍二〇一二倫敦奧運。

但那時，克服困境早已是加薩人生活的一個特點；就連燃料短缺都促成他們臨機應變。賣掉汽車改用驢子就是一例。但這樣的事可能不只這一樁。二〇〇八年六月的某個早上，一輛看來很普通的白色標致205緩緩駛入加薩市的歐瑪爾穆赫塔爾街。由於燃料短缺，而且那時正值短缺最嚴重時，街上比平常冷清許多。駕駛是四十二歲的法耶茲．安南，曾是支持巴勒斯坦解放組織的巴勒斯坦電視台加薩辦事處的主管，一年前哈瑪斯控制加薩時，該電視台在加薩就已被停播。我坐在車後座。趁路上沒車，安南加速到時速將近四十英里，比市中心的安全車速快了一些。但他要證明一件事，即這輛汽車不像慢吞吞的送奶車。因為這車靠電驅動，出自安南和瓦西姆．哈仁達爾（Wasseem al-Khazendar）之手。後者四十八歲，加薩一家賣電動馬達、工具、開關裝置的著名公司的老闆。

電動車當然沒什麼新奇，十九世紀就已在歐洲首度問世。事實上，哈仁達爾先前就密切注意通用汽車ＥＶ１電動車計畫的動靜。該計畫被加州低排放法規催生出來，但二〇〇三年取消，原因之一是各大石油公司施壓。但就在這一年，美國特斯拉全電動 Roadster 汽車上市，一年後三菱進入這個市場。因此，安南和哈仁達爾首開先河將法國小轎車改裝成加薩第一輛電動車，就像是在一個幾乎什麼商品（包括備用零件）都缺的城市裡，拿下一個小小的工程勝利。這部車花了六個月改裝完成，靠一具交流感應馬達和三十八個十二伏特電池驅動。在加薩人正拿會排出臭氣、造成嚴重污染、腐蝕發動機的食用油取代柴油時（那年夏天愈來愈多無計可施的駕駛人這麼做），它的問世是很了不起的改良。而且面積小且地形平坦的加薩走廊極適於推廣電動車。

此行結束時，哈仁達爾說他想要「製造一輛對環境友善的汽車。即使不添加食用油，柴油還是有害環境，而且電動車的使用成本低了許多，在加薩尤然。在那裡，缺稀的汽油一公升要價約一英鎊，黑市價格則是那的三倍多。他說，基本上，「這個想法很簡單，拿出機械式發動機，放進電動機。」靠一個簡單的電源插頭就可以為電池充電。「就像替手機充電，什麼地方都能充電，即使購物時亦然。」不足為奇的，已有四百個左右的加薩汽車車主表示，對平均花費兩千五百美元就能將汽車改裝完成感興趣。

但眼下，這些有意改裝的顧客得等。再等。即使只為滿足這有限的需求，安南和哈仁達爾都需要進貨一批新的電動機，而非原型電動車裡的二手工業發動機，還需進貨較高功率、較輕、對車軸較不吃力的電池。只要經濟封鎖存在，這就不可能如願。不斷被打斷的電力供應也不利於駕駛可充電的汽車。但安南還是不怕自誇的說，他的實驗證明加薩境內的人「有腦子和本事，但（沒有）材料」。對許多加薩的巴勒斯坦人來說，這輛改裝的標致成為當地人巧思的象徵。因此，他不只把這輛電動車視為挺身迎接挑戰的表現，還是某種抵抗的表現？「別這麼說它」他說，「不妨把它稱作『找到解決辦法』」。

這兩個友人為自己的創造發明走到原型車這一步就戛然而止感到沮喪。他們不知道至該年年底，他們會碰上比燃料、電動機短缺還要嚴重許多的考驗。那次試駕後剛過一星期，加薩迎來像是自一年前哈瑪斯強行接管加薩以來的第一批好消息。在埃及居中調解下，奧爾默特終於同意和哈瑪斯停火六個月。開羅不斷施壓是因素之一，但另一因素是美國前總統吉米・卡特的介入。＊二〇〇八年三月，卡特，連同如今已故的高級顧問羅伯特・帕斯特（Robert Pastor），去了大馬士革，和哈瑪斯政治局主席哈立德．梅夏爾討論停火之事。帕斯特是華府美利堅大學的教授，曾任外交官。他記錄了他和梅夏爾初步且——談論事項廣泛——的私下會談，而這份在此首度見諸報導的紀錄，無意中揭露了這個哈瑪斯領導人在這時期的態度，包括他樂見以一九四九至一九六七年的邊界為國界建立巴勒斯坦人的國家，以及停戰二十年。

梅夏爾表明他「不會談」承認以色列之事：「阿拉法特承認以色列，但他未達成和平或獨立……以色列得到承認一事為何那麼重要？他們已有國家。」另一方面，談到在貝魯特訂出框架並在二〇〇七年再度得到阿拉伯聯盟認可的阿拉伯和平倡議時，他補充說，「沙烏地阿拉伯國王阿卜杜拉自二〇〇二年就保證，只要以色列接受一九六七年邊界，就承認以色列。他問我是否反對他此議，我說『不反對』。兩個月後，以色列人駁回此議。哈瑪斯是該倡議的障礙？不是。」

梅夏爾強調哈瑪斯願意停火，同時用更簡短的措詞拒絕了以色列要哈瑪斯停止將武器偷偷運進加薩的要求：「哈瑪斯會繼續努力輸入武器，直到占領結束為止。」他說這是防衛所不可或缺，並提到阿巴斯晚近將西岸某些激進的法塔赫領導人解除武裝以換取不受以色列攻擊的保證，結果那些激進分子後來遭以色列殺害。「此攻擊打的是法塔赫，不是哈瑪斯。如果他們那樣對待

＊卡特一手促成一九七九年比金－沙達特條約，始終致力於解決以巴衝突。他因為諸多活動而於二〇〇二年獲頒諾貝爾和平獎，而這些努力就是這些活動的一部分。

法塔赫，我們怎能指望他們遵守與我們的協議？」

但帕斯特問他此後五年有何想望時，梅夏爾回道，「今後五年，我希望巴勒斯坦人民能擺脫占領，以一九六七年的邊界為國界建立一個真正擁有主權的巴勒斯坦人國家，希望不再有殺戮。」[7]國際「四方」集團若準備好和哈瑪斯談，本可以這為基礎達成富有成效的對話。但這樣的接觸仍遭嚴禁。

埃及總統霍斯尼·穆巴拉克力促奧爾默特同意停火，禁不住此壓力，六月十九日終於敲定停火。卡特的貢獻，首先，說服哈瑪斯不再堅持停火範圍立即擴及西岸，其次，說服哈瑪斯允許被囚的軍人吉拉德·夏利特的第一封信，透過卡特轉送給他的家人。雙方談定，兩方都停止軍事行動，以色列「解除對加薩的包圍」。[8]加薩人和加薩邊境沿線以色列村鎮裡的許多過去一年承受四千次火箭攻擊的人，因此鬆了口氣。

軍事影響非常顯著。接下來四個月裡，只有十一枚火箭射向以色列，大多是不屬於哈瑪斯的較小派系所發射，而且沒有以色列人傷亡（以色列一方也未發兵入侵）。但就封鎖來說，六月協議的成效就小了許多——在年底情勢快速惡化時，這一缺陷會大大影響時局。每天用卡車運入加薩的貨物增加了一倍，達到兩百車次，但仍只及於二〇〇七年一月以色列已開始施加限制時的四分之一多一點；出口禁令依舊未廢。埃及和以色列對人員移動的限制依舊很嚴。每天透過埃雷茲出境者只有十人——大多是病重的人——相對的，二〇〇七年上半年時兩百七十人。[9]

但無論如何此停火未能持久。二〇〇八年十一月四日，美國總統大選日，以色列發現一個往加薩境內深入兩百五十公尺的地道的入口，說該地道可被用來綁架軍人，就和兩年多前綁架吉拉德·夏利特差不多。以軍進入加薩走廊，殺了五名哈瑪斯激進分子。可想而知，對以色列的火箭攻擊立即重啟；在斯德羅特，一個以色列人受傷。以色列最初的回應侷限於關閉口岸，但加薩漸漸的再度陷入戰火裡；十一月十二日，以色列國防軍又擊斃四名哈瑪斯激進分子。十二月二十四日，即哈瑪斯宣布六個月的停戰結束並把約八十枚火箭和迫擊炮彈射入以色列的十天後，以色列內閣作出要命的決定，要在加薩境內發動一場前所未見的攻勢——此決定在接下來的七十二小時裡一直祕而不宣。此行動則被稱作鑄鉛行動（Operation Cast Lead）。

數個政治因素促成此決定和促成在此時作出此決定。其中一個因素對奧爾默特特別重要——對以色列國防軍有點重要——那就是消除以色列境內許多人所認為的二〇〇六年攻擊黎巴嫩行動的失敗。另一個因素是政府本身的混亂。奧爾默特面對一連串的貪污指控，受到的壓力愈來愈大，而且面臨利芙妮爭搶前進黨黨魁之位。他們當年協助阿里埃爾·夏龍創立聯合黨，前進黨則是脫離該黨自立的政黨。九月，奧爾默特宣布辭職，冀望以一介平民的身分還他的清白（最終落空）。但利芙妮組不成聯合政府，奧爾默特留任看守內閣總理，直到預定於二〇〇九年二月舉行的選舉舉行為止，利芙妮則任外長，巴拉克當國防部長。

利芙妮，一如奧爾默特，在意識形態上已揚棄該建立從約旦河綿延到地中海的「大以色列」

的信念，這時認為該把巴勒斯坦分割，而且相信該和阿巴斯談判以達成分割。但她主張以武力和暴力對付哈瑪斯，且日後不改此主張。這個政府整個被奧爾默特自己的麻煩事拖累，而且受到在野的聯合黨黨魁本雅明．納坦雅胡施壓。納坦雅胡一再指控此內閣未盡力壓制哈瑪斯。

以色列政府會在正式場合一再說其決定「攸關」以國的「安全」，說那是為了回應火箭攻擊。[10]但在一個和情報圈關係密切且立場獨立的以色列研究組織眼中，係以色列部隊於十一月殺掉五個哈瑪斯激進分子，從而「實際上結束停火」。[11]而當時外界未注意到一點，即本可以用解除或大幅減輕封鎖來止住火箭攻擊。

隨著情況於十二月大幅惡化，卡特團隊再度活躍。帕斯特向歷史學家阿維．什萊姆（Avi Shlaim）說，他於十二月中旬去大馬士革見了哈立德．梅夏爾，獲告知哈瑪斯會同意按照六月時的條件恢復停火，並且哈瑪斯這次將條件白紙黑字寫下。然後帕斯特帶此文件去見以色列國防部的高官阿莫斯．吉拉德（Amos Gilad），告訴他「如果以色列接受並同意落實這個先前已獲同意但未落實的提議，將不會再有火箭從加薩射入以色列」。吉拉德說他會把此文件呈給巴拉克過目，二十四小時內帶答覆回來。但儘管一再致電吉拉德的辦公室，帕斯特未收到回覆。[12]

帕斯特回憶二〇〇九年這些事件時寫道，他已向這個國防部官員保證，「如果以色列……同意開放口岸，讓合法的農產品進出加薩，哈瑪斯會恢復停火。」不只以色列，還有其美國、歐洲盟邦，都會一再申明以色列對火箭攻擊的「自衛權」，藉此合理化即將發動的攻勢。但帕斯特質疑此說：

> 這個結論似乎不可避免。以色列要保衛自己，有另一條路可走。哈瑪斯已在七至十一月間證明其有能耐停止火箭攻擊，但在以色列十一月四日發兵入侵且未開放口岸後，哈瑪斯決定重啟火箭攻擊。以色列可以選擇開放口岸，如果這麼做了，火箭攻擊會停，就沒必要入侵加薩。13

這個看法得到統領以色列國防軍加薩師至二〇〇四年卸任的准將什繆爾．札卡伊（Shmuel Zakai）公開支持。他在以色列的陸軍電台上抱怨，未向哈瑪斯遞上改善加薩經濟這個「胡蘿蔔」。「你不能一味出手攻擊，讓加薩的巴勒斯坦人陷入如今的經濟困境……然後指望哈瑪斯會乖乖坐著，什麼都不幹。那根本不切實際。」

帕斯特從大馬士革帶回的信息，也未侷限在單單一個非官方、非正式的溝通管道。十二月十六日，美國駐耶路撒冷總領事回報華府，他在加薩的那些極正派的接頭人——儘管私下敵視哈瑪斯，卻和哈瑪斯定期聯繫——發出和帕斯特幾乎一模一樣的看法。例如，曾在與法塔赫／巴解有關係的艾資哈爾大學（al-Azhar University）當校長的里亞德．霍達里（Ryad al-Khodary），打電話給美國領事館的格列戈里．馬凱茲（Gregory Marchese），說「哈瑪斯想要按照埃及人所居間促成的非正式協議原案繼續停火，因為哈瑪斯的領導人知道繼續封鎖和交戰，他們得不到好處」，還說「哈瑪斯的殘暴和政治失策已傷害其民間形象，哈瑪斯需要口岸開放，以在治理上取得成績」。他指出，加薩人民「嚴重受苦於封鎖，把他們的困境歸咎於以色列和國際社會，而非哈瑪斯」。[14]

霍達里的看法並不誇大。有份紅十字會機密報告十一月被分發給所有外國使節，該報告描述了日益貧困且債務愈來愈重的較低收入人口的悲慘處境：賣資產、降低三餐的質和量、削減購衣和孩子教育的開銷、翻揀廢棄物以找到可賣的東西、靠逐漸縮水的借款和經濟狀況好不到哪裡去的親戚接濟度日。國際紅十字會說，「長期營養不良的情況愈演愈烈，微量營養素不足令人極憂心。」情況就像道夫・魏斯格拉斯所據認提出的目標——用封鎖使加薩「節食」*——已經實現。[15]

五十九歲的拉比亞・法拉哈德（Rabbia Farahad）、他妻子娜賈赫（Najah）、兩夫妻的十個孩子，住在加薩市有三個房間、石棉瓦屋頂會漏水的房子裡，一個月只能吃到一次水果，一星期只能吃到一次蔬菜。「如果有蘋果，我分給每個人半顆蘋果」，娜賈赫說。「這是我們所過過最慘的開齋節」，原本在以色列的農場務工的拉比亞說。「以前，常有人幫我們，但如今誰都口袋空空。」對他的十六歲女兒塔哈妮來說，以色列並非唯一的凶手；法塔赫和哈瑪斯彼此不和也難辭其咎。她說，「首先要怪以色列占領當局（的封鎖）」，然後挖苦說，「接著要怪我們的兩個摯愛的政府。這是他們造成的。」

塔哈妮·法拉哈德這番話，說明了擔心自己愈來愈不得民心的哈瑪斯，為何很想用恢復停火減輕封鎖。這給國際社會帶來一個難受的問題。因為中東「四方」集團已於二〇〇八年五月二日呼籲以「新做法」處理加薩問題，已於六月二十四日為加薩境內情況的改善擬了頗具體的目標，[16]包括，最值得注意的，「在巴勒斯坦自治政府管理下，配合二〇〇五年十一月加薩准入和移動協議的條款，增加經由加薩諸口岸的人道援助流動和商業流動。」於是，西方列強，即使對戰爭不持立場，至少對封鎖有了立場。想要看到封鎖解除，並非哈瑪斯所追求的離譜目標，反倒是國際社會所追求的目標，至少理論上是如此。聯合國和國際援助機構一再主張，以色列違反了日內瓦公約所明訂其對占領區居民所應盡的義務。

哈瑪斯要求以色列重新接受六月停火條款並予以落實，但以色列始終拒絕；封鎖依舊是以色列「經濟戰」戰略的核心。但國際社會的立場並非始終如一。布萊爾——一如去年的荷蘭人——私底下請求以色列允許草莓農和康乃馨農將其價值超過六百萬美元的季節性作物運到歐洲市場，而且「力」促巴拉克讓要在開齋節前支付巴勒斯坦自治政府員工薪水所需的兩億五千萬美元現金送到加薩境內銀行，卻獲告知「加薩境內有許多謝克爾」。[17]但在公開場合和政府間層級，未有

＊魏斯格拉斯否認曾這麼說。

試圖將停火、減輕封鎖這兩個極可取的目標掛鉤的作為。

事實上，就在加薩於這個外交真空中漸漸走向戰爭，而且輪值歐盟主席的斯洛維尼亞正式譴責加諸加薩的這個「集體懲罰」時，歐盟於十二月八日一致決定，將六月停火前不久為大幅提升歐盟－以色列關係所談成的一項協議定案。該協議載明「增加雙方外交合作；以色列參與歐洲的計畫和機構；考核以色列融入歐洲單一市場的可能。」[18]這個協議，頂著埃及等阿拉伯國家的反遊說達成，對利芙妮來說是個外交勝利，鞏固了歐盟要將其和以色列的貿易、外交關係與以巴衝突情勢「脫鉤」的政策。*

以色列說其過去、現在、未來在加薩的軍事行動都是反制火箭攻擊的合法自衛行為，而歐盟諸國政府基本上接受以色列此說法——完全未提到簽訂一個可用結束火箭攻擊換取減輕封鎖之協議的可能。因此，他們是在緊緊追隨美國小布希政府的做法。這時，美國認為以色列會在加薩發動更廣更深入許多的軍事行動，而情勢果如美國所料。

美國駐耶路撒冷總領事轉達和哈瑪斯達成停火的可能性後不到六天，華府就從小布希派駐特拉維夫的大使詹姆斯．康寧漢（James Cunningham）那兒收到一個更令人不快許多的密電。康寧漢預期以色列就要對加薩動武，建議國務院擬個計畫，以備此戰開打時因應。這個大使立即向美國政府提出以下建議：「首先指責哈瑪斯在加薩的統治不具正當性，指責其向以色列平民目標發射火箭和迫擊炮或允許其他派系這麼做，指責其決定終止『冷靜』期；支持以色列的自衛權，同時強調我們關心巴勒斯坦無辜平民的福祉、美國願意提供緊急人道救濟。」19

特拉維夫美國大使館所反映的不只是以色列的政策，還是美國的政策，即不去阻止以色列對加薩大學軍事攻擊，反倒在該攻擊發生時竭盡所能予以合理化。

＊好巧不巧，由於加薩情勢惡化，歐洲議會不便批准此協議，歐洲對外事務委員會推遲了批准投票。但直到二〇〇九年七月，即鑄鉛行動和納坦雅胡當選之後，歐洲諸國政府才推遲他們要全面升級雙方關係的計畫，但以色列繼續得益於先前許多協議，包括使以色列免除非歐盟國家輸入貨物之關稅的協議。

第九章

鑄鉛行動：要讓我的士兵全部毫髮無傷（二〇〇八－二〇〇九）

那天下午，肯定沒有人想要殺掉瓦佛・謝克・達格梅赫（Wafer Shaker al-Daghmeh），尤其不可能當著她三個年幼小孩的面這麼做。時為二〇〇八年五月，[1] 來自以色列國防軍吉瓦蒂旅（Givati Brigade）的士兵，正在汗尤尼斯東邊、離以色列邊界很近的新阿巴桑（New Abasan）村，挨家挨戶搜人、逮人，下午四點十五分至四點半間，來到這個在聯合國難民救濟和工程處的小學當老師的三十四歲女人的家。那時情勢很緊張，在邊界區域尤然；軍方那天入侵該區，最終殺了一個激進分子，傷了另外二十三個人，在此之前的一個星期裡，則有一百多名巴勒斯坦人在加薩走廊各處被逮捕或拘留問話。以色列軍人敲了達格梅赫太太家的門；未立即有人應門後，他們引爆一枚爆裂物，就在這時她正要打開木門，她的頭部因此大半被炸離身體。十三歲的莎米拉、她的四歲妹妹蘿巴、兩歲弟弟庫賽跑進另一個房間，在那裡又待了至少五小時，在這期間一直有個軍人守著門。

四天後，此屋前門對面，一個臉盆上方的屋瓦，仍有乾掉的斑斑血跡。牆上的阿拉法特像表明這戶人家把票投給法塔赫，而非哈瑪斯，法塔赫則已將她安葬。以色列士兵徵用此屋後，達格梅赫太太的遺體曾躺在地板上，而這時此地板上有一堆來自被炸毀木門的木板碎片。當時不在家的她丈夫馬吉迪，講述他的小孩所告訴他的那個不幸下午的情況時，我們聽到正在執行另一場入侵的以色列軍車發出的槍聲，槍聲近到讓人不安。他的妻子當時不知道正在該區執行的軍事行動，士兵抵達時，她正在戴頭巾。小孩說外面停了一輛「坦克」（比較可能是裝甲運兵車），「莎米拉聽到很大一聲爆炸，冒很多煙。她找她媽媽，但看不到她。」

莎米拉說，「房間門口有個軍人。我問他『我媽媽在哪裡？』他說希伯來語，我聽不懂。」她說晚上九點半左右軍人終於在黑夜中離開。她和她的弟妹爬到另一個房間，「外面仍有坦克，我如果出去，他們會看到我。我想用媽媽的賈瓦爾（Jawwal）*打給爸爸，但沒信號。我提起地毯，看到一小塊媽媽的衣服。她一動不動。我沒看到她的頭。」這一組軍人終於在晚上十一點左右離開此區時，莎米拉跑去鄰居家，鄰居叫來救護車把她媽媽的屍體載走。

若非一個當時在吉瓦蒂旅當上士的人的憶述，我可能已把此事忘得差不多，畢竟這樣的事太多。「隔壁連有個軍事行動，他們告訴我，有個女人被一隻狐狸†炸死，她的手腳被炸黏到牆

---

* 巴勒斯坦最大電話公司的名字，巴勒斯坦人習慣用它來指稱任何手持行動裝置。

† 以色列軍事俚語，指爆裂物。

上，但此事非故意。當時他們往門上敲了又敲，沒人應門，於是他們決定把它炸開。他安上一隻狐狸，就在那時，那個女人決定開門。然後她的小孩過來，看到她。我在此軍事行動後用晚餐時聽到此事，有人說孩子看到媽媽黏在牆上很好笑，個個捧腹大笑。」[2]

有人把這個上士講述的事告訴「打破沉默」（Breaking the Silence）組織，該組織由第二次巴勒斯坦人起事爆發以來在以色列國防軍服過役的老兵組成。該組織既得到某些前軍事、情報首長表態強烈支持，也遭遇來自以色列極右派和較後來幾年來自納坦雅胡政府日益惡毒的攻擊，但至二〇〇六年，該組織已從軍人採集了一千多份關於他們在西岸、加薩服役的證詞。[3]儘管受到這樣的攻擊，該組織不改其初衷。「它的創辦人把讓以色列公眾認識占領區日常生活的真實樣貌……激發公眾針對為現實情況所付出的代價辯論，當成自己的責任。在該現實情況中，年輕軍人每天面對平民，且受命控制那些平民的日常生活。」[4]

此故事係經人轉述，且沒有日期或人名，因而無法證明這位上士之證詞裡所提到的那些軍人嘴裡講的是達格梅赫太太遇害之事。但由於兩者有相似之處，他們講的很有可能就是她遇害的事。對於這些年輕的應召入伍兵那種半歇斯底里的大笑，你不得不希望那是神經緊張的反應，延遲發作的創傷後壓力症的表現。畢竟他們有想到用毯子蓋住達格梅赫太太不全的遺體，有想到不讓孩子靠近她的遺體，至少在這些軍人留在屋裡那五小時期間不讓他們靠近。此事故很不尋常——乃至說不定造成精神創傷——因而這些軍人會想在晚餐時拿來對同袍講；但把一個無辜母親在三個小孩面前被炸死，說成還是違反了他們的上級軍官所訂下的主要規範，沒有道理。達格梅赫太太為何遲遲才應門，或遲了多久，已不可能弄清楚；或許她戴上頭巾所花的時間比平常來得久一些，而在加薩，有陌生人，尤其男人，來到門外時，這是家中女人的正常行為；或許，儘管這些軍人說他們有往門「敲了又敲」，他們根本未給她足夠的應門時間。

實情為何不可能弄清楚，因為聯合國要求軍方調查，未得到回覆。事發三天後，聯合國難民救濟和工程處的法務長雷克斯・塔肯貝格（Lex Takkenberg），寫信給以色列外交部、國防部、以色列國防軍平民事務局COGAT的官員，想請他們展開調查。該信說，聯合國難民救濟和工程處自己的調查顯示，當時那附近沒有激進分子，隔壁房子已被士兵進住，「達格梅赫太太的房子並非軍事行動的標的，而是軍事行動的哨所」。

八月，即他寫第一封信過了三個多月後，塔肯貝格又寫了信——這次用詞稍稍較尖銳——指出他未收到回覆，以色列方面未著手聯繫達格梅赫太太的家人。他接著說，「聯合國本身的調查已使人想知道這次武力的使用是否和追求的軍事目的不成比例，或是否採取了適當的預防措施。」他還說，「看不出公正的調查已在進行，這和承諾要優先追究以色列國防軍的行動的責任一說，看來並不一致。」那封信也石沉大海。[5]

當時，在加薩境外，此事幾乎無人聞問。至隔年二〇〇九年開始時，數千人在鑄鉛行動中喪命或受傷一事，已完全蓋過此事。鑄鉛行動則是自一九六七年六日戰爭以迄當時，在以巴邊界執行的諸多軍事行動中，奪走最多人命的一次。但塔肯貝格的第二封信引發一個會在那場攻擊期間變得更要緊的疑問：相應於以色列正在追求的軍事目的，以色列國防軍的行動「合乎比例」？採取了「適當的預防措施」來保護無辜的平民？以色列國防軍的部隊該「負多大責任」？

由於自那之後迄今的情勢演變，人很容易低估了鑄鉛行動的衝擊。該行動一展開，哈瑪斯即針對以色列南部的市鎮，包括阿斯凱隆和別是巴，發射火箭、迫擊炮，殺害三名以色列平民和以色列保安部隊一員，傷了數十人。加薩境內九個軍人喪命，一百多人受傷，其中一人命危，二十人輕傷至重傷。哈瑪斯也速速處決了至少二十四名被控在此戰爭期間通敵、告密、在政治上唱反調的巴勒斯坦人。在三星期的軍事行動期間，一千三百九十一個巴勒斯坦人命喪以色列部隊之手，其中七百五十九人，據以色列人權組織卜采萊姆的說法，「未參與戰鬥」；一萬五千三百名巴勒斯坦人受傷，其中三百五十人重傷至命危不等。[6]巴勒斯坦人死傷之重前所未有。此戰期間規範以色列國防軍之行為的不成文交戰規則有明確的改變，此戰爭因此受到看重。對以色列在加薩的軍事行動來說，此戰爭因此是個轉捩點。

鑄鉛行動始於二〇〇八年十二月二十七日，由空軍、海軍、炮兵的猛烈轟炸打頭陣。一星期後，以色列國防軍四個旅，共約一萬兵力，開始地面作戰，所到之處造成大範圍破壞。一月十八日的停火，結束了此戰爭；贏得美國總統大選的巴拉克·歐巴馬兩天後就職。

此攻勢令西方某些國家（尤其歐洲國家）的政府愈來愈不安，但也證明當以色列總理得到美國總統支持（即使是任期尾聲的美國總統亦然），能很篤定自己行事不會遭遇國內或國際的強烈掣肘。就連阿拉伯國家都遲遲才發出有限的外交作為，直到以色列已展開地面入侵，才迅速有所回應。一月八日，阿拉伯國家終於要求聯合國安理會通過停火決議。康朵莉莎・萊斯擔心美國和她自己在中東地區形象受損，傾向於支持此決議，但小布希大概會否決它。他們最終採折衷方案：美國棄權。這場戰爭會再打十天。

雙方都談不上「獲勝」。以色列外長齊皮・利芙妮發出令人難忘的豪語：「我們已讓哈瑪斯認識到我們已改變了形勢。以色列是……個當自己公民受到攻擊、會猛烈回擊的國家——而這是好事。」[7]但戰前發出的要「粉碎」或「移除」哈瑪斯的好戰言論，最終只是嘴炮；哈瑪斯活得好好的，改日會再戰。

但伊斯瑪儀・哈尼耶的勝利說，空洞程度只有過之而無不及。哈瑪斯未能打消封鎖，中產階級巴勒斯坦人流傳一則笑話，說這樣的勝利再來好多場，很快加薩就會消失。二〇〇六年把票投給哈瑪斯的六十一歲穆斯塔法・納哈賓（Mustafa al-Nahabin），其房子頭一個遭以色列部隊占據然後夷平，這時他的政治立場會看哪個派系實現重建，就支持該派系。「我們選舉時把票投給『改變與改革』」，他冷冷的說，「我們得到改變，但未得到改革」。

共三千五百戶房子被毀，納哈賓的家是其中之一。由於農業和公用設施（包括供水、污水排放設施），以及至少兩百五十八座工廠、倉庫，普遍受損，這場戰爭使加薩的資產損失共達二十億美元。誠如巴勒斯坦產業聯合會的執行經理（暨日後美國領事館在加薩的代表）阿姆爾．哈馬德（Amr Hamad）所說的，「他們靠封鎖未能辦到的，如今已用推土機辦到。」

工廠和基礎設施被毀之事，有許多發生在此戰爭較後期。剛開打時，儘管先前頻遭威脅，十二月二十七日週六早上，加薩沒人為空襲作好準備——加薩全境遭遇約百次空襲，其中一次殺害九十九名正在參加結業檢閱活動的哈瑪斯警校生和加薩市中心的九個路人。「玫瑰紅」美容店的英籍老闆米莉亞姆．法里斯在日記裡寫道，她和她丈夫、兒子和晚餐客人聊到那天凌晨才去睡覺，然後「十一點左右，炸彈在我們周邊到處飛的聲音把我們吵醒，我們不知道該去哪個窗子躲，因為哈瑪斯掌管的地方全都正受到炸彈攻擊……至目前為止一百五十五人死，兩百五十人傷。」她還說，那天更晚時，「加薩醫院人滿為患……『玫瑰紅』當然歇業，加薩全境亦然。下午六點：兩百多人死，四百人傷，而且死傷都在增加中。」

那天結束時，共兩百三十人死。炸彈打中接受結業校閱的警校生時，記者穆罕默德．道瓦斯（Mohammed Dawwas）從其位在警校附近的八樓公寓的窗子，看到他被嚇壞的九歲兒子易卜拉欣從學校趕回家。隔天，他在為《週日獨立報》（*Independent on Sunday*）寫的每日記事裡寫道：「易卜拉欣嚇到不敢和他的哥哥出去玩。昨天開始轟炸時，他正在考試，我因為又一次斷電而被困在電梯裡。他發抖、哭著回來。我去弄些吃的時，他說，『爸爸，拜託別出去』。」[8]那個週六早上留下的心理創傷，使易卜拉欣從此渴望離開加薩，八年後十七歲時此念頭仍未消。

此戰期間以色列不允許外籍記者進入加薩——埃及則在戰爭結束時才允許外籍記者入加薩（但埃及裔美國人艾曼·莫耶爾丁／Ayman Mohyeldin於開打時人就已在加薩，其每日的報導深受半島電視台的觀眾喜愛）。於是，外國媒體倚賴加薩境內巴勒斯坦籍記者不怕死的報導，而巴勒斯坦方若在此戰失利，這些記者要付出的代價會更高許多。他們包括《紐約時報》的塔格里德·霍達里（Taghreed el-Khodary）、《衛報》的哈宰姆·巴魯夏（Hazem Balousha）、勇敢且思慮周密的年輕記者法雷斯·阿克蘭（Fares Akram）。阿克蘭當時是獨立記者，不屬於哪家新聞媒體，但後來成為霍達里的接班人，更後來則成為美聯社的通訊員。對他們所有人來說，這場戰爭遠非只是又一次的戰爭新聞報導，對阿克蘭尤然。

在發給《獨立報》的某篇報導中，阿克蘭寫道，一月三日，地面入侵剛開始，空中軍事行動已開始一星期後，他四十八歲的父親在自家農場被F－16戰機的一枚炸彈炸死。在舊巴勒斯坦自治政府時代，阿克蘭的父親是該政府裡的資深法官。他極反對暴力，痛恨哈瑪斯亂搞加薩的法律制度，該派系接管加薩時，他辭職回家照顧農場——「我們所摯愛的地方」。農場位於拜特拉希亞西北邊，離以色列邊界很近，上面有檸檬樹園、橄欖樹、杏樹，後來還養了六十頭乳牛。兩層樓的紅瓦白屋被炸得粉碎。套用阿克蘭的叔伯「直白到殘忍」的話，他父親被炸到「只剩一堆肉」。隔天，阿克蘭寫道：

一如大部分加薩人，我母親、我姊妹、我懷孕九個月的妻子和我，過去一星期以色列攻擊期間，都被困在我們位於此市的公寓裡。我父親決定留在農場；他知道如果預料中的地面部隊入侵展開，他會無法回去照料牲畜。但他每天打電話給我們。

最後一次見到他是星期四，那時他帶來現金和一袋麵粉。我們談到我的第一個孩子即將出生、我們要怎麼在炸彈亂飛、一片混亂的情況下把我妻子阿拉送到醫院。星期六晚上當然無望叫到救護車去農場，因為道路被以色列人阻斷了。於是我的叔伯和兄弟開了八公里的車，我們其他人滿心驚嚇坐在黑暗的公寓裡發抖，附近的坦克炮擊聲不斷傳來。我們每個人心底都知道老爸死了。

這些男子抵達農場，看到一堆冒煙的瓦礫。以色列那枚炸彈砸中房子時，少年親戚馬赫穆德和我父親在一塊。這次空中襲擊的威力把他炸飛到三百公尺外……以色列人或許會說我們的農場的周邊區域有激進分子，但我絕不相信有這回事。最靠前的火箭發射器擺放地點在南邊六公里處。我們的農場位在北邊的邊界旁，農地一片空曠，無處可藏身。[9]

阿克蘭最後說：

雖然悲痛，我無意報仇，我知道仇永遠報不了。但說實在的，身為痛失父親的兒子，我覺得以色列人嘴裡的恐怖分子和正在入侵加薩的以色列飛行員、坦克兵沒什麼差別。把我父親炸成碎片的飛行員和發射小火箭的激進分子差異何在？我不知道答案，但就在我自己要當父親時，我失去我的父親。

不管怎樣，阿克蘭還是提起精神報導了奪走薩穆尼（Samouni）家族二十一名成員的轟炸事件。當時該家族正躲在加薩市宰屯居住區的一棟建築裡，屋主是瓦埃爾·薩穆尼。事發三天後，馬伊莎·薩穆尼（Mayssa Samouni）向卜采萊姆人權組織鉅細靡遺講述了此事，從而鼓舞阿克蘭等人開始拼湊出此事的全貌。[10]

薩穆尼家族靠一塊十二英畝的地過活，家族成員大多是持有小塊地的農民。這塊地位在小路邊，地上種了無花果樹和橄欖樹，還有籠養的雞。小路則從加薩市南部郊區宰屯裡的主幹道薩拉丁路往西延伸。隨著一月三日晚上展開的地面入侵行動往西推進，進向沿海地區，吉瓦蒂旅的士兵於隔天早上天亮前來到這裡，薩穆尼家族的生活隨之永遠改觀。瓦埃爾·薩穆尼的房子挨炸，只是奪走巴勒斯坦人命的許多事件裡的其中一件；此戰爭結束時，以色列軍法總長（Military Advocate General，簡稱ＭＡＧ）提交了另外五十一個案子給憲兵調查。這是最嚴重的案子之一，引發關於以色列部隊之戰爭行為的許多疑問。

馬伊莎．薩穆尼證稱，她家族的十四個族人當時避難於她公公拉希德的房子裡。臉部抹黑且穿防彈衣的士兵來敲門，端著槍命令他們轉移到隔壁塔拉爾．薩穆尼（Talal Samouni）的房子，塔拉爾是拉希德的兄弟。那時，已有這個大家族的另外二十一個族人避難於塔拉爾的房子裡。士兵也是在那天更早時就已來到這房子。

塔拉爾．薩穆尼說得一口流利的希伯來語，已在以色列幹了三十五年的機工工作，把族人一一介紹給吉瓦蒂旅士兵認識。馬伊莎解釋道，過了沒多久，這些軍人要全部三十五個族人轉到一棟未完工的建築。該建築用於存放水果和蔬菜，屋主是瓦埃爾．薩穆尼。同樣的，他們轉過來之前，該建築裡已有差不多數量的人在避難；到了晚上，該建築裡已有一百個左右的人。槍炮聲不斷傳來，但他們覺得安全，心知以色列軍人知道他們躲在這裡，而這群人包括女人、老人、年幼的小孩。

隔天早上六點左右，該區平靜，一個叫阿德南的族人提議去他叔伯家把那一家人帶過來和他們一起避難。阿德南和薩穆尼家族另外三個男人站在建築入口處時，一枚飛彈射向他們，飛彈大概是無人機所發射。其中一個叫穆罕默德的男人當場喪命，其他三人，包括塔拉爾．薩穆尼的三十歲兒子薩拉，受傷。數人趕去救他們，其中包括馬伊莎的二十一歲丈夫陶菲克。又一枚炮彈或飛彈擊中屋頂，建築裡煙塵紛飛。馬伊莎迅即用身體蓋住她九個月大的女兒朱馬娜。煙開始散去時，她看到至少二十人喪命，包括她的丈夫、她的公公婆婆、五歲的穆罕默德。馬伊莎說，穆罕默德「腦漿整個外溢」。受傷者在地上高聲叫喊。馬伊莎用手帕替她女兒的左手止血；朱馬娜失去拇指、食指、中指各一隻。

事發不久，她的姻兄弟穆薩，艾資哈爾大學的會計系學生，一如馬伊莎，只受了輕傷，建議大家跑去他叔伯阿薩德．薩穆尼在附近的房子。他們和穆薩的兩個年幼妹妹，五歲的伊斯蘭和兩歲的伊絲拉，到了那裡時，發現那房子裡滿是軍人和三十個左右的巴勒斯坦人——其中約三分之一是已被蒙住眼睛的男人。其中一個軍人為朱馬娜緊急護理，包紮了她的手。這些士兵扣留了穆薩和他的叔伯伊瑪德——這時他們也被蒙上眼睛、戴上手銬，「以防哈瑪斯過來」，換句話說顯然要在必要時拿他們當人肉盾牌——其他人則被士兵放走，然後這些人走主幹道薩拉丁路往市中心；走約五百公尺後，馬伊莎發現一輛救護車，她和朱馬娜搭救護車至席法醫院。

四天後，以軍暫時中止其禁止護理人員到場的規定，國際紅十字會和巴勒斯坦紅十字會的人員得以——徒步——撤走傷患。二十名倖存者中，有四個衰弱到站不起來的年幼小孩在一屋裡，還有他們已死的母親。他們另外找到十五具屍體和兩個受傷的小孩。但由於以色列國防軍給他們的時間有限，他們直到停火第一天的一月十八日，才得以把所有屍體拖出成堆的瓦礫和混凝土塊。

隔天，薩穆尼家族大院的情景慘不忍睹。兩間房子——拉希德、塔拉爾兩兄弟的房子——已被吉瓦蒂旅的士兵占用。與其他約十二間房子和宣禮塔已倒在沙地上的當地小清真寺不同的，這兩間房子未倒，但內部已遭嚴重破壞。家具和電器似已被丟出窗子，牆上已打了洞當槍眼，家具遭搗爛，衣物堆在地板上，家族可蘭經被撕下數頁，剩下的軍人配給品散落房間各處。室內牆上有希伯來語、英語的塗鴉，還有「大衛之星」，這些塗鴉寫道，「阿拉伯人得死」、「以色列國內不能有阿拉伯人」、「已拿下一場，還有九十九萬九千九百九十九場」。有人畫了一個墓碑，上有銘文「阿拉伯人，一九四八－二〇〇九年」。

後來，《國土報》的阿米拉・哈斯（Amira Hass）辛苦調查了此事，包括訪談了當時人在該區且已向「打破沉默」組織作證的數個軍人，斷定以軍錯誤解讀了一幅空攝照，從而決定攻擊瓦埃爾・薩穆尼建築外的那些男人（大概用無人機飛彈攻擊）和後來攻擊該建築本身。該照片來自以色列的一架偵察型無人機，顯示一群人在屋外撿柴。然後倖存者跑進建築裡，結果該建築遭另外兩或三枚飛彈擊中。以軍根據該照片推斷有一小隊攜帶武器的激進分子，武器大概是一枚靠火箭推動的榴彈。因此，這次打擊的確有個軍事目標，但那是個遭誤導的目標，從而奪走無辜者性命。

但這件事的可疑之處不只這個。還有個疑問有待釐清，即旅長伊蘭・馬爾卡（Ilan Malka）上校是否知情他所下令攻擊的那棟建築裡有一百個左右的平民（以及，如果不知情，鑑於在該地至少有一些該旅士兵很清楚此事，他為何不知情？）。調查期間，《國土報》另兩個記者，包括該報的軍事分析家阿莫斯・哈雷爾（Amos Harel），報導說「保安機關的消息人士」告訴他們，調查人員正在思考馬爾卡遭指控事前已獲示警該區可能有平民一事。馬爾卡告訴軍方調查人員他不知情這類示警，但他未動用「重力炸彈」，反倒使用威力較小的飛彈，認為權衡當時他的部隊所受到的「威脅」，使用這類飛彈適當。

二〇一二年五月，即事發三年多後，以色列軍法總長阿維恰伊·曼德布利特（Avichai Mandelblit）提出他的調查結果——也就是他打算公諸大眾的八百字總結——從而為憲兵對此事的刑事調查畫下句點。對不清楚此調查行動之細節的人——亦即以色列國防軍相關部門以外的人——來說，這份報告讓人困惑。該報告與得自薩穆尼家族成員的諸多內容一致的證詞，只在一點上有差異，即該報告主張，「以色列國防軍部隊遭指控叫平民聚集於後來遭擊中的那棟房子裡一事」，沒有事實根據。但即使不考慮薩穆尼家族人的證詞——他們八年後仍堅決不改的證詞——該報告並未對馬伊莎·薩穆尼和其家人進入瓦埃爾房子時軍人在場，從而軍人知道他們避難於該建築一說提出質疑。

曼德布利特，後來被本雅明·納坦雅胡先後任命為內閣祕書長和引發些許爭議的檢察總長，針對此案裁定，「沒有理由對涉及此事件的任何人施以刑事或懲戒措施。」另一方面，他承認該旅長「有些」決定「不夠周全」。由於該旅長在此事期間的作為有「職業缺點」，以色列國防軍的參謀總長這時禁止他「日後晉升到作戰環境裡的指揮職」。曼德布利特說，「必須從中吸取教訓，以阻止類似的事再發生。」[11]

至於有什麼「缺點」，存在於該旅長被認定的「不夠周全」的作為和理該被祭以「刑事或懲戒」措施的作為之間，該報告未詳細交待。但這位軍法總長說，刑事調查結果已「全面」駁斥這些攻擊係「蓄意」針對平民或以「不顧後果的方式」執行攻擊的指控。

這些指控中最引人注目的一項，被「聯合國實情調查委員會」包羅廣泛的二〇〇九年四月報告納入。該委員會主席是南非著名猶太裔法官理查・戈德史東（Richard Goldstone）。該報告嚴正表示鑄鉛行動係「刻意不符比例的攻擊，旨在懲罰、羞辱、嚇壞一地的平民」，從而激怒以色列政府。[12] 但二〇一一年，法官戈德史東「公開撤回」此調查結果，從而令許多支持巴勒斯坦人的行動主義者和評論家既失望且憤懣。戈德史東解釋了他為何不再認為平民「因為政策而被當成目標」，並舉薩穆尼家族的案子為例，提到此攻擊可能根據對無人機影像的錯誤解讀而發動，更且——比以色列軍法總長的報告還早一個月——寫道「已在進行應有的調查，我確信如果該軍官被認定有疏失，以色列會有相應的作為。」[13]

戈德史東立場似乎一百八十度翻轉，招來包括美國學界人士諾曼・芬克爾斯坦（Norman Finkelstein）在內的多人抨擊。芬克爾斯坦痛批以色列政策，痛斥這個法官把焦點擺在「蓄意性」上。[14] 戈德史東斷言，「哈瑪斯遭指控犯下的罪行，不消說屬蓄意——其火箭明確且不分青紅皂白鎖定非軍事目標。」事實上，各大人權機構，包括「人權觀察」和國際特赦組織，一再斷言哈瑪斯鎖定以色列境內平民攻擊，犯了戰爭罪。火箭攻擊所奪走的人命可能少於自殺炸彈攻擊，但同樣嚴重違反了國際人權法。

戈德史東把哈瑪斯一方的這個「蓄意性」和以色列方面的不具蓄意性拿來比較，至少言外之意是如此。但芬克爾斯坦指責戈德史東在談到以色列國防軍時，忽略了武裝衝突法則裡的一大原則，即武裝衝突法則方面的（以色列籍）世界級權威尤拉姆．丁斯坦（Yoram Dinstein）所闡述過的原則——亦即「對平民（或非軍事目標）的預謀性攻擊和對（非軍事、軍事目標間）差異的原則不顧後果的漠視，兩者沒有差別：同遭禁止。」[15]

不管戈德史東是否忽視了丁斯坦所闡述的那個原則，以色列軍法總長未忽視。這位軍法總長說，攻擊瓦埃爾．薩穆尼的建築之舉，既非蓄意針對平民，也非「以不顧後果的方式執行……（也就是說）並非未考慮到這些平民可能受傷」。這番話表明他對此原則非常清楚。但在他的報告中，沒有一處可以支持他所斷言的對瓦埃爾．薩穆尼之建築的空中打擊非「以不顧後果的方式執行」一說，在連這位軍法總長都認為該旅長數個決定「不夠周全」時尤然。反倒，該報告非常籠統的提到「這場加薩軍事行動的複雜作戰情況，該軍事行動大多於人口稠密的都市環境裡進行」，還提到「此事發生前有反坦克火箭向該區的以色列國防軍地面部隊發射之事」（該報告未說多久之前，而且並無證據證明此攻擊發生時該區有激進分子活動）。

此論點之所以重要，原因在於對於以色列國防軍的做法，不只是處理薩穆尼事件的做法，還有執行這整個加薩軍事行動的做法——存在另一種看待方式，亦即認為，與其說諸多指揮官「鎖定」平民攻擊，不如說把保護己方軍人看得比保護平民生命來得重要。

鑄鉛行動發動後不到六個月，「打破沉默」從以色列戰鬥人員收集了約三十份證詞。這些證詞內容廣泛，包括：殺了至少兩個平民；蓄意毀壞、劫掠、大量破壞巴勒斯坦人的房子；強押巴勒斯坦人當「人肉盾牌」；以色列國防軍在加薩首度大範圍使用不精準出了名的迫擊炮火和白磷彈，以及據引述另一個營長向其士兵講到的「火炮和空軍的瘋狂火力」。但更引人注目者是有數個案例顯示，士兵獲告知上級已做出要把他們的性命看得比巴勒斯坦平民的性命來得重要的新決定，從而給了士兵相當大的自主餘地。有個士兵證稱，他的營長保證「要讓我的士兵全部毫髮無傷。我不會讓我的士兵因猶豫而陷入險境。如果不確定，就開槍。」[16]

另有一個士兵憶道，他的營長說這次的軍事行動「不是像在希布倫那種有限的對抗，如果對某人起疑，立刻出手，也不要因為導致破壞而心情不好，因為那全是為了我們自己士兵的安全而做……如果看到可疑的東西，開槍，寧可打中無辜的人，也不要遲疑於對敵人動手。」

給予士兵這樣的自主餘地，原因之一在於以下這個普遍的推斷：如果事前已用傳單警告居民，即將有打擊行動或地面部隊即將到來，那麼，留下來的任何居民都是可能的攻擊目標——「那裡不該還有人」。但誠如人權觀察組織經過戰後數星期的實地考察後所說的，「警告太含糊，往往籠統針對『此區居民』而發。傳單從高空散落廣大區域；許多加薩居民告訴人權觀察，他們未把傳單當一回事，因為它們很普通、分布區域很廣、用詞不精確。此外，這些警告未教平民逃離家後該去哪裡避難才安全。一月三日地面攻勢一開打，以色列國防軍向居民示警，要他們

『遷到市中心』，但接著，某些市中心區受到攻擊，包括聯合國在市區所設立、已有平民前來尋求避難的學校。」但人權觀察組織主張，軍隊在國際人道法下所應盡的義務，不因發放了傳單就可以免除。「攻擊方不可以認為，發布警告後還留在一區域裡的人全都是合法的攻擊對象。」[17]

幾個月後，在耶路撒冷，我遇見某個軍人，那人說目前的主要政策是「以截然不同的方式執行定點清除構想」。他說，我們不用情報來找出恐怖分子，反倒「如今，反著來：先拿下他，然後查個清楚。」誠如他所解釋的，這個做法「不表示得把巴勒斯坦人的性命不當一回事，但我們最看重的是我們同袍的性命。那是絕不能打折扣的事。我在軍隊裡這麼些年，從未聽過那種做法。」

以色列國防軍很快就對「打破沉默」報告嗤之以鼻，拿報告中未交待受訪軍人的名姓和該組織無意把這些證詞交給軍方調查一事來作文章。該組織這麼做有其充分理由；公布他們的名姓，可能會使他們因涉及他們所描述的事件而招來懲戒、乃至刑事訴訟。除了會讓受訪軍人受害，那也會使以色列國防軍本就受到以色列人權組織批評的一個傾向更加變本加厲，亦即會使國防軍更加把重點擺在低階軍人因侵犯人權而遭起訴的（很少數）案子上，而非擺在他們的上級軍官上。耶胡達·夏烏爾是曾在希布倫服役的戰鬥軍人，「打破沉默」的創辦人之一，指出這些證詞不只經過查核和反覆核實，而且都錄了音，所有人名，該組織都知道——至少有一個受訪案裡的人名是以色列國防軍自己知道。

但以色列國防軍激烈駁斥之舉，其較令人意外之處，係「打破沉默」的證詞裡突顯的那個看重軍人性命甚於平民性命的新原則，三年前就已被官方公開發布。二〇〇五年，當局重新規範了以色列國防軍的戰鬥人員在戰時應如何對待平民，從而推翻了原本作為以軍軍人守則之支柱的一個極重要且行之已久的假定。這個軍人守則，取名《以色列國防軍的精神》（The Spirit of the IDF），分發給每個入伍新兵。守則的「武器的純潔」（purity of arms）一節言明，「以色列國防軍的軍人不得用他們的武器和武力去傷害非戰鬥人員或戰俘，會竭盡所能避免傷害他們的性命、身體、尊嚴、財產。」[18]

以色列哲學家摩西・哈爾伯塔爾（Moshe Halbertal），二〇〇〇年時幫忙起草了軍人守則（且在無意間成了戈德史東的原始報告的激烈批評者），許久以後會解釋說，致力於防止平民受傷害一事，「肯定蘊含了一種可能，即軍人可能會為了避免平民喪命而害了自己性命。」哈爾伯塔爾說，國際法未有此要求，「但以色列的軍人守則有此要求，而這始終是以軍守則的傳統。」[19]

但在二〇〇五年《軍人倫理雜誌》（*Journal of Military Ethics*）的一篇文章中，兩位以色列重要人物，希伯來大學的哲學教授阿薩・卡謝爾（Asa Kasher）和曾任軍情局局長的以色列國防軍國防學院校長阿莫斯・雅德林，主張，這樣的原則適用於傳統戰爭（軍隊與軍隊間的戰爭），但不該用在反「恐怖主義」的新戰爭上。簡而言之，既有的守則未言明的體現了戰時保護人命上的先後之分：照先後順序來排：「我方」平民；「彼方」（亦即「敵方」）平民；我方軍人；彼方軍人。這時卡謝爾和雅德林則挑明要為這個「新戰爭」創造出新的保護順序：一、我方平民；二、「未參與恐怖活動」、不屬於「我方」、但受我國「實質控制」的人；三、我方軍人；四、「**不受（我）國實質控制**」時「未參與恐怖活動」的人（粗體係作者所添加）。針對這個先後的保護順序，卡謝爾和雅德林添加了兩類人：五、「間接參與恐怖活動」者；六、「直接參與恐怖活動」者。[20]

卡謝爾和雅德林未提到具體的作戰場域；其實他們主張他們的原則應適用於所有地方的「反恐」作戰；但就當地來說，不難看出，比如，在境內巴勒斯坦籍平民「受我國（以色列）控制」的東耶路撒冷，乃至說不定在西岸某些地方，這個原則的施行可能不表示在對待巴勒斯坦籍平民上會有所改變，但這個原則會適用於加薩。這篇文章未探討何謂「控制」這個複雜問題，從而為把保護本國軍人性命優先於保護加薩境內非戰鬥人員性命開了綠燈。

這個原則，說實在的，很有待商榷。就道德上說，我們不清楚為何只因為加薩境內的民兵——平民所控制不了的人——被歸類為「恐怖分子」，該地境內的非戰鬥人員就該受到和其他「敵方」平民不一樣的對待。享譽國際的知名以色列哲學家阿維夏伊·馬加利特（Avishai Margalit）、專精於正義戰爭理論的美國政治理論家麥可·瓦爾澤（Michael Walzer），不客氣質疑雅德林／卡謝爾的論點，將它斥為「錯誤」且「危險」。[21]他們的駁斥很全面，但概括的說，認為這個論點「削弱了戰鬥人員和非戰鬥人員之間的差異，而這個差異攸關戰爭中正當行為（jus in bello）的理論」，還說雅德林和卡謝爾未給這個削弱之舉「充分的理由」。馬加利特和瓦爾澤主張，正義戰爭理論規定，「戰爭結束時，兩國，兩方人民，必須是運行順利的群體。戰爭不能是滅絕戰或族群清洗。適用於國家的道理，也適用於哈瑪斯、真主黨之類類似國家的政治實體，不管它們是否從事恐怖活動皆然。它們所代表或聲稱代表的人民，和其他人民沒有兩樣。」

或許因為這個爭辯進行於學界，雅德林和卡謝爾所概述的根本改變，受矚目的程度低於其本可能會有的。此外，這篇文章並未正式取代以色列國防軍的軍人守則。但它是在以色列國防軍的國防學院支持下寫成，在以色列的戰略界很受看重。《國土報》的阿莫斯・哈雷爾於二〇〇九年二月報導，鑄鉛行動的龐大火力其實是按照雅德林／卡謝爾原則而動用，並且引述「與陸軍關係深厚且長久」的卡謝爾的說話，他們的想法已被在他們寫出其想法時擔任以色列國防軍參謀總長的摩西・亞阿隆（Moshe Yaalon）和他之後幾任參謀總長「採納」。[22]

以色列可以理直氣壯指出，軍隊應保護平民，甚至在可能危害己方軍人的情況下保護平民，這個廣被接受的原則，已在別的地方，例如二〇〇三年起英美在伊拉克的軍事行動期間，受到往往頗嚴重的違反。但以色列所首開先河的東西是個新的原則，該原則使其軍隊免除了在軍事行動中許多保護平民的義務——而且，一如卡謝爾所說的，或許在一段時日後會免除其他國家之軍隊的許多這類義務。在鑄鉛行動中此原則首度被有意的使用，但這不會是最後一次。

這一地面入侵行動期間，米莉亞姆・法里斯在日記裡記下每日的喪命人數，以及她對各方行為的看法：

一月四日：店鋪裡沒貨，有錢也買不到東西。法塔赫（巴勒斯坦自治政府）很丟臉，只能看著眼前的局面，看著人民死在他們眼前，更別提死的是他們所摯愛的人，使不上力……哈瑪斯的人過來，想要用阿布．阿拉的某間公寓，但他和穆罕默德出去告訴他們不行，因為那樣一來，我們全都得離開那間公寓，他們最終走人。搞出這麼多事情後，他們還想和我們窩在一塊，這使我很生氣。

一月六日：埃及正接納一部分傷者，但相較於傷者和垂死者的眾多，那是杯水車薪。來自其他國家的醫生，正在和埃及接壤的拉法邊界處等獲准入境，但至目前為止還未拿到許可。

一月七日：穆罕默德去了超市，找到麵粉、M+Ms巧克力、Twix巧克力棒、餅乾、蜂蜜。我們發了！以色列內閣今天會開會研究第三階段，他們會用核彈炸我們，解決巴勒斯坦問題？……

一月八日：早上七點。一想到下午四點前可能會有電，我們都很興奮，但紅十字會的人和電力人員去修線路，遭以色列士兵開槍打中。為聯合國開車運送物資的司機遇害。全世界的非政府組織終於看不下去，開始關心起人權。

米莉亞姆一月四日日記上的記載，觸及以色列為合理化平民死傷所常用的理由——哈瑪斯的激進分子愛從平民區出擊。雅德林和卡謝爾已主張，「使（『我方』）戰鬥人員而非旁觀者陷入險境」，等於是要「毫無理由」的為「（平民）所在地方（有戰鬥人員和非戰鬥人員）共存一事」肩負起責任（套用在米莉亞姆所描述的上述情況上，這似乎意味著如果哈瑪斯的人不願離開，以色列沒有義務盡可能降低她和她丈夫所蒙受的危險）。但馬加利特和瓦爾澤駁斥此說，主張恐怖分子該為「所在地方（有戰鬥人員和非戰鬥人員）共存一事」負起責任，不表示軍人就此不必盡力降低非戰鬥人員所蒙受的危險。如果軍人可以就此免除此義務，要怎麼阻止軍人本身使用這類平民當人肉盾牌（以色列國防軍所正式譴責的行徑）？身在特拉維夫住宅區裡司令部所在區域的以色列居民（這些人是自願身在此區），就沒資格得到保護？[23]

以色列軍法總長交付調查的那些案子裡，有許多並未涉及軍人自我保護之事。就在薩穆尼家族埋葬死去親人那個星期，我驅車去農村朱爾迪克（Juhr al-Dik），村中肥沃青綠的田野直綿延到以色列邊界。以色列士兵進入加薩中部時，該村某些房子被徵用為哨所。以軍坦克往西疾駛，留下從邊界至海邊橫穿過加薩走廊的車轍，這時仍可看到。坦克所到之處留下它們威力的見證：一百多間房子已淪為瓦礫堆；橄欖樹園、橙園被夷平，綿羊牧場被駛過的裝甲車攪爛。該村兩千五百個居民逃到布雷吉難民營暫時避難，回村時就見到上述景象；只有約一半村民還有家可歸。

但嘗試逃離朱爾迪克的那些村民，並非個個都如願，即使他們因以色列人先示警而乖乖逃離亦然。一月四日是這場地面攻勢的第一個整天，當天早上六點十五分左右，一發坦克炮彈打中平民阿布・哈賈吉家的房子，炮彈碎片傷了十二歲的馬納爾。因有以軍士兵在，巴勒斯坦紅新月會、紅十字會的救護車去不到那裡。這家人嚇壞，十五口人走小路逃，避難於東邊約兩百五十公尺處的地下室。地下室裡已有鄰居穆罕默德・薩法迪和他家十人避難。這整群人包括十七個不到十二歲的小孩。

五十九歲木工薩法迪解釋說，以軍打斷某電台廣播節目，宣布位在邊界區的人應舉白旗離家。他二十三歲兒子艾哈邁德、三十五歲的馬吉達・阿布・哈賈吉，把白圍巾綁在掃帚柄上，帶這群人出去。阿布・哈賈吉這一家人也心急如焚要讓馬納爾得到醫治。他們通過阿布・哈賈吉家時，遭等著的坦克開火攻擊。那時薩法迪正抱著他還在襁褓中的兒子穆罕默德，走在馬吉達的六十五歲母親拉婭旁。馬吉達倒地身亡，似乎背部遭擊中，這群人循原路跑回時，拉婭也遭擊中。薩法迪一把抓住這個受傷的女人，兩人逃往阿布・哈賈吉的家找掩護。「她那時說，『我的手，我的手』，然後她斷氣死掉」，他說。

儘管坦克持續開火，這群人的其他人還是逃回到薩法迪的房子——有些坦克炮彈打在周遭的空曠地上。薩法迪說，在那房子待了一夜後，這群人決定「寧可走路時中槍，也比在自家挨炮擊來得好」。他們靠樹木掩護，回到村子中心，再到相對較安全的布雷吉難民營。十九天後停火，才收回馬吉達和拉婭的遺體——這家人說，馬吉達遭一輛坦克輾碎，肢體不全。

以色列軍法總長交付憲兵隊調查的鑄鉛行動案件，已知共五十二件，其中大多涉及未受到保護的平民死於空中打擊、火炮或迫擊炮攻擊、坦克攻擊或海軍炮擊。結果，只有四案得到起訴處理。有個軍人因偷了一巴勒斯坦人的信用卡而遭判刑十五個月；另有兩個軍人因拿一個九歲男孩當人肉盾牌，要他開啟一個疑似被裝了餌雷的袋子，而入獄三個月，並「從上士貶為中士」（該袋其實沒有餌雷）。第四個案子最初因阿布・哈賈吉家死亡案而起；有個軍人被判「使用一非法武器」和「不當行為」有罪——但令人費解的，那並非在他坦承殺了那兩個女人之後，而是在他坦承於二十四小時後殺了另一個身分不詳的人之後被定罪。[24]

以色列國防軍也動用了白磷炮彈——此戰後以軍不再用的炮彈。它的確不是死傷的主因，但一月四日地面入侵期間，有一枚白磷炮彈使加薩北部阿塔特拉（Atatra）區裡阿布・哈利馬（Abu Halima）家的房子著火。二十歲的馬赫穆德・阿布・哈利馬說，看到他四十五歲佃農父親薩達拉的屍體和仍在悶燒的馬赫穆德的三個弟弟的屍體「緊挨在一塊」，似乎在死前最後一刻父親緊抱著他的三個弟弟。一如其他居民，儘管以軍事前發傳單警告平民離開，這家人留在自己家裡，根據過去碰到以軍入侵的經驗，以為會很安全。

但十一天後，發生了遠更引人注目的事件，且以色列國防軍最終為此道歉。白磷炮彈打中聯合國難民救濟和工程處在加薩的總部，燒掉一間倉庫，留下浸過白磷的楔狀子彈。該倉庫存放了要給加薩（當時）九十五萬難民使用的藥品、食物、衣物、毯子。事發前，這座大院已放六百個住在附近一棟十二層公寓大樓的巴勒斯坦人進來，難民救濟和工程處已接獲該公寓大樓會遭攻擊的警告。這座大院裡也有一個存放了十四萬九千公升燃料的儲藏處，停在院區的卡車裡也有四萬九千公升的燃料。

由於該聯合國機構的兩名外勤人員喬迪．克拉克和史考特．安德森迅速且勇敢的行動，一場更嚴重許多的浩劫才得以免除。兩人冒著生命危險，爬進一輛燃料卡車底下，拿走一枚浸過白磷的楔形彈。克拉克解釋道：

我們和以色列國防軍講話，告訴他們，他們在炮擊聯合國難民救濟和工程處的大院，以及……他們所知道我們存放所有食物和藥品的那些倉庫。尤其他們開打以來每天都和我們通話，以協助我們把那些東西弄進來，因此，我對他們說，如果你們現在要把它們炸掉，要把它們燒光，當初為何要幫我們把它們弄進來……你們如果打中燃料站，聯合國難民救濟和工程處會消失……最初（他們）否認要打我們的建築——「沒有，我們沒有要打你們的建築，我們瞄準某處」。（我說）「拜託，你們就是在打（它）！我就站在我的建築裡，它就在我周邊快要倒掉，火很大。你們在打聯合國的大院」。我們花了兩小時才讓他們相信他們其實在打聯合國大院……我們有約七輛車子燒得正旺……地上的白磷還在燒。我們徒手打火四小時，消防車才到來，火非常大，火就像自來水……然

後消防員滅了火，我們一無所有……[25]

鑑於巴勒斯坦人的建築、工作場所、基礎設施遭大規模破壞——其中許多遭破壞於鑄鉛行動尾聲時——以色列國防軍未刻意把加薩平民區當攻擊目標一說（相較於把自家軍人的性命看得比平民性命重要一說），較難自圓其說。事實上，破壞程度表明，二〇〇八至二〇〇九年在加薩，以色列國防軍沿用了二〇〇六年在黎巴嫩所奉行的「達希亞原則」（Dahiya doctrine）*，至少部分沿用了該原則——（針對日後在黎巴嫩打真主黨的戰爭）祭出以色列分析家加比．席博尼（Gabi Siboni）所謂的「與敵人的行動和其所構成的威脅不成比例的武力。這樣的回應旨在施以足以要對方走上漫長且昂貴之重建過程的損壞和懲罰。」[26]

在加薩東部離以色列邊界不到一公里的南北向馬路邊的工業區裡，尤其不乏這樣的例子。亞塞爾．阿爾韋達（Yaser Alweyda）博士，加薩前幾大食品加工廠之一的老闆，站在被燒成廢墟的自己工廠、倉庫、燒掉的冷凍車旁，損失共約兩千兩百五十萬美元。他是以色列最大乳製品公司特努瓦（Tnuva）在加薩的唯一代理商，旗下工廠的生產直到此戰爭開打才被打斷，自豪於和以色列商業關係的悠久。這時他認為以色列想要「摧毀巴勒斯坦人的薄弱經濟……使我們在巴勒斯坦永遠建不成國家」。

此戰爭結束時，有許多人排除萬難重新振作起來，但其他人要從打擊中恢復則比較難。瓦埃爾·薩穆尼的房子挨炸一事，令希爾米·薩穆尼此後的日子特別難捱。煙開始消散時，希爾米看到旁邊躺著他父親塔拉爾、母親拉赫梅、二十歲妻子馬哈和半歲大兒子穆罕默德的屍體。希爾米沒有他們任何一人的照片，為此心情很低落；他們在以軍入侵最烈時消失。

此戰結束一年後，希爾米·薩穆尼把大半時間花在家裡各處做些瑣碎工作上，幫忙照料他看來什麼事都沒發生過的十一歲妹妹莫娜。她把她的畫拿給我看，那畫從她對二〇〇九年一月五日早上的記憶取得靈感，係治療她的創傷後壓力症的心理醫生所鼓勵她畫。「這是在替死掉的媽媽洗臉的我。這是被擊中頭部、腦漿跑出來的爸爸。這是我死掉的嫂嫂。這是從我嫂嫂手中接下兒子的姊姊。」

二〇〇九年那個十一月，仍可看出這家族人的精神創傷仍有多深。喪夫的宰娜特·薩穆尼說起他們帶著她較年長的兒子法拉吉，抱著遭擊中、大量失血的四歲大艾哈邁德，離開房子——和她丈夫的遺體——前去另一個親戚的房子，說時哭個不停。暮色降臨時，她拿浸過水的麵包餵艾哈邁德，艾哈邁德的臉這時已發黃。她憶說，「就像餵鳥」。這家人打電話叫救護車，但獲告知，救護車接近那一區太危險。隔天凌晨艾哈邁德去世。「如果能弄到救護車，我覺得他現在還活著」，她說。宰娜特的十歲女兒阿馬爾，口袋裡擺著兩張老舊的已故父親和弟弟的照片。「我

＊因二〇〇六年黎巴嫩戰爭中遭嚴重破壞的貝魯特南部郊區之名而得名。

想要時時看著他們」她說，「我家沒有他們就不漂亮了」。當初，傳出槍聲後，阿馬爾先跑開，然後她媽媽和弟弟才離開房子——這段經歷加重阿馬爾的心理創傷。事發三天後，紅十字會救了數個受傷的孩子，她是其中之一，當時她脫水且驚魂未定。

但七年後，阿馬爾已長成高挑、禮貌、看來鎮靜自若的十六歲十一年級生。她九歲時說長大後想當醫生，如今她說，「我想讀新聞系，以便寫關於占領軍罪行的東西。」莫娜．薩穆尼，這時十八歲，正參加大學入學前的考試，她哥哥希爾米說她考得很好，希爾米本人則在加薩內閣的某個部辦公樓上班，負責端咖啡給公務員。「她花了四年才復原」。但法拉吉．薩穆尼認為這個家族恐怕無法完全復原。「看了自己爸爸被槍殺，自己的弟弟流血至死，忘得掉？我想忘不掉。」

馬伊莎或許是最強健的，說她不時告誡自己「凡打不倒你的，會使你更強。更強，更勇敢」，藉此熬了過來。她十九歲時遭遇轟炸，失去丈夫，七年後，這句話似乎不只是陳詞濫調。

丈夫遇害後，馬伊莎再婚，又生了一個女兒潔南（將近兩歲），已拿到資訊科技學位。如果有機會，她會想上班，但由於經費欠缺，沒有老師的職缺。這時八歲的朱馬娜放學回來，在陽光下玩耍。如果不知道，可能不會注意到她左手少了三根指頭，這個傷害時時在提醒人們她所記不得的一場劫難。

但她的母親記得「從頭到尾的每個細節。我把這事告訴別人時，那就像我眼前的一幅畫」。

第十章

他們懲罰錯了人（二〇〇八－二〇一二）

沿著一米高的陰濕地道往南爬，我往上看了一眼粗陋的木支架，頭頂上厚厚的泥沙全靠它們撐住，才不致垮下把我活埋。凡是曾在窄煤層煤礦裡待過的人，都能講述那種微微的幽室恐懼感，但在這裡，由於知道上個月已有十二人遇害於這類地道，那種恐懼更加強烈。要進這類地道，就得像個笨拙的猴子爬下立井，摸索嵌在井中木牆上的細窄壁架，抓著往下爬。由於進入時動作笨拙且通道狹促，抵達目的地時看到地道燈火通明，讓人大為吃驚。時為二〇〇八年十月，位在加薩和埃及交界下方的地下走私者的世界。

上方地面上是個帳篷城，乍看之下那像是沿著舊「費城走廊」分布、漫無節制擴張的貝都因人營地。直到二〇〇五年為止，「費城走廊」一直是埃及和加薩之間由以色列人控制的無人區域。帳篷區的南側，有埃及邊防部隊的瞭望塔居高臨下俯視，靠巴勒斯坦人那一側，則高高立著被以色列多年炮擊打得破破爛爛的公寓大樓。四百至五百條走私地道的入口，靠這些帳篷保護，免受日曬雨淋。

一顆顆燈泡靠從拉法的電力供應來源拉過來的長長電線供電，燈光下，開朗的二十七歲巴勒斯坦人「費利克斯」正用對講機和位在一公里外地道另一端、與他對口的埃及人通話。在他旁邊，長長的鋼纜正把埃及人製造的炊事用瓦斯罐運入加薩。光是那天早上，就送過來兩百罐。「我花了兩年拿到裝飾方面的文憑」費利克斯解釋道，「但我有五個小孩要養，而這是我唯一能找到的工作」。

他的上司艾哈邁德說，這些藍瓦斯罐很寶貴，凡是買下它們的商人，都為這艱難且危險的運送付了每罐四十美元的加付款。但在加薩，炊事用瓦斯幾個月來一直奇貨可居，因此，商人把它們用每罐至少一百美元的價錢轉手賣掉——加上賣掉從柴油、衣服、巧克力、香菸、洋芋片到活牛、不可少的摩托車等種種東西——很容易就回本。

幾百公尺外，卡里姆和埃亞德正在監督挖掘一條較深的新井道，要用石頭和水泥建成。兩人都三十五歲，已付給哈瑪斯所控制的拉法市政當局一萬塊謝克爾（二〇〇八年時合一千六百六十五英鎊），取得在新法規下挖掘地道的許可。一匹灰兔褐色的瘦馬拉走數桶泥土時，埃亞德說明了要為地道定好能不讓埃及部隊注意到的路線的難處，埃及部隊已信誓旦旦說一發現就要把地道毀掉。「我們得找到隱蔽的地方，一間棄屋或那之類的。」我們和一個埃及籍的工人不斷電話聯繫——我們付了豐厚的報酬，他才肯冒著一旦事跡敗露可能會服刑的風險接下這工作——而且使用一根能伸出地面的長竿，藉此「給我們已到的地方做了記號。然後他告訴我們，『沒錯，就是那個地方』，或者『往左或往右』，或者『再走五十公尺』」。

卡里姆曾在以色列當建築工人，後來開始學醫直到錢用光才中斷，說建造這條地道花約七萬美元。「我賣車，賣我老婆的金子，賣掉所有東西，以支應這筆開銷。」他很清楚風險。他往井道底下看，有感而發道「我可能在自掘墳墓」。但他希望這條地道一旦一天二十四小運行，一週七天不停，他一個月能有一萬至五萬美元的收入，然後用這收入付薪水給他打算僱用的二十名工人。挖地道的工人——不管是當時還是日後——全都未以全名相告。巴勒斯坦一側的地道公開運行，得到哈瑪斯認可——甚至課稅——但在邊界另一邊的埃及那一側的地道則大不相同。「我們如果去埃及，可能會被捕」，卡里姆說。

加薩被當成「敵對實體」至這時為止已一年多，在這樣的情況下，這些地道已是加薩唯一的安全閥。對禁止貿易措施的負面報導中，有許多和以色列已表列禁止且禁得古怪離譜的貨物有關，包括肉豆蔻、工業用人造奶油、樂器、A4紙、報紙、小雞、顏色粉筆、陶器、玩具、書（聯合國所輸入者除外）、有松子的鷹嘴豆泥（但沒有松子的鷹嘴豆泥不禁）、乃至義大利麵條。後來，當時美國對外關係委員會主席約翰·凱里大為光火，抗議將義大利麵條納入禁止之列，才取消對此麵條的禁令。以色列軍方採用的衡量標準之一，建立在精確的養分需求上：每天運來食物的貨車的數量，根據精心計算出的每人最低需求熱量兩千兩百七十九卡路里決定，而專家斷定靠一千八百三十六公克食物就能提供此熱量。[1]

對醫院和其他公用事業來說，傷害更重者是限制性更強的「兩用」貨物清單。這些貨物也被以它們或它們的組成部分可被哈瑪斯轉用於軍事而被禁。這份清單包括X光機、具有化學成分的品項（例如消毒劑）、用於確保維生設備於頻繁且長時間斷電時正常運作的不斷電系統。地道的存在在某種程度上彌補了各種物資的嚴重短缺（只有以色列所准許輸入的最基本「人道」物資免於這樣的短缺），但運送成本高昂，使得哈瑪斯接管加薩後的頭三年裡，走私貨的價格通常高到許多加薩人買不起。

地道擴增的速度、規模和巧思，說明了加薩人的求新求變和適應環境的本事。但這也有助於說明以色列的封鎖未能傷害哈瑪斯（而是傷害了老百姓），反倒在二〇〇七至二〇一三年商業走私地道大行其道期間讓哈瑪斯獲益。這些地道創造出活絡的地下經濟和一群強大且往往和哈瑪斯關係密切的創業家，傳統型企業家則因此利益受損，其中許多人本已和以色列顧客、供應商培養出密切且存在已久的關係。哈瑪斯政府——或更貼切的說，「事實上」（de facto）的政府，因為連巴勒斯坦自治政府都已不再正式承認它是政府——的稅費收入，在地道走私最盛時，據估計一天達一百萬英鎊，[2]包括地道工程業者付的規費和對走私貨課徵的稅。

有件比為何以色列禁芫荽卻不禁肉桂這個謎團還要危險的事正在發生：原本順利運行——且合法——的經濟逐步瓦解。走私業不只未能改善加薩境內倚賴某種援助的八成家庭的生活，或二〇一〇年時食物供給不穩的五成二家戶的生活，[3]而且這些地道對解救受到嚴重打擊的製造業和農業幫助甚微。製造業和農業原本向來是加薩經濟的引擎，極倚賴加薩的貨物出口。走私業迅速成為加薩境內僱用最多員工的民間產業一事，突顯了加薩失業的嚴重——二〇一〇年達四成五左右，居世界前列。事實上，二〇〇六至二〇一〇年，製造業僱用人數下跌了八成，從三萬三千一百五十人減為六千五百四十六人，禍首是加諸出口和原物料進口的雙重禁令。[4]這進一步擴增了可能跑去捧哈瑪斯飯碗——包括卡桑旅和其保安部隊——的年輕人數量。

地道產業欣欣向榮時，給工人的工資達到最高，日薪達七十五美元，對加薩來說是天文數字，但就在同個時候，有些人家，因為鑄鉛行動後重建慢如牛步，得要在帳篷裡過冬。戰火的破壞甚至產生自己的微經濟。每天早上六點半，薩貝爾・阿布・弗雷赫和其六十歲媽媽嘉札拉來到原是自家房子的地方，既為在瓦礫裡翻找十一個月前他們留下的首飾，也為把被炸壞的磚石搬上驢車，以便拿去給人製造新的煤渣砌塊，供小型營造工程之用。「我們清理地，收集石塊供建築之用」，他開心的說。「一車或許只能賣得到十塊謝克爾（一・六英鎊），但我們還能幹嘛？」

在附近的修巴基混凝土廠，他們運來的磚石被磨碎，製成砌塊。廠主阿卜杜勒・薩雷姆・修巴基（Abdel Salem al-Shobaki）寥寥數語說明了自從工廠在二〇〇七年巴勒斯坦人起事最烈時開張以來，他的公司生意的每下愈況：「很好到好到糟再到糟到不可思議」。「糟再到糟到不可思議」這個時期，始於哈瑪斯接管加薩和以色列封鎖加劇之後，封鎖加劇使修巴基缺了他過去從以色列輸入的一項重要商品。他說，自二〇〇七年六月起，他有四千噸的砂礫，但沒水泥。然後，二〇〇九年後期，即鑄鉛行動開打將近一年後，修巴基終於能透過地道取得足夠使工廠再度運轉的水泥（加薩人常懷疑埃及水泥品質不佳；有個流傳的笑話說加薩市海灘公路邊一座和哈瑪斯有關連的新清真寺一直未完工，因為伊瑪目堅持非用以色列水泥不可）。但問題出在價格。修巴基以一噸一千四百塊謝克爾（二〇〇九年時合兩百二十英鎊）的價格買進走私進來的埃及水泥，相對的，從以色列進口的水泥，他用三百八十塊謝克爾（六十英鎊）左右的價錢就買到。他說，「首先，我希望法塔赫和哈瑪斯言歸於好，接著，我希望口岸開放。凡是說以色列經濟和加薩經濟沒有關連的人都是蠢蛋。兩地經濟一體。」但地道已使他得以重新開業，儘管幾乎沒利潤。

但經由地道的商業運輸不斷，掩蓋不了加薩「去發展」的程度和衝擊。焦達特．霍達里（Jawdat al-Khodary），加薩最重要的企業家之一，造了一個新詞來形容加薩孤立狀態的另一面——「精神圍城」。我們在二〇〇九年後期開齋節前一天見面，地點是他的海濱餐廳。該餐廳是一處優雅的建築群的一部分，該建築群還包括一座飯店和他去年建造的考古博物館。博物館設計精良，收藏他所收集從青銅時代早期到鄂圖曼帝國時期的加薩古文物的一小部分：古羅馬時期的粗重石錨；古埃及雪花石膏盤；拜占庭時期的存酒土罐和科林斯式圓柱；油壺、水壺、香水罐；非利士人時期的一件玩具獸拉車的一個土車輪（該玩具車現已重建），屬西元前一六〇〇年至前一二〇〇年之間的古物；象牙微雕和來自希臘化時代的玻璃瓶。還有特別引以為傲的一件藏品：製成男人頭狀的土棺蓋，來自西元前十一世紀。

但今天，餐廳和博物館都空蕩蕩。「你是不是覺得這裡怎麼一個人都沒有？」霍達里問，「因為開齋節前大部分人齋戒。二十年前，只有百分之一人會這麼做。如今約九成人。」哈瑪斯未規定這麼做，但霍達里相信這個現象是自從哈瑪斯掌權後清真寺下達的意思所致。他把這現象和定期上清真寺作禮拜方面的類似轉變，看成是信伊斯蘭教的哈瑪斯「得到老百姓接納」的證據。哈瑪斯所受到的最大內部壓力，不是來自在加薩已不成氣候的法塔赫，而是來自較極端的伊斯蘭主義團體。霍達里問道，以色列為何要助長一種可能有利於比哈瑪斯極端且「比塔利班壞」的團體壯大的環境？「以色列真笨」他說，「他們懲罰錯了人。」

這懲罰很嚴厲，加薩的供水日益惡化只是說明這點的例子之一。只有百分之五至十的加薩人有幸透過水龍頭取用安全的飲用水。[5]大多數人倚賴賣水的水槽車業者，賣的水則經過迷你海水淡化廠過濾；根據當地、國際非政府組織的說法，約四成五的這類工廠所生產的水，受到某種程度的生物性污染。[6]世界衛生組織未通報霍亂病例（霍亂有時是供水遭污染所致），但據估計加薩境內四分之一的疾病和水有關。[7]從運水業者買來的水，也比自來水管供水貴了四倍，[8]這意味著不久有些人家就會把多達三分之一的收入耗在這上面。[9]

這一水危機大抵是人所造成，而且要把這個供水問題和所有巴勒斯坦人所面臨的供水問題分別看待不可能。一九六七年戰爭後，以色列控制了巴勒斯坦占領區裡的所有水源，提升了水廠梅克羅特（Mekorot）向以色列用戶供水的能力，以色列用戶則包括西岸境內屯墾區——和至二〇〇五年為止——加薩境內屯墾區的以色列人。至二〇〇九年，每個以色列人（包括屯墾區居民）享有的供水是巴勒斯坦人所能享有的四倍多；就農業灌溉來說，則是五倍之多。[10]巴勒斯坦人過度抽取沿海地區地下水一事，始於一九六七年之前，埃及人統治之時。該地區地下水，有一部分從以色列流來，這時已是加薩唯一的天然水源。[11]但自那時起，加薩的供水也已陷入枯竭、污染的惡性循環。加薩乾河（Wadi Gaza）也發源於以色列境內，過去一直是加薩主要的地表水來源，但老早就被改道供以色列使用。較晚近時，地下水也落得同樣命運。[12]根據某則巴勒斯坦人的說法，加薩走廊只享有從沿海地區地下蓄水層抽出的水的四分之一。[13]無論如何，至二〇一二年，地下蓄水層已遭海水和約九萬立方公分未經處理或局部處理的污水嚴重污染。海水因地下水抽取的速率遠快於填補的速率而滲入地下蓄水層，污水則是每天流入地裡或地中海。[14]二〇〇八至二〇〇九年的戰爭損害、遭封鎖情況下不易輸入備用零件、抽水站斷電的衝擊，使功能本就衰退的污水排放設施進一步惡化。

但加薩孤立處境的衝擊也表現在心理上。加薩人民精神健康計畫中心（Gaza Community Mental Health Programm，簡稱ＧＣＭＨＰ）由已故的埃亞德・薩拉吉（Eyad Sarraj）創立，此人曾有多年時間是加薩公民社會的主要人物之一。薩拉吉在英國攻讀過精神病學，待人處世不受宗教左右，以公允、人道的立場看待當前時勢。他公開主張巴勒斯坦人應反對以色列占領，但也批評巴勒斯坦諸派系的濫權行為，不管是世俗性還是伊斯蘭主義的派系皆然。他於一九九五年遭阿拉法特的巴勒斯坦自治政府逮過三次，被一些人虐待、毆打，而這些人裡有一些人先前在以色列監獄裡待過，後來接受過他治療。

薩拉吉理解到加薩境內精神病和醫療服務之間的落差之大高居世界前列，而此事被當成近乎忌談的話題，則使此落差更為拉大。他想方設法替該健康計畫中心招來最優秀的職員。

資深心理學家哈桑・傑亞達（Hasan Zeyada）是其中之一。他很會替人著想，會說英語和希伯來語，在特拉維夫大學攻讀過心理學（那時加薩學生能在大學畢業後在以色列工作）。此戰後，他在康復中心治療過病人，幫他們戒除對止痛藥 Tramadol 的癮（該止痛藥經地道從埃及走私入境）。在加薩，這種藥物濫用到近乎氾濫——而且自那之後迄今未曾稍減。

阿布・艾哈邁德，失業，四十五歲，育有十個孩子，二〇〇七年以色列開始封鎖後，他就失去貨車司機這份好工作。他神情茫然說明了他如何捱過這場戰爭，包括捱過對他的居住區的一次地面入侵。該次入侵期間，以軍發射了白磷炮彈。那時，他一天服用的合成鴉片類藥物已達八百毫克，比規定的三百毫克上限多了將近兩倍，該藥則是經地道走私進來。他說，「當然關心孩子，但（吃了藥）心裡比較不害怕。」

Tramadol 正在摧殘他的生命。「我頭痛，身體到處痛。每十分鐘就得去廁所。我冒汗，然後吃一顆藥丸，當然就覺得比較好。」阿布・艾哈邁德聽了某朋友的建議，求助於加薩人民精神健康計畫中心。在那裡，院方以談話療法和施用替代藥物雙管齊下，以戒除此藥癮。可想而知他很感激。

女人覺得自己活著只為相夫教子，因此特別容易抑鬱上身，但傑亞達說男人因為無法於戰時保護孩子或給孩子較安定的生活而常覺得無力、不像個男人。阿布・艾哈邁德同意此說。「如果有小孩，又無法找到工作，滿足他們所需，就會睡不著。」

傑亞達從更廣的角度思考此衝突。他把他的心理學專業和他對納粹大屠殺的理解融而為一，說他有時覺得以色列在表現以虐待他人作為報復的受過虐待的孩子的典型症候群。

更令人意外的，身為加薩境內經驗老到的心理學家，傑亞達堅信法塔赫和哈瑪斯的勢不兩立是造成精神出問題的另一個因素。這不只使同一家子的人分裂對立，在他看來，對許多加薩人來說，這使巴勒斯坦人認同於特定派系，使他們對來自政治對手陣營的批評、敵意特別敏感，而這種具分裂作用的派系認同損害了他們所自豪的巴勒斯坦民族認同。他說，甚至在學校遊戲場，出現了（出於無關政治的理由而）對T恤的顏色各有偏好的孩童起衝突的情況：黃色（法塔赫）、綠色（哈瑪斯）。

但一如以往，加薩還有另一面，即使在鑄鉛行動剛結束不久時，在以色列的封鎖繼續加緊時，亦然。儘管——以及在某些情況下甚至因為——遭遇戰爭蹂躪和經濟封鎖，文化和社會生活，乃至運動，依舊生龍活虎。

藝術家瑪哈・達雅（Maha al-Daya）和也是畫家的她丈夫艾曼・埃薩（Ayman Eissa），住在提早老舊的公寓大樓裡，大樓俯臨加薩北部賈巴利亞難民營邊緣的一塊荒地。上他們家的五樓公寓，要走陰森的樓梯，樓梯繞著電梯井道盤旋而上，井道裡沒有電梯。好似開發商當初圍著這個井道蓋了大樓，冀望世道較好時住戶或許負擔得起電梯……加薩無可救藥的樂觀。發現公寓裡有雅致的家具和裝飾，令人驚豔的展現這對夫妻的視覺藝術品味和作品，我大為震撼。牆上掛了許多他們的畫作：有幅人像畫，出自艾曼之手，呈現一個赤身裸體的小孩，頭很大、近乎三角形，看了久久盤旋於腦海；出自瑪哈之手的風景畫、海景畫，生氣盎然，記錄了一座不斷在變的城市和該市的海岸。她招待客人享用咖啡的桌子，蓋了一塊她親手縫製的棋盤圖案紅黑色桌布。屋裡散置幾張椅子，椅上鋪了繡有萬花筒狀花樣的墊子。

這對夫婦的友人，年輕的加薩畫家夏里夫·薩爾罕（Sharif Sarhan），拍下破壞的景象，後來據此畫出一系列戰爭畫。這三個藝術家都不願接武裝派系的委製案。夏里夫說，對於接下這類工作的藝術家，他不「生氣」。「我找到工作，但或許他們沒別的路可走」他說，「但我不幹。我不是哈瑪斯成員，也不是法塔赫成員。我是夏里夫。」但瑪哈不願成為戰爭藝術家，這點和夏里夫不同。鑄鉛行動期間，她能看到附近的阿塔特拉遭轟炸時所用的白磷彈。「我們看到火球，像隻章魚。」這個有力的形象表明她畫家的眼力，但她未將它形諸畫布。「我什麼都畫不了」，她解釋道。「戰時和戰後我心情低落，很害怕，很不安。」雪上加霜的，她丈夫被困在他位於埃及的大學，不得不在戰時的每一天透過電視看他家人所遭遇的。二〇〇八至二〇〇九年戰爭結束兩個月後，她終於重拾畫筆，那時她的第一幅畫以復原為主題，描繪一艘漁船的修理情景。那是先前常出現在她畫裡的加薩市海灘上的諸多漁船之一。

與此同時，封鎖突然成為全球關注的焦點。二〇一〇年五月三十一日，以色列突擊隊員槍殺馬維馬爾馬拉號（Mavi Marmara）上八名土耳其人和一名土裔美國人。當時，有支船隊在土耳其總理雷傑普．塔伊普．艾爾段（Recep Tayyip Erdoğan）支持下航往加薩，馬維馬爾馬拉號是其中一艘。該船隊載了六千噸的人道救援物資，欲打破封鎖，行動特別高調張揚。以色列說這艘船不聽警告執意前行，說以國突擊隊員登上該船時，七名軍人遭土耳其行動主義者用鐵棍等武器打傷，說這支船隊是支持哈瑪斯的土耳其慈善組織IHH所組建，據此為其槍殺行徑辯解。但以色列動手殺人，使其和土耳其的外交關係就此冷凍了六年；在這期間，在破敗且不再運行的加薩港，立起一座顯著的紀念碑，以紀念這些喪命的土耳其人，土耳其人出了建造經費。

世界各地新聞媒體報導此慘案，使西方諸國政府遠更難漠視封鎖的悲慘後果。例如，在倫敦，外交部於六月二十一日中東「四方」集團會議前，事先為外長威廉．海格（William Hague）準備的一份文件表示，「令人無法接受且帶來反效果的（封鎖）傷害了加薩人民，拿他們的未來作要脅，給推動重建、發展、經濟自主的工作扯後腿。與此同時，封鎖使哈瑪斯透過地道經濟而更強大，傷害一代的巴勒斯坦年輕人而損害以色列的長遠安全……因此眼下國際社會該有所行動。」15

海格力促「四方」特使東尼．布萊爾竭力勸說以色列執行一項行動計畫，該計畫要求讓聯合國重建加薩所需的材料立即進入加薩；揚棄「限制性太強」的八十一項可以進入加薩的正面表列貨品清單，改採只禁止特定商品、讓其他商品都可入境的簡明負面表列清單；處理包含水泥管、鋼在內的「兩用」貨品，不禁止它們輸入，而是改為讓它們進入加薩後予以「切實」的監管，以確保它們不致落入哈瑪斯之手；或許最重要的，重啟陸上口岸，並首先重開位在卡爾尼的最大貨物口岸，「以使貿易往來（例如出口）得以遂行，迅速重振經濟」。

接著，布萊爾的確和這時由本雅明．納坦雅胡領導的以色列政府進行了幾場漫長的談判，談出了一些結果，但遠談不上在英國外交及國協事務部文件裡所構想的「帶來顯著改變的（加薩困境）解決辦法」。為達成這樣的解決辦法，需要某種程度的國際意見一致和決心——尤其有賴於美國做到這點——而這短期內無望實現。

負面表列的黑清單取代了臭名遠播的正面表列「白清單」。從以色列輸入或經由以色列輸入的消費品和某些商業性原物料的種類變多，與之爭奪市場的走私貨，價格隨之下跌，而買得起它們的巴勒斯坦人大多中意以色列貨甚於埃及貨。但在輸入可能「兩用」的貨品以供嚴密監控的國際工程項目之用上，核准速度仍舊慢得讓人受不了。相對的，民間企業——和哈瑪斯——繼續倚賴經由地道輸入且數量有增無減的水泥。

水泥和建材輸入所助長的民間營建熱潮，其實造成從二〇一〇年後期起，每條路上似乎都有建築工地，至少在加薩市是如此。此營建熱也一時將失業率從約四成五降至約三成三，但為時不久。哈瑪斯和加薩的新富商都從這股熱潮得利。哈瑪斯開始對每噸的骨料、水泥、鋼分別課徵十塊（一．六五英鎊）、二十塊、五十塊謝克爾的稅。地道經營者在拉法難民營外自行建造的漂亮別墅，則點出這些新富商靠此行業的獲利之大。

對這些往往和哈瑪斯關係密切的企業家來說，地道走私和以色列放寬對消費品進口限制兩者看似矛盾的結合，使他們在四處尋找投資機會時特別青睞零售業。二〇一〇年夏，一家新的大賣場在加薩開幕，使以色列的保守部落客大為震驚。這些部落客滿肚子火，斷言它的存在大大嘲笑了加薩被封鎖弄得民不聊生的說法。這家有空調的賣場有開在兩個樓面上的八家店鋪、分別供男女使用的禮拜室、由新成立的加薩購物中心公司直接僱用的六十名銷售助理，甚至成立提供快遞服務的官網。

但至二〇一〇年十一月，聯合國難民救濟和工程處的工程項目只有百分之七獲准進口材料。[16]卡爾尼依舊關閉，貨物不得經由該口岸進出加薩，但准許砂礫經由一條輸送帶輸入。二〇一一年，連輸送帶都被停掉。只要地道運行不斷，哈瑪斯所需的水泥都不會缺。但聯合國受限於政策，不得使用地道，缺水泥缺得厲害。加薩經濟長久以來倚賴的出口業仍然在禁。

馬維馬爾馬拉號事件後的談判，也未在人員的自由移動上有所改善。對賽跑選手納迪爾．馬斯里來說，離開加薩，即使只是短暫離開，都是他能取得二〇一二年倫敦奧運參賽資格的唯一途徑。二〇一一年八月我再度遇見他。那時是齋戒月，天氣酷熱，這個運動員自天未亮起一直不吃不喝，直到日暮他以挺直上身的優雅跑步方式繞體育場跑了二十五圈後才會進食喝水，而離日暮還有約兩個小時。這也是以色列猛烈炮轟加薩和激進分子往加薩境外發射火箭的一天。但馬斯里很專心。他一心要跑進二〇一二年倫敦奧運五千公尺賽跑參賽資格所規定的時間內。「如果他這時能離開加薩去受訓，他有機會如願」，他的四十七歲教練、也是曾參加過奧運的加薩人馬傑德．阿布．馬拉希爾（Majed Abu Marahil）說。這座體育場位於加薩市的垃圾傾倒場旁邊，已被哈瑪斯當局改善了外觀，但那是為了辦足球賽而這麼做。原本寸草不生的足球場已鋪上草皮；但跑道仍是沙地，而非其他地方可能和他競爭的跑者練跑時所會跑在的那種耐各種天候的合成跑道。

馬斯里再次希望去卡達受訓。為說明受訓的重要，他說，二〇〇六年亞運時他輕鬆跑贏一個韓國選手。「賽後我回到加薩，他去了訓練營。一年後他打敗我。」競爭對手告訴他，他們於賽前在訓練營受訓半年。

但馬斯里未能如願去卡達，而且未能取得參賽資格。這當然大可怪罪於以色列，但不管是很聰明但對政治沒興趣的馬斯里，還是教練阿布．馬拉希爾，都覺得這次事情沒那麼簡單。事實上，反倒開始讓人覺得是另一種政治在作祟——亦即存在於西岸的巴勒斯坦當局身上那種再熟悉不過的「遺忘加薩」症候群。

巴勒斯坦自治政府的公認已久的「運動先生」是吉卜里爾．拉祖卜（Jibril Rajoub），此人曾任令人膽寒的「預防性保安組織」的首腦，後來擔任阿拉法特的「安全事務顧問」。一如他在法塔赫裡的頭號對手穆罕默德・達赫蘭，他被控於一九九〇年代刑求遭拘禁的哈瑪斯成員。這時，拉祖卜身兼兩個角色，既是以拉馬拉為基地的足球協會的會長，也是巴勒斯坦奧委會的主席。阿布・馬拉希爾認為馬斯里未能如願離開加薩出國受訓，係因為拉祖卜未找到資金助他去卡達。拉祖卜告訴我問題出在「占領當局」──即以色列──拒發必要的許可。但以色列奧委會說，在馬斯里的案子上，未有人請求該會幫忙，因為正常情況下會由該會為巴勒斯坦奧運選手尋求出境許可。若非卡在出境許可，馬斯里本可能經由拉法出境，因為那時這個口岸頗常開放。無論如何，馬斯里取得二〇一二年倫敦奧運參賽資格的夢想破滅。

移動限制所產生的一個反常效應，係使加薩人變成外人眼中的神祕人物，甚至是其他巴勒斯坦人眼中的神祕人物。伊克芭爾・基什塔（Iqbal Qishta）是舉止優雅的美容美髮師，三十七歲未婚，日子仍過得很快活（儘管在加薩女人這年紀未婚很少見）。二〇一二年，她想去西岸的圖爾卡姆（Tulkarm）鎮參加美髮師大會，遭拒發出境許可；但在情勢較好時她已是這類活動的常客，構不成安全隱患。在西岸，來自加薩的人這時非常稀少，致使西岸人在最好的情況下視她們為天真無知的女孩，最壞情況下則把她們當成野蠻人。這讓伊克芭爾既惱怒又驚愕。她記得在耶律哥的某場類似的大會上，有人問她，「你們全都住在石棉製棚屋？」「他們不會相信我們來自加薩……問題出在新聞媒體。媒體只呈現轟炸情景，或者媒體去『海灘』（難民）營，呈現在污水坑裡玩耍的小孩、衣服破爛的人、塗鴉。媒體沒去莫凡彼（Mövenpick）飯店或燈塔餐廳或戴拉（Deira）飯店」（莫凡彼飯店這時其實叫 al-Mashtal 飯店，但仍以建造該飯店的那家瑞士公司的名稱為人所知）。

伊克芭爾．基什塔點出一個重點；在整個加薩如同囚籠的情況下，營建熱潮並非唯一讓人苦中作樂的（暫時）消遣。即使已遭封鎖五年，加薩市依舊保有其弔詭的地位，即既是最慘的巴勒斯坦大都市，又是最具國際性、發展程度最高的巴勒斯坦大都市，城中呈現天壤之別的兩個極端現象，一端是被小巷將一排排過度擁擠、有著鍍鋅鐵皮屋頂、用煤渣砌磚蓋的房子隔開的難民營貧民窟，另一端是在優雅新潮的阿拉伯式戴拉飯店的海濱露台上，在新月下抽著水菸筒的時髦年輕女子，其中有些女子無視禁忌不戴頭巾。戴拉飯店俯臨地中海，即北邊四十英里處特拉維夫邊的那個大海。

但不管是一時的營建熱，還是突然冒出的服務性產業，都掩蓋不了加薩的核心經濟所已陷入的困境。對加薩曾欣欣向榮而這時受重創的製造業來說，消費品進口的成長，若非無濟於事，就是不折不扣的挫敗。從加薩果汁工廠的情況就可理解這點。作為二〇一〇年時仍在營運且獲利的企業，該工廠在加薩非常少有且引人注目。堆高機司機正把要送到加薩超市的果汁搬上貨車。工廠工作場所一塵不染且維護得很好；機器保養得發亮；裝瓶機的操作工人戴外科口罩和髮套，以維持衛生水準。

要說有哪個企業，比加薩果汁工廠更鮮明說明過去二十年加薩的經濟史，恐怕很難找到。該工廠由亞塞爾．阿拉法特主持開工儀式，當年開工時大作宣傳，就在他於一九九四年七月一日從突尼斯凱旋加薩的三天後。該工廠那時開工純屬巧合，但阿拉法特趁此機會風光了一番，在由十輛軍卡和兩輛加長型賓士車組成的車隊簇擁下抵達現場，武裝保安人員身子掛在車窗外隨護。[17]他宣布，這座工廠象徵貧困不堪的加薩所亟需的「重建和發展」。

加薩果汁工廠的開工極具象徵意義。一九八八年，前加薩市長拉希德．夏瓦（Rashed Shawa）頭一個想到成立此工廠，以善加利用加薩橙樹園所生產的大量剩餘甜橙，其構想是生產濃縮果汁出口。

加薩的橙樹園自古產量大，長年以來提供了加薩最重要的出口品，二十世紀中葉時已是加薩經濟的命脈之一。但一九六七年後，柑橘類果實——尤其甜橙——漸漸成為加薩「去發展」的另一個受害者。一九七〇年代中期，以色列叫停經由其柑橘行銷局（Citrus Marketing Board）出口至歐洲、新加坡的貿易，反倒鼓勵加薩人鎖定穆斯林世界裡的市場。[18]二〇〇七年阿耶德．阿布．拉馬丹（Ayed Abu Ramadan）接掌此工廠時，該廠已深陷危機。阿布．拉馬丹是留學埃及的工程師，溫文有禮，來自一著名的加薩家族。經濟封鎖正加劇，該工廠創立時所要利用的甜橙剩餘已變成短缺。許多原因造成甜橙產量下跌，其中包括出口困難、許多農民受誘於以色列境內工作而棄種果樹、以色列致力於勸加薩農民改種以色列市場上供不應求的草莓、加薩境內土地被以色列人搶去闢為屯墾區。

柑橘這時供應不足的另一個原因，係以軍用推土機將農地大規模剷平，例如拜特哈農的橙樹園就因此幾乎全被剷光，而過去該地農民誇稱他們的甜橙是中東最甜的水果。據農業工人聯盟（Union of Agricultural Workers）的數據，二〇〇五至二〇一一年以軍在加薩境內設了三百公尺寬的「緩衝區」，許多農業資源因此受損或被毀，其中包括十三萬六千兩百一十七棵柑橘樹。[19]據以色列國防軍的說法，果樹園為火箭發射提供了掩護。

至二〇〇七年，這座工廠即使已能出口濃縮果汁，已不再能倚賴本地的甜橙。這時該廠有半年多閒置。該廠隨之被轉讓給巴勒斯坦投資基金會（Palestine Investment Fund），阿布．拉馬丹被任命為執行長。該基金會是巴勒斯坦自治政府的分支機構，被當成民營公司來經營。他立即看出，由於市面上買不到來自以色列的大部分消費品，「我們（在封鎖情況下）所具有的強項」，於是開始將產品多元化，擴及在加薩已不再容易取得的農產品——果醬、番茄醬、冷凍蔬菜、蜜餞。能取得水果時——不管是本地產，還是來自以色列，還是經由地道從埃及進口——他即製造果汁或果汁汽水供應本地市場。這生意很不好做。「地道通行費」——阿布．拉馬丹對付給地道業者的費用和哈瑪斯對塑膠瓶、機器、備用零件、調味品、水果之類進口品所課徵的稅的稱呼——很高。

加薩人的心靈手巧幫他克服難關。已在該廠幹了二十年、技術極純熟的維修經理暨首席生產工程師易卜拉欣・蘇韋提（Ibrahim Suweiti）、極善於動腦筋解決問題的該廠機工馬仁・昆杜克（Mazen Qunduq），從埃及買來一台二手裝瓶機。先是以零組件形式經地道運進來，然後在工廠組裝成機。但他們常去拜訪埃及同業的工廠，帶相機去拍下要價兩萬至三萬美元的機器。昆杜克說，「然後我用五千或六千美元的費用在加薩創造出這些機器」。

然後，迎來二〇〇八至二〇〇九年那個冬天，以及在和以色列邊界平行的東道路沿線，被以色列選定的數家工廠，在鑄鉛行動期間遭協同炮擊。就這家於此戰爭期間停工的果汁工廠來說，以色列炮彈擊中蒸發器——以及內部隔成十一個空間、容量兩千噸的一個大冷藏室。對於這些工廠被毀，以軍的標準解釋又是它們被哈瑪斯激進分子拿去作為火箭發射基地。但阿布・拉馬丹說，「本來一切都沒事，但戰爭結束前兩天，以色列開始有計畫摧毀東部的工廠，就完了。如果有火箭，（激進分子）早在戰爭初期就會發射，（以色列）早在戰爭初期就會摧毀這些工廠。這些工廠全在戰爭快結束時被毀。」[20]

但這時有另一個麻煩。納坦雅胡和布萊爾於馬維馬爾馬拉號事件後談定的協議，允許大幅放寬從以色列帶進來的消費品種類，反倒讓這家果汁工廠受害。二〇〇七年，阿布・拉馬丹判定封鎖反倒帶來商機，於是製造在加薩所買不到、經過加工處理的飲料和食物。這時，果汁獲准從以色列和西岸輸入，從而在市場上和該工廠的產品直接打對台。阿布・拉馬丹調降其旗艦產品 Tropika 的零售價，以和進口果汁競爭。但這導致他的利潤進一步縮水。誠如阿布・拉馬丹所說的，「這就像把人的雙手綁住，要那人上拳擊賽場」。

二〇一一年初，哈瑪斯從巴勒斯坦投資基金會手中接管該廠——或者照該基金會的說法，「沒收」該廠——成立對哈瑪斯政府的經濟部負責的新董事會。這些新董事希望阿布·拉馬丹留下，但他決定在該廠「順利」轉交且既有員工都確定留下後辭職。該廠的麻煩還沒完，但眼下該廠仍在營運。

未獲正式承認的哈瑪斯政府接管這座果汁工廠一事，正再度表明哈瑪斯對加薩的控制更加強固。這種控制有一部分是針對社會生活：允許女人在店裡抽水菸筒的咖啡館或飯店會有警察上門，以年輕人為顧客的俱樂部會被告知停止上演某些節目，包括男女共舞，乃至男女童共舞。英國託管時頒布的一道一九三六年舊法，被擴大為禁止所有婚外性行為。[21]有時，會有新的服裝規定離奇出爐，然後在抗議下再度消失。例如，加薩市內學校會似乎因為政府的一道法令，規定女學童穿寬大無袖長袍，禁穿標準罩袍和牛仔褲。但後來哈瑪斯的教育部否認曾發布該令。

同樣，這個未獲正式承認的政府，否認二〇一〇年六月激進分子在聯合國難民救濟和工程處為二十五萬孩童舉辦的夏季競技會場上的攻擊事件是他們所為——而且還譴責該攻擊。這些賽會，報名人數遠超過規劃的名額，致使許多人向隅，而哈瑪斯也自辦了準軍事性質的賽事，和這些賽會打對台。發生此攻擊事件後，三個十五歲的女孩去見了該聯合國機構的營運處長，令人敬畏的約翰·金（John Ging），懇請他勿停辦這些賽會。這些賽會有種種在監督下進行的活動，孩童在其中玩得很開心，包括達卜卡（dabka，巴勒斯坦人的傳統舞蹈）、游泳、蓋沙堡、城堡狀充氣彈床、排球、足球、畫畫、摺紙。前一年，與會孩童同時放的風箏之多，創下金氏世界紀錄。二〇一〇年的賽會繼續舉辦，再度大為成功。

儘管如此，凌晨兩點半的攻擊隱隱表明局勢仍叫人沮喪。當時，二十五名左右的蒙面武裝男子，把保安易卜拉欣．埃雷瓦上銬毆打後，有系統的破壞位於加薩市南邊海灘上的臨時場地。蓄意搞破壞的人離開時，往埃雷瓦的夾克裡塞進一只信封，內有三顆子彈和一封阿拉伯文信，似乎意在要金小心：「聽到在海灘為青春期女孩設立旨在攻擊穆斯林（之名譽和道德觀念）的場所，我們震驚且反感。你們要知道，我們願意流血、獻出生命，但絕不會讓這事發生，不會讓你們這些居心不良的人打我們。因此，你們不擱置你們的計畫，就等著給人收拾。」埃雷瓦告訴警方，他認為他們是哈瑪斯所派來；不管是不是如他所說，哈瑪斯的保安人員，在那期間於夜裡在加薩各地設立檢查站，卻未阻止他們前去該營地。

不管是不是哈瑪斯的支持者所為，這類事並非意在使思想較和宗教脫鉤的巴勒斯坦人為哈瑪斯政權所喜歡。哈瑪斯不是塔利班，不是類似塔利班的組織；在加薩，受過教育的女人很多，而且加薩未讓人覺得是被政府高壓控管的地方；許多加薩人依舊公開批評他們的政府，至少在交談中這麼做，而且往往把糟糕的經濟情況歸咎於哈瑪斯。但對已遭遇一場浩劫般的戰爭和三年封鎖、孤立的加薩人來說，哈瑪斯是另一個令他們惱火的東西。

二〇一〇年後期至二〇一一年初期，加薩青年一場短暫且平和的抗議，抒發了一部分該怒火，抗議矛頭則指向哈瑪斯、法塔赫的分裂對立。那是場人民運動。許多巴勒斯坦人指責這兩個派系追求自己的利益甚於身陷困境的加薩老百姓的利益。二〇一〇年十二月，一群年輕藝術家和專業人士發表「給加薩青年的宣言」，在其中譴責這兩個派系的分裂對立，把那稱作「夢魘中的夢魘」，認為那給巴勒斯坦人的民族大業大大扯了後腿，而這樣的批評並非無的放矢。

三月十五日的示威，為阿拉伯之春所催生，透過社交媒體組織起來；在加薩，他們未採用在開羅使反穆巴拉克的示威者大為激動的口號「人民想要終止此政權」，而是代之以「人民想要結束分裂」。那是自哈瑪斯上台以來最大的示威之一，成千上萬的年輕人湧上街頭，其中有些是法塔赫支持者，但有些不屬任何派系。示威於抗議者和哈瑪斯支持者的衝突中結束。阿薩德·薩夫塔維（Assad Saftawi）是示威領袖之一，本身是部落客、劇作家暨「行動主義者」，聲稱他當時試圖阻止抗議者離開廣場，因為「哈瑪斯青年有個計畫……他們丟石頭，往後退，我們往前進，因此，他們在誘使我們上鉤。他們用這一招逮了許多人。我們試圖阻止我們的人離開廣場。警方逮捕、毆打他們。他們有電擊棒。他們打了我或許四或五下。」[22]

哈瑪斯否認此暴力作為是他們所驅使，在其官網上以小心拿捏過的模稜兩可言詞說，這場示威在「不同青年團體起衝突」後瓦解。這次抗議未促成渴盼已久的法塔赫、哈瑪斯修好。

二〇一一年最大肆報導的事件，不管在以色列，還是在加薩，無疑都是換俘。這次換俘使已被關了五年多的吉拉德·夏利特於十月十八日獲釋，以方則回報以釋放一千零二十七名被囚的巴勒斯坦人。因哈瑪斯放了夏利特而作為交換釋放的諸多長年的激進分子中，有兩人涉及一九八九年綁架、殺害兩名以色列軍人，[23]還有哈瑪斯之軍事組織的創辦人之一亞希亞·辛瓦爾（Yahya Sinwar）。二〇一七年初，辛瓦爾選上加薩境內哈瑪斯領導人之位，取代了哈尼耶。但這份商定的釋囚名單不含馬爾萬·巴古提。此人於第二次巴勒斯坦人起事期間領導法塔赫的激進分子，被許多人視為馬赫穆德·阿巴斯的理想接班人。這次釋囚間接表明，靠擒住一個軍人來逼以方釋囚，比透過談判還可靠，突顯了以色列只在壓力下才會向巴勒斯坦人讓步的傾向，不管壓力來自何方皆然。頂不住民間要求讓夏利特獲釋的聲浪，納坦雅胡同意他之前的兩任總理夏龍、奧爾默特在和反暴力的馬赫穆德·阿巴斯談判時始終拒絕的要求，釋放「手上沾血」的囚犯，包括奧斯陸協議之前就被關的人。他把巴古提排除在釋放名單之外，從而要繼續關押這個最有可能團結巴勒斯坦人並實現兩國方案以解決以巴衝突的人，這個甚至被以色列某些主流政治人物視為和平談判「最佳搭檔」的人。[24]

在加薩境內，許多人抱著一份希望，即這個換囚協議或許會透過大幅放鬆封鎖，尤其大幅放寬出口限制，讓合法的民間產業得利的希望。納坦雅胡和他之前的總理埃胡德·奧爾默特，都把封鎖的持續和夏利特獲釋一事掛鉤。二〇一〇年撤銷某些進口限制，已使最不死心的製造商得以開始輸入他們營運所需的原材料。理論上，出口禁令已不再全盤皆禁，但實際上這意味著只有少許孤立——且經辛苦談判達成——發往歐洲，或在某個案例裡，發往沙烏地阿拉伯的寄售貨物得到放行。但加薩企業要重新供貨給其原本長年以來的最大市場，以色列和西岸，並未獲准。夏利特獲釋後，這局面未變。二〇〇七年頭五個月，哈瑪斯選贏後不久，貿易已放緩之時，還有四千七百六十九輛次裝了貨的卡車離開加薩。二〇一三年同一期間，則是八十一輛次。

成衣製造業的老牌商人卡馬爾・阿舒爾（Kamal Ashour），係竭力抵抗此趨勢的企業家之一，其小型家族企業成為五年來加薩境內第一個出口成衣的企業。阿舒爾在加薩市的工廠開在伊宰丁・卡桑街（Izzedine al-Qassam Street）上。這條街，一如哈瑪斯的軍事組織「卡桑旅」，以伊宰丁・卡桑的名字命名，以紀念這位領導反猶太復國運動、反託管的「黑手」（Black Hand）組織、一九三五年遭英國警察槍殺的伊斯蘭主義聖戰士。經過以色列、英國、中東「四方」集團間幾個月的外交折衝，二〇一二年五月，阿舒爾剛把兩千件腈綸材質的開襟上衣和 polo 衫發送到英國公司 **JD Williams**。

已經七十幾歲仍充滿活力的阿舒爾，很高興拿到這筆訂單。但他不會妄想這會是許多訂單的第一筆。無論如何，他真正想要做的，係再度開始賣貨到以色列，曾有幾十年他的產品八成都賣到那裡。「猶太人很瞭解我。就經商來說，特拉維夫對我來講好過倫敦或紐約」，他說，突然頗起勁的講起英語。夏利特二〇一一年獲釋後，他利用其眾所豔羨的企業家許可證，拜訪了他最長年以色列客戶的營業場所，和那個客戶一起喝了茶。這個以色列人的某個兒子告訴他父親，

「嘿，夏利特放出來了。接下來必然會開放口岸。卡馬爾能為我們生產一萬件。」隨之，這個成衣商把一大疊鈔票，共一萬四千塊謝克爾（兩千三百英鎊左右），塞進阿舒爾手裡，作為單單這樣一筆訂單的初付款。這筆訂單始終未能交貨，但問題不在賣方，也不在買方。

這使阿舒爾更加沮喪，因為馬維馬爾馬拉號事件後，進口限制放寬，已使他得以從土耳其輸入腈綸布，以製造套衫出口。那也已使加薩音樂學校得以進口樂器，取代鑄鉛行動初期該校遭擊中時毀掉或受損的樂器。這所音樂學校是另一個完全讓人預想不到的加薩資產。二〇一二年一月我去了該校，就在它被指定為愛德華．薩依德（Edward Said）國立音樂學院的分校之一後不久。某個已然冷冽且天色漸暗的下午，不可避免的停了電。有個叫莎拉．阿凱爾（Sara Akel）的學生，坐在鋼琴前，彈了兩首奧地利作曲家卡爾．徹爾尼（Carl Czerny）的練習曲和一首巴哈的波洛奈茲舞曲，神情專注且自信滿滿，讓人很難相信她才十二歲。事後她說她很愛這所學校和該校老師，其中幾個老師是來自前蘇聯的移民，已和巴勒斯坦人結婚。她說她想成為職業音樂家。在加薩？「有何不可？」

那句率真的「有何不可？」，聽來就像是在反駁重重麻煩纏身的加薩是文化沙漠這個心照不宣的認知。這個學校本身同樣是對此的有力反駁。該校是成就卓越的藝術重鎮，五十二個男學生、七十三個女學生於正規學校下課後過來這裡學藝，一星期三次，共兩個學期：一學期攻讀樂器，另一學期攻讀樂理。那天下午，我們聽到從另一個房間傳來二十個左右的年輕學生的歌聲，先是輕柔到幾乎聽不見，然後逐漸拔高，終至升到最高音。該校校長易卜拉欣・納賈爾（Ibrahim Najar），開羅大學音樂系畢業，卡農琴（qunun）琴藝高超，正在鋼琴前引導他的音樂基礎理論班學生擴展音域。

要就讀此校，學生不必先會彈奏一門樂器，但得通過競爭激烈的聽力、節奏測驗。合格者可選擇學一項西方樂器，或者，如許多學生所選的，學烏得琴（oud）或卡農琴之類的阿拉伯樂器。十一歲的阿德南・加爾班（Adnan al-Ghalban）以寥寥數語解釋了他為何棄鋼琴而選卡農琴。「它比鋼琴更能傳達感情」。另一個學生，費拉斯・阿達斯（Feras Adas），咖啡店老闆之子，想成為著名吉他手，樂觀認為在二〇〇八年十二月頭一波轟炸中使該校受損的攻擊不會重演。對於音樂超越敵意的威力，九歲的他有自己的看法。「我認為它不會挨炸」他開心的說，「猶太人喜歡這種東西」。

不管是運氣好，還是判斷力好，費拉斯說對了。這所學校完好無損捱過下一次戰爭。

以色列境外或加薩、西岸之外的人，大概只有少許人會注意到，自鑄鉛行動結束後一直斷續發生且相對較低程度的跨邊界暴力活動在十一月上半期小幅升高。[25]但十一月十四日，以色列無人機發射的一枚飛彈，殺死了卡桑旅指揮官艾哈邁德・賈巴里（Ahmed Jabari），當時賈巴里正開車走在加薩市一條寧靜的住宅區街道上。這個暗殺事件代表「防衛之柱行動」（Operation Pillar of Defense）自此展開。這是自鑄鉛行動以來最大規模的空中轟炸行動，招來加薩境內發射火箭和迫擊炮報復。

暗殺賈巴里的原因莫衷一是。以色列發動攻勢時，為結束過去數週情勢升高而開啟的談判正在進行，不管那是經授權或未經授權的談判。如果談出結果，賈巴里會代表哈瑪斯同意該結果。事實上，格尚．巴斯金這個為了透過換俘救回吉拉德．夏利特而與哈瑪斯的加齊．哈馬德有接觸的以色列反戰運動人士，說在賈巴里遇害的二十四小時前，賈巴里收到和以色列停火協議的草案。該草案是巴斯金和一位與其對話的哈瑪斯成員所寫下，以色列官員正等著檢視它。總之，隔週，激進分子發射了一千五百枚左右的火箭，奪走六條以色列人命。有些火箭，包括射程七十五公里的伊朗 Fajr 火箭，打到比以往更遠的地方，包括打到特拉維夫和耶路撒冷區；另一方面，這是以色列在美國提供資金下研發的鐵穹（Iron Dome）反飛彈系統第一次成功試用，以色列說該系統打掉四百二十一枚從加薩發射的火箭。死傷估計數字不一，但都認為防衛之柱行動的八天裡，巴勒斯坦人共喪命超過一百五十人。

以色列國防部長埃胡德．巴拉克說，這個軍事行動意在確立「嚇阻」和「痛擊」哈瑪斯。以色列無疑也想挫挫哈瑪斯的信心。畢竟，由於埃及新總統，穆斯林兄弟會出身的穆罕默德．莫爾西（Mohammed Morsi），可能成為哈瑪斯的盟友，哈瑪斯這時自信形勢會轉好。《國土報》總編阿魯夫．班（Aluf Benn），對中東外交／安全情勢觀察非常敏銳的以色列人，提了第三個動機。他在此戰爭結束時說，以色列把賈巴里選為攻擊目標，藉此殺掉以國所找來「負責維持以色列在加薩之安全的分包商」，因此，這場軍事行動很可能有國內政治原因（這種情況已不是頭一遭）；它會「以即將卸任的政府在選舉（納坦雅胡排定於二〇一三年一月的選舉）前夕發動的另一場炫耀性軍事行動之名載入史冊」。[26]

防衛之柱行動期間，埃及和華府的歐巴馬政府合作非常密切。莫爾西政府居間促成一次停火。那是哈瑪斯所能指望的條件最好的停火，至少就書面上來說是如此。停火協議載明以色列停止定點清除式的暗殺和對巴勒斯坦人的攻擊，放寬人員移動、貿易方面的限制，開放口岸。協議未明言提到要哈瑪斯停止軍火走私，儘管美國宣布決意阻止哈瑪斯進口武器，大概會在埃及合作下這麼做。哈瑪斯的「勝利」一說有所誇大，卻比鑄鉛行動後的「勝利」論站得住腳；加薩人民慶祝這次停火，哈瑪斯在加薩下滑的民意支持度，大概一時止跌。

以色列封鎖加薩旨在拉下哈瑪斯，乃至削弱哈瑪斯，但至目前為止，毫無所成。但在使加薩其他居民過不上好日子上，成效倒很顯著。套用聯合國難民救濟和工程處處長菲利浦・格蘭迪（Filippo Grandi）的話，此封鎖已「徹底打掉」加薩的經濟。[27]暫時性的地道／營建熱潮未改變年輕人的失業率——年輕人是最容易被武裝派系的募人行動打動的一群人——而且那時年輕人失業率已達四十八・九％。[28]在世界銀行的總結中，「加薩已從潛在的貿易路線被徹底改造為高牆環繞的人道捐助中心」。[29]

第十一章

歡迎來到世上最大的監獄

四面雅致且隱隱帶有裝飾藝術風格的鏡子，以及一面大型浮雕世界地圖，裝飾加薩市舒拉法旅行觀光公司（Shurafa Travel and Tourist Company）辦公室的牆壁。這四面鏡子上有當地某藝術家所作的畫，分別呈現艾菲爾鐵塔、大笨鐘、比薩斜塔、自由女神像。它們讓人揪心的想起加薩最著名旅行社的兩個生意最好的時期：從一九五二年已故的哈希姆・舒拉法（Hashem Shurafa）創立該公司至一九六七年六日戰爭；奧斯陸協議簽訂後讓人不由得懷抱希望的那些年，即從一九九三年至二〇〇〇年第二次巴勒斯坦人起事前這期間。他舉止溫文的兒子納比爾，在加薩是他所謂的「大監獄」的時候，排除萬難經營下去。這即使不是希望對經驗（hope over experience）的勝利，也至少是巴勒斯坦人堅毅精神的勝利。

我們於二〇一〇年七月，即舒拉法走過為期三年多的第一次小衰退後，首次見面。以色列突擊隊於五月下旬襲擊土耳其船隊事件還餘波蕩漾時，埃及每天開放拉法口岸，以免自己被扣上參與封鎖加薩邊界的污名。舒拉法解釋在境內大部分人被禁止旅行的地方經營旅行社的困難時，突然有客戶來電，隨之住口接電話。那是個銀行職員，他少許的客戶之一，預訂了隔天凌晨兩點半開羅－大馬士革線的埃及航空班機。「你要在十一點搭上從拉法開的巴士」他告訴那客戶，「務必告訴（埃及）軍人，你最晚得在凌晨一點前抵達機場。班機從第三航站起飛」。

那時，每天有約一百五十個巴勒斯坦人有幸去埃及，這男子是其中之一。遭罷黜的埃及總統霍斯尼．穆巴拉克，二〇一二年終於被穆斯林兄弟會出身、對哈瑪斯較友善的穆罕默德．莫爾西取代，拉法口岸的情況隨之進一步改善，一個月進、出該口岸的人次各都達到四萬左右，也就是每天一千三百人次。但莫爾西上台才一年就下台一事，帶來的衝擊甚大。二〇一五年，阿卜杜勒．法塔赫．西西（Abdel Fattah el-Sisi）當總統的頭一整年，拉法只開放了三十二天，一個月的平均通過人次降至兩千三百九十六。[1]至二〇一六年夏，由於很難確定飛機乘客能否獲准通過口岸，舒拉法得等來電得知他的客戶已在前去開羅的路上，才確認航班。[2]

要瞭解自二十世紀中期起加薩動蕩歷史對該地居民的移動自由所加諸的強弱不定的衝擊，透過觀察這個一度興旺的家族事業，大概是最好的辦法。一九五〇年代和六〇年代初，波斯灣地區石油產量劇增時，對受過良好訓練的巴勒斯坦籍老師和技師的需求升高。這家旅行社成為加薩境內得到國際航空運輸協會（International Air Transport Authority）認可的唯二商行之一，加薩境內唯一為英國海外航空公司（British Overseas Airways Corporation）服務的銷售代理商。「那時，如果巴勒斯坦人在開羅機場直接買了機票，該航空公司仍把佣金給我們」，舒拉法以不堪回首的心情說。「那時他們保護他們的代理商，如今他們不這麼做。」六日戰爭和以色列占領加薩後，有五年左右的時間，生意慢慢差到幾乎停擺。但他父親還是苦撐下去，即使生意慘淡，仍讓公司保持良好狀況，以便世道好時立即大展身手（這個兒子顯然認為，自哈瑪斯控制加薩後的十年裡，他就以父親的這個決定為榜樣，苦撐過他自己那段慘淡經營的歲月）。一九七二年，以色列撤銷對加薩的全面封鎖後，人們再度能夠旅行。自此，巴勒斯坦人能出國，這次是經埃雷茲口岸取道以色列出國。生意開始好起來。

一九九〇年代初期起，以色列針對巴勒斯坦人進入以色列，漸漸重新施加限制並加嚴限制——首度要他們申請個人許可證——但出國旅行，尤其是企業家和具僑民身分的巴勒斯坦裔專業人士的出國，在奧斯陸協議簽訂和阿拉法特回加薩後變多。舒拉法旅行社因一九九六至一九九七年「銷售表現出色」，獲英國航空公司頒予「前十大」旅行社證書。最振奮人心者是一九九八年加薩的阿拉法特國際機場啟用，當時美國總統柯林頓飛來和阿拉法特一起參加啟用儀式（但該機場營運不久就關閉）。巴勒斯坦航空公司的首航航班，福克80飛機到伊斯坦堡兩小時航程，舒拉法是機上乘客之一。他憶道，「飛機起飛前，有個美國記者問我心情如何，我說，『對你們來說，這或許是個小機場，但對我來說，它比（紐約）JFK機場還大』。」這座機場於二〇〇一年第二次巴勒斯坦人起事和以色列轟炸其跑道後停止營運，但巴勒斯坦自治政府還是為現代化的阿拉伯式航站大廈配屬了工作人員，又五年後才撤走。於是，這座航廈早早就淪為鬼城，成了美好時代的遺物。整個第二次巴勒斯坦人起事期間，航站人員甚至會為好奇的訪客打開背景音樂和指示牌，以宣告往卡薩布蘭加或開羅的航班。[3]但這座航廈於二〇〇六年夏利特遭擄後被以軍轟炸，然後前來拾荒的巴勒斯坦人了結此航廈的一生，自此它幾乎就只剩一堆瓦礫。

第二次巴勒斯坦人起事招來更多的封鎖，但舒拉法家族事業有停業之虞，係在哈瑪斯於二〇〇七年六月強行完全控制加薩和接下來幾乎徹底關閉拉法、埃雷茲這兩大邊境口岸之後。舒拉法旅行社終究撐了下來，至二〇一六年他仍堅守其先前惕勵自己的座右銘：「如果我只著眼於經濟，我老早就關門停業了。這是我的國家，這是家族事業，這幫我們抵抗了封鎖。」

二〇一六年那個夏天，得在某個難得開放拉法口岸的日子去拉法，才能看到被壓抑的加薩出境需求，看出邊境的偶爾開放遠不足以滿足該需求。有個炎熱的六月下午，埃及人為了在齋戒月前表達「善意」，已開放該口岸四天，數十戶人家擠進拉法口岸大門外的主過境建築裡，小孩子被塞在一堆堆的重行李箱之間，希望聽到前往巴勒斯坦邊境檢查站的巴士已可上車的廣播，就此踏上出境的關鍵第一階段。

那天下午那些等待的人，大多在天亮時或天亮前就抵達，儘管他們並不在那天獲准出境的名單上。鑑於已有數萬人登記申請離開加薩——這一天只是一月以來第七個開放邊境的日子——而且只有幾百人有望獲准通過口岸，他們機會甚小。但他們決定一直等到下午四點左右關門時，在這期間，除了加薩境內每有人群聚集、就會趕去那裡做生意的乾果、羽扇豆販子，以及偶爾穿過喧鬧聲叫被點名的個人進入到櫃台報到的廣播，幾乎沒有事物能轉移他們的注意力。

理論上，獲准通過口岸者，名字會列在哈瑪斯當局從三萬名登記申請者中遴選擬出的名單上，而且只有就醫的病人、學生、有外國居住證的人能得到出境許可。實際上則遠非這麼回事。前一天，六輛巴士，每輛載著八十至九十名乘客，在埃及邊境檢查站被趕了回去，車上乘客獲保證「明天」他們會獲准出境。但真的通過口岸的三百三十九個乘客中，有一百四十九人屬於名叫「埃及協調」（Egyptian coordination）的一類人——意即，用人權機構吉沙的客氣話說，他們「來自與巴勒斯坦口岸局的優先出境人不符的一份名單」。[4]換句話說，他們若非有埃及官員的人脈（wasta），就是有錢可賄賂他們。誰能通關，埃及入境事務官員說了算。

穆罕默德．薩拉赫，四十三歲，擁有埃及護照的巴勒斯坦人，已在汗尤尼斯體育場——想要離開者在那裡接受第一步處理——獲哈瑪斯當局告知，他會通過，但他的四十一歲妻子薇薩姆和六個孩子不會通過。但這趟出境的重點，在於全家人去看薇薩姆的父親最後一面，她父親在開羅就要離開人世。「他的小孩裡，就我一個不在那裡」她說，「我已五年沒見他」。他們凌晨三點四十五分就來到體育場，然後，儘管獲告知會白跑，他們還是在早上九點搭計程車前往拉法，計程車在檢查站停下後，他們帶著所有行李走一哩路到口岸。薇薩姆無國籍——她沒有護照——已很久，而這樣的身分要追溯到一九六七年前的加薩歷史。從一九四八年至六日戰爭一直控制西岸的約旦，向巴勒斯坦人發放約旦護照，但埃及只給加薩居民「埃及旅行文件」。薇薩姆於二〇〇八年就開始申請巴勒斯坦身分證，那是申請巴勒斯坦當局護照的第一步，但因為戰爭，此過程打住。穆罕默德說，「雙方都說那是對方的問題」。這時，情況看來薇薩姆的父親將無緣再見到他女兒和在加薩的孫子。曾在加薩擔任巴勒斯坦自治政府主席警衛的穆罕默德考慮過行賄？「不要」他說，語氣堅決。「那會傷害到別人的權利。」

並非每個人都如此正直。有個二十六歲的研究生，坐在入境大廳的一排椅子上，地板上空的食物包裝袋和塑膠水瓶丟得到處都是，為了讓埃及官員把他放進他們的入境名單，他已拿兩千美元給一名掮客，由掮客向他們行賄。此做法不合法但常有。這個研究生已等了一年半，一直無法去斯里蘭卡的可倫坡攻讀其法律碩士學位。「問題在於每當我有去斯里蘭卡的簽證，這個口岸就關了」他說，「這是第一次我有有效的簽證時拉法也開放。這個簽證三十天後就到期。」他順利過關，才會付出這筆錢，屆時掮客會從中拿到佣金。

拉法成為令加薩人極忐忑不安的地方，因為要經由以色列出去極難。在加薩，只有少數人擁有以色列許可證。這類人先要去名叫4／4的哈瑪斯檢查站報到。這個檢查站曾只是個貨櫃，這時則是工作人員齊備的邊境檢查站，哈瑪斯自己的情報機關（mukhabarat）和內政部各在站裡設了辦公室。有兩張鮮明的大海報，他們絕對會注意到，海報的用意在讓他們對後面可能會碰到以色列人的問話心裡有底：「小心，別中了猶太人情報機關的圈套。如果你要為了就醫而跨過邊界，他們會說你幫他們，他們就會幫你。但要相信真主會照顧你，給你健康，以色列人不會。」

第二幅海報俯視護照／身分證報到櫃台，生動呈現一個極焦慮的巴勒斯坦人，一手拿著貼近耳朵的電話，另一隻手用手指頭揉眼睛，好似遺憾於他已做的事，有文字寫道：「勿輕易接納別人的好意！謹防失去你最重要的東西：你的生計、真主對你的對待、你的國家的榮譽。你的家人的未來和未來的名聲，比和占領者合作重要。」

如果出境手續過關，他們搭哈瑪斯所認可的計程車到一公里外的5／5（hamsa-hamsa），即由位在拉馬拉的巴勒斯坦自治政府的職員經營且更早許久就設立的邊境檢查站（因為只有該自治政府能用電話和以色列對口單位協調）。接著，他們循著一條封閉的籠狀走道，再走一公里路到邊界——如果有病在身或運氣好，搭機動三輪車（tuk-tuk）*或土耳其政府提供的高爾夫球車過去。邊界右邊是拜特哈農鎮，左邊是荒地，荒地之荒涼猶如畫家保羅·納什（Paul Nash）筆下的戰爭畫，大地上只剩一度繁忙的老埃雷茲工業區廢墟。以色列的裝甲推土機已將該工業區夷平，以阻止該地成為向以色列發射火箭的場所，那之後有幾年時間，牽著驢車過來的巴勒斯坦人，在此翻找廢金屬和砂礫，同時留意是否有鳥飛出瞭望塔。瞭望塔位在九公尺高的混凝土隔離牆上，這時旅人往前看就可看到。鳥飛出就表明肯定有一個軍人上了瞭望塔，拾荒者靠太近，軍人就會開槍。這時，這裡已沒什麼值錢東西可撿。

最後，在閉路電視攝影機監控下，這些旅人來到自動啟閉的鋼門，然後來到得把行李用擠的才能通過的驗票閘門，自此表示他們來到占地三十七萬五千平方英尺、狀似飛機棚的以色列埃雷茲邊境檢查站。以色列於二〇〇五年建成該設施，耗資六千萬美元左右，就在以色列撤離加薩時。它猶如在彰顯一個不可企及的未來，具有國際邊境口岸所應具備的一應特點，理論上一天能處理四萬五千名旅客，而非這時每天所獲准通過的遠少於那的旅客。獲准通過者，與以色列邊檢人員的接觸被降到最低，這些邊檢人員從二樓某個觀察點隔著防彈玻璃盯著站內，偶爾透過擴音器高聲發出指示。自動啟閉鋼門和將行李送過X光設備的遙控輸送帶，能處理的數量遠超過實際所需處理的。電動高科技旋轉式身體掃瞄機亦然。通過最後的閘門，等著查驗身分證／護照（有時要等上四小時）時，旅客可能會被帶去給辛貝特問話，也可能不會。

至二〇一七年春，經由埃雷茲出境的人次已掉到三年來最低。卡桑旅指揮官馬仁・富卡（Mazen Fukha）於三月下旬遭槍殺後，哈瑪斯的確阻止所有人離開加薩達十天——並在那之後繼續禁止巴勒斯坦人去埃雷茲接受特別的「安全訪談」。以色列愈來愈要求想要取得以色列入境許可者，第一步要接受此訪談。加薩人，誠如他們自己所說的，「被夾在兩個祕密警察之間」。但這只使以色列所強推的有減無增的趨勢減幅更大。第二次巴勒斯坦人起事之前，每個月有五十萬人次通過埃雷茲；二〇一七年二月只剩七千三百零一人次。二〇一六年，以色列當局解釋說，「哈瑪斯一再試圖利用旅客，包括就醫病人，在以色列和西岸打造其恐怖活動基礎。以色列除了

---

*二〇一〇年春季起經由地道從埃及被大量帶進加薩的交通工具。

阻止可能傷害國家安全和危及其公民安全的巴勒斯坦人進入以色列，別無選擇。」[5]

以色列的這番說詞很難駁斥，畢竟作為占領者，以色列自然會想要用檢查站來阻止被認為可能搞攻擊者進入其國內。但這個解釋無法充分說明為何許可證發放量少這麼多。事實上，以色列自己的官員老早就提出一個涵蓋面更廣的理由：例如，艾坦・丹格特（Eitan Dangot），當時以軍的以色列占領區官方活動協調官（COGAT），在二〇一二年的一場政府會議中說，吉拉德・夏利特被擄後推出的不准來自加薩的家人探視關在以色列監獄裡的親人的禁令，係政府為把加薩和西岸「分開」，以向哈瑪斯施壓並支持巴勒斯坦自治政府而推出的政策的一環。[6]那時，夏利特已獲釋，丹格特係為回應其他以色列官員的以下論點而作此發言：廢除此禁令，被囚的巴勒斯坦人絕食抗議的問題就會跟著解決。

安全是顯而易見的考量因素，但只是考量因素之一。事實上，可能被拒發許可證者，包括以色列軍事行動的受害者[7]——以及自家工廠已被毀的企業家[8]——拒發的理由則是他們可能會想要向以色列人報仇。加薩學生畢拉爾・阿布・達海爾（Bilal Abu Daher），鑄鉛行動期間受重傷而變殘廢，但申請出境許可時未交待此事，惟恐因此被打回票。[9]那時，來自離以色列邊界最近的加薩中部村子祖爾迪克的少年阿布・達海爾，在自家房子遭坦克炮彈直接擊中時，從四樓跌落，頭部因此受重傷，使他沒拐杖就無法走路，平衡感和說話能力嚴重受損，而且身體不住顫抖，他沒人幫助就無法寫字，沒有吸管就喝不了飲料。二〇一五年十二月，他被轉去東耶路撒冷的馬卡塞德（Makassed）醫院，接受在加薩所無緣取得的進一步康復治療，順利獲准經由埃雷茲出境。這家耶路撒冷醫院的德籍志工醫生檢查了他，排定二〇一六年三月十四日動神經外科手術。然後，他開始麻煩上身。

他說，他為了出境動手術而再度來到埃雷茲時，有個女軍官告訴他去不了耶路撒冷，因為「目前情勢不是很好」。他說他和她爭辯，她說「回加薩，要哈瑪斯治你。你的親人是哈瑪斯成員，你是恐怖分子」。他又申請去馬卡塞德醫院兩次，兩次都被巴勒斯坦自治政府民事部的加薩辦事處發出的制式簡訊打回票（以色列拒絕和哈瑪斯官員打交道）。「親愛的市民，你的請求結果。畢拉爾．阿布．達海爾：你的請求駁回。」

畢拉爾拿著席法醫院的轉診單——「自二〇〇九年起高處墜落所致的嚴重頭傷。右腦幹挫傷導致左下身重癱甚於右下身。說話等能力困難」——再次申請許可，結果獲告知這次他需要接受以色列人「安全訪談」。他相當例行的訪談內容，說明了想要離開加薩的巴勒斯坦平民何等深陷入以色列、哈瑪斯兩者所發動的神經戰中。以色列情報人員命令受訪談者交出手機，以便查看裡面的聯絡人和任何可能含有的資訊，因此哈瑪斯的保安人員常要他們交出手機，查看後再歸還——以色列情報機關當然對此做法瞭若指掌。

阿布．達海爾說他在4／4被自稱阿布．賈拉爾的一個哈瑪斯人員「問話」，對方要他交出手機，警告他，以色列人問他話時，只交待基本資訊。辛貝特的人當然「問我要手機，我說『我沒手機』。他說『你開始說謊』，我說我的意思是我沒帶手機在身上。手機在哈瑪斯的保安人員那裡」。訊問阿布．達海爾的以色列人是否真的懷疑他和武裝派系有關連，很難說。阿布．達海爾說以色列人接著要他說出「你所知道為換取吉拉德．夏利特而釋放的囚犯」的名字。「我說，『我只知道一個人』。」對方問他有幾個兄弟。「五個姊妹，兩個兄弟。」「女的不談，來談談兄弟，恐怖分子。他們屬於哪個派系？」「他們全都不屬那些派系。」

他獲准回到巴勒斯坦人這邊時，他的苦頭還沒結束。有個哈瑪斯的境內保安人員盤問他向以色列人交待了什麼。阿布．達海爾「把訪談時被問到的問題全告訴他。但這個來自（哈瑪斯）祕密警察機關的人發火，說他認為我在說謊。」最後阿布．達海爾獲准返家；二〇一七年中期時，他仍未獲准出境。

在許多例子裡，難以推測出於什麼「安全」考量。[10]哈瑪斯打贏選舉後，以色列試圖不讓加薩的巴勒斯坦人進入西岸。尼絲琳．吉洛（Nisrin Jilo）是單親媽，育有四歲、十二歲兩個小孩，從加薩搬到西岸的蓋勒吉利耶（Qalqilya）市和父母同住後，在那裡過著幸福日子。但二〇〇七年，即搬來十二年後，在某個檢查站遭一名以色列軍人檢查了他們的加薩身分證後，她和她的媽媽、妹妹遭迅即遣送出境，人生瞬即風雲變色。她自己的小孩和弟弟妹妹留在西岸，與吉洛大家族同住。兩年後，她極想念她的孩子，但只負擔得起一週兩次打電話給他們。在這兩年期間，她在加薩投靠過一個又一個親戚家。「他們只靠電話認識我」，尼絲琳說，「他們認不得我的臉，只認得我的聲音」。她四十五歲媽媽考卡卜同樣愁苦，講起她十一歲女兒，尼絲琳的妹妹莎卜琳，先前學業成績進步很多，如今年底考試不及格，邊講邊哭。「她告訴我『別生氣。我沒考好。我時時想起妳。妳回來時，我會及格。』」

但限制人員移動，還出於一個動機——招募可能當線民者。薩米爾．阿布．尤塞夫（Samir Abu Yusef）一九九四年離開加薩。在耶律哥的一個工業訓練中心待了三年後，他定居於蓋勒吉利耶，在那裡娶了當地女人考泰爾，有四個小孩，成家立業，靠接木工活為生。結束在以色列境內的工作回家途中，邊境警察要他出示身分證。幾個小時後他身在軍用吉普車，吉普車高速駛過埃雷茲口岸，進入加薩。他說，在口岸，有個辛貝特幹員告訴他，如果他和以色列保安部隊合作，他就能和家人團聚。「他說，『我沒想要重要情報，只想要誰偷東西之類的消息』。但我知道這只是開始而已。我拒絕了。」兩年後他仍見不到家人。

埃雷茲口岸依舊是招募（或脅迫）巴勒斯坦人為以色列幹監視激進派系動靜這種危險工作的理想地方。二十八歲記者巴薩姆．瓦希迪（Bassam al-Wahidi）的遭遇就是典型例子。他在一份經過宣誓的書面陳述裡，描述他於二〇〇七年八月下旬被問了六個多小時的話，因此錯過他在東耶路撒冷聖約翰醫院已約好的右眼視網膜受損修復手術（在加薩做不了的手術）。來到以色列這邊後，他被帶去訊問室。在那裡，有個操著標準阿拉伯語的男子自稱摩西，告訴瓦希迪，如果他幫摩西一個「忙」，摩西會告訴「以色列國防部的大領導，瓦希迪『是個好人』，應該幫他。」

摩西請瓦希迪幫的「忙」，係要他利用其記者工作之便，查明誰發射火箭、在哪裡發射，要他參加派系的軍事組織的記者會。他會收到一個以色列手機晶片供打電話。如果他在十天裡證明自己的本事，他會獲准在「沒有許可證的情況下」通過埃雷茲，去特拉維夫市世界知名的伊奇洛夫醫院接受治療。摩西也暗示瓦希迪會得到金錢等方面的幫助。瓦希迪說他不願配合，說他會去找人權組織、紅十字會、新聞媒體。他說摩西笑道「你所說的東西，不存在於以色列國防軍的字典裡」。瓦希迪說，他要摩西逮捕他，或允許他出境就醫時，摩西回道「我會把你送回加薩，讓你因為愚蠢而瞎著度過餘生」。瓦希迪果然被送回加薩，右眼後來看不見。他能經由拉法出境到埃及某醫院就醫時，醫生告訴他已太遲，右眼救不回來。

九年多後，身為法塔赫行動主義者的瓦希迪解釋說，由於他因此使用左眼過度和剛萌發的視網膜問題，這時他左眼視力只剩六成。此外，由於使用可體松（cortisone）治眼睛，他已開始出現嚴重的肌肉痛、骨頭痛——醫生診斷大概患了骨質疏鬆症。怪的是，晚近幾年他因為工作關係，要以巴勒斯坦自治政府主席在加薩的社會發展團隊一員的身分去拉馬拉，為此申請許可證都很順利——八個月裡八次過關。然後，突然，又拿不到許可證，就在他最需要許可證時。因為骨頭出問題，他被轉到西岸納布盧斯（Nablus）的納賈赫大學醫院。醫院排定他二〇一七年一月、三月、四月三次來就診，結果他每次申請出境就診都被打回票，一如以往沒給拒絕理由。瓦希迪這時已婚，有兩個小孩，說回顧過去，他不後悔做出拒絕摩西的「艱難決定」。他清楚自己的病情未嚴重到非治不可，說其他人——例如自家孩子生病的家長——要做出這樣的決定，可能會難上許多。

害怕和以色列情報機關槓上的心態，加劇了幾乎每個想要經由埃雷茲離開加薩的巴勒斯坦人的緊張之感。瑪莉亞姆．道瓦斯（Mariam Dawwas）這個意志堅強的現代語研究生，受邀去紐約參加「和平種籽」（Seeds of Peace）計畫時，她不得不去埃雷茲接受安全訪談，以拿到耶路撒冷美國領事館發出的美國簽證。該計畫包含二〇一三年一月年輕巴勒斯坦人、以色列人對話。她恐怕是最不容易讓以色列起疑的加薩人；但她去到埃雷茲的以色列那一側時，有個軍人堅持要她脫到剩下內衣褲，拿金屬探測器掃過她全身，「包括私處」。[11]她經由地下通道被帶出口岸區，通道裡飾有包括阿拉法特、艾哈邁德．亞辛在內的巴勒斯坦人領袖肖像，肖像上畫了大大的X字，並有用阿拉伯語、英語呈現的辱罵字眼，例如sharmuta（妓女）和Fuck you。然後她被留在一間暗室裡半小時，她認為那是心理恐嚇的表現。她拿著一張上有身分證號碼的卡，像犯人般拍了照，然後被帶到另一間房間問話。

瑪莉亞姆很擔心被問她話的辛貝特人員要求替以色列做事，「我如果拒絕，我擔心他們會逼我就範」。她或許杞人憂天，但這憂心並非沒道理。她被問話時，未碰上瓦希迪或阿布．達海爾被問話時那種威脅的語氣；反倒，那問話透露了辛貝特碰到這類申請者時採取的「軟之又軟」的做法。問她話的情報機關人員從頭到尾很客氣，好意問她要不要咖啡和食物（瑪莉亞姆回絕），告訴她她「沒做錯什麼事」，沒有不利於「她」的證據。他問起她所在地的清真寺，問她是否認識哈瑪斯、法塔赫的人，她是否和她正就讀的艾資哈爾大學裡的伊斯蘭學生會有往來。對於這些提問，她回以她未參與政治。這個辛貝特人員暗示他能助她到國外攻讀文學碩士，她回來後能在「國際組織」工作，同時和以色列合作。瑪莉亞姆拒絕，告訴他，「你知道我走這一遭是為了什麼，只為去耶路撒冷。不可能繼續這樣下去。會出問題。」

她被迫又枯等兩小時，因此，要趕在美國領事館關門前去到那裡已來不及。拿許多問話為基準來衡量，瑪莉亞姆的遭遇算是最輕微的。一獲准出境，她就輕鬆拿到美國簽證。她當時未妥協，但仍把那一天視為「我這輩子最糟的一天」，並選擇經由拉法出境去美國，而不願冒著再遭那種問話的風險經埃雷茲出境。那時，由於莫爾西仍掌權，拉法出境較容易。

她瞭解加薩的歷史，指出在六日戰爭後那幾年，她遠還未出生時，情況不同於現在。摩西・戴揚曾說「有件事真的重要。他告訴以色列人民，勿讓巴勒斯坦人覺得自己是被占領者。他說，開放邊界，讓他們工作，讓他們賺錢，沒事的，但別讓他們覺得自己是被占領者。如今的情況，你們也知道，與這正相反；對那情況的痛恨在滋長。你們也知道，只要這裡仍遭隔開，邊界仍然關閉，只要你們繼續在加薩殺巴勒斯坦人，使他們日子過不下去，那就不會有人願意接納以色列人或猶太人。」

瑪莉亞姆說得很對，嚴格管制巴勒斯坦人出入加薩，意味著情況根本和戴揚所謂的「無形占領」南轅北轍，尤其切斷了加薩居民和以色列人之間曾有的許多聯繫（更別提不顧奧斯陸協議重新確認西岸和加薩同屬一個實體，切斷了加薩居民和西岸巴勒斯坦人之間的聯繫）。

自那之後加諸在以色列或西岸攻讀博碩士學位（更別提學士學位）的學生的禁令，使加薩人更加傾向於出國留學（加諸西岸的這道禁令，導致四所以色列頂尖大學向以色列政府聯合抗議）。哈瑪斯控制加薩後，出國留學也變得更困難許多。一等可能會等很久，甚至不知要等到什麼時候，連已拿到簽證的學生都無法倖免，已拿到留學國之獎學生的學生也往往無法倖免。攻讀環境學碩士學位的韋薩姆・阿布吉瓦（Wissam Abujwa），二〇〇〇年已取得赴以色列的阿拉瓦大學讀文科碩士的資格，但隨著九月時爆發第二次巴勒斯坦人起事，無法前去就讀。八年後，他終於拿到以色列的許可證，改去就讀英國諾丁漢大學的世界級學院，化學和環境工程學院，而這全因為該校學生帶頭發起一個大受矚目的英國運動才得以成真。他在埃雷茲終於拿到許可證時露出的笑容，就和他說明那一刻的意義時那種莊重、近乎正式的姿態一樣讓人印象深刻。「我很高興英國政府和金先生（當時的外交部中東事務政務次長金・豪爾茲）出手幫忙，很高興以色列人對那作出回應」，他說。他也感謝中東特使東尼・布萊爾；吉沙；諾丁漢大學副校長；高調報導他的事情的《獨立報》。但他也說，「那裡或許有七百個仍在等的學生，沒有英國政府為他們出力，未得到像我那樣的幫助。」以色列嚴厲封鎖的反效果之一，乃是此舉投了哈瑪斯之中的某些人所好；此舉為企業家焦達特・霍達里所謂的「精神圍城」推波助瀾，從而使年輕人所能接觸到的可能促使他們質疑哈瑪斯之社會立場、政治立場的那種外來的世俗性影響始終微乎其微。

年輕人本身則始終覺得被壓迫得喘不過氣。二〇一六年以色列為一個得到大肆宣揚的行動大開方便之門時，加薩就是這樣的氛圍。該行動係為從破產的汗尤尼斯動物園救出一頭疾病纏身的獅子和其他動物，一時之間社交媒體上冒出許多對這頭「幸運獅」的看法。更早幾個月時，神父馬里奧·達·席爾瓦（Mario da Silva），為加薩境內人數甚少的拉丁裔（羅馬天主教徒）巴勒斯坦人服務的巴西籍堂區神父，已為加薩人最常用在加薩身上的隱喻注入新的靈性。他站在聖家族教堂的布道壇上歡迎從英國等地來訪的主教代表團，說教宗方濟各已指定二〇一六年為「慈悲禧年」。神父馬里奧說探監是教會的七個「身體上的慈悲善工」，還說「我感謝你們探訪世上最大的監獄」。

一如在真正的監獄裡，有些囚徒決定越獄。不足為奇的，二〇一六年的一項調查發現，四成六的加薩人想要永遠離開加薩，相對的，在西岸，不到四分之一的人有此念頭。[12]二〇一四年九月，有艘超載了難民的漁船，在馬爾它島附近海域遭更大的船撞上，五百名鋌而走險的難民因此命喪大海，而其中的加薩人多得叫人意外——或許多達兩百人。他們經由拉法下方的地道被偷偷帶出境，從埃及的達米埃塔（Damietta）踏上這趟往義大利的奪命航程。[13]然後，有翻牆者。二〇一五年翻牆人數達到歷史新高，以色列保安人員逮捕了兩百四十九名已翻過或穿過嚴密巡邏的邊牆進入以色列，相對的，前一年翻牆者只有十九人。阿列克斯·費希曼，以色列《新消息報》

的軍事分析家，寫道「二〇一五年抓到的滲透者，大多是為了來找工作，人會只為了謀生而冒生命危險。」[14]

法里斯・薩納阿（Faris Sanaa）兩度（二〇一二年四月、八月）於凌晨四點左右，和三個友人翻過他位於布雷吉難民營的住家附近的圍牆。他說，第一次，「我們開始跑，不知道該往哪個方向」。早上約七點，他們來到看來像是陸軍基地的地方附近。受盤問後，他們被以色列士兵送回埃雷茲。第二次，這群人至少先查了 Google Earth，弄清楚地理情況，但還是在離圍牆數公尺處被吉普車上的軍人發現。這一次他們遭問話後被送到別是巴的監獄。薩納阿受審，被判刑十一個月。蹲監牢不是好事，但整個來講吃得好，而且在工廠工作，把清潔用毛巾、被單、拖把裝箱，一個月賺兩百至三百塊謝克爾。他把這筆收入花在福利社的香菸和食物上。巴勒斯坦自治政府也付給被關在以色列監獄的巴勒斯坦人的家屬一個月四百塊謝克爾。他覺得，比起在加薩，在監獄裡過得「比較好」——「在那裡什麼都不缺」。

在另一場逃出加薩的事件中，是否有類似動機起了什麼作用，大概永遠無法弄清楚。這次脫逃在二〇一五年底於加薩一時之間大為轟動。哈桑一家人，一如其他數萬個巴勒斯坦人，抱著愈來愈驚駭的心情，看著哈瑪斯所經營的阿克薩電視台上，埃及軍人於二〇一五年十二月二十四日傍晚，將一名無武裝的巴勒斯坦人射殺於拉法的海上的畫面。[15]這段畫面呈現一個裸身的男子，先是意志堅決的往南走，只往陸地瞥了一眼，走過洶湧海浪，進入埃及海域，然後槍聲開始響起時，他一頭潛入及膝深的淺水區，在水裡掙扎，接著被浪拍打，看去已沒了命。在這整段約一分鐘的影片中，能看到至少二十八顆子彈激起的白色小水花。畫面中一名留著鬍子、身穿帶兜帽厚夾克的哈瑪斯邊境警察在海灘上，向著似乎正從緊挨邊界的混凝土瞭望塔上開火的埃及士兵用手勢示意。這個哈瑪斯男子一度在其頭部一側一再轉動雙手，以表示他所認為這個受害者行事的瘋狂。另一小段畫面中，三名埃及軍人把屍體抬上海灘，動作粗魯隨便，受害者的赤身裸體在在提醒觀者，他毫無威脅性。

哈利勒・哈桑和阿姆娜・哈桑夫婦所未想到的是，他們在電視上看到的這個男子是他們的二十八歲兒子伊夏克。他上完英語課後未如平常回家，未接手機，但他的家人以為他在參加本地某人的婚禮或和朋友或另一個手足在一塊。直到凌晨他還未返家，他們打電話給警察和醫院，才發現這個震驚的真相。[16]

當時那個努力向不惜開槍的埃及人示意的哈瑪斯警察畢拉爾・阿馬爾解釋說，伊夏克原本和一群人一同看著幾百公尺外的另一處海岸上一隊埃及人要照總統西西的命令，替水槽注滿水，以便灌進被人拿來走私用的地道。就在那時，伊夏克脫掉襯衫，走進海裡；接著，入水之後，他脫掉長褲和內褲。

伊夏克失業，但常在他某個兄弟所經營的小店裡幫忙幹活。二〇〇七年有天夜裡，他走路回家時遇上交火負傷，就在法塔赫–哈瑪斯的暴力活動來到最血腥之時。這個傷害使他因此常感疼痛。他母親說「他很抑鬱，但我認為未抑鬱到他會做出那種事的程度」。

死前那個晚上，伊夏克待在拉法，都和他所深愛的已婚三十四歲姊姊娜迪婭・哈提拉、她的小孩在一塊。隔天早上，她以為他會回加薩市。他吻別了外甥，告訴他們他下次會帶些甜食過來。

這是個非常加薩的悲劇。在這段荒涼的海灘上，此事發生處，地中海的東南隅，能看到以色列人撤離之前許久所立的已棄用、生鏽的鐵絲網延伸到海上；伊夏克輕鬆穿過鐵絲網，進入埃及水域。阿馬爾說他喊著要伊夏克回來，但他不理。然後，幾秒鐘後，槍聲響起，如果阿馬爾想要硬將伊夏克拖離水中，阿馬爾大概也會中彈。[17]這個警察描述此事的經過時，咧嘴而笑、露出好奇神情的埃及軍人，從瞭望塔上隔著旋轉槍架盯著我們。當初打死伊夏克的子彈，就從那個瞭望塔射出。

不管伊夏克這麼做出於什麼不為人知的原因，有件事是任何事都掩蓋不了的，那就是埃及軍一再對手無寸鐵的巴勒斯坦人開槍的殘忍，以及事後看來未因此受到懲罰。他們本可以逮捕他，而非槍殺他，更別提像對他那樣開了那麼多槍。這件事清楚點出埃及能和以色列一樣無情的封鎖加薩。對許多驚駭的巴勒斯坦人來說，他的死一時成為一代人渴望自由但受挫之心理的象徵。有重兵巡邏且立了圍牆的加薩邊界，使這代人和世界其他地方斷了往來。

第十二章
不要一起死

十一歲穆罕默德．里菲（Mohammed al-Rifi）的個性——固執、愛吵鬧、調皮——可能會助他捱過他一輩子擺脫不了的磨難。他側躺在瓦法醫院裡，頸子以下癱瘓——照醫生的看法永遠癱瘓——倚賴呼吸器呼吸。將近兩年前，以色列的護刃行動（Operation Protective Edge）期間，一次飛彈攻擊打斷他的脊椎，打死他的爸爸、他的雙胞胎兄弟歐瑪爾、四個堂兄弟姊妹。

超乎尋常的，穆罕默德的聰明和個性，在他的世界瞬間被打翻後，一點未變。二〇一四年十一月他被轉送到瓦法醫院，加薩唯一的復健醫院，那時，照正式的臨診報告，他的「顱能力正常，沒有顱神經感染跡象；吞嚥能力幾乎正常，正接受定期的規定飲食。他靠口說（說話費力、回應簡短，一次頂多兩個詞）和臉部、頭部動作傳達意思」。二〇一六年時，他說話仍不易，但那未影響他聊天的意願。他說他最愛聊的題目是數學，但抱怨他的英語老師一星期只來一次。「我想多學點英語。我懂得和醫院有關的詞，例如高壓氧和血氧儀。」[1]他說他希望以後當醫生，很喜歡最近一次和其他病人一起到海灘。被問到那可怕的一天他還記得什麼，他平鋪直敘說「我不記得那之前或之後的事。我姑姑兩個月後才告訴我，我爸爸和兄弟已遇害。我們有九人，七個人死掉。」姑姑告訴他真相時，他作何反應？「我哭了」。

他的伯父塔雷克記得較清楚。護刃行動結束前不到一個星期，里菲家族九個成員搭機動三輪車到車程四分鐘的一塊地以替果樹澆水。那是他們在加薩市納法克區（al-Nafaq）的地，面積一百五十平方公尺。那個區很安靜，和前一天停火期間沒有兩樣，此行三兄弟裡的兩人，三十七歲的納塞爾和四十一歲的塔雷克，帶著各自的兒子同去。到了那裡，小孩在一棵無花果樹的樹蔭裡吃水果。塔雷克記得聽到空中傳來一架無人機的聲音；然後兩枚飛彈打中。「爆炸後，一切似乎變得非常安靜……沒人知道我們在那裡。」他想要拿手機求救，「我想爬，但很吃力。我看到我的兄弟受重傷，小孩也是。我以為我會死。我根本死了心，開始念清真言。*我不知道在那裡待了多久。我想著死，然後有人在找（當地居民聽到爆炸聲，來到現場）。我試圖把清真言說得更大聲，好讓他們聽到」。[2]

塔里克的傷包括肝和腸受損、左手肘嚴重骨裂、聽力和視力永遠受損。但他在席法醫院病床上開始慢慢康復時所漸漸聽到的消息，則嚴重許多。他的兩個兒子，三歲的艾哈邁德和七歲

＊穆斯林對其信念的最重要宣告：「萬物非主，唯有真主，穆罕默德是真主的使者」。許多穆斯林相信垂死之人念了清真言會進天堂。

的馬拉姆，當場就遇害，還有他的兩個弟弟納塞爾（穆罕默德的爸爸）和穆罕默德（穆罕默德的叔叔）。然後，這場戰爭結束時，他尚存的兩個兒子，六歲的阿卜杜拉和十歲的齊亞德傷重不治，他的女兒狄娜，那時一歲大，成了他唯一倖存的孩子。

兩年後，他仍在努力弄清楚那天發生的事。「我搞不清楚。後來我聽說在那塊地附近，有個人們發射火箭的地方。此戰爭期間，我們一直來來去去那裡，什麼事都沒發生。當時我如果以為那裡不安全，我們就不會帶孩子去。」這也稱不上不尋常；沒有哪個平民會腦袋壞掉太靠近邊界或去到火箭發射地附近，但在此戰爭期間人們的確在此城裡四處走動。此外，根據巴勒斯坦人權中心的說法，事前獲以色列人警告離家的其他區的居民，獲告知納法克區安全。塔雷克還說，「我們是穆斯林，有信仰，信真主，相信人生下時一切都已注定。這是來自真主的考驗，我們不能爭辯，只能接受。我們能有所作為，但注定的事就是會發生。我失去四個孩子。我不能質問真主『你為何要這麼做？』他做什麼都有其理由。」

穆罕默德的媽媽海芭——這時喪夫帶著四個年幼小孩——在那個要命的早上，從她家公寓聽到爆炸聲，但覺得那沒什麼，「因為我們和法塔赫或哈瑪斯或任何派系都沒有關係」。當時，她的姑子拉格妲正在洗碗盤，有個朋友來電。「她知道發生什麼事，但不知道怎麼講。」這個友人若無其事的問拉格妲的兄弟過得如何。「我說『他們在我們的地裡』，然後她說，『妳確定他們沒事？』接著，幾分鐘後，這個友人又打電話來，說『妳確定妳的兄弟沒事？』」拉格妲這下理解到「她有事情不想告訴我」。於是她跑去那塊地，發現她的兄弟和外甥已被打中。

這場戰爭開打四十六天以來，這樣的交談已發生數百次，交談一方拿不定主意該如何告訴其友人、鄰居、親戚已失去親人或至交。里菲家族多人死亡之事未引來多少報導；此前這類遇害事件已發生數十起，其中許多起死傷人數更多許多。各方估計數字差異不大，但這場五十一天的戰爭期間至少兩千兩百零二個巴勒斯坦人喪命，而據人權組織卜采萊姆的說法，其中一千三百九十一人是非戰鬥人員。[3]聯合國說三百五十多個小孩永遠失能，穆罕默德只是其中一人。身體受傷者是那十倍之多，心理受創傷者則多到無法估算。

因為哈瑪斯改善了備戰和其他原因，以色列軍人的死亡人數遠高於鑄鉛行動時：六十六人。還有五個以色列平民喪命。這次的軍事行動，以色列國防軍發動六千多次空中打擊，發射超過一萬四千五百發的坦克炮彈、一萬九千枚火炮炮彈，導致八千戶民宅和七十二個醫療設施，以及主供水管和電線，全毀或局部毀，許多救護車受損。戰事最烈時，五十萬人不得不逃離家，其中許多人避難於聯合國所設的學校，[4]因為根本逃不走；此戰爭結束兩年後，五萬三千人無法返家。[5]據加薩著名經濟學家歐瑪爾．夏班（Omar Shaban）研判，經濟衝擊比鑄鉛行動的衝擊高了兩倍，包括至少三百五十家工廠被毀。[6]一如在鑄鉛行動時所見，這個軍事行動由二〇一四年七月八日的猛烈空中轟炸揭開序幕，然後七月十六日地面入侵登場。以色列地面部隊大半於八月三日離開加薩，但儘管有一連串短暫停火——每次停火都被其中一方或另一方打斷——這次衝突直到八月二十六日埃及人居間促成最後停火才結束。

這場二〇一四年戰爭本可能避掉，原因之一是巴勒斯坦政局出現難得正面的發展。二〇一四年六月二日，法塔赫和哈瑪斯成立由無黨無派的「技術官僚」組成的新「共識」政府。四月，這兩個派系宣布他們的意向時，本雅明．納坦雅胡迅即指控立場溫和、反暴力的阿巴斯和「恐怖分子」掛鉤，試圖說服以色列的西方盟邦採取同樣立場。結果，歐盟，乃至最初批評此協議的美國，反倒審慎歡迎該協議，同時決定「等」該協議落實情況再採取進一步作為。這個協議利於法塔赫甚於哈瑪斯，反映了哈瑪斯的地位已不大如前。首先，哈瑪斯已和伊朗關係疏遠，而且在公開反對巴夏爾．阿塞德凶殘鎮壓敘利亞叛亂分子後，已於二〇一二年被迫離開大馬士革。然後，二〇一三年，穆斯林兄弟會出身的埃及總統穆罕默德．莫爾西下台，繼任者是比穆巴拉克更敵視哈瑪斯的阿卜杜勒．法塔赫．西西。在加薩，此協議已終止二〇一二年八天的轟炸，但未如加薩人所希望的減輕對加薩的封鎖，而由於埃及關閉拉法口岸、有計畫的水淹、破壞走私地道，情況變得更糟。哈瑪斯希望藉由和阿巴斯達成新協議取得的主要目標之一，係巴勒斯坦自治政府從此支付其在加薩之公務員的薪水；作為交換，哈瑪斯願意在內閣的支持下讓自治政府的部隊返回加薩——例如派駐各口岸。這個內閣名義上無黨無派，其實偏法塔赫遠更甚於哈瑪斯。阿巴斯本可能藉由和勢力變弱的哈瑪斯達成一協議，趁機開始重新入主加薩。這個協議若實現，將會降低加薩戰爭再啟的機率，但也會使納坦雅胡徹底將加薩和西岸分開的圖謀更難實現，使以色列右派據以反對和阿巴斯談判巴勒斯坦人建國的論點之一較站不住腳。這個論點就是只要哈瑪斯治理加薩，阿巴斯未代表所有巴勒斯坦人，以色列和阿巴斯談判就沒意義。結果，納坦雅胡反倒拒絕讓巴勒斯坦自治政府的資金撥給哈瑪斯雇員，直到二〇一四年十月，即此戰爭結束兩個月後，才改變心意。戰前，他的助理告訴某個美國外交官，阿巴斯願意和哈瑪斯談成協議一事，意味著「他和恐怖分子沒有差別」——納坦雅胡這時即拿這當理由，抗拒美國國務卿約翰・凱里要他回談判桌的壓力。

但哈瑪斯、法塔赫簽了這項協定後不到兩星期，一件意料之外的事令以色列大為震驚：三名以色列少年，納夫塔利・弗蘭凱爾（Naftali Fraenkel）、埃亞爾・易夫拉（Eyal Yifrah）、吉拉德・夏阿爾（Gilad Shaar），在西岸搭便車時遭綁架、殺害。保安人員找到兩名巴勒斯坦人用來載走這三個少年的汽車，有了包括來自該車的子彈在內的證據，從而可以相當有把握推斷三個男孩在遭劫持不久後就已遇害。但直到兩星期後找到三男孩的屍體，保安人員才宣布此命案。納坦雅胡下令全面掃蕩西岸，下令逮捕數百名哈瑪斯行動主義者，包括二〇一一年吉拉德・夏利特獲釋後作為交換而釋放的五十八名前囚犯。哈瑪斯認為這次逮人違反了二〇一二年防衛之柱行動後的協議條文。納坦雅胡也用心表示，這樁被他一再歸咎於哈瑪斯領導階層的劫持案，「令人遺憾的說明了我們數個月來一直在說的事，即和哈瑪斯結盟後果極嚴重」，好似法塔赫、哈瑪斯的修好協議導致這件殺人案。[7] 其實，巴勒斯坦自治政府密切配合以色列追捕凶手。大肆逮人無助於找出遇害的少年；其實，希布倫境內一個附屬於哈瑪斯的基層組織幾可確定是此案的元凶，但警方和辛貝特都認為，這件劫持案是當地未聽命於哪個組織的人所為，哈瑪斯領導人哈立德・梅夏爾說領導階層未下令作此案，說的是實話。[8]但三名以色列人將住在東耶路撒冷某街上的十六歲巴勒斯坦籍男孩穆罕默德・阿布・赫戴爾（Mohammed Abu Khdeir）從該街綁架走，後來將他活活燒死，西岸的危機隨之升高。這起綁架殺人案據說是為了報復三名以色列少年遭綁架遇害之事。憤怒的巴勒斯坦人，被這件殺人案激怒，也被先前阿巴斯的巴勒斯坦自治政府保安部隊和以色列保安部隊合作一事惹火，在西岸各地上街示威；哈瑪斯以外的派系從加薩將火箭射入以色列，以示同仇敵愾。七月六日，以色列用炸彈奇襲，炸死七名激進分子，哈瑪斯隨之也開始朝以色列發射火箭；七月八日，以色列發動護刃行動。

這時，眼看自己在政治上勢弱且以色列的封鎖愈來愈緊，哈瑪斯似乎把此戰爭視為在未能拉所有派系組成聯合政府後，擺脫自身困境——和減輕封鎖——的唯一機會。二〇一七年二月二十八日，以色列國家審計長就此戰爭發表了報告，把許多篇幅著墨於內閣未獲告知哈瑪斯地道所構成的威脅一事上。但較重要的段落是他認為這早晚會出事這一點。職務獨立的審計長，負責檢討政府政策的方方面面，表明在這件事情上預言甚準卻不見於信人者是艾坦・丹格特。這位以色列占領區官方活動協調官，早在二〇一三年四月就在內閣會議上示警說，加薩的經濟危機、人道危機可能不到兩年就會爆發。但從丹格特示警至這場戰爭爆發這期間，內閣未開會討論該警訊。這個審計長，約瑟夫·夏皮拉（Joseph Shapira），也抱怨說以色列未想過要靠外交手段解決這個日益升高的危機。最令人吃驚的，係他在此報告中引述了當時國防部長摩西·亞阿隆在此戰爭開打兩天後——且離此戰爭結束還有四十八天時——在其辦公室的一場會議上說出的話（而且引述了三次，以防有人未注意到）：「如果哈瑪斯的困境幾個月前就得到處理，哈瑪斯可能會避免走到目前局勢升高的地步。」[9]由此，讓人很難不推斷，如果說納坦雅胡和亞阿隆當初並不想打此戰爭——例如，並不想藉此破壞哈瑪斯－法塔赫修好協議——他們還是在不知不覺間走進此戰爭。

加薩具有在以色列不時發動的大規模軍事行動期間，讓自己在報紙和全球性電視台上大出風頭的超凡本事。二〇一四年夏也不例外，儘管就在這場於一個多星期的空中轟炸後展開的地面入侵前不久，馬來西亞航空客機MH－17在烏克蘭上空遭一枚俄羅斯製飛彈擊落，造成機上兩百五十三名乘客全部喪生。[10]但同樣引人注目的，係一旦戰事結束，加薩失去媒體關注的速度之快。正因此，外界看不到二〇一四年攻勢所具有的長久重要性。

誠如哈佛大學的加薩事務專家莎拉·羅伊所說的，「這場戰爭深刻改變了人的想法。或許最重要的是瀰漫於加薩且比以往任何時候都更為強烈的那股集體恐懼、絕望之感。」之所以如此的原因與其說是這場戰爭本身，不如說是加薩境內在該戰爭結束後仍無絲毫改變的「不人道局面」。[11]這場戰爭未以一個必然會減輕封鎖的可靠協議作結，反倒讓該局面更糟於以往。護刃行動在加薩創造出又一批以鄰居的坦克、火炮、無人機、F－16所進行的五十一天可怕攻擊，作為對其性格影響甚大的童年記憶——和對以色列人的唯一認知——的居民，而且這批居民年輕人占絕大多數。

一如在鑄鉛行動上所見，這次行動很難看到贏家。哈瑪斯宣布「抵抗勝利」；[12] 納坦雅胡則把此軍事行動譽為讓哈瑪斯受到「自其創立以來最大打擊」[13] 的軍事、外交成就，欣喜於哈瑪斯未能在結束此戰爭的停火協議中實現其所追求的目標：一座機場、一座海港、釋放在二〇一二年協議中獲釋、但在三名以色列少年遭劫持殺害後再度被逮的哈瑪斯籍囚犯。但哈瑪斯未能結束封鎖，以色列也未能消滅既是軍事勢力、也是政治勢力的哈瑪斯。護刃行動後的停火，在加薩境內得到哈瑪斯予以強力執行，接下來兩年裡發射的火箭數量的確創下新低——僅僅三十五枚，而且大多是薩拉菲派團體所發射。以色列可以說這是此軍事行動產生的嚇阻效果；事實上，鷹派的確如此看待加薩局勢：套用大力支持以色列軍隊者的話，每隔幾年就得「除草」，以確保局勢相對較平靜，直到下次又該「除草」為止。

因為這次的軍事行動幾未致力於永遠打掉哈瑪斯的防守——和進攻——能力。拿地道為例就可清楚這點。地下通道，例如二〇〇六年劫持吉拉德．夏利特那些人所冒出來的那個地道，老早就被加薩激進分子用於軍事行動。摧毀三十二條延伸至以色列境內的地道，被稱作這場二〇一四年戰爭的主要成就之一。這類地道可想而知深深打進以色列人心，使以色列人擔心——不管那是多杞人憂天——會有大量重武裝的激進分子長驅直入以色列南部，大概是使以色列人必然一面倒公開支持此戰爭的最大因素。根據以色列民主協會（Israeli Democracy Institute）的幾次民調，平均九成五的以色列人支持。[14]

但戰後，哈瑪斯迅即著手重建這些地道（因此付出的附帶成本，係卡桑旅為挖地道而招募的巴勒斯坦青年裡，至少十二人因重建期間地道不時崩塌而喪命）。事實上，二〇一七年，以色列軍方開始打造一道巨大的地下屏障，以使地道無用武之地。[15]此外，加薩底下廣大的地道網，提升了哈瑪斯游擊隊的撤退、奇襲能力，有助於嚇阻以色列地面部隊如二〇〇八至二〇〇九年那樣深的滲入加薩都市區。而儘管埃及有計畫的消滅拉法底下多條走私用的地道，哈瑪斯所保有的地道，還是夠其繼續經由西奈半島北部輸入武器——包括二〇一四年時能打到以色列前幾大城的較長程火箭。這就讓人不禁要問，即使僅就以色列本身的利害得失來衡量，為了這個戰爭，六十六個軍人捐軀，加薩邊界沿線村鎮人家痛失親人，這樣的代價是否值得。或者，為了一場沒有配套的政治解決辦法且種種跡象顯示日後還會再打的戰爭，花上數十億謝克爾的代價是否值得。

第三，而且或許比鑄鉛行動更清楚揭露的，此戰爭曝露了國際社會看著其對以巴衝突的政策愈來愈走不下去時，國際社會所表現出的那種不自在的緘默。事實上，那種緘默，或至少拒絕譴責其盟邦之一奪走愈來愈多平民性命一事，使英國的保守黨籍外交部政務次長賽義妲·瓦爾西（Sayeeda Warsi）憤而辭職。歐巴馬政府大概本會支持在二〇一二年條件下的停火，[16]但該政府和其歐洲盟邦在公開場合大多只會鸚鵡學舌般的重述「以色列有權自衛」反擊哈瑪斯這句老話。

美國國務卿約翰·凱里，在以色列發動對加薩市最猛烈的入侵，攻入該市東部居住區舒賈亞後，七月二十日私下那番讓人備感諷刺的話，正說明那種表裡不一。以色列國防軍於遭遇哈瑪斯強力抵抗，從而導致十三個軍人喪命後，發動大規模的火炮、迫擊炮炮擊，據聯合國的數據，這波攻擊於六小時裡奪走五十五條平民性命。「那是非常糟糕的定點打擊行動。」[17]凱里竭盡所能欲早早終止此戰爭，但一如以往，禁止美國/歐盟和哈瑪斯有任何接觸的規定，大扯他的後腿。調解工作落在埃及的西西政府身上，該政府和以色列一樣極不樂見哈瑪斯從此戰爭得到政治上風。與此同時，在舒賈亞本身，在通常會充滿歡樂氣氛的開齋節的第一天（二〇一四年時是七月二十九日），仍驚魂未定的居民回到此役的發生地，蹣跚穿過已淪為一堆瓦礫的自家住宅，撿回他們所能找到的財物，這裡一條毯子，那裡一袋未開封的尿布。

一般來講，以色列國防軍的交戰規則沿襲鑄鉛行動時的規則，但護刃行動打了更久許多，造成的死傷也更多許多。但有一點不同，即遭擊中時裡面仍有居民（往往在睡夢中的居民）的民宅數量。人權組織卜采萊姆檢視了對加薩的七十次打擊，指出這明顯違反人道法。根據人道法，一建築要成為正當的軍事攻擊目標，該建築「必須對軍事行動做了有用的貢獻，傷害它必會給予攻擊方明確的軍事優勢」。[18]卜采萊姆主張，有某武裝派系的一個成員住在該建築裡，攻擊方還是應盡其保護平民性命的義務。此戰初期，以色列國防軍說某些房子是激進分子所有，以此為理由為他們轟炸那些房子辯解；以色列國防軍很少為特定案例解釋，但較後期時，把那些遭轟炸的建築稱作武裝派系的「控制與指揮」中心，或說它們發揮了其他的軍事作用。

五十一歲馬赫穆德・魯夫提・哈吉（Mahmoud Lufti al-Haj）在汗尤尼斯難民營裡的家，似乎不可能發揮這類作用，但還是在七月十日凌晨一點二十分左右成為最早一批被夷平的有人居住的民宅之一。他的房子似乎遭F－16的兩枚炸彈炸毀，哈吉、他妻子、他們的六個十四至二十九歲的孩子因此喪命。哈吉的兒子納塞爾，二十五歲，當時在約五百公尺外和友人聊天後，正在走回家的路上，因此躲過一劫。啟程回家前，有個鄰居提醒他早點回家，以免性命不保，因為天上有架無人機嗡嗡飛，像一隻巨型電子蚊子。他的兄弟之一，歐瑪爾，後來被某個研究機構認定，他身為卡桑旅一員，與以色列情報機關有密切往來。[19]假定此說屬實，二十歲的他也不可能身居高位。該家族其他成員都是平民。三個星期後，以色列的轟炸和地面入侵還在繼續時，讓人看了揪心的哈吉家族家居生活殘物，仍散落在已淪為一堆瓦礫的他們家宅裡：這時在陽光下漸漸腐爛的番茄、一雙涼鞋、一件起司刨絲器。在一本飾有玫瑰圖案的練習本裡，二十歲的阿絲瑪阿・哈吉（Asmaa al-Haj），在加薩的艾資哈爾大學主修生物學的學生，以工整清楚的英文寫道：「實驗式是預測觀察之結果、但來自實驗或推測、而非直接來自第一原理的數學等式。」這是她的遺物，因為她已在某次打擊時和其父母、五個手足一同遇害。

有天下午，這場戰爭走到其三分之二階段時，年輕的穆罕默德・里菲仍有兩個星期的正常生活可過時，我去了席法醫院的手術室見受傷的孩子。其中大部分孩子是在錯誤的時間待在錯誤的地方而受傷，其中許多孩子已由加桑．阿布．西塔（Ghassan Abu Sitta）操刀動了手術。阿布．西塔是貝魯特美國大學醫學中心（American University of Beirut Medical Center）的資深外科顧問醫生，出於個人理由來到加薩：一九四八年，他的巴勒斯坦籍家族從別是巴逃到汗尤尼斯。那天，在席法醫院，他說有些受傷的孩子需要動多達五次的手術，才能開始復健治療，手術大多是為了清除傷口裡的碎東西——磚、沙、木片。

八歲的穆罕默德．巴德蘭（Mohammed Badran）是傷勢最嚴重的孩子之一，在他家房子遭炸彈打中時瞎了眼睛，身體嚴重毀損。他正要去他的臥室拿一些玻璃珠，以便和隔壁鄰居的孩子玩時，房子被炸彈打中。他不知道自己已失明，問護士他什麼時候來到席法：「妳們為什麼把燈關掉？」他的母親塔格莉德，四十歲，戴著只露出眼睛的面罩，在他床邊安慰他，幫護士清除積在呼吸管裡從氣管流出的黏液。躺在隔壁床者是他十七歲的姊姊埃蔓，因腿部兩處重傷，痛得扭歪臉。穆罕默德需要複雜手術，而在加薩動不了這樣的手術，他媽媽因此極力主張將他轉送到境外醫院。失明的穆罕默德一時伸出雙臂，只想要個擁抱。塔格莉德立即彎身，把他抱在懷裡，緊貼她臉頰。

兩天後，我在聽到報導說有三個男子喪命於F－16轟炸努塞拉特的最大清真寺卡桑（al-Qassam）的行動之後，凌晨時分驅車至該難民營。炸毀程度特別嚴重。清真寺已被夷平；只剩其宣禮塔還屹立，那是加薩境內前幾高的宣禮塔之一。大批民眾聚集，看一輛推土機在瓦礫堆裡尋找屍體（二〇一四年八月時，這是常見的景象：挖掘者往往得抬起混凝土板，有時得抬起整片地板，底下可能有挨炸後受困的死者，偶爾可能還有仍活著的人困在其中）。事前清真寺旁的公寓大樓已收到緊急示警，但該清真寺未收到。亞希亞．塔韋爾（Yahya al-Tawil）解釋說，他已入睡時，電話響。「有個男人，用阿拉伯語說，還指出我的名字：『亞希亞，我是來自以色列情報機關的穆薩，我想向你示警，你有五分鐘時間離開房子，因為我們就要打這座清真寺』。」他和他的兄弟拚命叫醒整個家族共三十五人，包括十九個小孩，帶他們下床，離開房子。他們房子的正面毀於轟炸。

很快就發現，遇害的男子之一是尼達爾．巴德蘭，即失明躺在席法醫院裡那個八歲男孩穆罕默德的爸爸。這個四十四歲警察，在巴勒斯坦自治政府和哈瑪斯政權底下幹了二十年，凌晨三點剛過不久，在這個清真寺裡幹什麼？那天更晚時，在該家族的家裡，尼達爾的兄弟，會說英語且為聯合國難民救濟和工程處新聞室工作的凱馬爾．巴德蘭（Kemal Badran），說尼達爾信教虔誠，常在晨禮前去清真寺淨身、讀可蘭經。「或許（以色列人）不知道這時候清真寺會有人」，他說。其實以色列人知道該清真寺裡有人，而且清楚知道那些人是誰。巴德蘭除了是警察，還是卡桑旅的通信官，很可能是高階通信官。他那時還在清真寺裡和兩個哈瑪斯技工同僚在開會。[20]

二〇一四年，數百個和武裝派系毫無瓜葛的平民遇害，包括大人和小孩。但穆罕默德．巴德蘭這個看來「棘手的案子」，突顯了一個再清楚不過的真相。哈瑪斯，一如法塔赫，在巴勒斯坦人的社會裡有其根基；誠如的確不是哈瑪斯支持者的拉吉．蘇拉尼於此戰爭期間所說的，哈瑪斯是「巴勒斯坦DNA的一部分」。[21]在包括哈瑪斯在內的所有派系裡，行動主義者都有家，有兄弟、姊妹、妻子、孩子、父母。人可能認同某派系，或極不認同某派系，乃至以暴力表達其對某派系的不認同，同時又和某個屬於該派系的人有親戚關係。例如，哈利勒·席卡基，出生於拉法但主要在拉馬拉活動的著名巴勒斯坦籍民調專家，美國布蘭戴斯大學（Brandeis University）的高級研究員、布魯金斯學會的前客座研究員，常和西方外交官、以色列人對話，係伊斯蘭聖戰組織的創立領袖法提·席卡基（Fathi Shikaki）的兄弟。法提·席卡基策劃了數起自殺炸彈攻擊，去利比亞拜訪了支持他的上校穆安瑪爾·格達費後，一九九五年在馬爾它遭摩薩德槍殺，二十年後加薩走廊各地仍用他的肖像裝飾路燈柱。但就因為家族裡有一人是激進分子，就因為這層關係，殺光該家族就正當合理？——暗殺哈利勒·席卡基就名正言順？而且不該要小孩為父母的政治選擇負責。事實上，以色列發給穆罕默德·巴德蘭許可證，讓他得以出國就醫（先是在約旦，繼而在西班牙）時，以色列就未明言的認可了這個道理。

令人遺憾的，要恢復他的視力，醫生幾乎束手無策。他回加薩後，搬到聯合國難民救濟和工程處為盲人開辦的復健學校努爾（al-Nour）。我和穆罕默德再次見面時他十歲，他說這所學校很好，「但另一所更好。我懷念我的朋友，懷念書寫」（有人正在教他布萊葉盲字）。我們交談時，他似乎很平靜；但他的叔伯說，幾天前，「他的兄弟姊妹正在看電視時，他開始尖叫，砸破他身邊所有東西。他說，『他們在看電視，我現在能幹什麼？我什麼都看不到。』」

對加薩人民精神健康計畫的資深心理學家哈桑．傑亞達來說，這場戰爭使他完全領會什麼是個人的精神創傷。七月二十九日夜發生的事，他仍歷歷在目。當時，加薩遭遇最猛烈的轟炸，就發生在他和妻子、四個孩子——阿里，三歲；哈拉，十一歲；宰娜，六歲；艾哈邁德，四歲——所住的公寓周邊。他深深感受到身為父親卻無力使他的孩子免於恐懼：

整個城市到處火光。很可怕。身為父母的我們很痛苦。我們覺得自己什麼都做不了。逃不掉。我們認為自己赤裸裸；很危險，但我們能怎麼辦？小孩那麼害怕，戰爭時，尤其那一夜，無助之感……我無法支持他們，或無法讓他們安心。

一星期前，這家人位在布雷吉難民營的房子，已毀於一次空中打擊。傑亞達的七十歲母親、他的三個兄弟、他一個兄弟的老婆、他的十三歲侄子夏班都死於那次攻擊。

這場戰爭快結束時，以色列空軍開始摧毀加薩市所有高樓，而非像過去那樣定點清除被懷疑藏身在高樓裡的激進分子。傑亞達和其妻子把基本個人物品——身分證件、衣服、錢——打包好，以便得和其他大樓的居民一樣疏散時隨時可動身。傑亞達向孩子解釋了當下的情況：

我女兒宰娜告訴我「爸，我的玩具會怎麼樣？」我告訴她「宰娜，別擔心。我們會沒事，我們會整修另一間公寓，會活下來。」她想要說「不要。」「宰娜，說親愛的真主。」她說「不要，我不要說親愛的真主。他是軟弱的人。他什麼事都做不了……我請他保護我摯愛的人，我的祖母，我的叔伯，他沒保護，因此我不要說親愛的真主。」我忘不了那一夜她的反應、她的語氣、她的憤怒、她眼裡的淚水。

加薩全境數百個小孩，說不定數千個小孩，有類似的反應；但在大部分案例裡，沒有像傑亞達這樣深入觀察並治療精神創傷的家長，在旁注視這樣的反應。

傑亞達不願討論為何這間位在布雷吉的房子可能被鎖定為攻擊目標，原因是沒有什麼能把他眼中這個完全沒道理的行徑合理化。當時在那房子裡的確似乎有個姓馬卡德梅（al-Maqadmeh）的激進分子，不管那人是否不請自去。二〇一六年八月，以色列國防軍說該房子被用作「活躍的指揮與控制」中心，說「調查結果指出」遇害者包括「三個屬於哈瑪斯和巴勒斯坦伊斯蘭聖戰這兩個恐怖組織的軍方特工，而且他們是這個（傑亞達）家族的人。」但二〇一七年，有個荷蘭律師代表該家族在荷蘭打官司，以檢驗這個轟炸行為在道德、法律、事實上的合理性。

在這之前，有人對這次轟炸下了一個讓人意想不到的結語。傑亞達的另一個倖存的兄弟伊斯瑪儀，娶了荷蘭女人，該女人的年老叔祖亨克·札諾利（Henk Zanoli）活躍於二戰時的抗德運動。一九四三年，札諾利把屬於猶太教正統派的十一歲男孩埃爾卡南·品托（Elkhanan Pinto）

藏了起來，使他免於落得和他所有直系親屬一樣遭納粹殺害的下場。得知布雷吉難民營這個轟炸事件後，九十一歲的札諾利歸還耶路撒冷猶太大屠殺博物館頒給他的一枚獎章。他於七十二年前冒生命危險救了品托，該博物館因此封他為「國際義人」。

亨克·札諾利嚴正表示，「我歸還了我的獎章，因為我不贊同以色列國目前對我的家人、對所有巴勒斯坦人的作為。」[22]

七月下旬從加薩回來後，英國第四頻道新聞台（Channel 4 News）的節目主持人瓊·斯諾（Jon Snow），在一個YouTube影片中對孩子喪命之事發表了意見。該影片以一個顱骨骨裂的巴勒斯坦年輕女孩為主角，她的家人說，她被一枚飛彈炸飛到空中後受了此傷。斯諾指出，加薩人口「年輕到不可思議」，還說「如果你瞭解十歲、五歲、四歲的小孩，以為你管得住你的小孩，以為他們不會待在可能被打中的地方……那真是超乎想像。在人煙稠密的城市區，如果你發射飛彈、炮彈等東西，肯定會殺掉小孩。而他們正在做這樣的事。」[23]

斯諾說得沒錯。在以色列的地面部隊大半開始撤出加薩的四天後，祖海爾·達瓦斯瓦（Zuheir Dawaswa）描述了他兒子易卜拉欣如何在那天早上，在去當地清真寺做週五正午禮拜途中，遇害。那時，達瓦斯瓦和他的三個兒子已在家完成禮拜前的淨身，易卜拉欣搶在其他人之前跑去清真寺。「我聽到一聲爆炸，走出房子，看怎麼回事。我兒子已出門去清真寺。我不知道我找到他時，他會是冰冷屍體。」炮彈碎片削掉易卜拉欣的頭；四個朋友受傷。

祖海爾．達瓦斯瓦和他另外兩個兒子站在街角，問我這兩個兒子在看過自己兄弟的屍體後會如何處理這創傷。達瓦斯瓦一手按著七歲穆罕默德的頭，補充說「他年紀很小，已捱過三次戰爭。他本該在玩耍，做其他事，而非哀悼他的兄弟。可想而知，這兩個兒子長大後會想要報仇，想要把以色列趕出這裡。」

在此戰爭的更早階段，地面入侵之前，在戴拉飯店，眾多外國記者面前，一個遠更引人注目的事例，在海灘上上演：七月十六日，一次的飛彈攻擊，奪走四個小孩的命，傷了其他數個小孩。這四個小孩都是巴克爾（Bakr）大家族的成員。兩年後，穆罕默德．巴克爾，來自「海灘」（Beach）難民營的漁民，憶說這些小孩當時想要在室內踢足球，但他頭痛。四個喪命小孩中，年紀最小的九歲大伊斯瑪儀，就是他兒子。「於是我要他們『走開，別在這裡踢』。那個區域的前面沒有空地，因為街道很窄。天熱，他們去別的地方踢球，但那裡也熱，於是他們說『去海灘踢』。於是他們去那裡，事情就這樣發生。」[24]

數個記者從戴拉飯店的露台把這慘案看在眼裡，其中之一的《衛報》記者彼得．博蒙特（Peter Beaumont），事發後替傷者做了急救：

> 第一枚飛彈於四點剛過時打中加薩市小海港的海堤。爆炸的煙霧漸漸散去時，可看到四個身影沿著海堤奔跑，身影輪廓參差不齊，雙腿飛速上上下下。即使隔著兩百公尺

遠，仍可明顯看出其中三人是小孩。他們從港口海堤跳下來，轉到海灘，試圖越過短短的距離，去到安全的戴拉飯店……他們向看著這一切的記者揮手、大喊，同時經過幾個搭在一塊、顏色鮮豔的海灘帳篷，那是承平時供前來做海水浴者使用的帳篷。第二顆炮彈射來，就擊中海灘的那個地方，發炮者似乎調整過發射角度，以瞄準這些逃跑的倖存者。炮彈爆炸，站在露台邊的記者大叫：「他們只是小孩」。短短四十秒，原本在海堤上漁民的棚屋間玩捉迷藏的四個男孩就死了。[25]

穆罕默德．巴克爾二〇一六年描述了聽到這次攻擊時的情景：

> 我在家，聽到我兄弟的老婆對我老婆高聲說「妳的孩子在哪裡？」我就說，「怎麼了？我的孩子在這裡。」她說，「才不是。海灘上發生了屠殺，有人說他們是巴克爾家的人。」我直奔醫院，來到停屍間。那裡亂糟糟，我誰都認不出來，心裡非常苦惱。有些屍體腦漿外溢，有些斷了手臂或腿。在停屍間裡我認出伊斯瑪儀和他的堂兄弟穆罕默德。有人告訴我，另有四個人在加護病房，情況非常危急。

不足為奇的，數個非政府組織就這些男孩的死向以色列軍法總長提出正式抗議，軍法總長推斷這起「悲慘意外」因為這些男孩被誤認為哈瑪斯的海軍突擊隊員而發生，但這個誤認未違反國際法。他的報告說，第一擊瞄準「被哈瑪斯的海軍警察單獨使用」的一處軍隊大院，該大院「從加薩市海岸防波堤的一頭綿延到另一頭，有圍牆圍住，被和供平民百姓使用的海灘清楚隔開」；說大院裡一個存放軍事裝備的貨櫃已在前一天挨了以色列國防軍攻擊；說「有份情報機關評估報告」指出，哈瑪斯海軍人員正計畫進入該大院，以準備好攻打以色列國防軍的軍事行動；說「以奔跑速度」進入該大院的那些人影，因此被認定——後來才知誤認——為海軍激進分子。該報告強調，從頭至尾，包括這些身影沿著海灘跑而第二擊到來之時，都未理解到他們是小孩。[26]

沒理由懷疑這的確是誤認案例，但一如在鑄鉛行動時的薩穆尼案例所見，其結果使人對以色列國防軍的視覺監視設施的效用深深懷疑。國際紅十字會說，按照國際法，必須採取「所有可行的預防措施」，查明一可能的目標是否是平民，而在這個案子上，以軍是否採取這些措施也不清楚。[27]以色列軍法總長對初瞄準之地點的描述和現場記者的描述，似乎也存在落差。博蒙特，一如在場其他記者，在軍法總長「徹底且廣泛」調查期間未被找去晤談。但他於這份報告發表後寫道，他和同業於事發後立即去了那些男孩原本踢球所在的海堤，找到「一間小且傾圮的漁民小屋，屋裡有一些工具」，還寫說那個被認為用圍牆圍住的地方，從記者所下榻的那些國際飯店看去一覽無遺，而這些記者沒一人說在該區域看到激進分子。他還說，防波堤「位在熱鬧的公共海灘上，而經由一條小巷，不只使用該海灘的漁民能進入該海灘，前來作日光浴、在離海灘幾英尺處下水游泳的當地巴勒斯坦人也能進入海灘。」[28]這個建築似乎不是以色列國防軍所描述的那個不會被認錯的軍用貨櫃。

在其他許多案例裡，損害是「附帶的」，而且往往是迫擊炮、坦克、尤其火炮的炮彈所造成。這些炮彈以不精準而著稱。使用這類炮彈，帶來極大且眾所皆知的危險，尤以在人煙稠密的城市區為然，但又不限於城市區。在這樣的情況下，很難將「蓄意」瞄準平民和使許多平民（包括小孩）不可避免喪命的軍事行動判然兩分。人權組織卜采萊姆所認出的七十間房子，就可說明這點。這每一間房子，不管裡面是否有激進分子，都至少有三個家庭成員遇害，往往有更多許多的家庭成員遇害。

七月二十九至三十日那一夜，發生了大概是這場戰爭期間最猛烈的轟炸。以色列戰機、坦克、火炮、海軍軍艦向加薩全境發動了一百五十次打擊，在加薩中部殺害約三十個巴勒斯坦人，打中多間房子和公共建築，包括加薩唯一的發電廠。從內部又大又深的聖城（al-Quds）飯店看出去，加薩市沿海道路沿線的打擊目標，例如數百公尺外伊斯瑪儀·哈尼耶在「海灘」難民營裡的房子和附近的舊海港，被擊中，夜空被火光照得宛如白晝。我擔心飯店玻璃窗會被打破，離開房間，下樓發現一群從舒賈亞疏散出來的少年。我們喝茶，看著我們從此建築所能看見的景象正直播呈現在飯店大廳電視的半島電視台上，覺得很不真實。我記得當時在想，地面震動時，全城的年幼小孩經歷這樣的空中攻擊，想必會是什麼樣的感受。破曉時，到處灰濛濛，瀰漫著數小時不斷轟炸所產生的煙和黑塵。

那個早上更晚時，我們得知四枚一五五釐米高爆炮彈打中賈巴利亞女子A&B小學，當時有約三千名巴勒斯坦人正緊挨著避難於該校；每個教室裡有三十戶左右的人家。已有二十人遇害，包括三個小孩和聯合國難民救濟和工程處的一個員工。我們開車去該校時，旁觀者正忐忑不安的盯著天上，至少一架無人機嗡嗡盤旋於上空，遠處繼續傳來隆隆炮擊聲。校門外躺著或許六隻的驢子屍體，牠們挨了某枚炮彈的碎片而倒下。第一間教室的前牆上有個大洞。那外面，瓦礫堆中，有一個床墊、一個滿是血漬的枕頭套。

以色列國防軍說，那天，他們在遭「來自（該校）方向」的炮火攻擊後作出此回應。火炮炮彈不是很精準，因此常以連發或齊射的方式射出。它們的破壞力極大，因此，按照正常的戰場作業程序，敵人至少得離發炮方的士兵兩百五十公尺，以免誤傷友軍——如果友軍有掩護，兩百五十公尺，如果沒有掩護，三百五十公尺。若非炮擊出了差錯，就是以色列國防軍用在其部隊上的安全距離，比用在巴勒斯坦平民上的安全距離大了許多。而在此事件中，誠如聯合國難民救濟和工程處向以色列國防軍示警至少十七次的（最晚一次示警於此攻擊前的傍晚），這些平民當時正避難於該校裡。

那天更晚時，在席法醫院停屍間，四十五歲的亞辛・蘇萊曼（Yassin Suleiman）來替其中一個受害者收屍。那人是他的堂兄弟，草莓農易卜拉欣・蘇萊曼。他的屍體擺在鋼桌上，纏住兩隻殘腿的繃帶上仍滲出血。他被送到醫院後，醫生無計可施，只能將他截肢，冀望藉此保住他性命，但終究沒能保住。蘇萊曼解釋說，易卜拉欣在拜特拉希亞的房子遭一枚炮彈擊中後，和他的妻子、他們的七個孩子、其他近親一起來到賈巴利亞這所學校。但鑑於六天前在拜特哈農一所聯合國學校裡，類似的避難處，已有十三個巴勒斯坦人遇害，為防整個家族全亡於一處，易卜拉欣百般不願還是將這個大家族一分為四，把大部分族人送到賈巴利亞的其他三個學校避難所。「他告訴我們，『不要死在一塊』」，他的堂兄弟說。那個早上的炮擊悲慘證實了易卜拉欣．蘇萊曼的先見之明。

怒火中燒的亞辛．蘇萊曼準備將易卜拉欣的遺體移出停屍間以便下葬時，想著世人似乎把巴勒斯坦人的性命看成不同且較低的「層級」。他說，「我的意思是，如果這事發生在歐洲，世人不會悶不吭聲。我們不是世人的敵人，但世人站在以色列那一邊。如果他們繼續站在以色列那一邊，他們會後悔。」

但這類慘劇未隨著這次對賈巴利亞的攻擊結束而消失。不到一個星期後的八月三日，十二個巴勒斯坦人，包括七個小孩，遇害於早上十點左右的一次攻擊，似乎死於無人機所發射的一枚飛彈之手。該飛彈擊中另一個為國內流離失所者（internally displaced person，簡稱ＩＤＰ，指被迫離開家園但仍待在國內者）設立的避難所的入口，避難所設在聯合國難民和救濟工程處的拉法預備A男校。同樣的，聯合國說它在十七天裡把該校座標給以色列國防軍多達三十三次（聯合國難民和救濟工程處用電郵將完整座標傳給以軍的民事部門「以色列占領區官方活動協調處」，一天傳兩次）。

不到一小時後，仍能看到大門外的數片血泊。事發時有枚飛彈朝三個乘坐一輛摩托車經過大門的男子發射，事後以色列國防軍說他們是伊斯蘭聖戰組織的激進分子。但大部分死者屬於避難於該校的約兩千七百名難民。大門外有來自該校的年輕巴勒斯坦人，其中有些人在向街頭小販買冰淇淋、冰棒、甜食。（儘管看來毫無關連，這次攻擊發生於「黑色星期五」的兩天後。那個星期五，以色列國防軍年輕軍官哈達爾·戈爾丁於槍戰時失蹤，槍戰發生於士兵在拉法所發現的一處地道入口。以軍祭出「漢尼拔原則」，向人口稠密區開火。在一般情況下，該原則意味著軍人應該寧死也不要被俘。國際特赦組織的一份詳細報告說，以軍發射了兩千枚飛彈和炮彈，包括數顆一噸重的炸彈，但以色列駁斥此說。總之，在四天時間裡一百至一百三十五個平民喪命，但大部分死於八月一日以色列國防軍想要關閉地道入口、十字路口、拉法一家醫院，以防激進分子帶著被劫持的那個軍人逃掉時。二〇一四年八月二日，有人發現戈爾丁中尉的制服的局部，他被宣告死亡。此後三年間，哈瑪斯要求以色列大量釋放巴勒斯坦籍囚犯，才肯交出他的遺體。）

以色列在為自己辯解時一再主張，哈瑪斯不只藏身於其平民之間，還把矛頭對準以色列平民，以軍則不單只鎖定軍事目標攻擊，而且採取「各種預防措施」以保住平民性命。但撇開最保守估計下護刃行動中遇害的巴勒斯坦平民、以色列平民人數的巨大落差（兩百比一）不談，套句老話，冤冤相報不是正途。

以色列很喜歡說，沒有哪個已開發民主國家會接受哈瑪斯對以國公民那種不分青紅皂白的攻擊。這說法沒錯，但其他許多已開發民主國家恐怕不會因為某個幹下這類攻擊的團體的一員住在民宅裡，乃至以民宅為作戰基地，就用坦克、火炮或空中轟炸來摧毀民宅，殺掉許多住在民宅裡的人。

而且一如在鑄鉛行動中所見，以色列說哈瑪斯具有傷害或殺害平民的**意圖**，以國則努力避免平民死傷，兩者截然不同。但在某篇談二〇一四年空炸的文章中，已故的大衛．蘭道（David Landau），《國土報》前主編暨為阿里埃爾．夏龍立傳者，駁斥此說。在蘭道看來，猶太教律法禁止做出「會有不可避免之後果的作為」（psik reyshey），因此「由於其飛行員和炮兵沒有轟炸或炮擊小孩或其他平民的居心，其就在道德上較占上風」（而哈瑪斯的火箭發射手絕對有此居心）一說並不成立。「當非存心之過是無法避免時，非存心之說就站不住腳。檔案記錄把殺死、殺傷非戰鬥人員說成在轟炸人口稠密的加薩走廊時幾乎不可避免……很清楚可預見且不可避免的危險後果。」[29]

七月二十九日加薩市「海灘」難民營的慘劇，八個小孩在街上玩耍時遇害，肯定是一枚射偏的巴勒斯坦火箭所造成，而發射者很可能是伊斯蘭聖戰組織。[30]但加薩境內遇害、破壞的案例，絕大部分是以軍所為。一如在鑄鉛行動中所見，根據巴勒斯坦產業聯合會的說法，許多農地和工業設施遭夷平，包括三百六十座工廠，也就是所有工廠的一成。

加薩果汁工廠就是其一；它未能捱過這場戰爭。二〇一五年十一月某個下午，我回去看那裡還剩下什麼。結構大半未倒，但內部亂糟糟，有扭曲、破掉的管子、嚴重受損的大梁和斜得很厲害的圓筒，地板上有生鏽金屬的碎片，地板被燒了數天的火燒焦。那就像有某個反對機械化自動化的巨人，用斧頭和噴火器在這工廠裡恣意搗亂過。被劃破的廣告牌在微風中飄動，上頭的英文字「Gaza Juice Factory」仍辨識得出。站在那廣告牌旁，想著這建築前面雜草叢生的荒地，五年前還是令訪客大讚漂亮的園子，原本長著灌木、喬木、割得平整的青草，心裡陡然覺得很詭異。有個保安同意打電話給住在附近的一個前員工。這個男子，只說他叫賽義德，自一九九五年就在該工廠工作，記得阿拉·拉馬丹，該工廠至二〇〇七年為止的執行長，是個好人。知道自己在幹什麼。沒人能取代他。哈瑪斯已任命管理階層接替他的前老闆。他不是很喜歡這批管理階層，但他也說，「過去我們至少有薪水可領，如今什麼都沒有了」。

TWO

第二部

第十三章
從中世至十九世紀：哈瑪斯改變立場

哈瑪斯的舞台布景做得非常細致用心。在一個岩石圓頂聖殿巨像前面，有個逼真得讓人害怕的綠色公車的原尺寸模型。十天前在耶路撒冷，有這樣一輛公車，以色列 Egged 公司的12路公車，被一名巴勒斯坦籍自殺炸彈客炸掉。它的輪胎碎塊、破損的駕駛室、燒得很嚴重的車頂、破掉的窗子，被拿來慶祝那件傷了二十個乘客的爆炸案，構成一個表演性質甚於群眾大會性質的活動的背景。

震耳欲聾的巴士爆炸場景重現，為二〇一六年四月這場盛會開場，當場還有大量的煙從車頂冒出，還有高聲播放頌揚「耶路撒冷起事」（Jerusalem Intifada）的歌曲。「耶路撒冷起事」指的是上一個冬天，從二〇一五年十月至年底，對以色列人的一波攻擊（以刀刺為主，但也有駕車衝撞和開槍），導致三十五個以色列人喪命，還有一百四十九個巴勒斯坦人，在執行這些攻擊或執行未遂時喪命，大多遭槍殺。[1]哈瑪斯也在會場提供了較無殺戾之氣的餘興節目，例如一群著傳統繡花服的女人跳達卜卡舞（dabka），同時有一架來自哈瑪斯阿克薩電視台的攝影無人機在空中到處飛。有許多東西可供無人機拍攝，包括卡桑旅激進分子，穿戴迷彩輕便服和巴拉克拉瓦盔式帽，演出擒獲一名以色列軍人，還有一齣短劇呈現卡桑旅戰士解救一名被囚於籠子的巴勒斯坦籍絕食囚犯。

當時仍是哈瑪斯在加薩之政治領袖的伊斯瑪儀・哈尼耶上台講了話，稱讚「英勇」的阿卜杜勒・哈米德・阿布・斯魯爾（Abd al-Hamid Abu Srur）。阿布・斯魯爾在那輛 Egged 公司的巴士上安裝了炸彈，成為將近十年來第一個自殺炸彈客。但哈尼耶這場講話透著古怪，既一如舊慣的頌揚殉難，又傳達了一個相對來講較需要意會而不能言傳的政治訊息，從而似乎想要讓法塔赫領導階層放心，畢竟該領導階層始終留意著哈瑪斯所主持的不受法塔赫管控的政府的走向。哈尼耶重提了加薩境內需要機場和海港之事，還說「這不表示加薩會脫離我們巴勒斯坦領土自成一國」。

這表現了哈瑪斯的一貫作風，哈瑪斯既堅信該走武裝抵抗路線，又很注重務實的政治手腕，既抱持作為核心理念的激進意識形態，又得克服治理一百八十多萬人並努力向外界敞開門戶的難題。因此，往往難以看出是否有哪條路線在此派系裡始終居於主流，甚且難以看出哈瑪斯是否根本靠著在這兩者間維持有所節制的矛盾來壯大。

等待已久的哈瑪斯新「原則」文件二〇一七年五月上旬在卡達推出一事，最清楚呈現這些緊張關係。這份文件大大收斂了其臭名遠播的一九八八年綱領的用語（但未真的取代該用語），讀來像是某委員會所寫。而它基本上就是出自一委員會之手，係經過四年草擬，然後哈瑪斯的最高領導階層達成共識，才定案。但改革的動力，再怎麼微弱，主要得歸功於即將離職的哈瑪斯政治局主席哈立德·梅夏爾。他是哈瑪斯的資深「境外」領袖，主要在多哈活動，一九九七年納坦雅胡在其第一任總理期間曾下令暗殺他未成。別的不說，至少他花了那麼長時間才讓此文件得到眾人同意一事，說明了此派系內意見的紛呈。

這份文件未表示要承認以色列，未放棄哈瑪斯向來主張的擁有整個古巴勒斯坦的立場，*而且在無疑一波三折的文本較勁期間，該文件拿掉更早時一份草案的一句文字。該句子說歐洲人迫害猶太人一事不該要阿拉伯人負責，「反猶是猶太復國運動出現的基本原因」。[2]

但這份文件有意藉由以下宣告來除掉一九八八年綱領的反猶色彩：「哈瑪斯不是因為猶太人是猶太教民而反抗猶太人，而是在反抗占領巴勒斯坦的猶太復國主義者。」[3]該文件擺明欲更靠向總統西西主政的埃及，欲強化哈瑪斯作為巴勒斯坦人自治組織的地位，於是避免提及其穆斯林兄弟會的出身，因為西西很反感穆斯林兄弟會。最值得注意的，該文件表明哈瑪斯同意建立以一九六七年邊界為國界的巴勒斯坦人國家。這立場並非這時才出現，因為此前哈瑪斯領導人已多次說過，但此前從未在這樣的公開文件裡發表。對此，持批評立場者的解讀，係這個國家，在哈瑪斯的長遠想法裡，將只是過渡階段，最終目標還是取代以色列，而較樂觀者的解讀則認為，哈瑪斯這時其實理解到，從約旦河綿延至地中海的巴勒斯坦人國家無緣實現。

在官方層面，以色列的反應可想而知，不假思索就駁回此文件。納坦雅胡稱它是「煙幕」，還以戲劇性手法表達其不屑，在臉書上貼出一段他將該文件撕碎、丟進垃圾桶的影片。但其他有頭有臉的以色列人，反應則沒這麼負面。在阿里埃爾·夏龍、埃胡德·奧爾默特當政時任職於國家安全會議的吉奧拉·艾蘭德，說他不知道這個轉變是「戰術性」轉變，還是反映了「官方政策上的重大改變」，但說它是「正面」之舉，[4]認為促成此轉變的原因之一，係哈瑪斯意識到「為了讓世人高興，他們得用更加溫和許多的措詞說話，以讓愈來愈多對手相信，他們是能作為對話夥伴的務實對手」。

這份說服工作，這時從梅夏爾轉到接掌他政治局主席之職的伊斯瑪儀·哈尼耶手上。這時，哈尼耶已被視為屬於哈瑪斯政治光譜裡（相對較）務實那一端。從在官場嶄露頭角起，他就是較得人心的哈瑪斯人物之一，在「海灘」難民營長大，出身寒微，在加薩的清真寺講道時吟誦可蘭經文抑揚頓挫起落有致，運用阿拉伯語的本事高超，甚至年輕時以在伊斯蘭協會足球隊裡擔任中場隊員表現出色而著稱。這一切有助於使他在二〇〇六年選舉時成為哈瑪斯裡最得到外界接受的人，名列哈瑪斯不分區名單的第一名，從而在哈瑪斯跌破眾人眼鏡勝選後出任總理。

＊聯合黨（Likud），本雅明·納坦雅胡的政黨，也至今從未放棄其一九七七年最早的黨綱。該黨綱載明「猶太人民對以色列土地的所有權永遠存在且無可爭辯……在海和約旦之間只會有以色列主權國」。

他於一九八〇年代在伊斯蘭大學（Islamic University）攻讀阿拉伯語文學，以穆斯林兄弟會的綱領選上學生會主席。四肢癱瘓的謝赫艾哈邁德．亞辛，一九八八年創辦哈瑪斯者，開始提攜他。他的政治崛起之路就此開始，終至爬上他恩公的政治局主席之位。但哈尼耶雖是一九九〇年代起批准自殺炸彈攻擊的集體領導班子的一分子，卻既提倡自殺炸彈攻擊，也提倡投入選舉。阿拉法特的領導班子靠一九九六年選舉得到確認，於是哈瑪斯裡有包括哈尼耶在內的少數人希望哈瑪斯也投入選戰，但最終不敵那些主張投入選舉就是認可奧斯陸協議的人，無法如願。畢竟，奧斯陸協議規定要舉辦選舉。[5]再過十年，他的那票人才一償所願。

二〇一四年十二月正式同意發出那封字斟句酌的信給當時中東「四方」集團特使東尼．布萊爾的人，就是哈尼耶。該信已含有二〇一七年五月這份文件的某些要素。「東尼．布萊爾閣下……伊斯蘭抵抗運動團體－哈瑪斯謹上」信，[6]在二〇一四年戰爭過了四個月後用英語送出，以難以反駁的一段宣告為開頭：「巴勒斯坦的情勢顯然處於巴勒斯坦人爭取自由的歷史上最慘的階段。」[7]

但真正的看點存在於接下來描述這個伊斯蘭運動團體之「願景」的幾個小要點裡：「哈瑪斯不會反對建立以一九六七年邊界為國界、以耶路撒冷為首都、讓巴勒斯坦人保有返回老家之權利的巴勒斯坦人國家」，「哈瑪斯矢志支持巴勒斯坦諸派系二〇〇六年所簽的全國和解文件，該文件決定了全國人民對所有議題的立場」（此文件是二〇〇七年的「囚犯文件」＊）。

哈尼耶打贏內部選舉，接掌梅夏爾的位置，表明哈瑪斯的政治重心已移回加薩，而在加薩，亞希亞·辛瓦爾已被推選出來接替他在加薩的哈瑪斯領袖之位，並出任政治局副主席。辛瓦爾的背景不同於哈尼耶。他和哈瑪斯的軍事組織關係密切，該軍事組織被認為支持他接下這領導人之位，此前他在以色列坐了二十二年的牢，以色列為了換回吉拉德·夏利特而釋放巴勒斯坦籍囚犯時，他才獲釋。辛瓦爾是否必然會如外界所預料實現強硬的窮兵黷武立場，或他是否會成為大家眼中能利用自身公信力來使這個軍事組織一致支持較務實的路線（例如致力於使這個派系更靠向埃及而非伊朗）的政治人物，仍有待觀察。

哈瑪斯是個紀律嚴明的組織，通常在有時拖了很久的內部辯論後達成一致立場，例如在「原則」文件上，就曾經過這樣的內部辯論。但哈瑪斯也曾趕走特立獨行的成員——從而突顯內部成員間的緊張關係。例如，據報導，鷹派的馬赫穆德·札哈爾二〇一三年被經由投票趕出哈瑪斯的政治局——但未被趕出加薩政治局——儘管他不願證實此事。

二〇一六年我拜訪札哈爾時，有個保鑣從他屋外的警衛哨出來，帶我進入他的優美庭園，那是札哈爾這個在埃及留過學的甲狀腺外科醫生所明顯自豪的園子。他穿著淺黃色賈拉比亞長袍（jalabiya），停下筆，從他位在樹蔭處的辦公桌後起身。他是個有點嚴厲但慈善的祖父，對

＊見第六章。

訪客謙恭有禮，整個交談過程中他的四歲孫子穆罕默德一直陪著他，更添他這樣的祖父風範。穆罕默德一度請札哈爾幫他梳頭髮。這個長年以來被以色列列在其公敵名單前頭的人，乖乖幫他梳頭。先前幾次我採訪他時，他的車，出於安全考量，總會不合常規的停在他用來招待訪客的拱形接待室裡；這時，他的車則藏在屋外的灰色雨篷下。

他的舉止顯出些許的冷峻不足為奇；他的兩個兒子，哈立德和哈薩姆，遭以色列人殺害，他的家被空中打擊四次。走伊斯蘭主義路線的穆賈瑪（Mujamma）和哈瑪斯先後創立，他是這兩個組織的著名創辦人之一。穆賈瑪於一九七三年從穆斯林兄弟會發展出來，哈瑪斯則創立於第一次巴勒斯坦人起事期間的一九八八年。與他同是開山元老的同志，已有數人死亡，都遭以色列暗殺身亡。

他對兩國方案的立場，依舊比哈尼耶原本的立場更加堅不妥協，至少口頭上是如此。「四方」集團於二〇〇六年選舉後強加的條件之一，係哈瑪斯必須承認以色列。一個月後，哈尼耶解釋了為何那個條件遭拒絕：「我們說：以色列先承認巴勒斯坦人的合法權利，然後關於這個，我們就會有立場。我們該承認哪個以色列？……一九四八年的以色列；一九五六年的以色列；或一九六七年的以色列？哪個邊界、哪個以色列？以色列得先承認巴勒斯坦人國家和其邊界，然後我們才會知道我們在談什麼？」[8]

相對的，札哈爾的措詞顯示，哈瑪斯或許會接受以一九六七年邊界為國界的巴勒斯坦人國家，將那視為退而求其次的一項進展，但拒絕承認以色列這個立場更加堅定不移：

這些人民會是這個國家的一部分，這個政府則會代表這些人民，一如我們在這裡那樣。但基本重點在於：我們準備好承認以色列？也就是說我們準備好放棄我們在一九四八年被占領的那個區域所享有的權利？這是基本重點。

但札哈爾還是想要擺脫哈瑪斯一九八八年創建綱領，以輕蔑的口吻說該綱領於哈瑪斯創建時由「哈瑪斯裡某個非常老的人」寫下，不再代表「我們的願景和哲學」。札哈爾駁斥了扣在哈瑪斯頭上的反猶（而非「反猶太復國主義」）帽子，堅稱「我們在此反猶太人，不是因為他們是猶太人，（而是）因為他們是占領者」。[9]他堅稱哈瑪斯善待被俘的以色列軍人吉拉德．夏利特：「我們非常善待他，給他過舒服日子」。

但札哈爾的某些想法不為西方人所喜，不管那是宗教的還是人道主義的想法。他理所當然般的認為以色列的創立，係歐洲人長期迫害、驅逐猶太人所致。他不否認有「所謂的納粹大屠殺猶太人之事」，但說希特勒對待猶太人「非常惡劣」，係因為猶太人的領導人「和希特勒的敵人合作……那裡的猶太人領導人玩各種卑劣的反德把戲，那是德國政府對他們發出的政治反擊」（但他不認為所有猶太人都是「通敵者」，一如巴勒斯坦人不因為他們的總統馬赫穆德．阿巴斯通敵，就都是通敵者）。

即使這個令人震驚的說法說得沒錯（而且當我提出這疑問時，我覺得自己明知不該被牽著走還是被帶上札哈爾行星），那要如何把奪走六百萬條人命的史上最慘絕人寰的種族滅絕行徑合理化？「我不是要合理化，我是反對因為某人是基督徒，就殺死那人，或因為某人是猶太人就殺死那個猶太人，或因為某人是穆斯林就殺死那個穆斯林。」他說，把以色列人占領說成「猶太人」占領，就和把英國人託管統治說成「基督徒占領」一樣大錯特錯。「世上唯一尊重人的族群是伊斯蘭教徒，不管其政治立場為何。瞧（指他自己），在這裡和基督徒關係最好的人是誰？」

上述看法裡至少最後一點並非信口雌黃。十多年前，為了丹麥某報刊出反伊斯蘭教的漫畫而群情激憤時，我在由人數甚少的「拉丁」（也就是天主教徒）僑民經營的聖家族學校舉行的一場會議上，碰巧看到札哈爾突兀的坐在教室裡，一群約十二個緊張的修女面前。由於聖家族教堂收到具威脅意味的傳真，當地的神父馬努埃爾·穆薩拉姆（Manuel Musallam）把這些修女找來這裡開會。札哈爾要他們放心：「妳們是我們的姊妹，妳們，連同前來為這些僑民服務的外國人，與我們比鄰而居。」他堅稱哈瑪斯的武裝組織會確保這些修女安全無虞，直到仍未組建的哈瑪斯政府能確保她們受到官方保護為止。

札哈爾以大家所熟悉的理由為過去的自殺炸彈攻擊辯解，即哈瑪斯缺乏以色列所擁有的第一世界先進武器，只得仰賴「每次都葬送掉我們一個厲害弟兄」的戰術。事實上，他斷言不存在無辜的以色列平民，藉此為針對無辜以色列平民的隨機攻擊辯解。「每個以色列男人和女人」，若非現在是、曾經是軍人，就是日後會是軍人，相對的，「在巴勒斯坦人這一邊」，男人出於志願而從軍。這個論點很奇怪，因為以色列可以同樣理直氣壯的主張應募入伍兵比志願兵更「無辜」。他極力反對「恐怖分子」一詞，那麼他會怎麼稱呼伊斯蘭國（ＩＳＩＳ）？他說他們是「殺害無辜人民」的「犯罪分子」，語調漸漸上揚。

札哈爾也是最強勢鼓吹哈瑪斯之社會保守主義的人之一。他一如哈瑪斯裡的大部分人，贊成女人受教育——他的女兒上大學，他的老婆是教師（他只有一個老婆，和加薩的某些巴勒斯坦人不同）——但譴責婚外的男女親密關係。「你們受到腐化，看看你們社會是什麼樣；犯罪數量、貪腐和非法性行為的數量，成千上萬人沒有父親，男人不確定（自己是不是）父親，因為做母親的和成千上萬人上床。這不是我們的作風。我們認為你們是腐敗之人。」

至於一夫多妻呢？「那是我們的宗教。我們該為了你們西方而改變它？你們不是我們的神，不是我們的先知，我們只接受我們的神的教義，我們的先知的教義。」

哈瑪斯對「非法」同性戀行為所採取的類似禁止的立場，係其在二〇一六年二月處決馬赫穆德·埃什泰維（Mahmoud Eshtewi）的理由之一。埃什泰維則是加薩市宰屯區的著名卡桑旅指揮官，最初有傳言說他向以色列情報機關密告軍事領袖穆罕默德·戴夫（Mohammed Deif）的藏身處，以便以色列予以暗殺，後來哈瑪斯高階人員表示此說不實。。但二〇一六年二月七日，卡桑旅發布簡短聲明，宣布埃什泰維已「因為他所坦承不諱的行為、道德上的違紀」遭處決。後來發現他的違紀行為，包括，但不限於，他遭「指控」是同性戀者一事。在人權團體看來，此事說明了哈瑪斯施行懲罰的草率。「人權觀察」組織，以及當地的阿爾梅贊、獨立人權委員會這兩個人權組織，譴責未經應有的民事庭審訊即予以處決和動用死刑。

這種事沒什麼好大驚小怪。鑄鉛行動和護刃行動後，哈瑪斯處決了被控通敵的巴勒斯坦人——在護刃行動後，七十二小時裡處決了二十五人。八月二十二日，十八人遭草草槍斃。十一人，包括兩個女人，遭處決於加薩市某個廢棄的公園裡，七人在古老的歐瑪里清真寺，被穿黑衣、戴兜帽的槍手命令靠牆站成一排，然後當著大批民眾的面槍斃。哈瑪斯和其軍事組織都未公開表示這是其所為，但有個和哈瑪斯有關係的網站說七人於接受「革命軍事審判」後被宣判有罪。這些軍事審判按照一九七九年的「革命刑法」執行，該刑法則是當時阿拉法特所領導的巴解所制定。誠如「人權觀察」組織所指出的，加薩軍事法庭先前於「不公正審判」後，根據律師和被告家屬所謂的脅迫取供得來的供詞，將被控通敵者宣判罪名成立，判處死刑。

二〇一四年的處決案遵循鑄鉛行動後立下的一個模式。二〇〇九年一月，該戰爭剛過不久，哈瑪斯的官方發言人之一，法烏齊．巴爾胡姆（Fawzi Barhoum），向我承認「間諜」已被「這個抵抗組織」殺掉。他說，若沒有這類「間諜」提供情報，以色列不可能暗殺哈瑪斯內政部長賽義德．席亞姆，因為他在此攻勢作戰期間不斷移動「位置」。

在鑄鉛行動期間——以及那之後不久——這種侵略性作為的矛頭，擴及通敵者之外，指向政治異議分子。法塔赫的年輕行動主義者埃亞德．奧貝德（Eyad Obeid），二〇〇九年一月，拄著T字形拐杖，左腿纏著厚厚繃帶，向我講述了有天他在自家附近的店鋪裡時，四名手持AK－47步槍的蒙面男子乘坐一輛四輪傳動車，開到他旁邊停下，把他塞入車裡。一上路，劫持他的人就一再問他先前在巴勒斯坦自治政府轄下的預防性保安組織裡的工作情形。最後，他膝蓋下方挨了一槍，結束這場劫難——那是一九六八至一九八八年北愛爾蘭動亂時期愛爾蘭共和軍使用的典型「懲罰性槍擊」，法塔赫口中在這期間遭哈瑪斯施以的數十起這類槍擊之一。

這類單單針對政治異議人士——而非針對通敵疑犯——的槍擊，接下來幾年裡大減，但哈瑪斯官員仍可能對批評非常敏感，包括玩笑性質的批評。滑稽風趣的四十四歲記者艾曼．阿盧爾（Ayman Aloul）遭拘禁，既體現警察的愚蠢可笑，也體現含糊但絕不會被認錯的威嚇之意。阿盧爾是為伊拉克電視台服務的著名加薩通訊員暨當地當紅新聞網站 Arab Now 的主編。他的報導風格是據實以報，言詞坦率，但他的想法也已有了諷刺性的轉折，由他在臉書上的貼文就可清楚看出這點（他的臉書有八萬個追蹤者）。在 #GiveUsOurBorderBack 這個主題標籤下，他力促哈瑪斯允許巴勒斯坦自治政府部隊派人進駐拉法口岸，以使埃及重開邊界。追蹤者眾多，使這個主題標籤成為哈瑪斯眼中釘。他也批評哈瑪斯所課徵的重稅和醫療保健品質；而且他講述了在某個公立學校，哈瑪斯籍老師坐在一房間，非哈瑪斯籍老師坐在另一房間之事，從而——古怪的——招來副教育部長齊亞德・塔貝特（Ziad Thabet）將他告上法庭。

一月三日，三輛沒有警車塗裝但屬於哈瑪斯政府之內部保安部隊的偵防車來到他家。根據阿盧爾冷嘲但幽默的說法，情況是這樣：「哈囉，我們來自內部保安部隊，要逮捕你，搜索你家，請現在交出你的手機」。[10]他被帶到安薩爾保安（Ansar Security）大院，卸除身上所有個人物品，「包括鞋帶——以防我上吊自殺」，他笑說。他被帶去一間二・一乘一公尺的小房間，關了一夜。隔天早上，阿盧爾被問了三小時話，在那期間若非被塑膠袋罩著頭，就是被迫戴上特別黑、使他什麼都看不見的眼鏡。有個自稱阿布・拉米茲（Abu Ramiz）的男子問他：「誰資助你，ＣＩＡ？埃及情報機關？約旦情報機關？阿巴斯？以色列人？」阿盧爾兩度挨訊問人打，他覺得那「不痛，但羞辱人」。他被問到關於他個人不當行為且毫無根據的指控，涉及女人和毒品的指控。「他們問我『誰給你大麻菸？』問『這些女人……是誰？叫什麼名字』。我笑了出來……說『你又沒撞見我和她們在一塊，要我現在坦白？等你撞見再說。』」

他被帶到監獄裡叫「巴士」的一區。「我很興奮，以為要被載去好好兜個風」，他開玩笑說。「巴士」是一連幾個小囚室，鐵絲圍牆後有一個看守人，可把囚室裡的動靜看得一清二楚，囚犯在囚室裡被迫蒙眼坐在兒童椅上，「很不舒服」。經過一星期的問話和肉體虐待，阿盧爾獲釋，宣布將辭掉其政治職務。阿拉伯衛星電視台（Al Arabiya TV）問他，「所以哈瑪斯能讓你閉嘴？」阿盧爾回「沒錯，我沒他們強」。但他始終不改其幽默作風，在臉書上套用「學學比爾」

（Be Like Bill）這個網路迷因，藉以透過諷刺突顯這個看法。「艾曼正在看巴塞隆納奧運」，他寫道「艾曼正在評論這場比賽。艾曼不談政治。學學艾曼。」這些貼文被他的臉書追蹤者用不同形式複製，然後重貼。他未刪掉他在臉書上原有的貼文，展現他的頑強不屈。「我為這些貼文付出（被拘禁的）代價，不是嗎？我不會拿掉它們。」

我們交談過了幾天後，我在加薩市一場新聞業頒獎典禮上碰見阿盧爾。他告訴我他打算，如果可以，離開加薩，去中東其他地方的電視台工作，主要因為他覺得儘管 Arab Now 是加薩第三受歡迎的新聞網站，大廣告客戶惟恐觸怒哈瑪斯，不願往該網站投放廣告。幾個星期後拉法口岸短暫開放時，阿盧爾的確想辦法讓自己躋身排隊離境隊伍的前頭。這個決定，他很滿意，大概也合哈瑪斯當局的意。

在「巴士」度過他第一個無眠的漫漫長夜後，阿盧爾的看守人想要逗他開心，於是告訴他有些囚犯好幾晚不准睡覺。這個看守人說「其中一人是伊斯蘭國的人，他和我們在一塊已兩星期，沒睡過覺。」因為哈瑪斯也使勁取締作風極端的薩拉菲派成員，其中某些極端激進分子把伊斯蘭國當成榜樣，批評哈瑪斯不夠原教旨主義，策劃了對加薩境內基督徒的攻擊，甚至於哈瑪斯執行停火時幾度把火箭射入以色列。為了鞏固對加薩的控制，即使可能不見容於武裝激進分子（包括哈瑪斯本身的某些成員），哈瑪斯也要槓上他們。哈瑪斯和激進薩拉菲派成員的最著名衝突，發生於二〇〇九年八月。當時薩拉菲派謝赫阿卜杜勒拉提夫・穆薩（Abdellatif Musa）召集其支持者至拉法的某個清真寺做主麻拜，眾人認為他會在那裡激烈抨擊哈尼耶。哈瑪斯武裝激進分子來到該清真寺，最初想要和該謝赫商談，以免掉撕破臉的對抗，但一名卡桑旅軍官遭狙擊手殺害後，哈瑪斯戰士攻進清真寺。穆薩和另一位薩拉菲派領導人死於他們引爆身上的自殺炸彈時。[11]

二〇一一年四月，「同志穆罕默德・賓・馬斯拉馬的團體」（Group of the Companion Mohmmed Bin Maslamah）綁架挺巴勒斯坦人且甚得人心的義大利籍行動主義者維托里奧・阿里戈尼（Vittorio Arrigoni），[12]從而犯下或許是加薩境內針對西方人的最嚴重暴行。這次綁架似乎是為了讓薩拉菲派統一和聖戰（Salafist Unity and Jihad）派系的領袖希夏姆・賽義達尼（Hisham Saidani）獲釋，先前，他發布了一個反加薩境內基督徒的伊斯蘭教令，隨後遭哈瑪斯拘禁。哈瑪斯部隊在加薩北部，賈巴利亞西邊，找到阿里戈尼被關的房子時，他已死，生前遭毒打，然後被勒死。阿里戈尼是「國際團結運動」（International Solidarity Movement）的成員，其祖父母是二次大戰期間在義大利和納粹交戰的敵後游擊隊員，阿里戈尼認為祖父母這段經歷促使他矢志維護正義和人權。[13]對於他遇害，哈瑪斯反應激烈，殺了該團體的兩名行動主義者，後來使另四名成員被定罪。阿里戈尼遇害無疑傷害了哈瑪斯在加薩執法、維持秩序的名聲，但此後五年未再有這類情事發生，儘管二〇一五年實際上停火期間的零星火箭攻擊，據認是薩拉菲派成員所為。

哈瑪斯同意停火時，老早就已用心於執行停火，例如派人騎摩托車巡邏邊界，以揪出潛在的火箭發射手和有意攻擊以色列者——以色列情報機關能看到此事，以色列國防軍高階軍官私底下也坦率承認此事。阿里戈尼遇害的幾個月前，我見了一個曾遭哈瑪斯逮捕的激進分子，他被逮係因為試圖領導他只會稱之為反以色列之「軍事行動」的活動。他一身西式穿著，顯然不是薩拉菲派成員，不願說他屬哪個派系，更別提名字。碰面過程有點神祕兮兮，像在拍諜報片；我照安排要計程車司機把車停在賈巴利亞難民營邊緣一處繁忙的交叉路口，把計程車的登記編號告訴他，然後他似乎不知從哪裡突然冒出來，迅速鑽進車，說「離開這裡，到處有眼線」。在市中心某飯店僻靜的庭園裡，他堅稱他雖然被以色列通緝，卻是哈瑪斯的內部保安機關使他緊張，交談過程中每有侍者靠近他就住口不談。他描述了他被捕之事，說他遭用拳頭、槍托毒打：

他們對我說「你想搞軍事行動。這不准搞。已經談好停戰。這裡不搞抵抗。加薩已得到解放。如果你想搞軍事行動，去西岸搞，或在一九四八年領土（以色列）境內搞」。邊界區始終有他們的身影，他們要人不要靠近邊界。他們曾和抵抗運動站在同一邊，但人一掌權就變了。他們想要保護自己的當家地位，擔心會有戰爭。

六個小時的拘留不算長刑期。但哈瑪斯已阻止此人所打算領導的神祕反以色列軍事行動。他很小心謹慎，惟恐又被逮。

哈瑪斯選擇停火時，就全員齊心執行停火，二〇一四年戰爭後那三年就是如此。但不需和擔任哈尼耶顧問數年的加齊．哈馬德、艾哈邁德．尤塞夫相處太久，就能看出與札哈爾較鷹派的做法的一個顯著差異。對札哈爾來說，巴勒斯坦自治政府是「間諜」，阿巴斯是「通敵者」，法塔赫是出於和哈瑪斯敵對的心理而和他唱反調的自私自利之徒。相對的，哈馬德和尤塞夫雖然數年來極力批評法塔赫的某些立場，卻是最積極倡導兩大巴勒斯坦人派系修好的人士之一——儘管尤塞夫嚴詞譴責二〇一七年春阿巴斯為了向哈瑪斯施壓，而不再支薪給加薩境內他自己的巴勒斯坦自治政府員工，不再為來自以色列的供電付錢。

辭去副外交部長職後，尤塞夫主持名叫「智慧屋」（Bayt al-Hikma）的智庫，助該智庫發展成多元主義的堡壘。該智庫設在加薩市中心區某高樓的十二樓，其皮革扶手椅和大會議桌，像是英格蘭紳士俱樂部和帶有伊斯蘭色彩之商業銀行的混合體。尤塞夫對待挑明唱反調者時談不上是自由放任的自由主義者，但自豪於「智慧屋」涵蓋了巴勒斯坦人的所有政治立場。他是多產作家，正在為他眼中的「偉人」亞塞爾．阿拉法特立傳，從哈瑪斯的角度看，那肯定會是驚人修正主義的傳記。他未如哈瑪斯的一貫作風譴責奧斯陸協議，反倒主張「為何（阿拉法特）甘冒伊斯蘭主義者的大不韙冒那麼大的風險」，可能有更「站得住腳的理由」，主張他和拉賓達成協議有其「良善用心」。更值得注意的，他主張若非一九九〇年代哈瑪斯所策劃的自殺炸彈攻擊，該協議可能會成功。他說「九〇年代中期這個抵抗組織執行的某些軍事行動，使以色列人可以理直氣壯規避奧斯陸協議的規定。」事實上，尤塞夫對自殺炸彈攻擊一事的看法，明顯不同於札哈爾：

「我人在美國時，寫信給他們，說這是在摧毀巴勒斯坦人抗爭大業的形象。以色列人擁有第一流的公關宣傳機器，可輕鬆用這來對付我們。這種軍事行動損害最終目標，我們團體裡的許多人，尤其是我們之中住在西方、看出那對西方人的想法有多大影響的人，寫信，說那有害。」[14]

尤塞夫也作東招待了短期來訪的薩拉姆・法亞德（Salam Fayyad），此人是無黨無派的前巴勒斯坦自治政府總理，先後屢遭哈瑪斯、法塔赫辱罵，但在西方被視為極善於治理的行政官員和雖然也狂熱但講道理的巴勒斯坦人運動的提倡者。尤塞夫力促法亞德在加薩多待一些，在加薩建立政治基地。

對於自一九九〇年代起就和札哈爾大唱反調的法塔赫人士穆罕默德・達赫蘭，尤塞夫出奇看好。他坦然承認達赫蘭所受到的貪污指控和他被許多哈瑪斯行動主義者「痛恨」一事，但指出他受到中東諸國政府的支持和他甚得人心，尤其得到加薩境內較年輕法塔赫行動主義者的擁戴。他把達赫蘭和「非常傲慢」的巴勒斯坦總統阿巴斯（二〇一六年時已是達赫蘭的死敵）相比，說「人們瞭解他，他出身（汗尤尼斯難民）營，因此很得人心」。

哈馬德說得一口流利的希伯來語，因此相對來講較常接受以色列媒體（電話）採訪，一九六四年生於拉法的易卜納（Yibna）難民營，而該難民營長年被視為激進分子的據點之一。他曾是哈瑪斯週報《信息報》（*Al-Risala*）的主編，因尖銳批評阿拉法特政權的高壓傾向，遭阿拉法特的保安機關入獄。哈瑪斯掌控加薩後，他一再利用其新聞從業技能，發出具代表性的自我批評，矛頭既指向哈瑪斯，也指向其他派系。二〇〇六年哈瑪斯遵行和以色列停火的規定，但諸派系間的爭鬥正奪走許多加薩平民性命時，他利用在巴勒斯坦人報紙《日報》（*Al-Ayyam*）上的專欄，以只有少許哈瑪斯官員會在公開場合使用的措詞，向武裝民兵講話（當時他是哈尼耶的發言人）：

> 請放加薩一馬……有人正為重開拉法口岸以讓人民少吃些苦而付出很大心力時，卻看到別人往口岸發射火箭，這事奇不奇怪。我對討論占領軍的惡劣和殘暴不感興趣，因為那是人盡皆知的事……我較喜歡自我批評和自我評估。我們習於把自己的錯怪在別人頭上。[15]

他還寫了另外幾篇文章，包括二〇一六年他已再度是有實無名的部長時寫出的一篇很出色的文章。該文稱讚突尼西亞的伊斯蘭主義領袖拉希德·加努希（Rached Ghannouchi）同意分享權力，稱許摩洛哥境內的伊斯蘭主義者和這個君主國合作，影射之意明眼人都看得出。難怪他是最早公開強調哈瑪斯願意考慮以一九六七年六月邊界為國界建立巴勒斯坦人國家、強調和法塔赫修好的人物之一。

二〇一七年時，馬赫穆德·阿巴斯和哈瑪斯修好的機率，已隨著這個八十一歲的巴勒斯坦總統於二〇一七年春夏以懲罰性手段對付加薩，來到最低點。阿巴斯如此對付加薩，表面上的說法係為了逼哈瑪斯將加薩的控制權交給巴勒斯坦自治政府。諷刺的是，在哈瑪斯危難時刻，哈瑪斯求助於其原本最用力妖魔化的這個法塔赫人物。事實表明，艾哈邁德．尤塞夫看待達赫蘭相對較友善一事，並沒有表面看來那麼悖離常情。在以色列於阿巴斯支持下進一步減少對加薩本就微薄的供電時，加薩經人居中安排，和埃及人談成由埃及為加薩唯一的發電站供應燃料的協議，而此事能成，達赫蘭被認為該居首功。在這之前，在埃及情報機關幫忙促成下，達赫蘭和亞希亞．辛瓦爾有場意義不凡的會晤。據說，會晤開始時，兩人重溫了他們在汗尤尼斯難民營上同一所學校的童年過往。[16]

為防止缺電造成百業停擺，辛瓦爾樂於施行「敵人的敵人就是朋友」的原則。達赫蘭原是阿巴斯在法塔赫裡的親密盟友，但早已和這個總統反目，阿巴斯既把他當成有意接班者，也把他視為威脅。二〇〇七年哈瑪斯選贏法塔赫，入主人在外地的達赫蘭的家鄉加薩，自那之後達赫蘭就不得入境加薩。然後，達赫蘭在他和阿巴斯交相指控對方貪污和反駁自身貪污指控時，被逐出西岸，這些指控包括阿巴斯在法塔赫的盟友無事實根據的指控達赫蘭是阿拉法特喪命的共犯；二〇一六年，人在外地的達赫蘭，在拉馬拉被判定阿巴斯所挑起的另外幾項對他的貪污指控罪名成立。對達赫蘭來說，次年他和哈瑪斯搭上線，讓他有機會至少在加薩提升其影響力，增加他還在往加薩輸送且數目已很可觀的慈善救濟資金。這些資金大多由達赫蘭這時居住所在的阿拉伯聯合大公國提供，由他的妻子賈赫莉亞帶進加薩。如果達赫蘭結束流亡，當他結束流亡，他返回的第一個目的地看來會是加薩，而非西岸。

快速變遷的中東情勢，也將構成對哈瑪斯之新領導階層的一個考驗。哈立德・梅夏爾已在哈瑪斯宣布支持敘利亞反對派，從而激怒敘國阿塞德政權後，在二〇一二年二月離開大馬士革，定居卡達。哈瑪斯此舉可能葬送了其與阿塞德的盟邦伊朗的親密關係，伊朗大幅減少了對哈瑪斯的金援。在卡達，梅夏爾受到東道主殷勤款待，但二〇一七年，沙烏地阿拉伯，連同波斯灣諸盟邦，在至少剛開始時來自唐納德・川普的鼓勵下，開始致力於孤立卡達，除非卡達同意一連串要求，包括切斷對哈瑪斯的支持。

二〇一七年夏時仍懸而未決的問題，係這些新情勢是否會促成與埃及達成雖有條件限制但可持久的修好。希望達成的事情之一，係埃及取消對拉法口岸的諸多限制，以大幅減輕加薩所受到的封鎖，哈瑪斯則回報以承諾助埃及對付在西奈半島北部活動的伊斯蘭主義者，可能包括將加薩境內開羅所通緝的十七人引渡到埃及。

儘管沙烏地阿拉伯和阿拉伯聯合大公國已和哈瑪斯反目，卡達大概已是維繫加薩穩定的力量。卡達還肯定已是加薩舞台上的一個要角，主要透過援助，包括極有效率重建毀於戰火的民宅，扮演此角色。卡達駐加薩「大使」，說話如連珠炮、菸癮很大、一身傳統袍服打扮且留著八字鬍的商人，穆罕默德・埃馬迪（Mohammed El-Emadi），在加薩愈來愈風光。埃馬迪得意說他不只和哈瑪斯關係很好，也與以軍的民政部門「以色列占領區官方活動協調處」（發放建材進口許可的主要機構）的處長，外號波利的尤阿夫・莫德海（Yoav 'Poly' Mordechai），關係很好，完全體現了卡達本身在中東令人費解的地位（既被美國嚴厲批評對包括敘利亞境內的伊斯蘭團體做「恐怖主義性質的資助」，也是西方的盟邦，境內仍有美國在波斯灣地區最大作戰基地）。[17] 這時他有一組人以加薩梅什塔爾（Meshtal）飯店裡漂亮新穎的辦公室為工作基地。這種賦予品牌、提升形象的行銷手法甚至擴及該小組在當地的線上網絡，把該網絡取名 ThankyouQatar。

卡達對梅夏爾較務實的做法所給予的支持，可能也比大馬士革本會給予的支持還要大。無論如何，如果說達赫蘭對哈瑪斯來說是令其意外的對話人，東尼・布萊爾則或許是更加令其意外的這類人。這時已主掌自己的「中東倡議」的東尼・布萊爾，就是在卡達選擇和這個哈瑪斯政治局主席打交道，打交道時間則始於收到哈瑪斯二〇一四年十二月的信之時，兩年後結束。此舉難免招來嘲諷；入侵伊拉克使布萊爾大失英國民心；在自己黨內的大部分國會議員對他的支持每下愈況時，他不只未及早止損，反倒還繼續支持以色列二〇〇六年在黎巴嫩攻打真主黨那場大受批評的戰爭，大概葬送了他的首相之位。但他已和一個被普遍歸類為恐怖主義性質的組織的領導人會晤了至少六次，其中至少有一次，也和哈尼耶會晤。這些會晤進行於梅夏爾在多哈的家，用意之一是探尋是否可能和以色列達成長期停戰、換取以色列大幅減輕封鎖。其中一個議題與會引發分歧的語義有關。哈瑪斯說願意接受以一九六七年前邊界為國界的巴勒斯坦人國家，是否表示哈瑪斯願意在必要時同意使用「兩國」一詞——也就是往接受以色列的方向慢慢移去，一改哈瑪斯長年以來拒絕承認的立場？另一個議題係哈瑪斯是否不解除武裝，但至少願意在必要時「中止」經由地道輸入武器。沒有證據顯示梅夏爾卸職時，上述第二件事成真；第一件事在哈瑪斯內部依舊太具爭議性，因而未出現在二〇一七年五月的原則文件裡。

但為加薩問題付出心力者不只布萊爾。卡達尤其涉入其中。埃馬迪二〇一六年時不會討論這個調停方案，只會承認他關注該方案，同時暗示他和布萊爾或許角色互補：「他和卡桑旅談不上話，我能。」不管布萊爾的檯面下外交是否成功，此外交作為還是代表立場有了一百八十度的轉變。二〇〇六至二〇〇七年擔任英國首相時，他支持對哈瑪斯施以美國、以色列所要求的國際抵制。該措施協助確立了加薩的孤立和貧困，且在十年後仍在約束國際「四方」集團裡的諸國政府。這時，他則成為背棄原有立場者名單上的一員。這份名單堪稱愈來愈長，其上的人包括以色列人和外國人，他們認為哈瑪斯既是問題的一部分，要解決問題，就得把哈瑪斯納入。此外，當首相時，布萊爾支持「西岸優先」的締和做法。該做法是以失敗收場的安納波利斯倡議的特點，致力於繞過哈瑪斯來實現和平。這時他則認為「凡是無視加薩的和平進程，都是必然無法如願的進程。」[18]這讓人不由得感嘆，他若在擔任首相時就有此體悟，那該多好。

哈瑪斯躲不掉對其侵犯人權的批評。事實上，二〇一七年五月，「人權觀察」組織就強烈譴責哈瑪斯的軍事組織拘禁兩個有嚴重精神病史的以色列人，不讓他們與外界接觸。這兩人，衣索匹亞裔猶太人阿韋拉・曼吉斯圖（Avera Mangistu）和貝都因人希夏姆・賽耶德（Hisham al-Sayed），分別在二〇一四、二〇一五年四處遊蕩時闖過邊界，進入加薩。他們和以軍毫無關連，但大概被哈瑪斯當成人質關著，冀望藉此換得更多巴勒斯坦籍囚犯獲釋，不過哈瑪斯不願公開談他們的案子或不願說他們被關在哪裡。

距新「原則」文件公布還有幾星期時，哈瑪斯的一個名叫馬仁・富卡（Mazen Fukha）的指揮官，在加薩市的泰勒哈瓦（Tel el-Hawa）區遭離奇射殺。哈瑪斯認為這是以色列所為——以國官方沉默一段時間後，其國防部長阿維多・利伯曼（Avigdor Lieberman）否認——回敬以嚴厲舉措：出動逮人數十次，在加薩各地設路障和檢查站，強取商家和民宅的閉路電視錄影，關閉港口——加薩人攜家帶眷休閒放鬆的熱門去處——以及長達十天不准漁民出海，似乎是為了阻止行凶的槍手或其同謀逃出加薩。五月下旬，哈瑪斯直播將其所指控奉以色列命令執行此殺人任務的三個男子草草處決的過程——招來國際人權團體譴責。

因此，哈瑪斯常以高壓手段，有時殘暴的高壓手段，對付活躍的異議分子等人——一如馬赫穆德・阿巴斯的巴勒斯坦自治政府在西岸所常幹的——對付起巴勒斯坦人的大部分阿拉伯族鄰居，當然也不會手軟。但以色列和西方的政治人物，也常把哈瑪斯說成全球激進原教旨主義的十足延伸，儘管哈瑪斯並沒有這種原教旨主義的跡象。本雅明・納坦雅胡的「哈瑪斯就是伊斯蘭國，伊斯蘭國就是哈瑪斯」一說，[19]禁不起推敲。伊斯蘭國[20]和凱達組織都譴責哈瑪斯擁抱「民主這個異教徒宗教」，[21]前者指控哈瑪斯信仰伊斯蘭不夠虔誠，揚言入加薩將它打垮。哈瑪斯同意讓女人受教育、出外工作而且友善對待占人口極少數的基督徒，因此也絕對談不上是巴勒斯坦的塔利班。即使哈瑪斯因為眼前需要而和伊斯蘭國追隨者合作，從西奈半島北部輸入武器——埃及堅稱有此事，哈瑪斯則予以否認——那也是專門為了實現巴勒斯坦人的目標而為，沒有打全球聖戰的意圖。在哈瑪斯的做法上或其目標上，也沒有和伊斯蘭國契合之處。哈瑪斯投下相當大的武力和精力壓制加薩境內有意追隨伊斯蘭國者，此舉既有益於哈瑪斯本身的安全，而且讓人感到諷刺的，也有益於以色列本身的安全。

哈瑪斯和法塔赫另有一些重大差異——包括哈瑪斯批評巴勒斯坦自治政府的保安部隊和以色列的保安部隊合作——但最根本的意識形態爭執，長年以來都因其所堅持的一個目標而起。這個目標就是要在其所認為的巴勒斯坦全境建立一個巴勒斯坦人——甚至伊斯蘭——國家，換句話說，消滅以色列。但如果當初以色列和法塔赫所主導的巴勒斯坦自治政府已走上認真的和平進程，哈瑪斯大概永遠無緣贏得讓其在二〇〇六年掌權的那種民意支持。十年後，哈瑪斯大力支持建立以一九六七年邊界為國界的巴勒斯坦人國家，不管那支持出於當下需要的成分有多大，看來都像是為了使自己更靠近巴勒斯坦政治舞台中心的試探性作為。「哈瑪斯已把自己從中世拖到十九世紀」，加薩境內一位經驗豐富的巴勒斯坦籍哈瑪斯情勢觀察家暨批評者開玩笑說。二〇〇二年阿拉伯和平倡議，保證埃及、約旦以外的阿拉伯國家會承認以色列（埃、約兩國已承認以色列）。對哈瑪斯來說，若公開認可該倡議，那將會是遠更具決定性的一步。未來發展沒人說得準；但歐洲人等相關各方，拿哈瑪斯的新文件作為——終於——和哈瑪斯打交道的理由，從而可能已說服這個派系的新領導階層走出二十一世紀的那一步。

第十四章
他們會始終想家

《來自加薩的信》（*Letter From Gaza*）是著名巴勒斯坦籍作家加桑．卡納法尼（Ghassan Kanafani）的虛構性作品。[1]卡納法尼是巴勒斯坦解放人民陣線（PFLP）的發言人，一九七二年三十六歲時和其年輕侄女在貝魯特一同被以色列人所安裝的一枚汽車炸彈炸死。該作以一封信的形式呈現，寫信者是來自舒賈亞某難民家庭的一個巴勒斯坦人，為回應他的最年長友人穆斯塔法的邀約而寫下。穆斯塔法邀他去美國加州的沙加緬度和他會合，以便實現他們童年時就有的出外闖天下的夢想：「我們那時常喊『我們會發財』。」但主人公婉拒了邀約，在信中說，儘管加州大學洛杉磯分校的土木工程系虛位以待，他還是不願離開加薩，前去「你所寫的『有著綠意、水、漂亮臉孔的地方』。」

反倒，在該信結尾懇切請求穆斯塔法回鄉。主人公解釋說，在科威特工作的他晚近回加薩度假，得知他的十三歲侄女在以色列某次炸彈襲擊中受重傷而住院。他去看了她，告訴她他已把她託他在科威特買的紅長褲帶過來，想藉此讓她舒服些：

娜迪亞顫抖，好似遭電擊，低下頭，表現出可怕的沉默。我感受到她的淚水弄濕我的手背。「說話，娜迪亞！妳不想要紅長褲？」……我再度聽到她說話，從遠處傳來。「叔叔！」她把手伸得老長，用手指揭開白色蓋布，指著她齊根截掉的整隻腿。

對娜迪亞的叔叔來說，那一刻的情景撕心裂肺。後來他聽說他侄女當時撲身蓋住她的弟弟妹妹，以免他們被炸彈炸到。他敦促穆斯塔法回加薩，以「從娜迪亞的腿體認」什麼樣的人生才不枉此生。

此故事最重要情節處的兩難，加薩許多巴勒斯坦人很熟悉。卡納法尼的故事道出許多曾考慮赴他鄉過日子者的心聲；一方面，長期沒有發展機會，擔心衝突無休無止，還有讓人喘不過氣的被囚禁之感；另一方面，要不顧朋友、家人死活一走了之，流亡在外看著親友身陷險境、苦難纏身，心裡百般痛苦，還會深深懷念家鄉。事實上，二十一世紀和卡納法尼於一九六〇年代寫作時，兩者之間只有一個差異，即離開加薩不易。

對加薩境內某些巴勒斯坦人來說，能選的路很清楚——不是留下，就是走人。哈桑·傑亞達，加薩人民精神健康計畫的心理學家，二〇一四年戰爭時失去母親、兄弟、侄子，精神創傷無以復加，但決意留下：「我不想把精力浪費在思考該怎麼離開加薩上。我的孩子有權利自作決定，擬訂自己的計畫。我已和妻子討論過這問題，我不會離開。我沒把握會過上更好的生活。我有份工作，有家和家人，我把精力用在我的小家庭、我的大家族上，竭力以專業人士的身分在這裡幫助我的同胞。」

相對的，極優秀的攝影記者傑哈德·薩夫塔維（Jehad Saftawi）、也是出色藝術家的他妻子拉拉（Lara）——兩人都二十幾歲——不只決意離開到外面過新生活，而且，經過和官僚不斷的角力和幾次試圖通過拉法、埃雷茲口岸未果，終於在二〇一六年如願。兩夫妻離開的幾個月前，在他們的公寓，我們吃著她親手料理的鑲餡密生西葫蘆晚餐，拉拉說二〇一四年戰爭使他們終於決定能離開時就離開。那場戰爭期間，他們家公寓旁邊的十二層公寓大樓毀於以色列的空中打擊。兩夫妻於三次戰爭期間，經由出外目睹和新聞報導，已見過太多屍體和毀掉的建築，其中最後一場戰爭則似乎近在眼前，使他們更不安許多。「二〇一四年，我們覺得戰爭就要來」傑哈德說，「我們在自家公寓待的那些晚上，拉拉躲在桌子下」。[2] 一如哈桑·傑亞達，七月二十九日那晚的猛烈轟炸，他們歷歷在目——傑哈德清楚拍下那時的可怕情景，發布在YouTube，而且替該影片取了讓人啼笑皆非的標題「歡迎來到加薩市札費爾（一號）大樓十二樓的我家公寓陽台」。他說，這些戰爭所造成的破壞和以色列的封鎖，傷害了「人的心智……我們互相做惡劣的事，好似那是個不可能生活的地方。如今人們自殺，每天都會聽到一則故事」。

傑哈德生於抱持巴勒斯坦民族主義的菁英階層。一如他「用自己的藝術創作本事來對抗不公與壓迫」的堂兄弟阿薩德，他是著名人物阿薩德·薩夫塔維的孫子。阿薩德·薩夫塔維是一九四八年難民一員，逃離現稱阿什凱隆之地，法塔赫的共同創辦人之一，虔誠穆斯林但反對哈瑪斯，一九九三年，即阿拉法特回來的前一年，在加薩離奇遇害。傑哈德的父親埃馬德——薩夫塔維的兒子——原是巴勒斯坦伊斯蘭聖戰組織的激進分子，參與了一九八七年引人注目的越獄事件。當時他和獄友趁濃霧掩護逃出以色列監獄，四處逃亡，但這時他又被關進監獄，而在監獄裡他已轉投哈瑪斯旗下。傑哈德繼續前去探監，透過電話和父親互訴父子情，但這時他堅決反對包括哈瑪斯在內的諸派系，也堅決反對以色列對加薩的政策。他認為哈瑪斯的離譜想法「遠遠悖離現實」。他和拉拉先前就想過離開，但是在二〇一四年戰爭後，在我目睹以色列人、巴勒斯坦人、每個人所作所為後，確定這裡不能再待。

在傑哈德看來，較年輕一輩不想過他們父母那樣的人生，不想為了存夠錢買間或蓋間房子而工作幾十年——傑哈德所謂的巴勒斯坦人眼中有個家的「崇高想法」——因為他們已看到可能會有的遭遇。「在哈瑪斯和以色列的戰爭中，那房子一轉眼就沒了。每個人都想離開，沒人想為了這些房子存錢，沒人想成家。」我說二〇一六年時我也沒碰到許多想要留在加薩的受過教育的年輕人，傑哈德不客氣回道，「這種人我一個都沒碰到」。

這是誇大之詞。但亞絲敏．道瓦斯（Yasmin Dawwas），想法不受宗教左右且和傑哈德、拉拉一樣二十幾歲，也決意離開。二〇一六年夏，亞絲敏取得醫師資格，被派去席法醫院當一年的實習醫生。有天下午，我們在戴拉飯店俯臨大海的優雅露台上見了面，此前那一整夜，她一直在急診室裡忙著縫合意外受傷者的傷口。亞絲敏黑髮、漂亮、很聰明、有遠大抱負、英語說得好，還勇敢：既有不怕死的勇敢——在加薩兼職幫忙擺平麻煩暨翻譯，在危險時地幫外籍記者——還有敢於對抗流俗的勇敢。身為生活在極保守社會裡的女穆斯林，儘管不戴頭巾可能招來輕蔑的非議或十足不留情面的辱罵，她還是拒戴頭巾，認為那應由個人自己作主。她打定主意要離開加薩。

她早早就想當醫生。她父親穆罕默德長年苦於一種愈來愈嚴重且不尋常的自身免疫病，而加薩境內醫療專業人士的欠缺始終令我苦惱，你不得不外逃。那令人難過，時時縈繞我心頭。病情一開始很輕，但現在他幾乎無法行走。看到我所無能改變的事，十足束手無策，什麼事都做不了，這樣的情況我不習慣。[3]

父親的病已使她頭疼，亞絲敏所摯愛的九歲么妹，活潑且非常聰明的哈拉，二〇一一年車禍受重傷，則使情況雪上加霜。哈拉後來康復，但留下長期的子宮併發症，這病大概只能靠前往英國或美國才治得了，但去英美的旅費高到讓人望而卻步。

亞絲敏失望於拿到大學文憑後她的專業技能在加薩沒機會施展，失望於他們需要醫生，但僱用不了足夠的醫生，因為哈瑪斯和巴勒斯坦自治政府的情況，沒人會付薪水；每三個月才拿到四分之一的薪水。連在這裡開啟職業生涯都不值得。

當然，在某個醫療領域，出於最令人揪心的理由，即使加薩的醫療設施比不上任何地方，至少加薩的醫術不遜於任何地方：緊急醫療和醫治戰爭所導致的身體傷害。但亞絲斯的夢想是成為心臟外科醫生和參與國際醫學研究。「或許二十年或別的時間之後我會回來做些事。要我每年回來幫忙，做這裡的人所需要的任何事，我覺得無妨，但我不要住在這裡。」

亞絲敏知道，這些說來容易做來難。她將需要一個願意接納她的地方、獎學金、簽證，當然還需要取得欲經由埃及或以色列和約旦出國所需的許可。但二〇一五年秋，經過四個月的延遲，她終於一償所願，拿到赴倫敦大學學院醫院進修所需的許可。她在該醫院工作很辛苦，但感受到此前未有的自由之感。

還有一個因素：在保守閉鎖的社會裡難以過與眾不同的生活。「去某些區域時，我覺得自己格格不入。那就像他們在要求我這樣的人接受他們的信念、他們的傳統，我覺得這沒問題。但我也希望他們待我如同對待別人，例如那些戴頭巾的女人。」令她惱火的，她常被認為是基督徒。「在齋戒月時，他們認為我沒齋戒（她的確齋戒），他們會問我叫什麼名字，我說亞絲敏．穆罕默德．道瓦斯時，他們說『哇妳是穆斯林』。很怪……這些是個人隱私，不該拿來說三道四。」

據亞絲敏所述，戴頭巾的女人之所以戴頭巾，「大多」因為她們的家人，我認為她們被兄弟或父親逼才戴，因為他們不希望別人盯著她們看。有些女人在某些地方戴頭巾，其他地方不戴，例如去（極傳統的城鎮）拉法時，因為不想被騷擾。

亞絲敏屬中產階級（她母親是聯合國難民救濟和工程處的學校老師），出身難民家庭，無意間清楚看到加薩社會階層的尊卑之分，看到「納克巴」過了七十年後，那些較有名望的加薩人家（亦即非難民家庭）只彼此通婚，不會讓子女嫁娶外人。「他們會瞧不起我，因為我家並非加薩本地出身。」其中一戶人家，在其女兒想要嫁給貝都因人時，特別驚駭。亞絲敏認為這種勢利表現「很可悲」。她說，有個友人告訴她，她祖母問她亞絲敏叫什麼名字，她回答後，「她祖母會說『道瓦斯，妳在哪裡和這些人見面？她是加薩本地人？』我朋友說『但祖母，她是醫生』，想藉此說服她祖母」，她就是得使她的交友正當合理——很扯吧。

但比起嫁人的壓力，這算不得什麼。亞絲敏大學畢業前，「親人、朋友、鄰居之類的」會為她為何沒嫁人找到藉口。但如今他們找不到藉口。我覺得自己還年輕，不過照這裡的標準，他們認為我不年輕，我會嫁不出去。去參加某些婚禮時，發現新娘十八、十九歲，我像個阿姨。真的很扯。我唯一一次覺得自己還年輕，是在倫敦時。那裡的人把我當小孩子般對待！我說我不急著嫁人，說我有遠大抱負，想旅行，想要在學業上更上層樓，專精於我目前在鑽研的，他們說可以啊，「但妳得和丈夫一起走這條路」。

亞絲敏也惱火於哈瑪斯執行未婚年輕男女彼此不得接觸的規定。二〇〇五年四月，在拜特拉希亞，發生了一件晚近未再發生的令人氣惱的事。那時，哈瑪斯還未掌權，來自該派系的幾個自封為道德貫徹者的武裝男子，射殺了二十一歲的尤絲拉．阿札米（Yusra al-Azami）。當時她的未婚夫開車載她從海灘返家，在那之前，她和未婚夫、未婚夫的兄弟和其未婚妻——也是尤絲拉的姊妹——一起在海灘遊玩。這兩對男女下個週末就要結婚。哈瑪斯最終承認行凶者是其成員，說他們不知道這兩對男女已訂婚：當時哈瑪斯的發言人穆希爾・馬斯里（Mushir al-Masri）說，「有不檢點的嫌疑」。[4]

年輕情侶依舊冒險偷偷約會；有家頗為過時的市中心飯店，有個不會被打擾的天台，常被用於幽會。但據亞絲敏的說法，如果有密告者或愛管閒事者（端視你的觀點而定）告訴當局，有一對未婚男女共處於一間公寓裡，警察大概會現身，把這對男女轟出去，把此事告訴他們的父母，要這對男女結婚。

亞絲敏認為她在加薩恐怕不會有好姻緣。「我不想被這些限制纏身，不想覺得自己像是做了什麼大不該的事。」她說，待在倫敦期間，「感覺很好，我不會因為自己的穿戴被指指點點，不會因為自己做了什麼事被指指點點」。一如卡納法尼的穆斯塔法，她不忍和加薩徹底斷絕關係。她的夢想是為有抱負的年輕學生設立獎學金，以助他們出國。「這裡的人有活力，有時很有創意，缺機會，而我會樂於幫助這樣的人。」

但一如卡納法尼的穆斯法塔，亞絲敏有個在加薩的好朋友留了下來。阿雅・瓦基勒（Aya al-Wakil）是巴勒斯坦人權中心的二十六歲律師，聰明、實事求是、有心協助社會弱勢。她會很樂於出國進修，但那會是為了「回來為巴勒斯坦人的奮鬥目標助一臂之力……幫助這裡的人」。[5]

阿雅未婚，她那個年級裡的頂尖法律系學生，戴頭巾，與亞絲敏或拉拉不同的，有心不讓她那些一再談著要離開的朋友身上的「負能量」上身。對她來說，兩難問題不是走或留，而是是否要專攻國際法或女權。她的工作的一部分是協助編出一份以色列被控犯下的戰爭罪的檔案。巴勒斯坦人權中心和另外三個人權機構已把這些指控的罪行提交給國際刑事法院。另一部分工作是為遭家暴的女人，或為正努力透過訴訟離婚的女人，無償打官司。在加薩，離婚法大不利於想離婚的女人。她堅信該在國際刑事法院挑戰以色列，同時坦承她是在擔任替女人維權的律師時，「每天（看到）成果」。

按照巴勒斯坦法律，男人離婚比女人離婚容易得多。離婚女人通常有權利保有兒子九歲前（在西岸是十五歲前）和女兒十一歲前的監護權，那之後，兒女轉交給父親。但，一如阿雅所解釋的，「有時，父親若是不夠負責任，或本身是刑事犯或心理不穩定，父親得不到小孩。如果女人喪夫，可以保有孩子，但再嫁時，孩子就要歸夫家。」女人常不知道孩子歸父親照養時，她們依法有權探視孩子。寡婦保有孩子的權利——前提是她們未再婚——係加薩境內二〇一〇年的改革成果。阿雅說，此法的執行有利於許多因鑄鉛行動而喪夫的女人。

女人只能透過往往冗長的伊斯蘭教法訴訟程序提離婚，然後，只有在某些條件下，包括證實真有其事的家暴，才離得了婚。阿雅的工作內容主要是讓法庭相信符合這些條件。她和其他人正為另一個改變而奮鬥，她說那是伊斯蘭教裡被大部分人認定為合理的改變。那改變若成真，女人只要放棄其對財產、金錢、孩子監護權的所有權利，就離得了婚。這聽來對女人不公平，但阿雅相信，如果在加薩這麼做，「一半的離婚問題會解決」。

但阿雅說，哈瑪斯政府反對此做法，理由是「女人較情緒化，於是大部分夫妻會在出現小問題時就離婚；男人較明理」。她認為實情正相反。「就我所見過的，男人始終較不明理，而且緊張、咄咄逼人。男人一生氣，因為愚蠢的理由而生氣，就會要女人離婚。但女人會考慮每個方面；家庭、房子、孩子，每個方面……為何許多女人遭施暴卻悶不吭聲，這是原因之一……因為她們想要保住家庭的完整。」

不管對可蘭經裡那句似乎認可在妻子不聽話時打老婆的經文做何種正確的解讀，在加薩，大部分人夫的確未打老婆。[6]但阿雅相信女性維權組織喚起女人自覺之舉，大概已使女人更願意通報遭丈夫毆打之事，從而推高家暴數字，同時也確信實際發生率也在上揚，其中許多家暴是過去十年裡劇增的壓力所致——無力保護家人之感；戰爭所導致的精神創傷，尤以家庭失去家的情況時為然；失業率高居世界前列。

「人權觀察」組織二〇〇六年的一份報告，痛斥巴勒斯坦自治政府的警察，在協助遭毆打的婦女上幾無作為或毫無作為，[7]但阿雅說，或許令人感到意外的，加薩的哈瑪斯警察自那之後，就在這方面有較積極的作為，逮捕男人，或逼他們簽下若再犯就送監獄的協議。

她說，有時她因為得知家暴事件而「晚上睡不著」。離婚是解救辦法，但可能花上六個月至一年的訴訟才離成，而毆打之事往往難以查證。「有時我們得把女人送回她丈夫身邊以取得證據，比如驗傷報告或警方調查報告，或者比如跑出房子以讓鄰居看出她的遭遇。」她的工作往往不好受，但那是使她決意留在加薩的主要原因：

我覺得自己每天在促成改變，自己在為我的同胞、我的國家做重要的事，尤其是女人方面的事。我把一個案子送上法庭，使其中一個女人過上更好或更公平的生活，那一刻我心裡的快樂是你想像不到的。

但……還有一個理由：戰爭。要我站在外面看這些事發生，我做不到……我知道許多人住在（加薩的）外頭，戰爭期間他們心裡真的不好過。對我來說，如果戰爭期間我的家人遭遇什麼不測，而我不在他們身邊，我會瘋掉。我有幾個弟弟妹妹，我是家中活躍的一員，戰爭期間我給他們精神支持。我是仍待在家裡的最年長孩子。

撇開她父母都有病在身而她不想丟下他們這因素不談，阿雅說她如果離開，會很想念在加薩的許多「始終支持我」的朋友。「我如果離開，肯定找不到人來替補我在這裡認識的那些人在我生活裡扮演的角色。我會很孤單。」她說，「我在國外的朋友九成其實不快樂。我不認為他們有機會過上他們想要的正常人的生活，對這裡正發生的事毫不放在心上。他們會始終想家。」

鑑於一九四八年大批人民被迫離開家園，流亡和回歸成為巴勒斯坦人的小說裡非常普遍的主題，也就不足為奇。阿泰夫・阿布・賽義夫（Atef Abu Saif）的一篇短篇小說的開頭段，反映了阿雅上述的最後一個看法。[8]與卡納法尼不同的，阿布・賽義夫是加薩人。小說的主人公拉姆齊從北邊開四十公里路到拉法，這是「任何加薩居民所能完成的最長旅程」。他走這一趟是為了見他的哥哥。他哥哥「再也忍受不了遠在他鄉的生活」，於是決定回到闊別三十年的加薩。他哥哥離開時，拉姆齊五歲；他只能透過 Skype 認識他的長相。

他哥哥三次欲越過邊界都未能如願，最終死了心；他在埃及邊界排隊已排了三天，「在那裡，數千名旅人通過鐵門出去時又推又擠，那場面很不真實、令人很不舒服」。結果，拉姆齊反倒無意間見到另一個返鄉者，他的大學老友薩米爾。薩米爾在杜拜當了十年會計，賺到足以讓他的幾個弟弟完成學業、讓一家人得以在難民營蓋間新宅、足以支付他妹妹結婚費用的錢。他原本很不想回老家，因為「他很厭惡」走經由西奈半島回去這趟路，那得在此口岸的埃及那一側等上幾小時（如果此口岸開放的話），因為一想到結束返鄉，踏上返程，他就為之卻步，那得等上數天或數星期才能完成「離開加薩這個奇蹟」。但薩米爾決意在拉姆齊的哥哥鎩羽而歸之處過境入加薩，以在母親去世前見她一面。拉姆齊的母親已在去年去世，「記得那個下雨的三月早上，他哥哥離開家，標緻４０５載他走過泥濘的街道去邊界」。

阿布・賽義夫以感傷筆法鋪陳的這些人物遭遇，成千上萬個加薩人家一下就能認出。這些故事體現了一個普見於全民的弔詭現象：愈來愈難自由出入加薩，使加薩人更加想要一有機會就永遠離開那裡。但這些故事也深刻點出即使是那些最想離開的人都解決不了的矛盾：加薩是讓人想離開的監獄，但也是永遠的家鄉。

第十五章

拜特哈農的長距離跑者：封鎖和「堅定不移」

探照燈開啟，柵欄就定位，騎師已視察過賽道，侍者暫停手邊工作，手上端著客人所點，等著要送上散落各處之桌子的咖啡、茶、新鮮芒果汁；裁判坐在前排座位上。二〇一六年某個溫暖的春天傍晚，在時髦人物很愛光顧的賈瓦德馬術俱樂部（Al Jawad Equestrian Club），觀眾停止聊天數分鐘。十三歲的穆罕默德·薩阿迪（Mohammed al-Saadi），穿戴白馬褲、黑頭盔、騎馬外套，完成騎馬越障，未碰倒任何柵欄。一百個左右的男女小孩觀眾，報以熱烈掌聲，其中許多女人頭上未蓋頭巾，穿著雅致但輕便的西式牛仔褲和上衣。這些人是正從事休閒活動的加薩中產階級上層人士。

根據這個俱樂部的老闆阿什拉夫·亞祖里（Ashraf al-Yazouri）的說法，儘管經過多年封鎖和三次造成重大破壞的軍事攻擊，騎馬在加薩還是「很熱門」。他在他孩子的勸說下開啟此事業，於二〇一四年七月護刃行動開打前一個月開張。在此次衝突的幾次短暫停火期間，俱樂部員工得趕去此俱樂部照料馬匹。四十匹馬養在此俱樂部的馬廄並在此接受訓練，全經由以色列從歐洲輸入，其中十九匹是俱樂部自有，二十一匹屬個別人士所有。這些人要付給俱樂部每匹馬兩萬塊謝克爾（四千兩百英鎊左右），還要每個月付五百四十塊謝克爾的馬廄使用費。

亞祖里很忙，週間早上八點至下午五點在他的資訊科技訓練公司工作，傍晚時來馬術俱樂部。他認為這個俱樂部生意好，源於人們需要「消除壓力」，而他的客戶也這麼說。他坦承該俱樂部只能吸引到財力負擔得起的人：一堂四十五分鐘的課要二十塊謝克爾（四英鎊多一點），比起在歐洲馬術學校上課的費用微不足道，但遠超出加薩大部分人的財力。

這裡也是男人和可以說大部分不能在外拋頭露面的女人似乎能自由自在社交的地方。哈瑪斯曾試圖干擾這個俱樂部的營運，堅持要男女孩分開上課？畢竟哈瑪斯已如此干預過加薩另一家馬術俱樂部。亞祖里說，內政部官員和這個俱樂部的經理、投資人見過兩次面。第一次他們「咄咄逼人」，但「第二次他們認為那是休閒娛樂性質，男女在這裡一起活動不會出什麼『亂子』。」[1]

二十八歲的盧卜娜・卜塞索（Lubna Bseiso）來上馬術課，一星期三或四次。「每次來這裡，都覺得自己擺脫所有壓力」她說，「不覺得自己人在加薩，那是社交的好地方」。拉菲克・穆薩拉姆（Rafiq Mussalam），四十七歲律師，定期帶兩個兒子、兩個女兒來這個俱樂部，「那是我的孩子來了可以安全無虞的地方，他們可以做有益健康的事，不會惹麻煩。」過去，較富裕的加薩人可以出國度假；如今，這個馬術學校提供另一個休閒去處，尤以夏季時為然。

賈瓦德馬術俱樂部處於加薩社會－經濟光譜的一端，位在汗尤尼斯難民營邊緣的埃爾佐霍爾（El Zohor）則處於另一端。加薩境內或許有更窮的地方。加薩居民阿達姆．尤塞夫．佐羅卜（Adham Yusef Zorob），二十二歲，相信加薩境內有收入比他還少的工人。他用驢車把毛石載到當地一家水泥廠，一天工資十五塊謝克爾左右（不到三英鎊），而他是有五個大人、四個小孩的一戶人家裡唯一的賺錢養家者。但這個破敗的小棚戶區，即使不是最窮的區，也肯定是最乏人聞問的區域之一。這裡共七十或八十戶人家，住在用煤渣砌塊搭起的鐵皮屋頂棚屋裡。這一區的一頭聳立著堆成小山般且定期被填滿的加薩市垃圾場；在此區中央，光腳的小孩在沙地上堆成金字塔般的生鏽、扭曲汽車車架周邊玩耍。這些車架等著當成廢鐵出口到埃及、以色列。這個克難的小村莊不易找到；官方替它取的名字埃爾佐霍爾——「花」——或許是市政府玩笑之舉。在汗尤尼斯，似乎沒人聽過這個地方，或許因為九年前它不存在；以色列開始加劇封鎖後，付不起房租的人家才決定在這個沒人住的荒地簡單搭起他們的棲身之所。二〇一三年之前，佐羅卜一直在埃及邊界下方的走私地道工作，收入——就加薩來說——的確很豐厚：一週七百至八百塊謝克爾（一百五十至一百七十英鎊）。但隨著埃及人開始摧毀地道，往往藉由把海水灌進地道來摧毀，這份工作泡湯。二〇一六年時，他甚至連驢車都沒有；得花錢租用別人的驢車，才能運送毛石。他說，他那一家子——他老婆、年幼兒子和女兒、父母、離了婚的妹妹、她的兩個更年幼的小孩——「慘到不行」。這一家人靠濱豆、豆子、些許蔬菜勉強度日，運氣好的話，兩個星期吃一次雞肉。排定六個星期後（但後來取消）舉行的地方選舉，這一家人會去投票嗎？「我想不管哪個派系未來都不會幫我」佐羅卜說，「我想找到吃的。我不關心政治或不相信政治。不操心那個。」[2]

如果說加薩走廊被外力斬斷與外界的聯繫，埃爾佐霍爾則似乎不知怎麼的和加薩的其他地方斷了聯繫；加薩的加薩。

少有外人來此；二〇一六年六月，有個巴勒斯坦籍的救助人員，帶來沙烏地阿拉伯所出資買下的好幾袋食物，供開齋晚餐食用，結果「震驚」於當地人家的慘況。往這小村更裡面走，在五米高的廢鐵堆對面，住著阿爾瑪札・佐羅卜（Almaza Zorob），她頭巾底下飽經風霜的臉，一笑起來，就皺出好幾條紋。她嫁進成員眾多的佐羅卜氏族，住在和阿達姆的房子類似的房子裡，屋外，村裡的女人拿男人和婚姻說笑，身邊圍著她們光腳丫的孩子。有個肚子已很大的孕婦，肯定只有三十五歲，打定主意生完這個——她的第十胎——就不再生。收入這麼低，卻生這麼多孩子，明智嗎？阿爾瑪札的三十四歲已婚兒子馬赫魯斯插嘴道，「沒別的事可做」，引來眾人大笑。阿爾瑪札收起笑容，堅持要帶我們進她房子後頭的一間陰暗的房間。她癱瘓且癲癇的已成年女兒躺在那房間的床上，似乎睡著，但敞開的手掌做著不規律、不協調的動作。房間裡尿騷味很重。

這個癱瘓女人的兄弟馬赫魯斯・佐羅卜，比他住在小村另一頭的那個朋友暨遠親還要樂觀，儘管是同行。他說「每天都比前一天糟」，還開玩笑說「過去景觀很好，但現在眼前是垃圾，但至少大家都不用付房租」。他也蓋了自己的房子；一間給他、他二十七歲老婆尼絲琳和他們的五個小孩住的房間，一間兼用來存放全家人衣服的狹促小廚房，一間沒有淋浴設備、往地上開個洞當茅坑的「衛生間」；全家人都用紅色塑膠罐裝水洗澡。屋頂有破洞，他沒錢修。但馬赫魯斯和尼絲琳未灰心喪志。幾年前這對夫妻在他們的小前院裡種了兩棵樹，一棵橄欖樹，一棵檸檬樹，此後每年都會結果。

把這對夫妻的樹看成堅忍和希望的象徵，是不是太異想天開？或者，認為他們和賈瓦德馬術俱樂部的騎師，雖有種種不同，還是有共通之處，是不是太異想天開？比起玩得起騎馬運動那群人數極少、家境富裕、占人口少數的加薩人，埃爾佐霍爾當然遠更能代表加薩。這個馬術俱樂部的會員過的日子，比他們在埃爾佐霍爾的同胞——和加薩其他兩百萬居民的其中大部分人——愜意許多，但兩者都想用自己的方式在不正常的環境裡打造一個正常的角落；那彷彿證明，即使是「這個大監獄」裡的囚徒都很想擁有那之外許多人視為理所當然的那種生活品質。

阿拉伯語的 summound 一詞，常被譯為「堅定不移」，其實不易譯得貼切。自一九六七年起，該詞就被包括亞塞爾·阿拉法特在內的巴勒斯坦人，用於形容對以色列占領之非暴力抵抗這種不爭一時但爭春秋的行動，例如即使以色列人用武力逼他們離開自己土地，他們仍繼續耕種，不願離開之舉。但這個詞語既表明一種愛國愛鄉義務，同時，「鑑於當前情勢」，也可能簡單到只是表示要「每天早上醒來時都具有那股要繼續執行自己的日常工作並堅守自己的人性，不為挑戰和危險所阻的決心」。[3]

當然，加薩境內並非每個人處於「當前情勢」都能達觀以對。自殺數據不易確定（伊斯蘭教極不認同自殺），但非政府組織說二〇一六年時此數據有增無減。那甚至是老師潔罕・奧卡反對將《羅密歐和茱莉葉》納為大學入學考試的英語必讀書籍的原因之一。根據某項非正式的估計，九十五個加薩人於那年第一季自殺，數據高得異常。[4]其中之一的阿斯米・尤尼斯・布里姆（Asmi Yunis al-Burim），在路邊加油站用罐子買了兩公升的汽油，倒在自己衣服上，在汗尤尼斯外面南北向主幹道薩拉丁路上，繁忙的巴尼謝拉交叉路口，當著附近蔬果店的諸多顧客的面，點燃自己。旁觀者急忙衝過去，用毯子蓋住他，迅速叫了救護車，八天後還是死在醫院。他所屬的大家族，五十五個男女老少，住在汗尤尼斯東郊的巴尼謝拉，一間破敗的房子裡。我們去看他的大家族時，我的巴勒斯坦籍同事暨翻譯員瑪麗亞姆・道瓦斯問他的弟弟歐瑪爾，阿斯米為何自殺。「你來自加薩？那你知道為什麼」，他回。「他心情低落？」我們問。「我們全都低落」，他不耐煩的說。[5]阿斯米，一如加薩四成二的巴勒斯坦人，失業。自從七年前在某建築工地工作時從五樓掉下來，他背部問題一直沒好，正想要去埃及或以色列進一步治療。埃及邊界大部分時候關閉，本地一個醫生已答應替他從拉馬拉的巴勒斯坦自治政府那裡弄來轉診加薩境外醫院的證明單——得到以色列軍方之出境許可的先決條件之一——結果，歐瑪爾說，「就此無消無息」。他母親宰娜卜說，她兒子為何自殺，有「許多原因」。「他因為沒工作而心情低落。他籌不到醫療費。他沒錢結婚。三十一歲還未婚已經有點老。他指望他那些已婚、有小孩的兄弟幫忙，他們幫不上他。他們自己已幾乎過不下去。他絕望，認為一切都不會改變」，她說。我們離開之前，有人拿出阿斯米的一張擺拍照，照片中一個特別帥氣的男子，一頭往後梳的黑髮，長得有點類似歌手「王子」（Prince）。「他風華正盛的時候」，宰娜卜·布里姆說，自我們登門以來首度哭了起來。

美籍人權行動主義者暨前記者帕姆·貝利（Pam Bailey），創立歐洲地中海人權監控組織（Euro-Med Human Rights Monitor）的計畫「我們不是數字」（We Are Not Numbers），給年輕加薩人一個用文字表達自己經歷的平台。她用英國國民保健署所設計的九道問題，對投稿者做了調查，發現她所抽樣調查的人裡，五成三「可能」苦於重度憂鬱症，「其中一半人在過去一次以色列攻擊中失去一個或一個以上的家人或至交」；三分之一覺得「自己沒出息或讓家人失望」；五分之一相信「自己死了更好，或幾乎每天或過半的日子想過自殘」。受訪者提出的理由：無法離開加薩（七成七）、停電（六成五）、找不到工作或找不到薪水不錯的工作（六成一）、以色列攻擊／監視（五成五）。[6]

「停電」在帕姆·貝利針對青年焦慮事項所做的非正式民意調查中拿到如此高分數，並不足為奇。有十年時間，加薩人最熱烈討論的話題之一，一直是長期得不到改善的停電，尤以一戰爭結束至另一戰爭再起這中間的空檔時為然。至二〇一七年春，電力已減為四小時供電、十二小時停電。許多中產階級家庭已很能應付停電，懂得趁較高級公寓大樓的保全為了讓電梯運行而每小時打開吃油很凶的發電機幾分鐘時，趕忙使用微波爐，或在半夜起床讀考試科目的書，或使用洗衣機或替電話充電。

在電力短缺長期得不到改善的城市裡，生活隨時可能停擺，而二〇一六年五月的一場悲劇正具體說明了這種生活特色。某個星期五——家庭禮拜暨休閒娛樂的日子——三十一歲的穆罕默德·辛迪（Mohammed al-Hindi）、他的妻子和五個年幼小孩，去加薩人週末時常大量湧至的漁港買便宜的甜玉米和咖啡，欣賞地中海美景。那是個平和、舒心的下午；五個小孩臉上畫了圖案，他們的爸爸買了三明治當晚餐。回「海灘」難民營途中，穆罕默德停下來買蠟燭，因為停電；一到家，他就點了三根蠟燭，打發小孩去他們共有的那間房間睡，然後穆罕默德再度出門辦點事。不到十五分鐘，有根蠟燭點燃草席和床墊。「火在門口處」，穆罕默德說「我老婆想進去，結果臉燒傷。她開始尖叫，鄰居趕過來。他們進不了那個房間」。[7]鄰居在牆上打出一個洞時，他的老三、老四、老五都已死了。

三個孩子的死，令人心痛體認到長達十年的電力危機是怎麼回事，而加薩人認為此危機並非單單哪一方所造成。以色列封鎖——和天然氣不得輸入——所導致的經濟內爆是此問題的根源，但加薩許多巴勒斯坦人往往把矛頭指向哈瑪斯和法塔赫，以及這兩個派系的失和。為了誰該為老化且已被炸傷的加薩唯一發電廠所需的以色列燃料、來自以色列電網的電力（加薩六成電力來源）買單，這兩個派系吵得不可開交。尤其，拉馬拉的巴勒斯坦自治政府堅持要針對該電廠所需燃料課徵高達一七〇%的懲罰性稅率，於是巴勒斯坦自治政府以一公升二．三塊謝克爾買來的柴油，二〇一七年初以課徵最高稅率後的價錢五．七塊謝克爾，賣給（哈瑪斯所經營）加薩發電局。該發電廠因此於二〇一七年四月停擺。巴勒斯坦電力、能源、天然資源局的加薩辦事處堅稱，如果燃料免稅，它能從發電廠發出高達六十百萬瓦的電。[8]而即使這樣的發電量，仍遠低於原計畫的一百四十萬百萬瓦。原因之一在於中轉傳送能力有限；但另一個原因是該發電廠一再遭轟炸（最近一次是二〇一四年）和不易將備用零件送進加薩修復戰火所造成的損傷。

然後二〇一七年，馬赫穆德．阿巴斯採取自己的辦法來逼哈瑪斯交出對加薩的控制權。不管他是否如他的一個巴勒斯坦自治政府同僚所說的，[9]此前一直在華府的壓力下行事，其結果，一如在這類措施下所必然導致的，就是把這壓力轉嫁到加薩公眾身上。八年多來數萬名巴勒斯坦自治政府的公務員一直可以待在家裡坐領乾薪，但這時，阿巴斯不再付給這些人薪水，從而立即傷害加薩本就困頓的經濟。他大幅裁減用於購買以色列以正常商業費率供應之電力的經費；以色列隨之把供電減至八十萬百萬瓦，從而不只進一步緊縮境內的供電，還使醫院和污水抽取站有停擺之虞。而且他減少想要在西岸和以色列就醫之病人的醫療保險承保項目，從而使本就悲慘的情況——以色列駁回一半以上病人的加薩出境許可申請——雪上加霜。[10]英國非政府組織「醫療援助巴勒斯坦人」（Medical Aids for Palestinians）說，六名癌症患者於申請出境遭拒後死於二〇一七年上半年，指出加薩缺乏放射療法設備或專門的化療設備。[11]不足為奇的，聯合國說加薩境內的日常生活變成「愈來愈悲慘」。[12]加薩已承受十年的一個長期危機，就此升到另一個高點。忍受此危機是一種全民性但出於無奈的「堅定不移」表現。

鑑於上述種種困境，任何人看到加薩表現出的韌性，都必然心生佩服。在世道最好的時候，「普通人」是個頗令人反感的字眼，但在加薩的異常情況下，似乎沒有普通人。哈立德·阿布·艾哈邁德就不是普通人。他在賈巴利亞經營一家販賣床單、枕套、餐巾之類商品的家用白色織物店，脫下一只涼鞋，往自己的頭四處打，藉此搞笑手法誇張表達他對二〇〇六年票投哈瑪斯的懊悔。「我們想要改變和改革」，他說。「我們以為他們會帶來繁榮。」阿戴爾·海爾也不是普通人。他身高六呎，曾在以色列工作，收入甚豐，但這時為了一個月一千六百塊謝克爾（三百五十英鎊）的收入，每天早上五點起床執行「不可能的任務」，也就是用他的馬拉車清走街上的垃圾。他的母馬尤絲拉被該市為數不多的垃圾車之一嚇到時，他輕柔抱住牠的頭安撫。阿布·陶菲克也不是普通人。這個在加薩市舊城區帕夏府（Pasha Palace）附近賣炸豆泥的老販子，喜歡回憶第一次巴勒斯坦人起事期間他生意最好的歲月，那時，餓了的青年暫時放下丟石頭、土製炸彈的活，光顧他的炸豆泥，同時歇息一下；這時，他則表達他對哈瑪斯、對馬赫穆德·阿巴斯的鄙視，說他認為應由馬爾萬·巴古提來領導巴勒斯坦人。

與此同時，來自拜特哈農的運動員納迪爾·馬斯里仍在練跑。沒人會選擇加薩作為奧運選手訓練地，但馬斯里依舊在加薩為奧運自我訓練，一週七天，每天清晨和傍晚訓練，儘管未能去卡達接受可能有助於他取得二〇一二年倫敦奧運參賽資格的訓練，他不死心。護刃行動期間，他的房子，一如拜特哈農的其他許多房子，被以軍毀掉。二〇一六年五月，在他父親位於拜特哈農的房子的客廳一隅，擺了馬斯里一九九八年開始認真跑步以來所贏得的獎杯、獎牌，那是這場戰爭後從他破毀的家裡搶救出來的。

但他想離開加薩，去伯利恆參加他認為他勝券在握的一年一度巴勒斯坦馬拉松，卻還是在二〇一六年春被以色列拒發出境許可。他為喪失替巴勒斯坦人創造新紀錄的機會感到抑鬱：「因為他們認為，我如果在這場馬拉松奪冠，那會是哈瑪斯在加薩治理的成就。我認為巴勒斯坦奧委會不希望有來自加薩的人參賽。（該委員會）最不想見到的事，就是我在這場馬拉松奪冠。他們不想和加薩有任何瓜葛，二〇〇七年分裂後，他們腦子裡就沒了加薩。」

北愛爾蘭德里（Derry）的一場賽事，對馬斯里能否如願參加二〇一六年八月里約奧運的賽跑極為重要。若如願，他將會是第一個取得奧運馬拉松參賽資格的巴勒斯坦人，而他已三十六歲，那大概是他最後一次機會。

結果未能成行。這一次是英國移民局拒發簽證給馬斯里，理由似乎是他可能就此留下，不回加薩——對於馬斯里這樣愛家的男人，那是不可能的事，馬斯里把他能堅持跑下去大大歸功於他妻子韶桑的支持。經過抗議，包括來自已故的北愛爾蘭副首席部長馬丁．麥吉尼斯（Martin

McGuinness）的抗議，英國人軟化立場，但已來不及讓他取得所需簽證。意志力較薄弱的運動員大概會就此死心，但馬斯里依舊每天練跑，已為二〇一七年伯利恆馬拉松和亞塞拜然一場重要的跑道賽事作好準備。

以色列未發給馬斯里參加這兩場賽事的出境許可。「這是在世界其他地方沒有的事」，他說。「在別的國家，沒有哪個運動員或選手練這麼久、這麼辛苦，卻不知道自己能不能去參賽。」但，不可思議的，這個身材依舊健美的三十七歲男人繼續一天跑二十至二十五公里。身為前巴勒斯坦自治政府雇員，他的薪水也已因為阿巴斯的措施少掉三成，而他說這令他頭疼，因為他得買昂貴的維他命飲料以補充活力。但他不會死心。跑步「紓解壓力」，而且，他練跑是「為了國家」，要在機會終於到來時代表他的同胞出賽。

如果說納迪爾・馬斯里體現了某種「堅定不移」的精神，蘇瓦德・古拉亞則體現了另一種「堅定不移」。二〇〇六年蘇瓦德講述，哈瑪斯打贏選戰後不久，對加薩國際援助的抵制開始造成不良影響時，她養活一家人的辛苦，講的時候哭個不停。[13]但二〇一六，四十出頭歲的她，已是眾所公認能幹且優雅的女人，自豪於隻手養大她禮貌且自信的小孩；年紀較長的幾個小孩，受到很好的教育。那是她沒機會享有的教育，儘管誰都看出她腦筋好，她還是在十三歲時就離開學校。這時她寫詩，主要為自己而寫，但她在臉書發表了其中某些詩，而且有個土耳其慈善組織辦了一場活動，有人在該活動中朗誦了她的某些詩。這個慈善組織係為救助失去父親或母親的孩子而成立，偶爾救助這一家人，使每個月只有七百塊謝克爾養老金的她多了收入貼補家用。養老金則是巴勒斯坦自治政府為她已故的丈夫而發給她。

在中間那些年，日子過得並不容易。這家人仍然窮。老大、老二已被迫從大學休學，因為沒錢付學費，但其中的兒子正跟著當地一足球會踢半職業性質的足球，藉此賺些「零花錢」，其中的女兒則正在一衣服店工作，希望賺夠大學學費。她的二兒子，二十歲的穆罕默德，原在沙發工廠上班，但二〇一四年遭資遣，因為工廠接單減少，養不起這麼多員工。

在加薩市一個保守且較窮的區，喪夫也可能招來麻煩。她丈夫去世時，她的夫家，一如這種情況下常有的做法，建議她改嫁她丈夫的某個未婚的兄弟。她不肯；把孩子養大是她的第一要務。她說「生活讓我學會堅強。我得脫下女人的衣服，穿上男人的衣服」。但男人相對較高的自由，未跟著這改變一起到來。

例如她覺得自己無法出外工作以養活小孩——即使有份工作等著她亦然。丈夫去世後，她搬進自己兄弟房子的二樓公寓。二〇〇八至二〇〇九年兩家人聽從以色列的警告離開該區，她搬進她父親家；她兄弟的房子被毀，她和她的小孩失去所有家具和個人物品。在土耳其慈善組織和卡達的另一個慈善組織協助下，她得以在她父親房子對面買下一塊地，接下來八年期間父親幫她用「一塊塊磚」蓋了有三個房間的新家。

住在馬路對面的父親不在身邊時，蘇瓦德客觀的審視了她和父親的複雜關係：「他是個很保守的人，大多時候不准我出門，理由是我還年輕又漂亮，會是男人鎖定的目標。每次我出門時，父親總是問我要去哪裡，為什麼去……如果我父親是這樣的作風，你能想像別人會怎麼說我出門。我知道他的態度和壓力出於關心，但那對我有負面影響。」不足為奇的，蘇瓦德收到數人求婚。那是「正面的」——使她覺得「我是女人，但別人認為那是負面的表徵，表明我仍想要婚姻」。誠如蘇瓦德所體認到的，這個心態深植於加薩社會較保守的群體裡，並非伊斯蘭教所致，因為該教允許寡婦再婚。但她的許多鄰居，如她所說的，認為她「易被男人誘惑」。她在其某首詩裡寫到這類搬弄是非的人，說他們是「人狼」。她有感而發道，科技進步——智慧手機和網路大行其道——但「社會對女人的認知」未有相應的進步。

這很難不讓人把蘇瓦德等女人所遭遇的這種壓迫性保守心態，視為焦達特·霍達里所謂的「精神圍城」的一部分。被迫與外界斷了往來的社會，常過度關注自身問題而不再和他人溝通。但她的想法並非孕育自憤懣。這個迷人且好客的女人已勇敢超脫她缺乏正規教育的處境。巴勒斯坦籍記者哈宰姆·巴魯夏（Hazem Balousha）二〇一六年和我一同拜訪了她三次，驚嘆於這個只有八年級學歷的女人阿拉伯語的道地。他問她，後來上過大學？她說沒有，但她協助她孩子做家庭作業，「同時學習」。她的長子則對他祖父那種認為他母親絕不該再婚的人嗤之以鼻，說她再婚「完全正常」。那讓人覺得未來——包括蘇瓦德的未來和加薩的未來——有了小小的希望。

如果說還有哪個加薩的巴勒斯坦人體現了那股不畏艱難定要生存下來的頑強意志，那就是阿濟茲家兄弟。二〇〇七年成衣製造商阿貝德．拉博．阿濟茲仍認為禁止貿易令可能不久後就會取消時，心情似乎非常沮喪，因此，二〇一六年初他仍工作不懈，抱著樂觀心情為極蕭條的本地市場生產了少量牛仔褲，就很讓人吃驚。阿貝德．拉博過去十年動輒陷入憂鬱，但他的弟弟則似乎永遠興高采烈，不斷在留意有沒有別的辦法來補強他在阿貝德．拉博不在時代為操持的生意。「有時我哥變得絕望、失望」，阿濟茲．阿濟茲解釋道，「但後來他看到我還在工作，就恢復精神」。但二〇一六年一月阿貝德．拉博用微薄工資僱用了少許工人——包括他的兒子、侄子——同時說他只僱得起這些人，因為「東西沒人買」。

但兩兄弟不死心。三個月前他們已展開多角化經營，生產起層架式雞籠。這種產品此前在加薩無人知曉，但阿濟茲上網搜尋後提議生產。確定有銷路後，兩兄弟決定冒險投入養雞生意。那天早上，他們已賣給當地一批發商一千個層架式雞籠，獲利六千塊謝克爾左右（將近一千英鎊）——在經濟日益慘淡時期可喜可賀的一天。兩兄弟帶我去原本是他們存放進口布料的地方，那裡有幾十隻雞仍關在此工廠所造的籠子裡，其中幾隻雞被殺了拿去烤當我們的午餐。阿貝德．拉博．阿濟茲認為這個帶風險的事業不失為填補封鎖所造成之真空的權宜之計。我們在寒冷的一月天圍坐在火盆旁喝茶和咖啡時，阿貝德．拉博猛烈抨擊起各方：「我知道以色列占上風，可以想幹什麼就幹什麼。那是政治考量。他們想把加薩和西岸分開。身為公民，我沒做錯什麼。我從父親手裡繼承了事業，想把它傳給我兒子。他們為何要懲罰我？為何要我去想雞之類的別種產品？

但我們和以色列政府處不好，不是我的錯。解決這問題是哈瑪斯和阿布．馬仁的責任。」[14]

那麼，兩兄弟為何這麼堅定要繼續營運？「這是我的生命」，阿貝德．拉博說。「它是我唯一做得來的事。我不能讓我的小孩去為法塔赫或哈瑪斯做事。」他親眼看到年輕人離開具生產效益的工作，改領哈瑪斯的薪水，既有從事文職者，也有從軍者，其中某些人已喪命。二十歲的阿拉姆，阿濟茲的兒子之一，說他五個月來定期去當地一所清真寺作禮拜，而那個清真寺正好支持巴勒斯坦伊斯蘭聖戰組織。有天，一名該派系的成員偷偷走到他跟前，邀他「加入我們，和我們一起工作」。阿拉姆說，「我告訴他我有工作，我在努力健身。我回絕了他。如今我在家作禮拜」。但他的一個友人，在和哈瑪斯有關係的另一個清真寺作禮拜，接受類似的邀約。「他加入，然後在上一場戰爭中喪命。那天他和我在一塊，兩個小時後他死了。他是戰士。」他還說他的那些失業的朋友常懇求他給他們工作機會。「有時他們來這裡工作，日薪二十塊謝克爾（四英鎊左右），就這麼多。」

多少年輕男子出於信念而加入派系，又有多少人出於生計無著而加入，不得而知。巴西爾．阿布．卡梅爾（Basil Abu Qamer）的情況大不同於阿拉姆，但仍是很常見的情況。他一九八三年生於貧窮的難民家庭。他父親原在以色列工作，但也曾是法塔赫行動主義者，因為生病而從以色列監獄釋放，無法工作；於是巴西爾十二歲就輟學（即使在貧窮人家，這都格外早），去工廠做工；一九九七年，年僅十五歲的他開始在阿濟茲工廠工作。自巴勒斯坦人起事起，由於家裡老是缺錢，只要有工作機會，他都現身。他說，「阿貝德・拉博待他如子，有時甚至除了我的薪水，還另外給我錢，因為他知道我的情況」。但他出身激進的法塔赫家庭，也已和該派系的軍事組織阿克薩烈士旅站在一塊。那始於巴勒斯坦人起事初期，少年的他朝邊界另一邊的以色列士兵丟石頭，結果膝蓋中槍受傷之時。二〇〇三年，二十歲的他被招去執行對加薩的猶太人屯墾區內采爾・哈札尼（Netzer Hazani）開槍攻擊的行動。馬赫穆德・阿巴斯時為總理，法塔赫激進分子照理要遵行停火規定；巴勒斯坦情報機關接獲關於此計畫的線報，逮捕了該單位。巴西爾關了七天後獲釋。[15]

然後，他受僱以阿克薩烈士旅之戰士的身分，對抗以色列於二〇〇四年十月頭一星期向賈巴利亞的大舉入侵。「我在後方，不在前線，我巡邏街道，如果他們逼得更近，我會朝他們開槍。但他們沒更靠近，我沒開槍。」

二〇〇五年時，巴西爾在阿濟茲工廠已沒活可幹，他聽進某友人的勸說，穿過隔離牆進入以色列。那個友人懂得該在何處用什麼方法割開隔離牆，懂得如何使隔離牆上的電動感測器失效。這個友人有親戚在以色列那一邊，在別是巴，他們打算徒步去那裡。這一次是為了找到工作，而非為發動攻擊。兩天後他們被邊防士兵逮到。

對巴西爾來說這很不妙，因為以軍已掌握他在二〇〇三年計畫攻擊內采爾・哈札尼行動中所扮角色的情報——巴西爾認為是另外兩個先前遭羈押的巴勒斯坦人所洩漏。巴西爾被關在阿什凱隆監獄，否認此事。但以色列情報機關祭出一個屢試不爽的辦法，那就是把「鳥兒」送進監獄，要他們指控他和以色列合作，藉此驅使他吐實。以色列人把和他們合作的巴勒斯坦人改名易姓送進監獄，讓其和獄囚打成一片，並把這類人稱作「鳥兒」。為證明自己未和以色列合作，巴西爾向「鳥兒」提到二〇〇三年軍事行動——然後以色列人有了他們的「供狀」。巴西爾被關了三年，大半刑期在內蓋夫沙漠裡的納夫哈（Nafha）監獄度過。二〇〇八至二〇〇九年戰爭前獲釋。巴西爾覺得坐監「難受」，但有補償：他的家人每個月收到巴勒斯坦自治政府給這些囚犯的一千八百塊謝克爾「薪水」，而他父親把其中大半存了下來：他獲釋後想結婚不愁沒錢，包括彩禮*。

這時，阿濟茲已把他的員工全資遣。巴西爾在有零工可打時到處打零工，但二〇一五年後期他已不再在意自己「死活」。二〇一五年後期，西岸和耶路撒冷境內暴力升高時，他在埃雷茲參加了一連串一星期一次的抗議。這些抗議有危險性，十月十七日抗議時，兩名巴勒斯坦人在埃雷茲死於實彈。這時，驅動巴西爾者，主要是絕望，而非民族主義。「我豁出去了，對一切感到失望、悲觀。沒有工作，沒事可做，我有兩個孩子，我、我老婆與我的家人住在一塊，我們全住在一間房間裡……我認為我如果離開，喪命，他們會得到政府補助，他們可靠那過活……因此，光榮死去好過自殺。」

結果，巴西爾反倒被一枚以色列催淚瓦斯彈打傷頭部，傷勢嚴重但不到命危。在席法醫院醒來時，他開始懊悔自己執行要與敵同歸於盡的自殺任務。二〇一六年一月，我在阿貝德．拉博的火盆邊初次見到他時，身形瘦小、穿牛仔褲、戴無檐小便帽的他還未回去原工廠上班。但隨著二〇一六年宰牲節前生意稍稍轉好，巴西爾再度成了阿濟茲的員工。他想辦法租了間小公寓，儘管日子仍不好過，但覺得比以前快樂。他有一些親戚是武裝派系的領薪成員，但他無意加入他們的行列。「我現在有家庭」他說，「我掛念我的小孩」。但如果他又丟了工作怎麼辦？「當然，如果沒別的選擇，就只好走那條路。」

如果可以，阿貝德．拉博．阿濟茲想留住巴西爾——「一個好工人」。誠如巴西爾說過的，阿濟茲常把員工當成家人，二〇一六年後期時他已決意趁以色列終於允許稍稍放寬出口管制的時機做大生意，冀望再度把產品賣給以色列顧客。那不容易：為保住合法性，產品得先送到希布倫，以便由拉馬拉政府所掌管的西岸，而非由「敵對」的加薩，課徵加值稅。而且阿濟茲需要和另外幾個商人共用一輛卡車運貨，否則四千塊謝克爾的貨運費會高到令他打退堂鼓。問題重重；先前為了摸清狀況，他已把一批寄售的女用長褲賣給特拉維夫批發商，但花費時間太久，這個商人說他不能再和加薩做生意。

＊按照傳統，巴勒斯坦新郎或其家庭除了要為小倆口的新居備置一應家具，還要支付婚禮、新娘子衣服、首飾等的花費。

但以色列是他想要重返的市場。在加薩以五塊謝克爾賣給零售商的一條長褲，在以色列他可以用十五塊錢價格脫手，然後，阿濟茲說，被以色列經銷商用四十至五十塊錢價格賣給店鋪，接著用七十塊錢價格賣給個別顧客。許久以前，巴勒斯坦人起事之前，阿濟茲有錢進口他想要的任何布料；那之後，他倚賴和以色列商人的交易，即由以色列商人供應布料，阿濟茲回報以成品。二〇〇七至二〇一六年間，由於不准出口，那樣的交易也泡湯。這時，他有小小的機會可以至少恢復他先前生意的一部分。有家加薩公司已重新開始為某個信教虔誠的以色列批發商製造猶太男子戴的亞莫克便帽（yarmulke）。相較於二〇〇七年六月至二〇一四年底每個月平均只有少到不值一提的十四．七輛貨車離開加薩，二〇一六年頭八個月每月平均超過一百六十輛貨車。但這仍遠遠不及二〇〇七年六月前的五分之一，[16]而加薩商人必須離開加薩前去以色列，才能和客戶談成生意，清除物流障礙，但加薩商人被以色列以不明的安全因素為由拒絕其出境的比例，這時已比二〇一三年時增加了一倍。最後，阿濟茲發現他的前以色列生意夥伴不放心放棄目前的供貨商（大多在西岸和約旦境內），重新搭上加薩的供貨商，因為戰爭可能再起，或過去十年盛行的全面性限制措施可能重啟。他說，「以色列人現在怕把工作發給加薩」。

但阿濟茲不死心。他仍懷抱著讓他的工廠回到原本景況的夢想，也就是回到他有一百個工人且擴音器播放的阿拉伯語音樂和縫紉機的嘈雜聲競比大聲的熱鬧過往。

另一個經營規模更大許多的企業家，清楚表達了使阿濟茲兄弟熬過十年封鎖的那股精神。二

○一四年戰爭期間，八月上旬某個早上，澳洲記者魯思・波勒德（Ruth Pollard）和我從汗尤尼斯回來途中，兩枚坦克炮彈打中我們前方不遠處，薩拉丁路這條南北向加薩主幹道兩側各一棟公寓大樓。司機加速駛離火線時，我們經過身形龐然、已熏黑的奧達（al-Awda）食品加工廠。這是加薩最大的食品加工廠，先前遭火炮擊中，陷入火海。廠裡正在燃燒的是三百噸的人造奶油，以及糖、可可、香草、紙箱、紙、麵粉、多種餅乾成品和其他食品；總損失達一千八百萬美元。戰爭頭三十天，老闆穆罕默德・提爾巴尼（Mohammed al-Tilbani）待在沙烏地阿拉伯；後來待在西岸，然後在回加薩途中，透過電視看到他有四百個左右員工的工廠燒毀冒煙。回加薩後，他等到停火才去這座位於代爾拜拉赫的工廠評估損失，從火裡搶救出能救出的東西。後來他說，就是在那時，他開始收到以色列當局發來「威脅性的簡訊」，要他遠離工廠以免危險。其中一則說，「小心：這次我們用炮彈瞄準它，下次上場的會是空中打擊。」提爾巴尼是白手起家的企業家，父親是來自別是巴的逃難農民，本身信教虔誠；他每週一、週四齋戒。他也自豪於自己的卑微出身；工廠裡他辦公室的牆上，有一張晚近所拍的梅加齊（Meghazi）難民營足球隊的照片，他是該球隊的贊助人。戰爭一結束，他就著手重建工廠。「我打定主意要繼續營運」他說，「如果被擊敗，那就什麼都不保」。[17]

第十六章

我們熱愛生命：如果我們找到通往生命之路的話

在西岸北部城市傑寧（Jenin），乾淨、現代的火車站，兩個乘客上了一班清早的火車。其中之一是要去開羅開會的巴勒斯坦籍企業家，不到九十分鐘車程就會抵達加薩國際機場這個中東新樞紐。另一位是個女學者，會一路搭乘此火車抵達其目的地加薩市，以參加該市一場以遺傳學為主題的國際會議。途中，這班原本南行的火車會往北迴轉駛向加薩市。

往南行駛途中，兩人隔著車窗欣賞多變的景致——左邊約旦的群山，右邊遠處特拉維夫的摩天大樓。兩人都注意到和鐵軌平行的輸水道，心裡滿是欣慰。因為這條輸水道，他們同胞所面臨的嚴重缺水危機終於一舉得到解決。

這條電氣化鐵路被普遍稱作「the arc」（弧線），但官方也把這個詞用於指稱電力線路、天然氣管、光纜、乃至縱貫加薩走廊全境一百三十英里長的健行步道。火車在納布盧斯、希布倫靠站時，乘客仔細瞧著規劃甚具新意的新居住區。這些新居住區，每個都附有綠化空間，許多新居住區為從約旦或敘利亞回到巴勒斯坦（但非回到世居的老家）的難民提供了住所。

離開機場後，這列火車轉北，駛向下一站汗尤尼斯，這時這位女學者仔細打量把乘客快速送至市中心的加州式都市快捷巴士系統。時值初夏；火車接近加薩市時，她百無聊賴看著左邊聚集在海灘上的西方觀光客，然後看著起重機把裝了水果、花、衣服、家具的 Maersk 貨櫃，裝上停靠在加薩的現代化新海港、要航往歐洲的大船上。她瞥了一眼手表；返家途中她會去東耶路撒冷探望她老邁的母親。這時，東耶路撒冷是獨立巴勒斯坦國公認的首都，西耶路撒冷則是以色列的首都。

上述這個烏托邦式願景看來不可置信到讓人覺得荒謬可笑，卻是根據蘭德公司花兩百萬美元完成的研究報告所推斷出的未來情況。[1]蘭德把這份二〇〇五年發表的報告說成「為獨立巴勒斯坦國的成功所提出的最全面性建議」，該報告構想了耗資三百三十億美元、為期十年的基礎設施和住宅計畫，把這道「弧」視為該計畫的最重要組成部分。

不足為奇的，這份報告的主要作者，美國建築師道格．蘇伊斯曼（Doug Suisman），將此報告呈給拉馬拉的巴勒斯坦自治政府內閣時，迎來的是震驚到說不出話的沉默。當時的規劃部副部長，加薩人吉哈德．瓦濟爾（Jihad al-Wazir），開口說「我眼中有淚」，沉默才被打破。瓦濟爾是法塔赫權貴：他父親阿布．吉哈德，從科威特時期起就是阿拉法特的同志，第一次巴勒斯坦人起事期間在突尼斯遭以色列暗殺。此會議過了幾天後，他說蘇伊斯曼呈報的內容具有某種「美國人的天真」，而這份天真或許正是讓人對巴勒斯坦人國家懷抱希望所需。「我很感動」他說，「你也知道，老是在處理現實的衝突瑣事，然後有個從洛杉磯來的人有份願景，想法天馬行空」。

十多年後，蘭德公司的想法當然還是一如以往的「天馬行空」。但這份報告傳達了重要的一點：經過被英國人、約旦和埃及、以色列陸續占領了一百年，一個擁有民選領導階層並和以色列簽了和平協議的獨立的巴勒斯坦人國家，具有成為觀念開放的現代國家所需的人力和自然資源。在這過程中，擁有重要的國際進出口岸（空港和海港）的加薩將會扮演至關重要的角色。

事實上，蘭德團隊強調加薩——未來的巴勒斯坦國的沿海部分——境內的新機場暨海港所能發揮的作用，將那視為成功的獨立國所不可或缺的條件，從而成為看出此地潛力的一長串境外觀察者之一。一九一八年時，有個博學的英國聖公會修士暨前陸軍隨軍牧師，在加薩於前一年遭英國人、土耳其人間的戰爭摧殘後，再度來到該市。菲利浦．內皮爾．瓦吉特（Philip Napier Wagget）牧師在《教會時報》（*Church Times*）上告訴其讀者，「任何人……都必須理解到，若要讓加薩恢復過去的繁榮，會極需要長時間的細心呵護。而且，在得到復原的新巴勒斯坦裡，加薩的發展程度當然遠不止於此。但在此，一如在每個地方，希望繫於居民的安定和正常工作，而非繫於恩惠和施捨。」[2]

一九一四年之前，加薩出口大麥供應英格蘭釀酒業者，貿易非常活絡。但瓦吉特牧師提到加薩「過去的繁榮」時，幾可確定指的是更早時的光景：加薩漫長歷史上的幾個時期，古埃及、古羅馬、拜占庭、鄂圖曼諸時期，在那些時期，加薩雖常是外強大動干戈爭奪之地，卻能善用其位處埃及、敘利亞間的古「海路」上的位置，善用其繁忙商業口岸和貨物集散地的身分，大展身手。但他的主要觀點，在當時一如現在切中要點：加薩的巴勒斯坦人會始終看重經濟自由甚於倚賴人為援助。

對加薩寄予厚望者也不只他一人。三年後，赫伯特．撒繆爾（Herbert Samuel）爵士，第一任英國巴勒斯坦託管地高級專員，一九二一年向英國外交部回報，戰後加薩仍比得上「法國、比利時境內民生凋敝的區域」。赫伯特爵士發出一個在爾後數十年也會得到呼應的要求，說他希望內閣協助「恢復一個從過往歷史可清楚看出其潛力的城鎮的繁榮」。[3]

要在二十一世紀體認那些「潛力」——更別提加薩在捱過經濟封鎖上所展現的創意巧思——不妨走一趟「無國界工作」（Work Without Borders）。這家成長快速的離岸資訊科技公司，找來加薩一部分最聰明的年輕人，為國外客戶從事高品質的高科技外包工作，尤其，但不限於，沙烏地阿拉伯的客戶。「無國界工作」為身陷封鎖的加薩在跨邊界商貿上打開了一條新路，幾乎是拉法走私地道在線上的合法翻版。它位在加薩市高樓裡的辦公室安靜、開闊，和國際社會對加薩的刻板印象大相逕庭。該公司有兩項產品，分別是為沙烏地阿拉伯一家房地產和房屋出租公司設計的管理系統、為總部設在利雅德的一家公司在加薩開發出來的線上食品雜貨購買平台。[4]

由於晚近大學畢業生失業率高達六成五，[5]「無國界工作」能在物色人才上精挑細選。身為非營利組織，它運作一如正常的企業，但致力於盡可能增加就業和投資。該公司外包給加薩境外公司的職員大多有大學學歷，但未必都是資訊科技專業。有個擁有化學碩士學位的年輕男子擔任網頁設計師；有個建築系學生已成為動畫師；另有一個具有土木工程師資格的人從事社交媒體方面的工作。這家初創企業的種子基金來自沙烏地阿拉伯的一個贊助者，有家卡達的慈善組織已補助七千美元，供該公司鋪設太陽能板。加薩斷電頻頻，因此太陽能板至為重要。阿拉・舒拉法（Alaa el-Shurafa），「無國界工作」的董事，說該公司二〇一一年創立時只有三名員工，這時營運已接近收支相抵，而巴勒斯坦人在整個阿拉伯世界受肯定的高學歷、高奉獻精神、對雇主極忠誠的形象，係此一成就的大功臣。「我告訴我們的所有顧客，『別因為（你認為）我們需要工作、我們挨餓、我們沒錢而給我們工作；和我打交道時請公事公辦』。」

「無國界工作」一百一十二名員工，女員工占了約三分之一。蜜爾瓦特・布希特（Mirvat Bkheet），二十七歲，自信且有遠大抱負，掌管一個由八名男子組成的團隊。該團隊為沙烏地阿拉伯公司 Innosoft 做事，該公司則為公私部門提供「科技解決辦法」。她大學時主修資訊科技系統，在「無國界工作」從事全職工作的同時，拿到加薩之伊斯蘭大學的商學碩士學位，希望接下來靠獎學金之助在歐洲拿到商學博士學位。

她的上司樂觀認為「無國界工作」會繼續成長，語帶挖苦的透露了一個弔詭現象。一方面，我知道許多公司不放心加薩。加薩意味著「封鎖」；但另一方面，與有部分最優秀員工流向美國或歐洲之跨國大企業的其他地方的公司不同的，在加薩，這樣的風險小了許多，原因很簡單，要離開加薩不易。舒拉法笑道，「因此，有時，封鎖幫了我們。這麼說，心裡難過，但千真萬確」。

「無國界工作」在二〇一四年戰爭的整整五十一天期間繼續運作，證明了該公司員工的決心。該公司的一個推銷影片，呈現一個個破壞情景，中間穿插「無國界工作」宣告其信念的畫面。在該影片中，瓦法・阿布・拉赫曼（Wafah Abu Rahman）坐在家裡操作筆記型電腦，宣布「我們已捱過數天的戰爭。轟炸頻頻，多處遭破壞。加薩境內大部分活動停擺，但我沒有一天停止工作」。影片裡處處可見加薩的潛力；看過的人無不想著這些足智多謀且意志堅定的年輕人，在有利的環境下會有何等出色許多的成就。

即使經歷過具體可感的（因停電）和精神上的加薩最黑暗的十年，這股頑強的創造力也非單單僅見於這類企業裡。儘管因為經濟蕭條，本地藝術市場冷冷清清且品質尚可的顏料仍難以買到，藝術家瑪哈・達亞（Maha al-Daya）和其丈夫艾曼・埃薩（Ayman Eissa）已開始闖出名號。兩人都已在國外開過展覽，從而有助於他們藉由賣畫給外國人改善生活。藝術品是不在禁止貿易令規範之列的出口品。兩夫妻原住在有電梯井但沒有電梯的普通公寓大樓裡，但這時已搬到加薩市中心有著鑄鐵欄杆陽台的雅致老二樓公寓。後來又爆發戰爭，在那期間瑪哈再度覺得無法提筆作畫。

瑪哈拿到一筆獎學金——以及更重要的，必要的簽證和出境許可——從而得以到巴黎過上有利於她創作的四個月。在那裡，她未畫加薩小船，反倒畫起其他許多東西，包括一艘賞心悅目的塞納河夜遊船。她於護刃行動的兩天前從巴黎回來。「我覺得很離譜，竟趕上戰爭，很可怕的戰爭。」在這整個戰爭期間，瑪哈讓她的小孩有事可做，當然是靠紙和顏料辦到。但至少這次一家人在一塊。[6]

她已開始製作連身裙，替它們繡上絢麗的紅、綠、紫色花卉、抽象圖案。小小的溫室裡種了多種開花植物、室內盆栽植物、果樹、仙人掌——一百幅靜物畫的素材。她繼續畫加薩風景畫和手法精細的抽象畫。抽象畫以複雜的對稱圖案為核心，那些圖案則是某種伊斯蘭藝術的特點。她既無意在加薩境外作畫，也無意搬離加薩。這當然和一再令她傾心的主題有很大關係；但她提到簡單到讓人不忍的另一個原因：「在國外生活不易，帶著小孩的話尤其是。如果你的小孩在國外丟了，你找不回來。在加薩這裡，找回來容易！」

但瑪哈繼續畫加薩風景畫時，艾曼的作品以人為主題。「艾曼不只畫人，而且畫女人」，瑪哈迅即笑著點出這特點。事實上他的畫大多畫女人，畫中女人往往豐乳肥臀而性感迷人，但都獨具一格，通常有穿衣服，但也有些是裸女。而在哈瑪斯所主政的加薩，這些裸女畫他不敢拿出來示人。二〇〇二年他終於在加薩展示一幅裸女畫時，一個憤怒的謝赫偷偷將它擦掉。

在一度瘋迷電影的加薩，社會保守心態大大戕害了電影業，而且這一次哈瑪斯是強化這種心態的推手之一。如今，電影院只剩遺跡。但爬過鐵絲網的破洞，可看到付之一炬的老阿梅爾（al-Amer）電影院的殘遺。一九七〇年代時這家電影院可是甚受歡迎的高檔場所。二〇一六年時，這裡的廢棄物包括幾捆舊電影膠卷；位在原是正廳前座區之地板上的一個啤酒罐；寬闊門廳兩側廁所的瓷磚、瓷器碎片，想當年這門廳裡人聲鼎沸非常熱鬧；原是二樓座位區的層級式地板；宣傳《迪斯可舞者》之類印度電影的褪色海報。

阿梅爾曾是加薩的數家電影院之一，其中幾家電影院在加薩遭以色列占領許久以後仍在營業。直到一九七〇年代末和一八九〇年代期間，伊斯蘭主義者反對電影業，它們的生存才開始受到威脅。最大且最有名的電影院是位於歐馬爾埃爾穆赫塔爾街（Omar El Mukhtar Street）的納斯爾（al-Nasr）。二〇一六年，它仍是加薩的地標性建築之一，有著弧狀的新古典主義式柱廊和印著英語字「Cinema」且被樹遮住局部的大大招牌；與阿梅爾不同的，它被人用磚封住，進不去。

薩米．埃弗蘭吉（Sami Efrangi），七十四歲的前經理，憶起六日戰爭前埃及電影大為風行的時期：大多是愛情片、劇情片、喜劇、有歌手阿卜杜勒．哈利姆．哈菲茲（Abdel Halim Hafez）之類明星擔綱演出的音樂劇。那時正值埃及電影的黃金時期。即使在一九六〇年代，觀眾席也男女分開。他思忖道，或許有男女在電影院接吻和牽手，因為電影放映時很暗，「我們無法盯著每個人」。但大體來講，「那像是全家人來野餐，消磨時光的地方。如果想討好妻子和未婚妻，會帶她去看電影。」[7]

當年，埃弗蘭吉同意用一年兩萬美元的高價，向納斯爾的業主租下這間有一千三百五十個座位的電影院，著實冒了不小的風險。這一冒險開始時並不順利；頭兩個月，電影院只賣出一半座位。然後，有個去過美國的熟人告訴他《魔鬼司令》（Commando），即為阿諾．史瓦辛格特別編寫的一齣電影；有個以色列經銷商打電話跟他談這部電影。埃弗蘭吉立即搭計程車去特拉維夫；那時當然是以色列－加薩邊界兩端生意不斷的時候。

三十五年後，埃弗蘭吉依舊得意於他當年如何討價還價談出好價錢。「於是他說『別這樣！你可以去跟任何人打聽。這部電影在美國大賣！』我說，『沒錯，它在美國能大賣，但那不表示在加薩也會如此』。」最後兩人談定一千五百美元。「上映第一天，我在家睡覺。早上七點半，八點，我接到電影院工作人員來電，他們說，『學生不上學，包圍了電影院』。」早上十點那場滿座，人們花錢買站票。那個星期的其他場次都是如此，埃弗蘭吉說，早場、午場、晚場都「爆滿」。納斯爾聲名大噪——主要得歸功於阿諾．史瓦辛格。

一九八七年第一次巴勒斯坦人起事如火如荼時，觀影人次大跌，埃弗蘭吉關了納斯爾。但阿拉法特回來，巴勒斯坦自治政府成立後，前景看好，新成立的文化部建議將納斯爾重新開業，成為加薩唯一的電影院。納斯爾風光了又十年。然後，一九九七年，伊斯蘭主義者示威期間，一個脫離本屬團體自立門戶的小團隊進向已不營業、空無一人的加拉電影院。巴勒斯坦自治政府官員提醒埃弗蘭吉，他們接著可能找上納斯爾，要他小心。他迅即疏散電影院裡的觀眾。

「我把所有門都鎖上，（但）他們強攻電影院，打破門。我在旁看著，時間一分一秒過去，我看到他們洗劫、放火燒、拿走裡面所有東西，我掉下眼淚。所有東西都被搶走，偷走，就在我眼前。我的一個朋友開他的車過來，把我推進車裡，說『沒事，你能再賺錢』。我回了家。」

他迅即從這番損失的傷痛中回過神來，不到一星期就在籌劃下一步，開店賣食品雜貨。但他也難過的說，「經過這家電影院時，一切浮現我腦海」。

但二〇一四年戰爭後，電影製作和公開放映重出江湖，儘管公開放映次數極有限。哈利勒・莫札岩（Khalil al-Mozayen）是目前在加薩拍片的幾位導演之一，其導的一部藝術片獲選於杜拜國際電影節放映。該片描寫一個因為讓家族蒙羞而被她兄弟虐待的女人，儘管情節為虛構，卻有一個場景真有其事，即他位在巴夏大樓的辦公室於戰爭中被炸時，他的整個電影檔案室被毀。他說這個場景突顯了「巴勒斯坦人像浴火鳳凰從灰燼中升起的能耐」。[8]但莫札岩也是頭兩屆一年一度「紅地毯」加薩電影節的推動者。這是需要和不樂見此事的哈瑪斯當局小心談判才能辦成的創舉。一部最能觸動觀眾心弦的傳記片在加薩首映，為二〇一六年加薩電影節揭開序幕。

對許多巴勒斯坦人來說，穆罕默德・阿薩夫（Mohammed Assaf）說明了憑藉才幹、決心和些許運氣能有怎樣的成就。並非只有加薩的巴勒斯坦人會有這樣的感受，但加薩的巴勒斯坦人感受尤其強烈。他在中東歌唱選秀節目「阿拉伯偶像」（Arab Idol）奪冠的故事被拍成電影，二〇一六年在夏瓦中心（Shawa Centre）的禮堂放映時座無虛席。

這個來自汗尤尼斯難民營的年輕男子，具有迷人魅力、令人驚嘆的歌喉、典型的加薩出身背景、過人的毅力，二〇一三年靠贏得歌唱選秀大賽名聞國際。不只在加薩，而且在西岸各地，數萬人放煙火、猛按汽車喇叭、跳舞慶祝他奪冠，表達興奮之感。那是充滿十足民族驕傲和喜悅的難得時刻。

在哈瑪斯裡，許多人不只對光鮮迷人且不甩宗教到無可救藥程度的演藝圈持強烈保留態度，而且對這首奪冠的歌曲抱持同樣態度。〈舉起你的頭巾〉（Raise Your Keffiyeh）一曲，係為了向被以色列囚禁的巴勒斯坦人致敬而寫，被認為和阿拉法特所領導的巴解組織有密切關係，被哈瑪斯禁止在加薩人婚禮上播放、演唱。但他當著狂喜的貝魯特現場聽眾和數百萬電視觀眾，把它打造成彰顯巴勒斯坦人一體性的國歌。

因此，哈尼．阿布－阿薩德（Hany Abu-Assad）所拍的絢麗耀眼、讓人看了正能量滿滿的穆罕默德．阿薩夫傳記片，不單單只是電影。為何擠滿首映會場的家人和朋友，男人和女人，願意耐心聽完（一如往常）多到讓人坐不住的貴賓致詞，然後欣賞該片在加薩的首映，原因在此。放映期間，他們為他艱辛的奪冠之路鼓掌歡呼：阿薩夫帶著假文件來到拉法口岸時，該口岸的哈瑪斯出境事務官員，在聽了他唱歌後讓他通關去埃及；阿薩夫沒有正確的身分證在身，於是在來到舉辦第一輪試唱的飯店外時，翻過高牆以進入該飯店；有個參賽的加薩同鄉，在阿薩夫抵達要排隊時，把自己的位置讓給他。

哈利勒．莫札岩身為首映活動的主辦人，不得不簽署禁止男女在觀眾席「混坐」的一份內政部文件。這部電影放映時，大半時候室內亮著燈，夏瓦中心自己的保安人員在走道上巡邏。放映半小時時，燈終於熄掉，場內又響起鼓掌歡呼聲，但十分鐘後，照一名年輕哈瑪斯保安人員的指示，燈又亮起。這人說「在加薩，任何戲院放映電影時，室內都不能全暗，以免有人摸黑做不檢點的事」。

放映前的長長輪番致詞中，插進一段音樂演出，甚為精采，包括十六歲鋼琴家演奏的一首曲子。這個鋼琴家名叫莎拉．阿凱爾（Sara Akel），來自加薩的愛德華．薩依德音樂學院，就是四年前我在該校聽過演奏巴哈的波洛奈茲舞曲的那個女孩。這時是二〇一六年，莎拉就要讀完八年級，也就是就要取得大學部的就讀資格。我們和她媽媽易卜提珊（Ibtisam）在音樂學院見面時，她過來會合。易卜提珊是個親切、迷人的醫生，在阿爾及利亞受過教育和訓練，用完全不帶本地人腔調的道地法語，聊起自她於一九八〇年代來加薩，接下整個加薩境內唯一女性醫院顧問之職以來，加薩如何變得更為保守。有些病人不想給女醫生醫治——或甚至不想讓他們的妻子給女醫生醫治。

莎拉操著一口幾乎同樣沒有瑕疵的英語，讓人聽了覺得她就像任何說英語的少女。她講話時穿插著「like」和美國口音，她說那大概是她從網路上下載的電影不知不覺染上的腔調。但她是雙文化人。她最愛的音樂家仍是巴哈——她母親最愛的則是蕭邦；「我們老是為此爭辯！」——但她也定期在一個東方管弦樂隊裡演奏。

從某個方面來說，莎拉的故事是典型的加薩故事——才華過人，但得克服他地絕大部分與她同輩之人想像不到的障礙。她得等上七年家裡才入手一台二手鋼琴，不是因為缺錢，而是因為遭封鎖期間加薩境內鋼琴短缺。她首度彈琴是拿玩具鍵盤彈，然後大多用山葉的「虛擬鋼琴」練琴。因此，她參加她第一次全巴勒斯坦鋼琴比賽時（寄去影片參賽，因為包括她在內的參賽加薩人未獲准出境，而她拿到第三名），她得先在音樂學院練彈，以嫻熟腳踏板的使用。

但二〇一七年夏在基督教經營的聖家族學校（加薩中產階級極中意的學校）考完大學入學資格考後，這時莎拉不確定自己接下來的路。她無法想像沒有鋼琴的日子：「停止練琴一段時間，雙手會無法照腦子的意思動……這聽來做作、老套，但你的樂器可以說成為你的一部分。你根本無法把它甩掉。」[9]莎拉於二〇一五年拿到經由以色列出國的許可，可以去英國上為期兩星期「令人羨慕」的綜合訓練課，包括在皇家音樂學院的高級音樂講習班。這門課程是「倫敦合唱團」（Choir of London）為少許巴勒斯坦人所創辦，「倫敦合唱團」則是幫忙為來自以色列占領地的傑出音樂家提供資金的慈善組織。一年後，她受邀去西岸的一個合唱節演奏。「但我們去不了，因為沒拿到許可證。這種事不斷發生。」以色列把巴勒斯坦人的兩塊領土分開的局面，牢不可破。

她也已對古典音樂錄製的生產面感興趣。為往這方面發展，以及為深造西方古典音樂，她得離開加薩，而很顯然的她離開加薩的意念愈來愈強烈。「但我不會說出來，因為在這裡我很不想說。自小時候，我就一直認為我如果離開這裡，我大概會回來，因為我會想念這裡和我在這裡的家人。但如今因為我把這裡看得更清楚，我知道我如果留在這裡，大概得不到我如果離開這裡所會得到的機會。」但對她母親易卜提珊來說，莎拉的抱負帶來令她痛苦的兩難，加薩這個極看重家庭的社會裡，許多有著最聰慧子女的父母都面臨的兩難：讓他們走還是不讓走。易卜提珊用起較典雅的法語詞彙，說「Je suis prise entre deux feux」：進退兩難。

蘭德公司調查報告未涵蓋文化、教育或人力資源。但更早二〇〇四年的報告《打造成功的巴勒斯坦人國家》（Building a Successful Palestinian State），[10]處理了兩個較具體且彼此相關的議題：水和能源。該報告說，以色列有多個水源，巴勒斯坦人所能取用的水源非常少；在加薩，他們只有水質大幅退化的沿海地下蓄水層可用，聯合國為何預測加薩到二〇二〇年時可能「不適人居」，這是主要原因之一。與旁邊許多阿拉伯國家不同的，以色列不蘊藏石油，以色列占領地當然也沒有石油蘊藏。一九七〇年代工黨籍以色列總理戈爾妲・梅爾（Golda Meir）的著名笑話，就拿此事作文章。她說摩西「花四十年帶我們走過沙漠，為了把我們帶到中東境內這個沒有石油的地方」。蘭德所指出且戈爾妲・梅爾預見不到的，係這時已在東地中海沿岸發現天然氣，據二〇〇四年估計，達三・五兆立方英尺。這些天然氣若開採出來，用途甚多，其中之一是可用於為用電甚凶的海水淡化廠供電，從而提供淡水。其中許多天然氣位在以色列外海，但有一些就在加薩門口。

不可思議的，就在缺電缺得非常厲害的一塊土地的外海三十六英里處，竟蘊藏著應會是該地最大資產的資源。這個資源不只能使巴勒斯坦經濟改頭換面，還能一舉滿足加薩的電力需求：蘊藏量達一兆立方英尺的加薩海洋天然氣田。一九九九年英國天然氣集團（BG Group）在地中海面下約六百公尺處發現這個天然氣田，係加薩另一個充滿希望的重大時刻。在加薩領海，人們已找到天然氣。二〇〇〇年九月，即第二次巴勒斯坦人起事爆發前不久，一向眼光宏遠的亞塞爾·阿拉法特搭漁船上了探索平台。背對著噴向空中的巨大天然氣火焰這個很適合上電視的背景，他宣布這個發現是「真主賜給我們、賜給我們民族、賜給我們孩子的禮物。它會為我們的經濟，為建立以聖城耶路撒冷為首都的獨立國家，提供堅實的基礎」。[11]

阿拉法特難得沒有誇張得離譜，至少在談到其經濟潛力時是如此。據巴勒斯坦投資基金會（Palestine Investment Fund）的說法，這個氣田會為巴勒斯坦自治政府的能源支出一年省下超過六千萬美元，會在該氣田大概長達二十年產氣期間提供二十五億美元的直接收入。[12]這些天然氣可用船運到埃及或以色列液化，然後透過以色列輸送網再分配給以色列和包括加薩在內的以色列占領地。英國天然氣集團、巴勒斯坦自治政府、以色列已在二十一世紀頭幾年就後一輸送路線有過深入談判，但先是因為價格談不攏（以色列要求讓其以遠低於市場行情的價格使用天然氣），[13]再因為「流入巴勒斯坦自治政府的錢會被用於支持恐怖活動」的理由，談判觸礁。[14]由於以色列以占領國身分控制巴勒斯坦領海，若沒有以色列配合，任何和平協議都談不成。但二〇一〇年底，以色列已知道它自己外海有兩塊大天然氣田塔馬爾（Tamar）和利維坦（Leviathan）；自此，加薩海洋天然氣田開發與否，就無關乎以色列利益，該氣田自那之後迄今一直未開發。

東地中海能源市場方面的頂尖專家賽門・亨德森（Simon Henderson），在對此問題的敏銳分析中指出，鑑於相關各方間——不只以色列和哈瑪斯之間，還有巴勒斯坦自治政府和哈瑪斯之間——的「敵意」，可能「需要歐盟、美國之類局外各方不斷的外交鼓勵」，[15]才能在加薩海洋天然氣田上有突破性進展。這些天然氣不只供應極需能源的加薩，而且供應西岸，從而會大大減輕歐美資助巴勒斯坦自治政府的負擔。

加薩海洋天然氣田未得到開發一事，有一點讓人覺得很諷刺，那就是受到戰火損害、備用零件大缺、目前靠以正常大盤價從以色列買進的柴油運行的加薩發電廠，其實二〇〇二年設計時要以來自加薩海洋（且成本低許多的）的天然氣運行。二〇一六年以色列和卡達擬定的一個計畫——以色列允許卡達積極參與加薩住宅重建，而且卡達偶爾為提供給加薩的柴油買單——乃是要把這座發電廠改為用天然氣發電，天然氣則透過從以色列沿著加薩—以色列交界鋪設的一條管線供應。

除了未能開發加薩海洋一事，擬議以大盤價從以色列輸入天然氣和要建立一條二十五百萬瓦的新高壓線路接上以色列電網這個類似提議，若成真，也將是成本高昂的權宜之計，仍將遠不足以滿足加薩的能源需求。但即使這兩者，至二〇一七年中期也未能成真。不管這是不是拉馬拉的巴勒斯坦自治政府欲扯哈瑪斯後腿的作為一部分——一如以往為了這目的而讓加薩老百姓受害——該政府不願支持這兩個計畫。[16]

國際社會計畫於加薩沿海地區建造一座耗資五億美元的大型海水淡化廠，而欠缺持續不斷且可靠的電力來源是妨礙這些計畫的障礙之一。如果該廠建成，它將會是巴勒斯坦人領土上最大營造項目，而且會大大減輕加薩長年的供水危機。

有些專家會主張，若非以色列限制巴勒斯坦人取用他們自己的水源，這座廠沒必要蓋。加薩人口急速成長是一大因素，奧斯陸協議裡的安排亦然。那些安排使加薩必須負責滿足本地大半的供水需求，好似加薩自成一國，不是中東水資源最豐富的區域之一的被占領的部分（以色列已宣布該部分區域水資源過剩）。[17]這個協定規定以色列水公司梅克羅特每年賣五百萬立方公尺的水給巴勒斯坦自治政府，以供加薩之用，晚近增加到一千萬立方公尺，以色列還表示願增加出售量到兩千萬立方公尺（根據當地估計，加薩家庭、農業用水需要一億八千萬立方公尺，短缺達一億立方公尺左右）。[18]但奧斯陸協議未規定聯合管理沿海地下蓄水層，因此，比如，完全未限制以色列利用其位在地下蓄水層上游的位置，在蓄水層的水抵達加薩之前抽取該地下水；據某個獨立專家的說法，結果就是迫使加薩於本身是個無法倚賴本地水源的巴勒斯坦人區域時，愈來愈倚賴本地水源。[19]

但一座大型海水淡化廠——類似位於沿海北邊十三英里處阿什凱隆的那座淡化廠（以色列營運的五座淡化廠之一）——將不只提供淡水，還提供工作機會。據負責加薩難民福利救濟的聯合國難民救濟和工程處的加薩籍營運主任博·謝克（Bo Scheck）的說法，這個項目不只是「人民福祉所不可或缺」，使加薩人得以有食用水可喝並創造亟需的就業機會，而且是有力的希望象徵。「如果這個項目開始動工，會大有助於改善這裡的情況，使其遠離種種苦難，從而……或許會減少只在激進化裡看到希望的人。」[20]

歐洲地中海國家在書面上普遍同意開發和承諾投資，有利於這座淡化廠的實現。但不利因素是捐款疲乏和西方、阿拉伯諸國政府擔心這座廠毀於另一場戰爭。要實現二〇二四年七月啟用，也需要以色列做出程度上前所未有的配合，也就是要放行大量營建材料進入加薩，並且，儘管在工地鋪設巨大太陽能板補充電力，還需要以國不斷提供電力。儘管以色列已表示原則上支持此項目，加薩人民仍非常懷疑一個談了約二十年的項目真會完工，因為這需要以色列明確修改其過去十年的封鎖政策才能實現。

二〇一六年一月某個晴朗的午後，營造業大亨焦達特．霍達里開車載我沿加薩北邊的海岸北上，去看地中海落日和他最近的消遣：一座花園。它像一面巨大多彩的天然被子蓋住兩英畝的土地。他夢想有一天將它打造為倫敦基尤植物園（Kew Garden）在加薩的翻版。「如果我要你蒙上眼睛，帶你到這裡，你會知道自己身在加薩？」他問。這裡色彩紛呈，由呈塊狀分布的植物、樹木和看來種類多到不可勝數、霍達里最愛的仙人掌所拼綴而成。這些仙人掌是這位遊歷甚廣且博學多聞的企業家從世界各地所帶回來。

他提到他的一家小工廠僱用了三十五至五十個工人，為本地市場製造泡棉床墊，但四年前霍達里經由以色列從跨國公司陶氏化學公司（Dow Company）進口的必要化學品被以色列宣告為「雙重用途」而禁止，床墊生產就此停擺。在以色列當局眼中，「雙重用途」意味著它們可被哈瑪斯或另一個武裝派系用於製造爆裂物或別的軍事用途。霍達里說，以色列籍的陶氏公司代理商提出文件，想證明那並非實情，無效。話說二〇一二年時，埃及邊界下方的走私地道運行正值最熱火時，但經由那個管道取得泡棉，霍達里想都不敢想，因為他常承包聯合國生意，得遵守國際政策。他關掉該工廠，資遣員工。這時他從西岸製造商買進現成的床墊。他一口氣說出被歸類為「雙重用途」的貨品：大塊木板、膠、鋼。我們嚼著剛從園子裡採來的胡蘿蔔時，霍達里難過說，「我已成為我的一個競爭同業的經銷商」。他重提五年前對我說過的話：封鎖「懲罰錯了人」。

霍達里有個觀點，儘管那是大家都熟悉的觀點：封鎖恐怕無助於強化以色列的安全，反倒有助於在年成長率四%的人口裡，創造出愈來愈多很容易變得如博．謝克所擔心的「激進化」的失業青年。那使戰爭再起的機率變高，還是變低？二〇一六年二月，以色列的軍情局長黑爾茨．哈列維（Herzl Halevi）給了這個疑問一個相當直率的答案：他說哈瑪斯正努力阻止別的團體發射火箭，但戰後重建「非常緩慢」，加薩的「復原」攸關能否避免又一次衝突。他告訴以色列國會議員，「加薩的人道情況正每下愈況，如果它炸開，會朝以色列的方向炸」。[21]

在這樣的背景下，以色列有時宣布的少許幾次漸進放寬封鎖的措施，其不情不願——和可收回——的程度，就很引人注目。二〇一六年初，公民社會領袖拉吉．蘇拉尼憶述了關於一個貧窮男子的猶太老笑話。這個窮人結了婚，有了幾個小孩，全家擠一間房間，然後去他的拉比那兒抱怨日子已過不下去。那個笑話很長，而蘇拉尼講得很精彩；簡而言之，拉比建議說，他所需要的是去買隻山羊，帶進房子裡。後來幾次登門拜訪，這個男子心情愈來愈煩，拉比給了他同樣的建議，先是勸他去買隻母牛，繼而在這個男子想自殺時，勸他買進一隻驢子。一週過了一週，拉比先是勸他處理掉那頭母牛，繼而那隻驢子。他漸漸覺得心情好些，最後，他終於把那隻山羊也處理掉時，他告訴拉比「太好了，我沒什麼可抱怨的了」。蘇拉尼大動作補充說「以色列人把整個動物園搬到我們房子」。

二〇一六年六月某個早上，我搭電梯上巴西爾・埃雷瓦（Basil Eleiwa）的餐廳 Level Up 去看他。餐廳位在新穎的札費爾大樓十二樓，此前我都在晚上去那裡，而晚上時，若非有令人驚嘆的市景和海景，很難相信自己人在加薩。Level Up 讓人覺得像是位在杜拜或夏姆謝赫（Sharm El Sheikh）的熱門休閒社交去處，但更有格調；為何加薩的中產階級常光顧此餐廳不難理解。年輕男女吃冰淇淋、喝咖啡閒聊，或抽水菸，水菸筒裡填了散發香氣的菸草，係一個戴著非斯帽的水菸筒販子所帶來。一家人享用侍者所端上來的凱撒沙拉或胡椒牛排，侍者身穿無可挑剔的黑色無袖上衣。從露台望出去，北邊和東邊閃爍著以色列的燈火，對加薩市七十萬居民的絕大部分人來說可望卻不可及的地方。

那個夏天早上，在這間有空調的餐廳裡，啜飲加了草莓和新鮮檸檬的冰鎮雞尾酒，很難不被埃雷瓦的樂觀感染。在一個被戰爭和經濟封鎖打垮的市場裡，樂觀是多角化經營新潮飯店、餐廳的老闆所不可少的特質。一九九一年後期，他在因為以色列強加的宵禁而一天只能開店幾小時時，開了一家小海灘餐廳玩玩。「（第一次）巴勒斯坦人起事仍在進行；人們需要透透氣，才能把日子過下去。」[22]

二十年後人們仍需要透透氣。埃雷瓦於二〇一四年開了 Level Up，就在第三次且最慘烈的加薩戰爭開打前不久。打了三星期後，有個以色列情報人員打電話給這個建築的開發商穆罕默德·阿布·馬特庫爾（Mohammed Abu Mathkour），要他拆掉哈瑪斯安裝在屋頂的通信天線。馬特庫爾夾在兩個槓上的敵人之間，說他沒有哈瑪斯內政部允許，不能拆。隔天，以色列坦克炮彈打中此建築上面幾層，在兩次攻擊的第一次攻擊中造成嚴重損傷，但還好不算太嚴重，因而能在戰後迅速修復，重新開張。一開張就門庭若市，而且埃雷瓦堅稱顧客不是「上層人士」，而是「中產階級、乃至中產階級下層人士」。大部分加薩人吃不起 Level Up，但埃雷瓦說他盡可能壓低價錢，只賺點蠅頭小利。胡椒牛排或許要價十英鎊，但鷹嘴豆泥或茄泥芝麻糊配茶，每份一．六英鎊，咖啡或鮮榨果汁一．九英鎊，披薩和總匯三明治或煙醺三明治不到三英鎊。

他的第一家飯店，曾名氣響亮的五星級風車飯店（Windmill Hotel），在二〇〇〇年十月上街抗議的伊斯蘭主義者，因它允許客人在飯店內喝自帶的酒而攻擊它時，付之一炬。比起開業更早許多且仍生意興隆，又有陰涼、不受打擾的露台的市中心飯店瑪爾納館（Marna House），風車飯店或許沒有它那種魅力，但帶動一股潮流。起而效尤的飯店，包括戴拉（Deira）、魯茨（Roots）、馬塔夫（al-Mathaf）、馬什塔爾（al-Mashtal）。戴拉飯店用紅褐色風乾土磚建成，有摩洛哥式拱、帶穹頂的天花板和寬敞的濱海露台；魯茨是高檔的面海飯店，收入大多來自婚禮；霍達里的馬塔夫，同樣有氣派的露台；馬什塔爾是五星級度假飯店，有兩百二十間房，係莫凡彼於奧斯陸協議後前景看好的一九九〇年代所開始建造。

這時，他打算在海灘上蓋一座新飯店（當然不准喝酒）。但埃雷瓦為何打算在加薩市飯店業的入住率只有兩成時開建另一座飯店？「因為那是我的本行，而在這一行，如果經營很出色，如果靠更好的服務和更好的品質闖出名號，你會在市場上占有一席之地。」除了這個四平八穩、經理人風格的說詞，他有另一個較帶感情的回應。「這裡是我的加薩。我屬於這個地方。總有一天，加薩會在這個行業裡迎來其機會，我跟你打包票，屆時它會以中東地區為對手。因為我們有要在這個行業出類拔萃所需的基本要素，有宜人的天氣，有美好的海灘，而且大部分加薩人天生好客。」但即使假設政治情勢有了神奇改變，要復原加薩市的基礎設施、弄乾淨其被污水嚴重污染的沿海水域、把加薩當成世上最不可思議的度假地來行銷，豈不要花上無窮無盡的歲月？這個城市的命運，會如詩人馬赫穆德．達爾維什（Mahmoud Darwish）形容巴勒斯坦時所說的，繼續是個「即將破曉的國家」，但置身於永不消失的黑夜？

「巴勒斯坦人民過去整整六十年犧牲了許多，有朝一日我們會擁有一個會為我們在隧道盡頭點亮蠟燭的領導班子」，埃雷瓦說。沒錯，以色列是「帶給我們苦難的最大因素」，但欠缺一個領導有方、能消除帶給加薩災難的兩大派系失和的領導班子，也是「巴勒斯坦人民的一個根本困擾」。如果我們和以色列人達成政治和解並擁有一個具遠見的領導班子，我覺得我們大概就不再需要捐款，因為巴勒斯坦人民是非常勤奮且自尊的民族。

他還說，「在那一天到來之前，我們要……保持住能讓我們據以和這個地區和世界一較高下的良好服務水準……我們要為我們的後代子孫努力」——由於每年一萬八千名加薩畢業生爭取少許工作機會而「失去希望」的後代。在這期間，他要確保至少加薩經濟一隅不垮掉。「即使生意變差，我仍能付錢給我的供應商和員工，那綽綽有餘。」

與此同時，情況看來顧客似乎會繼續光顧 Level Up，不管他們過得多苦，多擔心又一場戰爭降臨。埃雷瓦堅稱，儘管日子過得那麼苦，享受人生深植於加薩人的「沿海文化」裡。例如，每個星期五，「去海灘，會看到那裡有非常窮的人，帶著小三明治和一杯茶。我們想要過出自己的人生。」最後一句係有心呼應埃雷瓦所喜歡引用的達爾瓦什的另一個詩句：「我們熱愛生命，如果我們找到通往生命之路的話」。

在這裡，在可俯瞰加薩市的高處，很容易就忘掉加薩人生活的艱苦。但埃雷瓦堅信自己同胞的能力，而這份堅信也使人不難想像，如果他們有機會實現十年前蘭德公司那個令吉哈德·瓦濟爾感動落淚的先進願景，他們會有何成就。

結語

馬赫穆德．巴赫提提，即二〇〇三年初在他還在悶燒的車間廢墟前拿阿拉法特保證加薩會成為「新加坡」一事開玩笑那個人，是我在加薩第一個遇見的巴勒斯坦人。將近十四年後，我回宰屯去找他，驚訝發現這個精瘦結實的男人仍在巴薩丁街，仍在從事他已做了五十年的工作，修理汽車和卡車的引擎。六十六歲的他，看去比實際年齡年輕，留著修剪整齊的鬍子，穿著藍色開領衫，仍不失其冷幽默。但他說，生意從沒這麼差過。他已不再因為缺電而抱怨哈瑪斯政府；由於沒什麼活要幹，斷電已無關緊要。「他們想停電就停電」他說，「加薩像天堂，在天堂也不用工作」。[1]

巴赫提提於十五歲離開學校時開始學這門手藝，那時離六日戰爭爆發還有兩年，然後，五年後他自己出來創業。那時邊境開放，巴勒斯坦人離開加薩，幾乎和以色列人入加薩，以購買鮮魚——或以比以色列境內便宜許多的價錢且同樣可靠的品質，修好他們的引擎汽缸、凸輪軸、渦輪增壓器——一樣容易。「我不是在稱讚以色列，只是想說那時日子過得還可以。」他說，奧斯陸協議簽訂後，阿拉法特主政那些年，生意一直不錯，但後來愈來愈差。結果，他運氣特別差；他的車間不只在二〇〇三年，而且在那之後三場戰爭的每一場期間，都被毀或受重創。二〇一二年，他搬到泰勒哈瓦（Tel el Hawa），把生產場所設在內政部的辦公室附近，結果，有次以色列打擊該辦公室，他的生產場所受了池魚之殃。「他們始終沒忘了我」，他挖苦說。以色列人認為他還在製造火箭？「不是，他們這麼做只是為了報復，為了摧毀經濟。他們拿造火箭作為摧毀經濟的藉口。」

巴赫提提依舊不改其二〇〇三年一月那個寒冷下午嘲笑阿拉法特的心態。他承認他沒料到隨著哈瑪斯掌權，情況會變得這麼糟。事實上，他既不支持哈瑪斯，也不支持法塔赫，二〇〇六年國會議員選舉時他甚至沒投票。但經過哈瑪斯接管加薩後的三年戰爭和九年經濟封鎖，他認為他或許對阿拉法特所建立的巴勒斯坦自治政府太嚴苛。那次選舉後，「世上大部分政府不只不接受哈瑪斯，還痛恨哈瑪斯。接著，加薩的巴勒斯坦人受到的對待，就和哈瑪斯所受到的對待一樣。我們全是被關在加薩的囚犯，不只因為以色列，還因為埃及和約旦。」巴赫提提想起他少年時一首歌的歌詞：「再給我自由，放開我的手」。那首歌的唱者是二十世紀最偉大的埃及歌手烏姆·庫爾圖姆（Umm Kulthum）。

然後他問了我一個問題。鑑於英國於一個世紀前發布貝爾福宣言，而「我們如今仍因為那個宣言在受苦」，我們是否可以要求英國政府道歉？他這麼問不是為了為阿拉伯人要回現在屬於以色列的東西。他承認猶太人於遭受希特勒屠殺後取得他們的權利，但誰來給我們我們的權利？德國直到現在仍支持以色列，但英國把我們的土地給了以色列人，從沒想過要把我們的權利給我們。

不管同不同意巴赫提提的說法，他觸及讓人不得不有所反應的痛處。他認為巴勒斯坦人會有這樣的遭遇，源於二十世紀的歷史事件，尤其納粹屠殺歐洲猶太人一事，說得沒錯。他暗示除了以色列，包括英國在內的其他國家，也該為這問題的解決負起責任，從而把這個問題國際化，這看法也沒錯。英國曾占領巴勒斯坦，然後一走了之，任由該地陷入七十年後的今天仍未解決的衝突。過去十年，那些國家並未善盡此責任。

在美英揮兵入侵伊拉克之前還不到一年時，當時美國國防部的副部長保羅·沃爾佛維茨（Paul Wolfowitz），在蒙特利一場很有深度的演說中建議道：「要打贏反恐戰爭，從而為塑造更和平的世界助一臂之力，我們必須對穆斯林世界裡立場溫和、願包容異己且渴望享有自由、民主和企業自由經營之好處的數億人民講話。這些東西有時被稱作『西方價值觀』，但其實放諸四海而皆準。」[2]

引人注目的是，在那個無懈可擊的原則裡被標舉出的「那些好處」，正是加薩的巴勒斯坦人所無緣享有的好處。二〇〇六年選舉結果出爐後強加於加薩的國際抵制，談不上是對民主的有力認可。這場漫長的封鎖，表面上說是因為哈瑪斯不願遵守以色列和「四方」集團訂下的條件而針對哈瑪斯施行，但老百姓因此所吃的苦頭卻遠比哈瑪斯本身所受到的多了許多。以色列斷言，不管巴勒斯坦人出於什麼理由把票投給哈瑪斯，不管他們多沒機會改變此事實，以色列無意因為加薩巴勒斯坦人這個投票選擇而集體懲罰他們，但鑑於老百姓實際受苦甚於哈瑪斯本身，以色列更難躲掉這個指控。在莎拉・羅伊令人難忘的描述中，加薩的典型情況係被占領者，而非占領者，實際受到制裁。但那也提醒人們，五十年來巴勒斯坦人無法自主選擇最終會控制他們生活的政府，不管是要藉由建立自己的國家，還是要藉由爭取到在雙民族單一國家裡的投票權，來實現那個自主選擇，都是奢想。

加薩人，甚至應該說所有生活在被占領狀態下的巴勒斯坦人，其進出口貨物的自由和旅行自由，的確在哈瑪斯勝選之前許久就受到抑制。但過去十年間限制的嚴格，遠甚於六日戰爭以來的任何時候。英國人一九一七年猛烈轟炸加薩市，逃離該市的人至少能到巴勒斯坦的其他地方。但二〇〇八至二〇〇九年、二〇一二年、二〇一四年以軍三次攻擊時，絕大部分巴勒斯坦籍平民沒有這機會。

但經濟封鎖加薩的最顯著後果，或許是摧毀了「企業自由經營制度」，而「四方」集團的做法又為將此封鎖合法化助了一臂之力。（至少）三百公尺寬的緩衝區的設立和規定加薩人只准使用距岸三或六英里海域一事，使農業和漁業都一蹶不振。加薩數百家製造業公司倒掉、停擺或（戰時）遭撤底摧毀，對以色列的國家安全有多大幫助，令人費解——其中許多公司的老闆並不喜歡哈瑪斯，而且和以色列客戶、供應商關係密切。更別提因此失業者投入哈瑪斯旗下討生活（包括投入哈瑪斯的軍事組織、準軍事組織），以及被僱去挖掘被視為威脅到以色列安全的地道。

人們動不動就把加薩的情況說成十足的「人道」危機，尤以封鎖的頭幾年期間為然；辯論時往往只辯送抵加薩的援助是否足以確保該地居民不致挨餓。這是以色列通常能辯贏的爭論。加薩除了某些人富有，還存在世界級的貧窮。二〇一六至二〇一七年時，乞討，往往是孩童乞討，已比第二次巴勒斯坦人起事期間更顯著常見；在這個特別看重教育的社會裡，愈來愈多孩子在青春期前期因為經濟因素被迫輟學，其中有些孩子出外工作，成了一家生計的依靠。但沒有人餓死於街頭；營養不良情況雖令人非常憂心，但主要拜涵蓋八成人口的國際援助之賜，加薩至這時為止一直免於饑荒。在這個本就具有創業精神的社會裡，正失去的是不只可提供收入、還可提供某種程度做人尊嚴的經濟。

較老一輩巴勒斯坦人，例如巴赫提提，談到奧斯陸協議前加薩企業和工人的「黃金」時代時，就突顯了這一點。表面上看，一九六七至一九九三年加薩發展並不順遂。那是往往以集攏人、逮捕人、用推土機把房子和橙園推平、爆發奪命槍戰、沒收土地和水供以色列人屯墾之用、以軍挨家挨戶掃蕩難民營、伴隨街頭上時時可看到占領軍身影而來的其他種種壓力的時代。但巴赫提提對以色列直接治理加薩那個時期的懷念，有力說明了自那之後的情況，尤其經濟情況，已惡化到何種程度。以色列在其占領的頭二十五年對加薩經濟施以嚴厲限制，使加薩經濟完賴以色列經濟。但為了壓制巴勒斯坦人的民族主義心態和其他目的，摩西・戴揚一九六七年後所採行的策略，係允許許多加薩人至以色列工作，在商業領域，則允許加薩人和以色列貿易。從一九九〇年代初期起，這個相對較開放的心態漸漸被分隔政策取代。此政策於二十一世紀的封鎖時達到最高點，加薩自此幾無經濟可言。最後，不到六年裡對加薩的三次軍事攻擊，完成了加薩的去發展（de-development）；這三次攻擊未能打掉哈瑪斯，但重創加薩老百姓，造成許多死傷、財產和基礎設施被毀。以色列政策和國際政策不改弦更張，攻擊很可能再上演。

但誠如巴赫提提所認識到的，人還是太輕率就把罪過全怪在以色列頭上。如果說加薩是個讓囚犯享有最大程度自由的監獄，以色列則不是唯一的監獄看守人。加薩巴勒斯坦人也已被埃及——尤其被總統西西長期關閉拉法口岸和摧毀走私地道之舉——和約旦，透過強加於加薩（但未強加於西岸）居民的嚴格過境限制措施給拋棄。他們還已被法塔赫和哈瑪斯長期未能解決彼此分歧一事給出賣。這兩個派系在衝突裡將自己的利益看得比加薩公眾的利益重要，而且由於他們所爭奪的權力受到以色列重重限制，這場衝突使加薩人特別沮喪。而或許最不常被人討論到的，他們已被國際社會，尤其被西方諸國政府，棄之不顧。

「四方」集團——實際上指美國和歐盟——可以理直氣壯說他們常呼籲放寬封鎖，而且的確常這麼做；而在二〇一〇年的「馬維馬爾馬拉號」事件後——以色列突擊隊在該事件中殺了駛往加薩之土耳其援助船上的九人——「四方」說服納坦雅胡政府大幅放寬可輸入加薩的消費品的種類。但這幾無助於重振加薩工業，因為出口仍被禁。使加薩居民無法去到境外的種種限制措施也完全未取消。事實上，不管是歐盟，還是美國，都沒有跡象顯示其認真施壓以色列結束對加薩的封鎖。加薩似乎和北韓同一處境，亦即境內老百姓在受苦，但只要被國際社會拒於門外的政府繼續當家，除了提供最起碼的人道援助，什麼事都辦不成。

這個被國際社會拒於門外的處境，係以色列和其西方盟友於哈瑪斯在二〇〇六年勝選執政後抵制哈瑪斯所致。然後，儘管世人，至少當初那些決定抵制哈瑪斯的歐洲人裡的某些人，愈來愈體認到這麼做不對，國際社會不和哈瑪斯接觸、不提供經費的做法還是持續了十多年。經過十年來大部分加薩老百姓過著害怕、貧窮、絕望的日子，而其統治者的政治、軍事控制依舊穩如泰山，國際社會所迎來的一個響亮的疑問，與其說是「為何要和哈瑪斯談？」，不如說是「為何不談？」哈瑪斯先前在暴力造反和行使政治權力之間擺蕩，或許使人難以確切拿捏如果與其接觸會帶來什麼結果。但對「四方」來說，若要訂定較切合實際的條件——例如，與以色列長期休戰——就得挑明如果哈瑪斯違反那些條件，會對其施以制裁；事實上，與哈瑪斯接觸將會使西方諸國政府擁有此前其明顯欠缺的對哈瑪斯行為的影響力。目前的政策對以色列、巴勒斯坦、中東、全球的安全有什麼助益？為何不從哈瑪斯二〇一七年五月第一次正式且公開支持建立以一九六七年邊界為國界的巴勒斯坦人國家一事的角度，重新思考該政策？甚至說不定，亞希亞·辛瓦爾執掌加薩哈瑪斯一事強化了那個機會，因為他很有可能使哈瑪斯強硬派支持和西方修好，以回報西方的較溫和路線。但如果辛瓦爾的上位，一如某些以色列籍評論家所說的，其實代表好戰派對務實派的勝利，那不至少是這麼久以來不和該派系裡已擺出較務實姿態的那些人打交道的國際社會的一個做法所間接造成？

但加薩的困境當然和更大的以巴衝突離不開關係。首先，沒有加薩，不可能永久結束以巴衝突，更別提創立一個巴勒斯坦人國家。加薩擁有兩百萬巴勒斯坦人和對經濟極為重要的海岸，必須是這個新國家的一部分。如今治理加薩的哈瑪斯並非突然冒出來一事，也值得我們深思。一九九五年，最受敬重的加薩人海達・阿卜杜勒・夏斐，擔心奧斯陸協議垮掉，說哈瑪斯不敢打斷一個「可以相信的和平進程」。[3]阿卜杜勒・夏斐在強調一點，即哈瑪斯靠其得到的少數人支持，卻能壯大到如今的實力，這與以色列和巴解組織間的連串和平談判無果有直接關係。若推測以色列和西方如今可以無限期推遲「可以相信」的和平進程，卻不致於反過來養大哈瑪斯在加薩一直鎮住的那些較極端勢力——不管那些勢力是否指望伊斯蘭國垂青——那會失之武斷。

關於以巴衝突，有個極盛行——且毫無根據——的迷思，即和平進程只有在雙方都想要該進程時才能奏效，如果雙方不想在一塊，任何外力都無法硬把他們拉到一塊。實情正好相反。除非外界不只要求停止衝突，還對各方——或更具體的說，最強的那方和相信維持現狀對自己最有利的那方，即以色列——施以要其達成協議的無可抗拒的壓力，衝突絕不可能停止。

二〇一八年，唐納德・川普主掌白宮對中東情勢的影響，讓人無法樂觀。除非川普願意在必要時對各方施加實質壓力，而非只是予以勸說，他牽成「最終協議」（他之前的諸多總統全都辦不到的事）的機率跡近於零。美國堅決主張，巴解組織承認以色列，美國才會承認巴解。這一主張無疑有助於逼阿拉法特同意那個「具重大歷史意義的折衷方案」，而且他根據該方案把以一九六七年邊界為國界的國家訂為巴勒斯坦人追求的目標。但一九九一年美國所領導的聯盟從伊拉克手裡解放科威特後，喬治·布希也藉由暫時擱置美國擬給以色列的數十億美元貸款保證，使極不情不願的易茨哈克·夏米爾參加馬德里峰會。接下來的過程最終失敗收場，但此事非常難能可貴的點出意志堅定的美國政府所能施展的影響力。「美國能非常輕鬆的叫停（屯墾）」，自由派的以色列小說家耶和舒亞（A. B. Yehoshua）二〇〇五年在海法如此告訴我。「自六日戰爭以來，他們一直說他們反對屯墾區，但一直光說不練。」華府，與國際社會的其他成員沒兩樣的，一直以來大抵滿足於行禮如儀的批評以色列的屯墾政策，同時使用「和平進程」，以及不該打斷該進程的需要，作為不以更強硬行動遂行其所聲明之中東目標的藉口。客氣的說，美國一年補貼以色列三十多億美元卻未對以國提出嚴苛條件，這對美國是利是弊值得商榷。凡是腦子清楚的人，都不認為目前西方所面臨的全球性恐怖主義威脅——例如伊斯蘭國所帶來的威脅——係以巴衝突所造成。但二〇一三年時，有個前美國將領說，他掌管美國中央司令部時，「每天付出軍事代價」，因為美國人被認為偏袒以色列，「立場溫和、想站在我們這一邊的阿拉伯人……無法站出來支持未對阿拉伯巴勒斯坦人表現尊敬的人」。這位將領是二〇一七年被總統川普任命為國防部長的詹姆斯·馬蒂斯。[4]

造成該「偏袒」的歷史原因，包括美國以色列公共事務委員會（American Israel Public Affairs

Committee）透過資助美國政治人物打選戰所施加的影響力，但這裡就不詳述這些原因。不過，該委員會代表歷任以色列政府的意向，始終多於代表美國猶太人的意向。事實上，跡象顯示，大部分美國猶太人所支持的美國民主黨人，對於美國兩黨「不管以色列對錯」一律力挺以色列一事愈來愈惱火，而且某些較年輕一輩的美國猶太人，對今日以色列政府政策持顯著較批判性的態度。這兩個跡象顯示，從更長遠的眼光看，對以政策不無可能出現改變。

但馬赫穆德．巴赫提提把重點擺在歐洲人上也沒錯。歐盟繼續不帶感情的援助巴勒斯坦人（自一九九四年以來至少金援了六十億歐元），以減輕一政策的衝擊，至少減輕在西岸的衝擊。歐盟說它不贊成該政策，但也完全未試圖對該政策施以實質影響。美國務使巴勒斯坦自治政府履行基於奧斯陸協議所擔負的義務，例如提供保健和教育的義務，藉此實際上補貼以色列的占領行為，從而使美國既有權利，也有職責，在不厭其煩重申其相信該採行兩國方案之外，也行使某些影響力。歐盟本可以在二〇〇六年巴勒斯坦選舉後，在二〇〇七年短命的麥加協議簽訂後，在二〇一四年夏初它本可能可以阻止二〇一四年戰爭爆發時，力挺巴勒斯坦聯合政府，但未這麼做。

在財務上和加薩所產生的稅收的分配上，歐盟的做法類似。地道暢行無阻時，哈瑪斯能對經由埃及輸入的貨物課稅。隨著地道被關掉，加薩自此完全倚賴來自以色列的貨物，而對這些貨物課得的稅收全都被以色列轉給位在拉馬拉的巴勒斯坦自治政府。歐盟允許巴勒斯坦自治政府將那些稅收裡用在加薩的比例日益減少，從而和國際社會的其他成員沆瀣一氣。事實上，二〇一七年四月馬赫穆德・阿巴斯基於他和哈瑪斯的權力鬥爭，出爐了他自己對哈瑪斯的制裁措施，加劇了加薩境內巴勒斯坦人的苦難時，歐洲人袖手旁觀。如果歐洲如此無所作為的藉口，係為了尊重受制於法令和政治而無法協助哈瑪斯政府的美國政府，那就突顯了為何歐洲該擬出一個有別於美國的中東外交政策，而在川普當總統期間，此事既更刻不容緩，而且更順應人心。

因為歐盟對以色列也使得上力。二〇一七年四月納坦雅胡警告德國外長西格馬爾・加布里爾（Sigmar Gabriel），說如果他也見了反占領的陸軍退伍軍人團體「打破沉默」，他就不會見他，結果這位外長令人嘉許的選擇了「打破沉默」。傑出的以色列學者澤夫・斯特恩海爾（Zeev Sternhell），以肯定口吻評論加布里爾的決定，說此事突顯了一點，即「影響以色列政治的唯一途徑是透過外部施壓。換句話說，施壓不行，施加更大壓力就會行」。[5] 加布里爾的立場只具象徵意義。但不管刻意與否，此舉無意間提醒以色列，歐洲是以色列的最大貿易夥伴，占去以色列對外貿易額的將近三分之一，總值達三百億美元左右，而且這些貿易額得益於使出口到歐洲的以色列貨得以免課關稅的自由貿易協定。但歐盟甚至不用重新立起關稅壁壘，更別提抵制以色列貨，藉由將以色列本土和以色列人在西岸、東耶路撒冷的屯墾區（歐盟眼中違反國際法的作為）分別對待——強勢的分別對待——包括祭出禁止來自屯墾區的貨物進口這個辦法，就能產生劇烈衝擊。倫敦智庫「歐洲對外關係評議會」（European Council for Foreign Relations）二〇一五年只是建議歐盟會員國檢討他們與在西岸境內屯墾區做生意的金融機構的關係，[6] 而且此建議被（誤）

以為已被歐盟高峰會（European Council）採納，特拉維夫銀行類指數就應聲下跌了二．四六點。事實上，美國用在伊朗身上時效果甚好的那類次級制裁措施，可用於在屯墾區經營業務的任何銀行和企業上。誠如斯特恩海爾在同一篇文章裡所寫的，「只要仍能從這些（占領）地（裡的屯墾區），以公開或非公開的方式，出口貨物，歐洲諸國政府的抗議就會起不了作用」。

這類制裁為何還未發生？在這裡，躲不掉納粹屠殺猶太人事件的餘波衝擊。歐洲理解以色列特別看重安全的心態，基於歷史責任得諒解猶太人對這類慘劇可能再度臨頭的憂心。在阿拉伯世界裡，也幾乎是毋庸置疑的，抱持那種諒解的人太少。但有個阿拉伯人的確有這樣的心，那就是已故的愛德華．薩依德。他既是狂熱的巴勒斯坦民族主義者，但也是在其他許多人仍在質疑以色列的存在權利時堅決提倡兩國方案者。薩依德對此餘波最明晰的陳述，寫於超過二十五年前的馬德里會議前夕。但該陳述的大部分內容，時至今日依舊饒富深意，而西方最高調提倡反以口號的人則該把它記下。薩依德主張：

> 以色列對巴勒斯坦人所做的事，不只是在西方長期託管巴勒斯坦人和阿拉伯人的背景下做出……而且是在同樣長期的……並產生納粹屠殺歐洲猶太人之事的……反猶主義背景下做出。我們無法不把反猶屠殺的可怕歷史和以色列的建立扯上關係；也必須理解賦予戰後猶太復國運動以特色的那場屠殺的深度、廣度和沛然莫之能禦的餘波。

但薩依德接著說，巴勒斯坦人「受害於受害者」，被歐洲和美國使勁按在這個位置，歐美別過頭去，原諒以色列的行為，因為以色列被視為倖存者組成的國家。7

與納粹屠殺猶太人一事相關且被全然合理化的恥辱和同情，的確是自一九六七年以來的數十年間歐洲諸國政府用以壓下對以色列壓迫巴勒斯坦人一事之質疑的東西的一部分。但從歐洲對加快以色列建國的那段惡劣到說不出口的歷史所該負的責任，可得出一個不同的結論，那就是與巴勒斯坦人的衝突是他們基於歷史職責該解決的衝突，上個世紀所留下的未竟之事。因為，用歷史學家尤金·羅根發人深省的話來說，以色列－阿拉伯衝突是「在歐洲所造就出來」。而被迫承擔那段歷史的間接後果者是巴勒斯坦人，而非歐洲人。以色列對安全的深深執念和深植在那段歷史裡的恐懼——明顯可見於一九六七年六日戰爭前的幾個星期裡——理該得到不容置疑的肯認。但以色列這個強國，經濟發達，擁有核武和訓練有素、裝備精良的軍隊，不管納坦雅胡多努力要讓他的選民相信以色列的處境如同一九三八年時，以色列所面對的終究不是一九三八年再現。曾從政的以色列作家亞伯拉罕·伯格（Avraham Burg）激進斷言，以色列人已把「我們的憤怒和報仇」從「一民族（轉移到）另一民族上」——把德國當盟邦，和德國自在相處，同時把巴勒斯坦人當成「出氣筒，以釋放我們的侵略性、怒火、歇斯底里」8——而你不需要贊同他的這個主張，就會同意巴勒斯坦人尚未逃離歐洲人精神創傷的池魚之殃，而且絕大部分巴勒斯坦人和這個精神創傷的產生八竿子打不著關係。德國無疑該為終止那個池魚之殃負上責任；但英國，不管是否仍自視為歐洲國家，也難辭其咎，因為貝爾福宣言出自英國之手，而且一九四八年英國棄巴勒斯坦於不顧。該宣言過了一百年後，英國已充分履行其要「在巴勒斯坦建立一個猶太人民族家園」的承諾，但始終未踐履第二個承諾——「絕不會做出會損害巴勒斯坦境內既有之非猶太裔群體的公民權利和宗教權利的事」。

如果衝突的公正結束既未利於巴勒斯坦人，也未利於以色列，要——終於——實現貝爾福宣言未履行的承諾，將會難上許多。那些較極端擁護以色列人、巴勒斯坦人奮鬥目標的人，喜歡把這說成零和遊戲，亦即認為巴勒斯坦人得利，以色列就會吃虧，反之亦然。但事實並非如此。自二〇〇二年以來，阿拉伯聯盟一直表示，只要以色列和巴勒斯坦人簽訂以終止以色列五十年來之占領行動為基礎的和平協議，願完全承認以色列，並給予隨之而來包括經濟好處在內的種種好處，作為回報。屆時，以色列的疆界將會自一九六七年以來首度得到國際承認。遜尼派阿拉伯大國熱衷於促成這類協議，因為他們相信，隨著擁有核武的以色列成為盟邦，他們能合組他們眼中反制伊朗在中東之勢力所不可或缺的聯盟。納坦雅胡似乎表現其一貫作風，已在試探其是否能在不和巴勒斯坦人達成公道協議下建立這樣的地區性聯盟。這樣的願望不大可能實現（但也非絕無可能；畢竟這樣的出賣行為此前有過）。但即使他真的實現了如今看來仍像異想天開的事，巴勒斯坦民族主義的火焰和對獨立自主的追求，也不會因此被澆熄。

而那個追求若有好結果，以色列人和巴勒斯坦人都會共蒙其利——而和納坦雅胡政府所認定的南轅北轍。這會使占領政策對以色列民心的嚴重傷害，包括對被迫執行占領政策的年輕士兵的心理的嚴重傷害，就此告終。這會處理占領政策在國外所催生出對以色列日益升高的敵意，並解決不讓巴勒斯坦人享有公民權、政治權這個明顯不公不義的問題。有人認為，武力，而非和平協議，能提供以色列所渴望的長期安全，但經驗並不支持此說。但即使武力能提供長期安全，從巴拉克到奧爾默特的歷任領導人所碰到的那個主要兩難，依舊躲不掉：若非按照巴勒斯坦人領袖所能接受的條件給予巴勒斯坦人獨立，就是讓自己日益被世人視為種族隔離國家，面臨巴勒斯坦人日益強烈要求讓其在單一國家裡享有平等人權和政治權，而若允其所求，目前的以色列將畫下句點。只要以色列較中意於「管理」現狀——亦即制伏巴勒斯坦人——長遠來看，以色列的最大生存威脅恐怕就不會是伊朗或伊斯蘭國，更別提哈瑪斯，而會是以色列本身。但美／歐若不共同努力結束以巴衝突，且必要時為此採取以制裁為基礎的作為，另一條路就是數十年的殺戮、巴勒斯坦人被剝奪更多東西和日子更苦、加薩不適人居、更多屯墾區和令國際社會更加難堪——如果能令國際社會感到難堪的話。

但如果和平協議未能締結，那就不能要已等了五十年的巴勒斯坦人繼續等，直到得救的那個不可知的未來到來時。也就是說，得向以色列施加真正的壓力，以逼以色列在長年不給巴勒斯坦人的那些權利裡放出某些權利——首先是經濟權利，儘管若不同時給予政治權利，經濟權利給得還是會永遠不夠。這適用於所有巴勒斯坦人，但加薩處境最慘，因此不管以色列或巴勒斯坦自治政府同不同意，都應先在這裡開辦。對加薩和西岸兩地的援助無疑必須力求較公平，而國際若不和哈瑪斯打交道，這恐怕無法真的收到成效。但較長遠來看，加薩所始終想要和需要的，不是援助，而是經濟發展；加薩製造、種植、貿易能力的恢復。

能引來大量民間投資的加薩新海港，只是其中一例。新海港不只至少會使加薩開始踏上重新成為貿易中心之路，在建設新海港期間提供數百、甚至數千個工作機會，而且，用以色列某個具政治影響力且頭腦較清醒務實的軍警界要員的話，會確保「在那期間哈瑪斯會樂於不對以色列開火，以免危及這個國際項目」。[9] 用這座海港來說明加薩情勢非常理想，因為至目前為止（儘管即使在以色列內閣裡都有一些人支持）它一直被駁回的原因之一，係它是哈瑪斯在二〇一四年戰爭結束時的要求之一。為了加薩人民的福祉，改弦更張後的國際對加薩政策，必須揚棄凡是能讓哈瑪斯據以攬上功勞的事都絕不能做這個幼稚想法。

不如此改弦更張的話，結果很可能就是迎來另一場或另外幾場戰爭。二〇一七年春，加薩、以色列境內的熱門話題又是戰爭幾個月內就會開打，而且不是為了取得軍事優勢而開打。兩場死傷最慘烈的戰爭都和封鎖有關：以色列以遭火箭攻擊為理由，在二〇〇八年發動攻勢，而若以色列早取消封鎖，火箭攻擊本可能避免。二〇一四年，哈瑪斯因為未能和法塔赫談成協議而被逼退入死角，在莫爾西於埃及失勢下台後哈瑪斯在政治上陷入孤立，西岸境內的哈瑪斯行動主義者在三名以色列少年遇害後被捕，哈瑪斯在加薩的七名激進分子遭殺害，最重要的，加薩境內情況淒慘；在這樣的處境下，哈瑪斯選擇打一場「有機會解除封鎖、但機會微乎其微」的戰爭。[10] 根據大部分計算結果，二〇一八年初加薩境內的經濟、人道情況，比構成二〇一四年戰爭之背景的情況糟上許多。

因此，二〇一八年三月三十日加薩爆發亂子時，儘管爆發的十足突然，封鎖卻是主要因素：這是自第一次巴勒斯坦人起事以來，加薩境內第一波無武裝群眾抗議。數萬加薩人——往往是全家老小——聚集於邊界附近，另有數百人，大多是年輕男子，其中有些人丟石頭、汽油彈、發射風箏炸彈，進向邊境牆，置身於牆另一邊以色列狙擊手的攻擊範圍內。至少一百二十名巴勒斯坦人遇害，其中六十二人死於五月十四日這個發生了重大事件的每週一次抗議日子，就在賈瑞德·庫希納（Jared Kushner）和伊凡卡·川普（Ivanka Trump）主持美國駐耶路撒冷新大使館啟用時。美國不顧長年以來的國際共識和巴勒斯坦人要和以色列人共以那個城市為首都的夢想，將大使館從特拉維夫遷到耶路撒冷。在邊界的加薩這一邊，能看到催淚瓦斯的縷縷白煙和更遠處輪胎燃燒揚起的又黑又濃的煙，能聽到閃著紅燈的救護車發出的尖銳鳴笛聲和更響亮的零星槍炮聲。但在五十英里外的那場耶路撒冷典禮上，歡欣鼓舞的納坦雅胡似乎渾然不察節節升高的死傷，兀自慶祝美國大使館在「一個促成和平的偉大日子」遷移。這是自二〇一四年戰爭以來死亡人數最多的一天，還有超過兩千五百個巴勒斯坦人（和一個以色列軍人）受傷。

這些抗議並非哈瑪斯所發起——而是出自當地某些巴勒斯坦籍大學畢業生的想法——但哈瑪

斯接著將抗議活動組織起來；從維持秩序、提供野戰醫院，到出動煽動家鼓吹年輕男子從分布於邊界沿線的帳篷走向隔離牆。哈瑪斯也揚言——有點想把事情搞大的心態——抗議者隨時可以衝過隔離牆。其中某些喪命、受傷者是哈瑪斯自己的行動主義者，但其他許多人並不是。若非加薩情況太慘，這場抗議大概吸引不來這麼多人——法塔赫也支持此抗議，非常難得的展現團結精神。這場抗議被稱作「偉大的返鄉行」，意在申明一九四八年難民的「後代」「返回」其如今位在以色列境內之老家的「權利」。這個主題既令以色列人驚恐，在加薩也具有團結人心的作用，畢竟加薩大半人口是難民。但那反映了以色列人同樣不容打折扣的一個堅持，即堅持耶路撒冷是以色列「不分割且永遠」的首都，而巴勒斯坦人相信美國大使館遷移之舉已認可此主張。這反映了三十年來大部分巴勒斯坦人所長久希望且大概會包含一個體面的難民問題折衷方案的兩國並立協議無緣實現。畢竟，誠如巴勒斯坦人權中心的拉吉·蘇拉尼在這波抗議的初期所說的，這時遇害的那些人的家人，係一九九三年時「為奧斯陸協議手舞足蹈……給以色列軍人康乃馨和加薩式擁抱」的那些人。這些失業的年輕男子——支持法塔赫的加薩作家阿泰夫·阿布·賽義夫口中「沒什麼可失去的無望之人」——在一再接受訪談時，常重複提到「返鄉」這字眼。但採訪者很快就看出，他們最想要的，用二十三歲馬赫穆德·曼蘇爾（Mahmoud Mansour）的話說，乃是「實現我們的夢想，找到工作，口岸開放」。他的一邊手肘纏了繃帶，係先前某次抗議期間受的傷。

較不清楚的，係國際為以色列開槍殺人發出的強烈怒火——二〇一四年戰爭期間哈瑪斯真的開火還擊時，國際就發出這樣的怒火——是否真有助於確保這個夢想成真。要阻止情勢進一步升高，恐怕的確想不出更好的辦法，至少在不近也不遠的未來是如此。又一場戰爭爆發的可能性無法排除。二〇一八年春天數人喪命之事，也招來少數以色列人批評，這些人驚駭於竟用實彈對付抗議者，而非使用較不會致命的群眾控制辦法。但許多以色列人，或許大部分以色列人，對於這些人喪命淡然處之，認為那不可避免。這種心態正與護刃行動得到過半支持——在某民調中得到九成支持——相一致，而這種支持度已遠大於納坦雅胡在右派裡本有的民意基礎，其中包括許多自視為自由派或中間偏左者。

以色列的主流媒體報導，的確極支持二〇一四年戰爭，只有《國土報》這個世上最好的報紙之一明顯持反對立場。揭露哈瑪斯於邊界底下挖掘的地道，的確有助於維持這股戰爭狂熱。但封鎖加薩一事也是因素之一？除了戰鬥軍人，大部分以色列人對加薩內部情況所知甚少。就連那些主動開車到埃雷茲，把生病的巴勒斯坦人載到耶路撒冷或特拉維夫的醫院的好心以色列人（的確有不少這樣的以色列人），都對加薩內部情況必然所知不多。以色列記者阿米拉．哈斯（Amira Hass），在其談一九九〇年代加薩生活情況的出色著作中寫道，「以色列人以『去加薩』一詞表達『去你的』的咒罵意思，正具體而微點出以色列人的觀點。」[11]但自那之後，就在許多以色列記者——哈斯和她的《國土報》同僚吉迪翁．列維等人——從加薩內部做出令人激賞的報導時，以色列政府對這類本國記者施行了長達十一年的禁令，表面上說是基於安全理由。加薩因此比以往更讓其鄰居覺得無法理解且危險。這不由得讓人懷疑，參孫的故事——他在加薩受騙於非利士人、落入他們之手、最後以神力拉倒神廟和敵人同歸於盡之舉——已從以色列的集體潛意識深處重新冒出；一則會被一再上演的聖經寓言。

以蠻不在意的口吻將加薩境內戰爭稱作「割草」的以色列右翼評論家，的確把這些戰爭說成每隔幾年必然會再發生的例行事件。在約翰．米爾頓的《力士參孫》（Samson Agonistes）中，信使帶來參孫已——在或許是世上第一樁見諸記載的自殺攻擊中——藉由拉倒大袞神廟殺掉非士利社會的菁英的消息時，合唱隊歌頌他「與敵同歸於盡……被他殺掉的敵人／比他此前所殺掉的還要多」。這樣的墓志銘，用在被派去加薩、未能幸運活著出來的以色列國防軍軍人身上，或許淒涼而貼切。但以色列真的想要藉由定期派入伍新兵去「割草」，以不斷為他們寫下這樣的墓志銘？

加薩境內戰爭避免不了。以軍已數次公開示警，稱加薩境內日益惡化的人道情況隨時可能「一發不可收拾」，而我們可以頗有把握的推斷，私下向以色列的政治領導階層發出這些論斷時，語氣更加篤定強烈。反過來講，徹底改善這些情況是防止情勢一發不可收拾的最佳法門。加薩還沒成為新加坡，或還沒想要成為新加坡。但加薩具有在一段時日後復原所需的人才、教育、資源、地理條件。如果國際社會，不管有沒有美國，想要運用其肯定擁有的能力來影響情勢，可以從為加薩爭取從未嘗試爭取過的一個結果著手：取消封鎖，讓四面被圍、如同身陷牢籠的加薩人民重新享有某種程度的進取心、自由、對民主的尊重：「給我自由，放開我的手」。

第三部

THREE

第十七章

他們會在一分鐘內殺掉我們（二〇二四年十月七日）

馬霍爾．修什（Mahol Shosh）會在下午三點半左右，她家中「安全室」裡，做出她一生中最痛苦的決定。由於斷電，加上這時充斥著透過門上剛打穿的子彈孔飄進來的有毒濃煙，安全室裡伸手不見五指。

那個星期六早上，輪到馬霍爾躺下休息，由她的丈夫諾伊（Noy）照料總是在天亮時起床的三個小孩。她打著盹，聽到「真的真的很響的隆隆聲」。時為早上六點半左右。她起床，刷了牙，去客廳，跟小孩說了聲早安。我告訴他們「我聽到很大的隆隆聲，可能會發布紅色警報，屆時我們得去安全室待著」。她話剛說完，警報就響起，他們全都去了安全室。在離加薩邊界約三英里的貝埃里（Be'eri）這個基布茨，從加薩過來的火箭——和紅色警報——司空見慣。「我們通常在幾分鐘後出去。但這次我告訴諾伊：『繼續待在裡面。情況如何不確定，因為響聲比平常大了許多』。於是我們和小孩玩，唱歌，藉此消磨時間。在安全室裡盡量不讓自己閒著。」

約二十分鐘後，繼續有火箭來襲，基布茨的保安小隊發來簡訊，告知邊界遭突破。那也不是很稀奇。有時，會有急欲找到工作的一個巴勒斯坦人設法越過邊界，但還未抵達這個基布茨就會被以色列士兵逮捕。但馬霍爾這個三十五歲的高中老師屬於貝埃里的一百五十個媽媽的 WhatsApp 群組，這些媽媽於七點十五分左右開始於該群組上分享訊息。

> 第一則訊息……說她家陽台上有個恐怖分子。然後另一個訊息說她聽到槍聲。接著又一個訊息說有人在敲門。還有個訊息說有人在敲安全室的窗子，諸如此類。我想到這些媽媽全都彼此住得不近，看來整個地方都出現情況。於是我們意識到情況不妙。

那天早上，隨著時間推移，訊息的口氣變得更加急切：「他們丟了一顆手榴彈……他們在這裡開槍，拜託……我們屋外有尖叫聲，拜託過來，槍聲……整個基布茨遭攻擊……」。隨著槍手開始破門而入，放火燒屋，那個早上繼續有訊息傳來，而且口吻愈來愈急切。「很大的聲響、喊叫聲、很濃的燃燒味……天啊該怎麼辦。他們在這裡，他們會在一分鐘裡殺掉我們。」

在加薩邊界沿線的基布茨，以色列人把安全室的門蓋成足以抵禦火箭的衝擊波。但有個很苦惱的媽媽告訴這個媽媽群組，「安全門沒鎖上」。有人回應道，「別待在門前，盡可能緊貼牆壁」。居民發現ＡＫ－47的子彈能輕易打穿安全室。那些規劃保安措施的人根本沒想到會有二〇二三年十月七日那樣的入侵。

修什家的房子位於這個基布茨的中央，其對面是一所耐炸、有高窗的幼稚園。槍手已在那所幼稚園取得一個制高點，狙擊手可以無安全顧慮的盡情狙殺。馬霍爾從 WhatsApp 群組上一再出現的訊息理解到，「恐怖分子（已）開始在我們的居住區逐戶拿下房子。我從某些鄰居那兒聽到，他們放火燒房子，以用煙把裡面的人燻出來，而且他們擄走我的一些鄰居。」

修什一家人待在自家安全室裡，最初似乎比那些鄰居走運。巴勒斯坦人兩度破門入他們家，試過要打開安全室的門，諾伊死命撐著，他們最終死心；他們似乎只是「洗劫者」，撬開這對夫妻臥室裡的保險箱，拿走錢和值錢東西，就滿足離開。諾伊甚至出安全門幾次查看外面情況，帶回食物和水，把一個孩子帶去上廁所。

但下午兩點左右，一群較沒那麼容易死心的巴勒斯坦籍槍手進屋，開始嘗試打開安全門；諾伊這個經驗老到的機修工，在基布茨開修理店，死命抓住門把，使這些槍手進不了安全門。他告訴妻子他可能得動用他身為以色列國防軍後備役少校所配發的手槍。「然後我聽到一聲槍響」馬霍爾說，「我問他，你開的？你開槍了？他告訴我『沒有。我受傷了』。」闖入的槍手開槍炸開靠門把操控的裝置，流彈打中諾伊手臂，他大量流血。驚嚇的諾伊想要起身，但肚子中槍：

> 然後他倒地。我拿起他腰帶上的槍，對他吼道，這東西怎麼用，因為我不懂如何開槍。他告訴我：已裝了子彈，只要射擊，只要射擊。他告訴我，現在需要止血帶。我從衣櫃拿來一條被單，努力完全壓住傷口。我拿著槍等著，因為我知道如果他們開槍打中他，知道他受傷，還聽到三個小孩的尖叫，他們會動手，不會放過我們。然後，我看到

有隻步槍的尾端透過門上的洞伸進安全室。我開槍，那隻步槍也開了一槍，躺在地上的諾伊再度中槍，腿部中槍，但我開槍後他們撤退，後來我又聽到他們想開門，於是我又開槍。

馬霍爾和她嚇壞的三個小孩，五歲的諾嘉、四歲的內采爾、十八個月大的拉維，一起窩在安全室角落，碗櫥和門之間，因此槍手透過門上的洞看不到他們。她繼續開槍，直到打光子彈。與此同時，安全室裡已開始出現煙；馬霍爾摸門，感覺溫度上升，心想門外的激進分子是不是要燒掉房子。WhatsApp 群組訊息建議過把被單或枕頭套弄濕摀住口鼻，以在有煙環境下仍能呼吸。但諾伊所取的水瓶位在安全室另一邊，不放開諾伊的止血帶就拿不到。趁著槍火暫歇的空檔，她研判槍手會因為煙而離開門一段距離，她冒險要五歲的諾嘉去把水拿過來。「我告訴她，她很厲害，我們做得很好。我要老二（四歲的內采爾）從衣櫃取來一些T恤。他給了我一件，我告訴他，寶貝幹得好，再拿一件。就這樣把整個衣櫃裡的衣服拿下來，放在地上。他辦到了。」

他們都喝了些水後，她把T恤弄濕，但她和諾嘉能拿著T恤蓋住臉，要兩個年紀更小的孩子和受重傷的諾伊靠它們呼吸卻太難。諾伊的手臂正大量流血，馬霍爾已把他放在地上的毛巾上，以止住腹部槍傷的流血。她的手機已沒電，於是用諾伊的手機向夫家和娘家的人告知這裡的情況。「我意識到煙就要充滿整間安全室，屆時連手機的光都會看不到，我理解到得丟下諾伊，打開窗子，把孩子帶到窗子旁，以讓他們呼吸到更新鮮的空氣。我不能再待在原處按著（止血帶），因為這麼做的話，我們全都會悶死。」救她的孩子，還是保她丈夫的性命，馬霍爾無法兼顧，必須選一個。

力氣迅速消失的諾伊鼓勵她。「我們像是在告別。我告訴他，孩子愛他，他們吻了他一下。他握住孩子的手，然後我去打開了窗子。」她回到丈夫身邊，想要勒緊止血帶，但屋外的槍聲迫使她不得不去護住位在敞開的窗戶邊的孩子。她再度回來，想要把諾伊拖往窗子，以讓他能呼吸，但他已不省人事。

下午一點半左右——離最早的警報響已過七個小時——終於有軍隊來到貝埃里。但直到下午三點，特種部隊才打進馬霍爾的居住區。以色列總參謀部特種偵察部隊（Sayeret Matkal）占領了隔壁房子的二樓。「最後一個恐怖分子躲在我寶寶的房間裡，從那裡朝軍人開槍……槍戰持續了好像十五分鐘，有槍聲和打鬥聲，只為進這間房子。然後，好像三點半吧，我聽到軍人在屋裡；我聽到希伯來語。」

士兵把馬霍爾和她的小孩帶出還在悶燒的房子，在敵人還在攻擊下，用一輛坦克保護，把他們先是護送到另一間房子，然後護送到一停車場。以色列陸軍已把許多倖存者集中在那裡。軍人配備醫療器材，包括專業止血帶，但他們進屋之前不到半小時，諾伊已死。

* * *

光是在貝埃里，就有至少九十七個居民遇害，諾伊．修什是其中之一。遇害人數超過其他任何基布茨，占其人口將近一成；三十個居民遭擄為人質，包括十個小孩。那個星期六早上，一千五百多名巴勒斯坦籍激進分子，乘坐皮卡、滑翔傘、拖拉機、摩托車突破隔離牆，越過邊界，給以色列帶來莫大的衝擊。在邊界旁的數個基布茨，共有約一千兩百名以色列人遇害。在內蓋夫沙漠裡，「超新星」（Supernova）徹夜狂歡音樂節現場，想要逃跑的年輕人遭槍殺，或淪為哈瑪斯所領導的這次軍事行動擄獲的兩百四十名人質之一——被擄走後身亡者數目不詳。死亡者包括軍人，但平民占了大半，主要是猶太人，但也有巴勒斯坦裔以色列公民。二十萬左右的以色列居民被撤離加薩邊陲地區和以色列北部村鎮，其中，從後者撤離的行動，係因為十月八日起真主黨往以色列北部發射火箭。以色列啟動長達一年的報復戰，時間之久前所未見。報復戰夷平加薩許多地方，至秋天時已奪走超過四萬一千名巴勒斯坦人（和三百二十六名以色列軍人）的性命。到了十月，以色列和真主黨間一觸即發的邊境衝突，已激化為形同第三次黎巴嫩戰爭。

十一月的某個晴朗的日子，仍在為喪夫悲痛的馬霍爾．修什（我們談了許多諾伊的事），在死海地區某飯店講述一家人的苦難時，語氣平靜。十月七日遭攻擊後，貝埃里的居民即避難於該飯店。但那個星期六，在加薩邊界各處，居民遭冷血槍殺，或在自家遭活活燒死。父母失去孩子，孩子失去父母。有人肢體遭毀傷，也有人遭強暴。

要找到遭姦淫的鐵證不易，因為專家前來檢查前，據認遭姦淫者已死，而且遺體被搬動過——大多遭焚燒過——但來自札卡（Zaka）救難局的志工不需要令人信服的證據。辛恰・格雷訥曼（Simcha Greineman）描述他在貝埃里某房子裡找到的一具女人遺體：「我們把她翻過來，發現她半裸，手上拿著一顆手榴彈，已打開的手榴彈。看到一個女人半裸，靠在自己床上，一手拿著一顆手榴彈，使她被強暴時乖乖不動——那就毫無疑問了」。

格雷訥曼所舉的這個案例無法得到獨立機關證實。聯合國特別代表普拉米拉・佩滕（Pramila Patten）斷定，貝埃里基布茨至少另兩起性暴力指控沒有事實根據，但她的代表團二〇二四年三月找到合理的根據，讓人相信十月七日攻擊期間有個地方發生與衝突有關的性暴力事件，包括在至少三個地點發生的強姦和輪姦案。這三個地點就是：超新星音樂節會場和其周邊地區、二三二公路（從音樂節會場往外的主要路線之一）、雷伊姆（Re'im）這個基布茨。在其中大部分事件中，受害者遭先姦後殺，至少有兩起和強姦女人屍體有關……[1]位於超新星音樂節會場的其他提供消息者說看到多個遇害的人，大多是女人，而且這些女人的遺體被發現時腰部以下裸露，有些全身裸露，有些人頭部中槍和／或被綁著，包括雙手被綁在身後，綁在樹或竿子之類東西上。

國際刑事法院首席檢察官卡里姆・汗（Karim Khan）要求對哈瑪斯三位領導人發出逮捕令，指控他們犯了數條罪，包括對十月七日受害者和後來被扣在加薩的人質施加的「強暴和其他種性暴力的戰爭罪」。

在通宵狂歡的超新星音樂節會場，許多人慘死。年輕人想逃跑時遭殺害或捉住，其中許多人當時被困在自己車裡或正在附近樹林尋找藏身之所。四十七歲的巴勒斯坦裔以色列司機尤塞夫・齊亞德納（Youssef Al-Ziadna），受僱去接參加音樂節者離開，但被旁人攔住。那人向他示警說，這時候去太危險，因為從貝埃里那兒傳來槍聲，但他不為所動，冒著槍林彈雨抵達停車場。他說，「你絕對想像不到……真可怕。」[2]他用一輛只能坐十四人的小巴士撤走了三十人，包括兩個傷者，說他自那之後收到死亡威脅，原因是他「救了三十個猶太人」。

貝埃里本身已是從加薩闖入以色列的一百多個裝備精良之槍手的首要目標之一。天亮不久，頭一批十二個巴勒斯坦籍槍手抵達。他們槍殺了貝埃里保安隊的隊長，他的十一個隊員打不開軍械庫，被迫撤到牙醫診所。這些隊員裡，有些人有手槍，但有數人無武器在身，有一人這時已受重傷。當地三十八歲護士妮莉特・渾瓦爾德（Nirit Hunwald）原本已要帶她的小孩去參加村中尋寶遊戲，但還是跑到診所治療受傷的志願兵吉爾・博雲（Gil Boyum）。博雲受槍傷，頭部遭人用槍托打破。在其他人幫助下，她把他拖進建築裡。渾瓦爾德說：

> 他很重，流了很多血。拖出一道血跡。血淋淋的情景深印腦海，抹不掉。我能看到他們所攜帶的無線電和對講機，能聽到無線電的劈啪聲。她說她聽到他們四處走動時用阿

拉伯語說「殺掉猶太人」。「他們說說笑笑，就像個尋常日子」。

博雲死了。到了下午一至三點間，志願性保安隊員為了不讓槍手靠近，已用光彈藥；激進分子衝進建築，大部分保安隊員遭槍殺。渾瓦爾德躲在他們未注意到的一間廁所裡，保住性命。[3]

早上七點半後不久來到這個基布茨的警察小隊，敵不過迅速控制這個基布茨的巴勒斯坦籍槍手，不得不撤退。激進分子已攻下陸軍在邊界沿線的各大駐地，包括最靠近貝埃里的駐地。那天早上更晚時，一架軍方直升機帶著小股兵力降落，但他們在人數和火力上也處於劣勢；一名軍人喪命，另一個軍人受傷，他們隨之退到基布茨的大門拒守，以阻止更多槍手進來。下午才有軍方大部隊抵達——這一延遲會在後來大受議論，而且不只發生在貝埃里。

在世俗化的基布茨，左派勢力向來很強，而對於在這類基布茨長大的有些人來說，哈瑪斯和其追隨者十月七日犯下的戰爭罪，並非使他們不再對和巴勒斯坦人和平相處抱持希望的原因。七十四歲的薇薇恩・席爾佛（Vivien Silver），罹難的貝埃里居民，因領導和加薩巴勒斯坦人的跨文化計畫而廣為人知，在二〇一四年加薩戰爭後成立了名叫「女人開啟和平」（Women Wage Peace）的團體，而且——一如其他幾個貝埃里居民——退休後主動幫忙將生病的加薩人載去耶路撒冷等地就醫。數百人參加了她的葬禮，包括兩位著名的巴勒斯坦裔以色列國會議員艾哈邁德・提比（Ahmed Tibi）和艾曼・奧德（Ayman Odeh）。她躲在碗櫥裡時，向兒子尤納坦・采根

（Yonatan Zeigen）發了她生前最後一則簡訊：「我愛你。他們在屋裡，該是時候停止開玩笑向你道別了。」尤納坦在她的葬禮上說：「妳是個言出必行且有遠大理想的人。此後，在妳死後，我們會更加努力實現妳始終憧憬的明天。」[4]

如此看待這場浩劫的人不只采根，但和他抱持一樣看法的人並不多。其他的基布茨居民表示已不再相信能和巴勒斯坦人和平相處。

在克法爾阿札（Kfar Aza）這個離貝埃里只有十分鐘車程的基布茨，許多房子若非也被巴勒斯坦籍槍手放火燒毀，就是被以軍和他們交手時遭坦克炮彈擊毀。十月七日的倖存者哈南·達恩（Hanan Dann）欲說明他的態度時，話語頻頻被射向加薩的以軍火炮聲蓋過：

> 這種情況沒人會樂見。問題不只在哈瑪斯和加薩。它們彼此交織密不可分。我覺得我們受不了這些鄰居，而我不知道有什麼解決辦法，但你知道的，這時真的覺得他們和我們無法並存。我知道我的話聽來像是極端分子……但什麼因素使我這樣的尋常百姓變成像極端分子？不再有不能越過的紅線，不再有禁忌了。

* * *

邊界村鎮居民對巴勒斯坦人的看法可能正反都有，但以色列居民對使此事有機會發生的軍方失職倒是一致感到困惑和沮喪。另一個貝埃里居民尼爾・夏尼（Nir Shani），已和妻子塔爾離婚，前一個晚上他的十六歲兒子阿米特於晚上十點左右吻了他道晚安，然後回到他也位在這個基布茨裡的家。阿米特和母親、兩個妹妹同住。不到二十四小時，阿米特就被槍手押進偷來的車裡，在加薩度過他淪為人質後的第一晚。

為了不讓巴勒斯坦人闖入，夏尼這個四十七歲的物理治療師緊握著他安全室鋼門的門把將近十三小時不放。早上約十點時，這些槍手已控制住他的房子和屋頂。有個激進分子甚至闖入空調管道，一路爬到安全室上方的管道開口，用手電筒查看那裡有沒有人。夏尼緊貼門，不讓這個闖入者看到他，但一分鐘後濃煙從門下和空調管道進入——門很快變得摸起來「很燙」。他拿枕頭套蓋住臉，讓自己少吸入煙，下午七點左右終於獲救。軍人把他抬出房子以免他碰到還在悶燒的灰燼，因為他仍光著腳。那景象「像世界末日」。看到隔壁鄰居的房子陷入火海，他記得他當時覺得有點好笑，因為（那個鄰居）他是瑞士人。身為瑞士人，他對和他的灌叢、他的庭園有關的所有東西都很講究，而那些全都已變得亂七八糟。

那天大半時候——至少直到下午四點半左右他聽到以色列國防軍坦克駛來且外頭槍戰正激烈為止——他都「即使過了幾小時，仍認為軍隊會在五分鐘後和敵人交手，而不可思議的是他們沒來。我是說沒來到我們所住的貝埃里，那裡離加薩四・五公里，但從特拉維夫過來也只要一小時十五分鐘。不是很遠吧？軍隊過來要花多久？」如此想的人不只他，從早上七點半前至下午一點至三點間居民相互發送的其他簡訊就是明證：「軍隊在哪裡？……這個基布茨裡怎麼沒有軍隊？有人在對付恐怖分子？……這裡有軍隊？他們在哪裡？……用直升機派部隊過來要多久？軍隊在搞什麼？」[5]

夏尼憶起兩年前他和他當時七歲的女兒蘿妮走在這個基布茨和邊界隔離牆之間的原野，俯看加薩中間地帶的兩個難民營努塞拉特和布雷吉。「她問我：『如果有暴民過來，越過邊界，會怎樣？』我告訴她，首先他們越不過，即使越過，也沒機會來到我們身邊，即使來到我們身邊，我們會迅速回應。妳沒必要害怕。」

蘿妮．修什也認識到她想的沒錯，她父親錯了。因為七名巴勒斯坦籍槍手闖入他們家，打開安全室時，她和她的母親、姊姊、哥哥在一塊。尼爾．夏尼說：「我兒子迅即奔向門，想要和他們打鬥，以把門關上。但他母親擔心他們會開槍射他，於是告訴他，『阿米特，投降』。他於是舉起手，跪下，投降。」有個槍手允許仍只穿著襯衫和短襯褲的十二歲埃瑪去她房間穿好衣服，但也扯走她脖子上的金項鍊。他們讓這家人喝冰箱裡的水，但用帶來的繩子把阿米特的雙手綁在身後，把他和他的媽媽、兩個妹妹帶到附近尤西．夏拉比（Yossi Sharabi）的家。夏拉比，連同他的妻子、三個孩子、他們大女兒的十八歲男友奧菲爾．恩格爾（Ofir Engel），已被入侵的巴勒斯坦人控制住。他們將他們雙臂反擰推出房子，找車子將三個男性擄回加薩，並在拿小刀頂著夏尼家兩女孩時停下來自拍。許多基布茨居民只用公用車輛，因此他們花了些時間才找到一輛黑色小轎車，然後將阿米特．夏尼、奧菲爾．恩格爾、尤西．夏拉比塞進車裡。前兩人於二〇二三年十一月唯一一次停火時獲釋；夏拉比於二〇二四年時被以色列國防軍宣告死於加薩，可能死於以軍自己的空中打擊。

女人和小孩去了附近一間房子。哈瑪斯已在前門外擺了一個裝滿火箭筒的袋子，因此他們躡手躡腳繞過後門，從窗子爬進去。他們敲了這間房子的安全室的門——令人意想不到的，這是外面沒有門把的少許安全室之一。但若非因為裡面的那個老人沒聽到，就是因為她以為是巴勒斯坦籍槍手在敲門，她沒開門。女人和小孩知道如果滲透入境的槍手侵入房子，他們可能受傷、被捉住或喪命，因此，在整個居住區一再傳來槍聲時，他們待在沒有安全保障的客廳，在那裡又度過令人膽戰心驚的九個小時。就在她和她的女兒終於在晚上十點左右被以軍救出前不久，塔爾．夏尼擔心士兵炮擊這間房子，厲聲喊道：「這裡有小孩；別射小孩。」

塔爾．夏尼的示警很有先見之明。在這個基布茨的別處，發生了一件八個月後以色列國防軍仍在調查的意外。當時，鷹派將領巴拉克．希拉姆（Barak Hiram）麾下的士兵朝一間房子炮擊，房內有十四名以色列人和擄他們為人質的巴勒斯坦人，結果只有兩人倖存。6

但尼爾．夏尼極不解於軍方倉促應戰，回應行動「有許多缺失」。第一個缺失是他們未把恐怖分子擋在邊界。第二個是恐怖分子從邊界到我們的基布茨一路沒人阻擋。第三個是他們進了基布茨後好幾小時，才有人對付他們。

誠如尼爾・夏尼所認為，軍方未把哈瑪斯的野心當一回事。「他們從未說如果到了以色列，不會殺人、屠殺、強姦。他們說『那就是我們要做的，那是我們的使命』。那是聖戰作風，而他們現在有了機會。」他認為首先要歸咎於納坦雅胡的「軟弱」——他說他的政府，十月七日前回應火箭攻擊時，不如前一個短命政府強勢——其次要歸咎於更用心保護西岸境內屯墾民，而非應對來自加薩的任何威脅。

一如住在附近的基布茨克法爾阿札的哈南・達恩，夏尼覺得和平協議機會渺茫，認為「沒人可和對方談，因為在巴勒斯坦人這一方沒有反戰運動。我沒聽到他們願意妥協」。這說法有待商榷，因為法塔赫所主導的巴勒斯坦自治政府，自一九九六年成立起一直呼籲採取兩國方案。但他對住在西岸屯墾區的以色列人沒什麼好感。西岸屯墾區，與位在加薩火力圈（Gaza envelope，以色列南部離加薩邊界不到七公里且被每個西方政府視為以色列之主權領土的有人居住區）的村鎮不同的，位在自一九六七年起所占領且按照國際法屬不合法的土地上。夏尼拿兩人同睡一床、其中一人占著整張羽絨被作比喻。「在以色列和在西岸都一樣，屯墾民老是索要愈來愈多的安全保障，沒有人說『得了，各位，我們最多就只能給你這些，我們得在加薩走廊保有一些兵力』。」

事實上，以色列政府——包括擔任要職的兩位極端主義屯墾民伊塔馬爾・本・格維爾（Itamar Ben Gvir）和貝札萊爾・斯莫特里赫（Bezalel Smotrich）——已在此攻擊的兩天前決定將以色列國防軍的兩個連調到西岸。哈瑪斯發動攻擊的日子是正逢西赫妥拉節（Simchat Torah）

的安息日，肯定是刻意挑選的日子。軍情局長阿哈隆．胡利亞（Aharon Huliya）少將當時在放假，平常駐紮於邊界沿線的加薩師部一位旅長和多達一千五百名軍人不在崗位上。[7]

激進分子在邊界隔離牆的三十個點炸出洞，利用無人機使隔離牆的安全感測器、攝影機、自動機槍失靈，使約三千名左右從加薩湧出、配有重機槍和火箭筒的槍手得以順利攻擊雷伊姆這個基布茨附近的以軍駐地，包括師部。以軍部隊因此得打偈限於一地的激烈槍戰達數小時，而無法前去保護平民居民和遭徹底打斷的單位間通訊設施，從而使軍方領導人無法掌握這次攻擊的規模和猛烈程度。但如果以色列的軍方和情報單位認真看待哈瑪斯正計畫一場前所未有的攻勢的警訊，本或可能阻止這攻擊——或大大降低其衝擊。此攻擊前不到一年，加薩的哈瑪斯龍頭亞希亞．辛瓦爾於二〇二二年十二月十四日一場群眾大會上宣布：「順利的話，我們會像奔騰的洪水湧向你們，會帶著無數火箭湧向你們，會化身為無窮無盡的士兵洪流湧向你們，會帶著數百萬我們的人湧向你們，就像一再湧上來的潮水。」

而他們真的湧過來時，把這場軍事行動取名為「阿克薩洪水」（Al Aqsa Flood）。憑藉事後之明，當然看得很清楚。以色列於二〇〇四年暗殺哈瑪斯的創始領袖謝赫亞辛後，這個團體揚言打開「地獄大門」。後來該團體又發出不計其數令人毛骨悚然的宣告，但都未成真。不過，辛瓦爾那次講話之前，以色列情報、軍事官員已弄到一份約四十頁的哈瑪斯戰鬥計畫，其中極詳盡的說明了十月七日執行的戰略。這份被以色列官員取了代號「耶律哥牆」的文件所提議的入侵，正是十月七日在大規模齊射火箭的掩護下發生的那種大規模入侵。這些火箭把基布茨的居民趕進自家安全室，表明哈瑪斯把必須摧毀才能確保攻擊順利的以軍駐地（包括師部）掌握得一清二楚。[8]

加薩師的諸多指揮官似乎認為哈瑪斯沒能力執行該計畫。服務於以色列信號情報機關「八二〇〇部隊」（Unit 8200）的一名老經驗的女分析員，七月時根據截取到的哈瑪斯不同單位在某個訓練活動中的閒聊內容，說他們似乎正為「耶律哥牆」裡概述的可能行動作準備。她的上司對此心存懷疑，她隨之發了一封電郵，說「我完全不相信這個可能行動是莫須有」。日後成立的調查委員會肯定會裁定，有些最敏銳的觀察心得是否因為它們來自較低階的女人之手等原因而遭漠視。年輕的應徵入伍女兵，受命於以色列國防軍的納霍爾奧茲（Nahol Oz）監視中心觀看加薩的即時監控畫面，相信哈瑪斯正在為一場重大的軍事行動作準備。她們說看到他們練習襲擊、擄人為人質，看到一個正被接收的坦克實體模型、一個仿隔離牆上以色列武器的模型。他們用該武器模型來示範如何使這些武器失去作用。這些監視員（希伯來語tatzpitaniyot）之一的蘿妮·利夫席茨（Roni Lifshitz）告訴ＢＢＣ，她看到滿載哈瑪斯戰士的車輛定期巡邏，開到在隔離牆另一邊有瞭望哨的所在停下，指著隔離牆並拍照。她根據他們的衣著認定他們是哈瑪斯「努赫巴」（Nukhba）精銳部隊的成員——後來以色列認定在哈瑪斯戰士團裡扮演領導角色的人。利夫席茨向她的指揮官示警，把她的報告存進電腦系統裡，但「不清楚」這類報告的去向。另一個監視員說她已數不清她提交這類報告提了多少次。在這個單位裡，每個人「認真看待它，會把它轉達出去，但最終（這個單位以外的人）未就此有任何處置」。叫人深覺反諷的，十月七日早上巴勒斯坦籍槍手占領她們的單位時，這些未佩槍的監視員成了最早為這些報告遭漠視而付出代價的人之一。至少十二人被殺，另有四人淪為人質。伊拉娜．尼薩尼（Ilana Nissani）說，她女兒夏哈夫（Shahaf），喪命的監視員之一，曾問過她：「如果沒人會聽我們的，我們幹嘛在這裡？」[9]

安全事務分析員認為，除了離譜低估哈瑪斯的能耐這個因素，還該歸咎於過度倚賴科技——包括裝在先進邊界隔離牆上的自動裝置。哈瑪斯用行動證明他們很有辦法讓耗資八億五千萬美元建造的隔離牆形同虛設。更重要的，在軍情局和摩薩德都有過廣泛歷練的前准將安農．索弗林（Amnon Sofrin），指出戰略層級一個錯誤的「集體思維」。[10]尤其值得注意的，索弗林說，國防部門認為獲准出加薩至以色列工作的人數，二〇二二年調高為一萬七千人，加薩的經濟隨之得到「改善」，在此情況下，哈瑪斯看重治理甚於造反。事實上，據世界銀行的說法，二〇二三年第一季加薩的失業率仍高達四十六．四%，十五至二十九歲者的失業率更達五十九．三%——而這可能在無意間間接有助於哈瑪斯吸收人力為其所用。此外，儘管如此，加薩經濟於第一季時還是縮水了二．六%，主要因為以色列對漁貨出售到西岸施加了限制。由此看來，經濟情況並非向好。[11]

但索弗林也指出，二〇二一年五月長達十一天的激烈暴力活動，在加薩奪走兩百四十八條巴勒斯坦人性命，在以色列奪走一個以色列軍人和十二個平民的性命，已「嚇阻」了哈瑪斯一說其實不實，反倒似乎帶來反效果：十月七日後，哈瑪斯官員奧薩瑪．哈姆丹（Osama Hamdan）說，對於這個自認在為所有巴勒斯坦人、而非只為加薩的巴勒斯坦人戰鬥的派系來說，這場戰爭是個「轉捩點」，因為這次的動亂始於耶路撒冷。此說和以色列情報單位事後的以下評估相一致：哈瑪斯於二〇二一年戰爭結束後就已開始計畫其攻擊行動。[12]

定期派兵至加薩「割草」以平靖加薩局勢是以色列多年來信持的一套信念，而相信索弗林所提到的二〇二一年後的確「嚇阻」了哈瑪斯這個心態，乃是這套信念的一部分。但辛瓦爾事後流於誇大的放話威脅，以色列本應更當一回事。「你們如果想要活得久，就該遠離阿克薩清真寺和耶路撒冷」他說，「敵人和世人該知道，這只是一次最後的預演，一次小小的演習，它說明了如果以色列又想要傷害阿克薩會有何下場」。[13]

同樣重要的是納坦雅胡的一個政策，十月七日事件後不久即受到以色列多個政治派系一致批評的政策，即支撐哈瑪斯在加薩的勢力。最值得注意的，係以色列允許大量的援助經費從卡達定期流入哈瑪斯之手。據某項估計，將近十年裡共達數十億美元，其中有許多錢是裝進小提箱，經人帶過來的現金。納坦雅胡的前一任總理埃胡德．奧爾默特說，為了緩解加薩境內居民對哈瑪斯在經濟事務治理上「日益失望」的心理，「他和卡達敲定金援加薩……納坦雅胡允許許多錢進入加薩，從而使哈瑪斯得以活命。這些錢大多來自卡達，但也有部分來自阿拉伯人」。[14]卡達堅決認為那些錢供民用，包括支付公務員薪水和為加薩唯一的發電廠買燃料。但批評者主張，那些錢使哈瑪斯得以把自己的資源轉用於軍火和其他設備，從而可能有助於提升哈瑪斯的軍力。哈瑪斯這次攻擊的一個月前，摩薩德的首腦大衛・巴爾內亞（David Barnea）告訴和其對話的卡達人，以色列希望卡達繼續付錢。[15]

曾任副國家安全顧問的以色列國防軍退役將領什洛摩・布羅姆（Shlomo Brom）說，以此方式增強哈瑪斯實力，有助於讓納坦雅胡免於和巴勒斯坦人談判：「阻止兩國方案的有效辦法是把加薩走廊和西岸分隔開。」誠如布羅姆所說的，納坦雅胡可以說「我沒有談判對象」。[16] 據以色列媒體所洩漏的消息，納坦雅胡曾在二〇一九年在以色列聯合黨某派系的會議上對與會者說，卡達給加薩的援助出於人道目的，而且受以色列官員監督。他告訴聯合黨籍國會議員，凡是反對巴勒斯坦人建國的人都該支持繼續資助加薩。[17]

納坦雅胡打選戰時，標榜自己是以色列的「安全先生」，但決意不讓衝突的解決有任何進展，尤其避免在世上的諸民主政府、以色列自由派、拉馬拉的巴勒斯坦人領導班子所長年請求的解決方式上有任何進展：兩國和平共存，比鄰而居，以一九六七年六月前所取得的邊界為國界。這情況簡直就像是納坦雅胡已和這個和他一樣反對這種解決方式的巴勒斯坦人組織締結了浮士德式的同盟。

納坦雅胡和許多以色列右派人士想要「管控」以色列和巴勒斯坦人的衝突，而無意於解決該衝突。透過旨在遏制住全面叛亂的「割草」原則，可以在不需和平談判的情況下達成「安定」。

提倡此做法者聲稱如願，把納坦雅胡所主宰的二〇二三年十月之前那十年說成以色列史上「最安定」的十年；他們讓美國許多人相信他們的說法，包括在十月七日的九天前說出「如今的中東地區是二十年來最安定」的美國國家安全顧問傑克·蘇利文（Jake Sullivan）。[18]自由主義智庫莫拉德（Molad）的以下說法，叫人很難不同意：「任何欲解決此情況的作為，不管透過外交手段，還是透過軍事手段，都比維持現狀還要危險一說，（十月七日時）整個垮掉。」[19]但即使在十月七日後，納坦雅胡仍不這麼認為。

伊拉娜·尼薩尼口中那些「上層人士」難辭其咎，而所有情報機關的首腦和以色列國防軍的參謀總長黑爾茨·哈列維（Herzl Halevy），也較快就為這些毋庸置疑的失職擔負起責任。相對的，總理納坦雅胡不願承擔責任，常把在他擔任首相期間發生的事怪在情報機關首長頭上，儘管對付加薩哈瑪斯的策略主要出自他之手。以色列公眾的看法不同於他；這次哈瑪斯攻擊後不到兩星期，《晚禱報》（*Maariv*）發表了一份民調，根據該民調結果，八成的以色列人認為納坦雅胡該為這次攻擊前以色列的失策公開攬下責任。一年後他仍未這麼做。這事不容等閒視之，因為它會影響後來的情勢。

* * *

哈瑪斯想達成什麼目標？哈瑪斯對以色列境內發動致命攻擊，葬送了所有的外交善意，除了招來國際上的公開指責，一無所得。以色列的報復已奪走數萬條巴勒斯坦人的性命。哈瑪斯領導階層的三個重要人物，包括亞希亞·辛瓦爾、伊斯瑪儀·哈尼耶，都已遇害於這波攻擊。

聯合國祕書長安東尼奧·古特雷斯（António Guterres）毫不含糊的譴責「哈瑪斯十月七日令人震驚且前所未見的恐怖行徑」，同時提醒安理會這些行徑的發生並非「無來由」，以色列人聽了大為光火。

> 巴勒斯坦人受到令人喘不過氣的占領已五十六年，他們看到自己的土地被屯墾區逐漸吞掉，持續受苦於暴力侵擾；經濟發展受阻；人民被迫離開家園，自己的家遭拆除。他們對於以政治手段解決自己困境的希望已在一點一滴消失……

一如在任何戰爭裡所見，或許在這場戰爭裡尤其明顯的，要分清事後自圓其說的說法和心裡真正的動機，要分清說明它為何發生的說詞和說明它為何選擇那些方法和時機的說詞，並不容易。誠如古特雷斯所發現的，更難的是要在不被冤枉為替凶殘的戰爭罪行辯解的情況下提出交戰理由。

十月七日時哈尼耶是哈瑪斯政治局的主席。在某場充斥宗教性、聖戰性言語的演說中，他正告「敵人」：「我們不想再於這塊土地上看到你們。這塊土地是我們的；在這塊純潔且美好的土地上，你們是外人。你們在這裡沒有立足之地或沒有安全可言。」

但他也扼要且具體的說明了不平之事，令加薩內外許多巴勒斯坦人心有戚戚焉的不平之事，包括當前極右派以色列政府（二〇二二年十二月經由選舉組成的政府）的「侵略」和其在西岸境內不斷擴張屯墾區；以色列侵占阿克薩清真寺區；對加薩的漫長封鎖；拘禁、虐待以色列境內的巴勒斯坦籍囚犯；以及，或許與這次攻擊的時機選擇關係最大的，以色列在和阿拉伯國家（尤其波斯灣的阿拉伯國家）關係「正常化」上有所進展。

就上述最後一點來說，二〇二〇年美國總統川普所居中促成的以色列和阿拉伯聯合大公國、巴林的亞伯拉罕協定，其所起的作用，還不如以色列和沙烏地阿拉伯可能簽署類似協議一事來得大。亞伯拉罕協定激怒巴勒斯坦人，因為以色列對他們所做出的唯一讓步，乃是承諾不在法理上併吞西岸，而納坦雅胡當時大概也無意那麼做。但許多巴勒斯坦人——不只哈瑪斯裡的巴勒斯坦人——認為沙烏地阿拉伯簽署類似協議代表傷害性大上許多的政策反轉，因為二十年來沙烏地阿拉伯的官方政策一直堅守二〇〇二年阿拉伯和平倡議——該倡議承諾只有在以色列同意讓巴勒斯坦人以一九六七年邊界為國界，建立包含西岸、東耶路撒冷、加薩的國家的條件下，才承認以色列。如今，沙烏地阿拉伯領導人穆罕默德·賓·薩爾曼似乎能為巴勒斯坦人爭取到一些重大的讓步，包括小幅減少奧斯陸協議所指定的西岸「C區」的面積、某種一攬子的經濟援助。目前，「C區」由以色列直接控制，連半自治的巴勒斯坦自治政府都管不到該區。[20]此舉完全未致力於結束以色列對西岸、加薩、東耶路撒冷長達五十七年的占領，從而將會拿掉該地區裡能助巴勒斯坦人建國的最後一個且最有力的外交手段。

單單這點無法充分解釋哈瑪斯為何有十月七日入侵之舉，更別提解釋哈瑪斯的「做法」為何殘暴程度前所未見，甚至在自殺炸彈攻擊橫行的最黑暗時期都前所未見。與某些以色列人、巴勒斯坦人誇大不實的說法背道而馳的，一人深謀遠慮的過人天賦，也無法充分解釋為何有此舉。但二〇二四年十月十六日去世前一直是加薩一地哈瑪斯領導人的亞希亞·辛瓦爾的生平，或許還是有助於理解為何有十月七日的攻擊。

辛瓦爾一九六二年生於汗尤尼斯，雙親是一九四八年戰爭時被迫逃離馬吉達爾（今阿什凱隆）的難民。他在獄中憶起艱苦的難民營生活狀況和排隊領食物的羞辱，自此埋下他對以色列這個造成此境遇的國家的仇恨種子。

以色列於六日戰爭中拿下加薩時他才四歲，成長過程中飽嘗家園被人占領的滋味。他就讀汗尤尼斯男子高級中學，然後就讀伊斯蘭大學，阿拉伯語系畢業。走世俗化路線的巴解組織一事無成後，辛瓦爾活躍於兼採伊斯蘭主義和巴勒斯坦民族主義的學生組織。

關在以色列監獄期間，他寫了自傳性質的小說《荊棘和康乃馨》（*The Thorn and the Carnation*），透過該小說可一窺辛瓦爾年輕時的政治意識發展過程。主人公艾哈邁德於一九六七年戰爭時和家人一同避難，發現他們的巴勒斯坦解放夢想隨著以色列獲勝而碎成一地。絕望的他受到約旦與地中海之間的土地是瓦合甫（waqf）一說的啟發，成為伊斯蘭主義者。瓦合甫意指捐獻給世世代代穆斯林的東西，非穆斯林無權利索要。艾哈邁德最初愛一個年輕女子愛到神魂顛倒，但最終斷掉這份兒女情長，因為在「這個苦澀的故事」裡，「只容得下一份愛（對巴勒斯坦的愛）」。[21]（辛瓦爾本人則在獲釋二十年後的二〇一一年娶莎米爾．阿布．札梅爾。兩夫妻有三個小孩）。

辛瓦爾於一九八五年協助組建馬吉德（Al Majd），在加薩首度嶄露頭角。馬吉德這個組織旨在揪出並懲罰被以色列吸收運用的巴勒斯坦籍線民。哈瑪斯於一九八七年底創立後，他在該組織裡同樣肩負內部保安之責。第三次被以色列逮捕後，他於一九八九年因策劃劫持、殺害兩名以色列軍人和處決四名被懷疑和以色列合作的巴勒斯坦人遭判處四個無期徒刑。根據訊問稿記載，辛瓦爾承認至少用雙手勒死一名巴勒斯坦人，用巴勒斯坦頭巾勒死另一名巴勒斯坦人。[22]他在獄中時得知爆發巴勒斯坦人第二次起事、哈瑪斯接管加薩走廊、第一次加薩戰爭。

二〇〇四年寫完小說時，辛瓦爾被以色列外科醫生移除了腦瘤。以色列監獄牙醫（且後來當上情報人員的）尤瓦爾．畢東（Yuval Bitton）最早發現辛瓦爾有腦瘤，迅即將他送醫。辛瓦爾非常感謝畢東，兩人在獄中有多次交談。畢東憶道，有次辛瓦爾告訴他，「你們現在很強，有兩百顆核彈頭，但等著瞧，或許十年至二十年後，你們會變弱，我會出手攻擊。」[23]

二〇一一年，為了讓二〇〇六年被綁架的以色列軍人吉拉德．夏利特獲釋，納坦雅胡釋放了一千零一十七名囚犯，辛瓦爾是其中之一。這次換囚使辛瓦爾更加相信要讓被囚的巴勒斯坦人獲釋，就必須綁架以色列人。二十二年牢獄生涯期間，他既是巴勒斯坦籍囚犯的老大，也從事炊煮之類較卑微的事——並且至少兩次逃獄未成。後來他說激進分子已把監獄變成「膜拜的聖所」和「學院」。他學得流利的希伯來語，研究以色列政治和社會，而且據他自己的說法，變成「猶太人歷史的專家」。[24]

獲釋時他已準備好在這時負責治理加薩走廊的哈瑪斯裡擔任領導角色。不到兩年他就選上加薩哈瑪斯政治局的一員，從此之後他的仕途一路扶搖直上。

辛瓦爾二〇一七年經由選舉取代哈尼耶成為加薩領導人一事，被視為哈瑪斯從此轉向窮兵黷武之路，在以色列尤其這麼認為，但鑑於以色列的封鎖使哈瑪斯愈來愈不得民心，他有時也走務實路線。前政治局主席馬夏爾（Mashal）發表具新意的二〇一七年文件時，他未表示反對。該文件不承認以色列，未放棄擁有整個巴勒斯坦的志向，但表明願接受以一九六七年邊界為國界的巴勒斯坦人國家——由西岸、加薩、東耶路撒冷構成的國家。結果，以色列和國際社會都未支持這份文件。

二〇一八年，辛瓦爾在返鄉大遊行（Great March of Return）示威中大出風頭。該示威似乎一時之間提供了武裝叛亂之外的另一條可行之路，結果除了導致數十個巴勒斯坦人死於以色列槍彈下一無所成。他甚至用希伯來文寫信給納坦雅胡，提議長期停火。[25]

但有人認為辛瓦爾和卡桑旅領導人戴夫（Deif）至少在二〇二一年時就已開始為十月七日攻擊行動預擬計畫。警方於耶路撒冷城裡的巴勒斯坦人和右派以色列人在齋戒月期間起衝突後，突襲查抄耶城阿克薩清真寺區，辛瓦爾表明不服這一舉措。警方未在哈瑪斯所定下的期限前離開該區，加薩激進分子即發射一百五十枚火箭，以色列隨之回敬以空中攻擊，一場短暫但激烈的十一日戰爭就此爆發。辛瓦爾警告說，哈瑪斯發射的火箭比以往更深入以色列境內，哈瑪斯已為「如果以色列再度試圖傷害阿克薩清真寺」會招來什麼樣的反應，執行了一次「總預演」。

那個「如果」的情況是否屬實仍不確定。但二〇二二年十一月二十五日納坦雅胡和極右派極端主義者伊塔馬爾·本·格維爾談成結盟協議。此前，本·格維爾破壞阿拉伯人和猶太人在耶路撒冷的聖地長年維持的「現狀」，頻頻走訪阿克薩－聖殿山區，以申明猶太人對該地的「主權」（而且十月時在阿拉伯人所居住的東耶路撒冷和巴勒斯坦人起了衝突，揮舞手槍威嚇巴勒斯坦人）。辛瓦爾發表「洪水」演說是十二月十四日的事（身為以色列國家安全部部長，本·格維爾的幾乎第一個反應是在一月三日走訪該區；阿里埃爾·夏龍二〇〇〇年那麼做時，引爆巴勒斯坦人第二次起事）。

辛瓦爾是否把阿克薩清真寺、被以色列囚禁的巴勒斯坦人、沙烏地阿拉伯和以色列可能簽署協議一事或別的事看成最重要的事不得而知。十月七日的攻擊似乎在近乎完全不為人知的情況下謀畫。據情報專家的說法，真主黨和伊朗都事先不知情；哈瑪斯戰士從加薩出擊後，巴勒斯坦伊斯蘭聖戰組織的戰士跟著從加薩出擊，而該聖戰組織也事先不知情。哈瑪斯的更廣大政治領導階層同樣不知情，至少在時間選擇和計畫詳情上是如此。該領導階層的成員，主要在多哈活動的穆薩．阿布．馬爾祖克（Mousa Abu Marzouk）說，「讓我們感到驚訝的是日子的選定，而非此行動」[26]（儘管如史蒂芬．法雷爾和比佛利．米爾頓－愛德華茲所指出的，哈尼耶十月七日的演說是場「讓人聯想到事前準備的長篇複雜」演說）。[27]

哈瑪斯內部極講究集體責任，因此，一旦做出某個決定，我們無法知道如果曾針對發動如此規模的軍事行動有過辯論，辯論的激烈程度為何。但至少有個較偏重政治路線——亦即立場較「溫和」——的哈瑪斯高階成員，在二〇二三年更早時向一位與他對話的西方人隱約透露，窮兵黷武派在哈瑪斯內部占上風，在以色列不向巴勒斯坦人讓步的情況下，那樣的結果或許擋不住。[28]

但十月七日後，哈瑪斯的團結一如以往令人驚嘆。加齊．哈馬德雖在發表公開聲明時有時暴衝而有欠考慮，卻一直被視為作風最務實、意識形態最不僵固、最具有自己想法的該派系支持者。但他還是在十月七日後發出震撼西方國家的以下宣告：

> 以色列是無權立足於我們土地的國家。我們必須除掉那個國家，因為它在安全上、軍事上、政治上給這個信伊斯蘭教的阿拉伯國家帶來浩劫，必須予以除掉……我們必須給以色列一個教訓，我們會一而再再而三這麼做。[29]

隔天接受採訪時，哈馬德的言詞較為收斂，堅稱這次行動的目的是攻擊以色列軍人和軍事基地，而非平民，但也堅稱「實地情況複雜，該區域有場派對」。他還說「巴勒斯坦人所追求的目標重新端上檯面……那當然是以負面方式辦到，但巴勒斯坦人所追求的目標重新端上檯面」。

這話冷酷但真切。二〇一〇年代，巴勒斯坦問題因其他衝突發生而受冷落；沒有人把取得一個可行的解決辦法列為最重要的待辦事項。薩拉姆．法亞德這個極能幹的巴勒斯坦總理，曾努力讓巴解組織做好治國準備，早在二〇一二年就抱怨說，「我們所追求的目標從未像這樣受冷落，從未」。[30]事實上，冷落程度有增無減；事實擺在眼前，只有發生重大暴力事件時，國際社會才會認真關注巴勒斯坦人所關心的事。哈瑪斯領導階層不可能看不出這一點。

這就終於帶到了一個問題，即十月七日的滔天暴行是誰所為。意識到國際社會對此類暴行大為憤慨的諸位哈瑪斯流亡領袖，提出了許多解釋——或藉口——主要說法是這些暴行非哈瑪斯成員所為，而是出自其他派系或年輕的平民犯罪分子之手。從辛瓦爾所發給流亡在外的政治領導階層並刊登在《華爾街日報》上的信息，可難得一窺他的想法，並證實他們所言不假。針對綁架婦孺，他說「情況失控。人們沉迷於此，那不該發生」。[31]

國際刑事法院首席檢察官卡里姆．汗（Karim Khan）的看法不可能因此改變。他的團隊晤談了多位目擊者，包括來自貝埃里和克法爾阿札的目擊者。二〇二四年五月二十日他宣布，他正設法根據戰爭罪指控取得對辛瓦爾、穆罕默德．戴夫、伊斯瑪儀．哈尼耶的逮捕令，他們所遭指控的戰爭罪包括發生於十月七日的滅絕、謀殺、強暴、拷打。他說這些罪行是「哈瑪斯和其他遵循組織政策的武裝團體對以色列平民發動的全面且有計畫的攻擊」的一部分。

在另一則見諸報導的（戰時）信息中，辛瓦爾說巴勒斯坦人已蒙受的人員大量損失是「必要的犧牲」，把這些人命和為了爭取阿爾及利亞獨立而失去的數十萬條阿爾及利亞人命相提並論。

十月七日那天，那樣的生靈塗炭當然還未發生。但隨著攻擊以色列的消息傳開，那天早上人心惶惶，擔心加薩將會招來的後果。從未支持哈瑪斯的阿什拉夫・馬斯里（Ashraf al-Masri），我認識已二十年的司機，打電話告訴我：「我們全都很害怕」。

第十八章

襲擊加薩：為破壞而破壞，為殺人而殺人

對加薩的巴勒斯坦籍居民來說，一如對邊界另一邊的以色列人來說，早上六點半左右大量齊射的火箭聲——那天將會射出的四千多枚火箭的一部分——代表發生了不尋常的事。在畫家瑪哈·達雅和其丈夫艾曼·埃薩所住的那間裝飾得很雅致的公寓裡，她聽到火箭聲時，已把孩子送到學校。「我問艾曼夜裡是否發生了什麼事」她說，「星期六是個忙碌的日子，我有許多事得做」。早上七點時，孩子被老師送回來。「我們打開電視瞭解情況，卡桑旅指揮官戴夫說話時，我們知道出了大事。」後來瑪哈說她多希望那只是個惡夢，希望有朝一日能重新過上尋常的星期六早上。

資深的加薩記者法蒂·薩巴赫，曾是巴勒斯坦解放人民陣線的行動主義者，參與巴勒斯坦人第一次起事的過往仍歷歷在目。[1] 十月六日，他已開車載妻子和孩子從加薩市至家鄉拉法，以參加次日侄女的婚禮。參加過新娘子在婚禮前一天舉行的傳統單身派對並向新郎致敬後，他在他么弟家晚晚才上床睡覺。

大清早，我們被呼嘯的火箭聲吵醒。那時我睡……在一間有扇窗子可俯瞰東邊的房間裡。一聽到這聲音，我就開窗，打開窗簾，從南邊看出去。房子東邊有火箭，拉法北邊有火箭正在發射……我認為發生了危險的事，比如辛瓦爾、哈尼耶、（伊斯蘭聖戰組織領袖濟亞德．）納哈拉赫（Al-Nakhalah）或（阿克拉姆．）阿祖里（Al-Ajouri）遭暗殺。我第一個想到的人是阿祖里。

薩巴赫打電話給和伊斯蘭聖戰組織走得很近的一個同事，那同事告訴他，哈瑪斯的卡桑旅正在發射火箭。「他說沒有暗殺之事，我脫口而出說，哈瑪斯很蠢，在沒人遭暗殺的情況下這麼幹。」

「我要我的弟弟阿卜杜勒．法塔赫取消婚禮。凌晨四點已殺了一條小牛供婚宴之用，肉已備好。早上七點已開始炊煮。我告訴我弟：『這次戰爭和別的戰爭不一樣，我們會付出此前從未有過的人命代價。這是以色列絕對會察覺到的開戰宣告，以色列會在那之後摧毀加薩』。」

薩巴赫立即開車載他的妻子、孩子北上；通過加薩走廊中部時，他們能聽到、看到從代爾拜拉赫或努塞拉特難民營發射的火箭。「我們嚇得要死，（但）安全抵達加薩市。」在家裡他們邊用早餐邊聽新聞，得知已有人「進入邊界後面的以色列區域攻擊」，包括擄人為質，但還不知道攻擊的整個規模。聽了戴夫的講話後，曾是《生活報》（*Al-Hayat*）駐加薩通訊員的薩巴赫前往馬斯達爾（Masdar）*網站的辦公室，開始報導瞬息萬變的情勢。《生活報》是最好、最不偏任何黨派的阿拉伯語報紙，二〇二〇年停刊。薩巴赫這時則是馬斯達爾網站的總編。

那天下午，以色列開始報復性空中打擊。隔天結束時，哈瑪斯對西內蓋夫的攻擊的整個規模還不清楚，以色列部隊還未能肅清剩下的巴勒斯坦籍激進分子，完全掌控該地——以軍這一肅清行動會持續到這個星期的中段才結束——哈瑪斯掌理的加薩衛生部報告，已有三百七十名巴勒斯坦人遭炸死。

經過以色列一天的震驚和混亂，納坦雅胡宣布他會批准發動一場「強有力的報復」戰爭，從而為接下來所會發生的事定了調。隔天，以色列國防部長尤阿夫．加蘭特（Yoav Gallant）說他已下令「完全包圍加薩走廊……加薩將不會有電、不會有食物、不會有燃料。一切都要停擺。」再隔天，他用語更嚴厲，向加薩邊界上的士兵說：「我已取消所有綁手綁腳的限制……我們在和人面獸心的東西打仗。加薩將不會回到過去的樣子。哈瑪斯會消失。我們會消滅一切。」[2] 加蘭特雖未明說，但似乎表示以色列會在加薩以更強許多的力度施行「達希亞原則」——二〇〇六年以色列攻打真主黨時根據此原則徹底摧毀了貝魯特的一個郊區市鎮。二〇二四年九月時，以色列已在黎巴嫩，包括在達希亞本身，施行此原則。

＊馬斯達爾是總部設在加薩的新聞機構，與敘利亞的馬斯達爾（Al-Masdar）新聞網站毫無關係。

衛生部說，至十月十二日為止，不分平民和戰鬥人員，六天裡已有一千三百名巴勒斯坦人喪命——相對的，二〇一四年五十一天的加薩戰爭有兩千零二十一個巴勒斯坦人遇害——和六千六百名巴勒斯坦人受傷。這時以色列尚未發動地面入侵，而以色列國防軍已明確在考慮此行動，已召集了三十六萬後備兵員。聯合國說已有三十三萬八千名居民逃離家園，其中大部分人，一如在先前幾次戰爭時，避難於學校，包括聯合國的學校。共八十八所中小學或大學遭到炮擊，其中兩所充當這類避難所。已有清真寺和高層住宅大樓遭擊中。燃料禁運導致加薩發電廠已於十月十一日停擺，食物、水、醫療用品的供應也岌岌可危。巴勒斯坦紅新月會說已有該會四名救護車司機遇害。

隔天，以色列國防軍下令一百萬居民撤離北加薩，包括首府加薩市。這是決定性的一刻。首先，此命令預示了以色列的攻擊，包括地面入侵，力道會更強。其次，雖然國際紅十字委員會說此命令違反國際法，挪威難民理事會（Norwegian Refugee Council）說此命令形同犯下「強制轉移的戰爭罪」，此命令是將會迫使成千上萬被迫離開家園的巴勒斯坦人在未來數個月裡多次遷徙的諸多命令裡的第一個。第三，與此前加薩境內那些戰爭不同的，此命令開始讓巴勒斯坦人擔心自己會落得和一九四八年納克巴時被迫永遠離開家園的七十多萬巴勒斯坦人一樣的命運。大部分加薩人，一百七十萬人左右，係一九四八年難民或這些難民的後代。五十六歲醫生阿爾娃·雷貝斯（Arwa el-Raybes），從她位在加薩市的家說：「我打包行李時，心裡在想：這真的是又一次的納克巴？」[3]次月，以色列某些右派閣員公開使用「納克巴」一詞來界定他們所樂見的此戰爭的結果或至少不可避免的結果時，她更加憂心這會成真。[4]本・格維爾和與他一樣抱持猶太人至上主義的內閣同僚財政部長貝札萊爾・斯莫特里赫，以令人害怕的委婉說法力促巴勒斯坦人「自願」撤離加薩。兩人都提議在阿里埃爾・夏龍於十九年前撤走屯墾區後，在加薩重新建立猶太人屯墾區；斯莫特里赫甚至思忖道，二百二十萬加薩人留下十萬至二十萬人無妨。[5]

但埃及依舊不願向幾乎所有想逃走、但又籌不到數千美元賄賂埃及官員以一圓逃離希望的巴勒斯坦人開放邊界——加薩人外逃的唯一門路。[6]埃及這麼做，既因為開羅政權不想被第二次納克巴波及，也因為擔心巴勒斯坦人大量湧入會使埃及不安定，吸走埃及的經濟資源。[7]一如在前幾次戰爭裡所見，如果此戰爭拖得久，加薩人會被可怕的弔詭狀況困住：對大部分加薩人來說，逃離加薩辦不到；但如果能逃離，又會如一九四八年納克巴的受害者一樣永遠回不來。

為何有數十萬人不像大部分加薩居民那樣立刻離開北加薩，原因在此。哈瑪斯的確已呼籲巴勒斯坦人無視此命令，依舊「堅守家園」，但這似乎只影響了那些最死忠的支持者。最重要的，十月十三日下午三點至五點間，七十名巴勒斯坦人開車行駛在以色列所指定的南行「安全路線」之一——內陸主要公路薩拉丁（Salah-ad-Din）路——時遭炸死。哈瑪斯把此事歸咎於以色列國防軍，以軍則把此事歸咎於哈瑪斯。證據顯示以色列發動了一次打擊，但立場不偏於任一方的專家一致認為無法得出明確的結論。[8]無論如何，這個爆炸慘劇大概使某些猶豫不決於要不要南奔的人自此打定主意不走。這樁慘劇也首度預示了後來巴勒斯坦籍平民和在加薩工作的援助機構人員幾乎每日都有的感想——「加薩沒有安全之地」。

十月十三日星期五那天北加薩各地的家庭，針對如何回應撤離令，有過痛苦的討論。八年前以翻譯員的身分和我一同工作的瑪莉亞姆·道瓦斯，這時是三十歲的單親媽媽，育有五歲女兒蘇菲。她憶道以軍「到處轟炸」，說她家——住在公寓大樓七樓——和鄰居一同參與了在一樓門廳的集體討論。「有人說這不對，或許那只是謠言，但接著我們大樓裡的一個紅十字會的男子說我們非離開不可。」瑪莉亞姆、蘇菲、瑪莉亞姆的兩個姊妹、她們的父母、祖母，聽說了薩拉丁路爆炸慘案的事，但還是決定離開。這一家子人「搭兩輛車去代爾拜拉赫，拋下包括保暖衣物在內的所有東西，因為那時天氣頗暖，我們覺得不會離開太久」（冬天到來時，她們會後悔這一決定）。

這一家子人選擇離開可以理解，即使沒有撤離令亦然。過去幾天最猛烈的轟炸，有一些就落在隔壁的居住區里馬爾。該區許多林蔭大道、飯店、辦公室、政府大樓、店鋪、餐廳這時已淪為瓦礫堆。加薩幾百年動蕩不安，但加薩市曾長年是最具國際色彩、最先進的巴勒斯坦城市，里馬爾區則是加薩市充滿活力的商業、文化、政治中心。誠如當地著名企業家阿里·哈耶克（Ali al Hayek）十月十一日所嘆道，「以色列已毀了這中心的一切。那是我們的公共生活的所在，我們的社區。他們要打垮我們」。先前幾次戰爭，里馬爾都未能倖免，但未像這次受到這麼嚴重的打擊。加薩市三十歲的莎曼・阿舒爾（Saman Ashour）在她位於里馬爾區北邊不遠處的家裡清醒躺著時，傳了簡訊給某友人，說「這些聲音不一樣，那是報復的聲音」。[9]

對瑪莉亞姆・道瓦斯來說，他們離開加薩市前所聽到的聲音和他們抵達代爾拜拉赫後一段不長的時間裡所聽到的聲音，都將會在十月七日後的兩個月裡一直縈繞於腦海。小蘇菲會問些我回答不了的問題。主知道這事？人如果死了會上天堂？以色列人為何這麼做？她走過來，抱住我——她在照顧我——說「那只是一顆炸彈，別擔心，我們會沒事的」。但她也好幾次說：「如果妳上天堂，我不想妳一個人去，我要跟妳一起去」。

在代爾拜拉赫，瑪莉亞姆和她的家人——十人擠在一房間——會因為轟炸而不得不在兩個居住區之間遊走，附近某棟房子在轟炸時遭擊中三次。「我們都認為如果要死，要死在一塊，但有孩子在身邊，我們沒把這想法說出來。」

法蒂・薩巴赫不願離開他位在加薩市泰勒哈瓦居住區的房子。他的兄弟穆罕默德，以色列人權組織卜采萊姆駐加薩的高級研究員，第一個星期的轟炸期間一直和他住在一塊，接著決定帶著他的妻子和兩個孩子逃去拉法。法蒂最終被他說服，跟著他和他的鄰居一起離開，以保住自己妻子和已成年孩子的性命，尤其是他正接受白血病治療的二十八歲女兒莉瑪。他們擔心如果事態緊急而不得不快速逃離，她會無法和家人一起行動，於是投奔她妻子位在汗尤尼斯的娘家。

我們……拿了一些衣物和一些基本必需品，帶了行李箱，行李箱裡有出生證明、護照、相簿之類的官方文件。我們帶了屋裡的錢和一些很輕的重要物品，也帶上名叫利奧的狗（根據利奧內爾．梅西而取名），利奧那時還很小。我也在途中買了柴油和汽油……我是為發電機而買，因為幾天後供電完全中斷。

與此同時，瑪哈．達雅和其家人終於決定離家，前去和她在汗尤尼斯的侄子會合。在這之前，發出撤離令的那個星期五，他們家附近受到猛烈轟炸和炮擊，迫使他們在附近公立醫院避難了一夜。

我的小孩個個多帶了一些備用衣物，我只多帶了兩件，因為我們以為幾天後就能回來。艾曼於戰爭開打後買了許多東西，把那些東西全帶上——罐頭食品、麵粉、米、和孩子的娛樂有關的東西和巧克力……

十月時納坦雅胡屢屢收到勸他改弦更張的意見，尤其是來自美國的意見。喬．拜登十月十八日訪問以色列以展現美國和以色列休戚與共的立場時，對於以色列受到的創痛，尤其對於人質家屬的創痛，表現出自然流露的個人同情，表現出納坦雅胡所未表現出的溫暖；但他也不忘理性提醒勿被憤怒「吞噬」，勿重蹈九一一事件後美國的「覆轍」，即美國發兵入侵伊拉克、阿富汗一事。[10]除了在加蘭特對加薩完全封鎖之際爭取到以色列放行少量燃料進入加薩，拜登此番提醒未起多大作用。

與拜登政府官員過從甚密的著名猶太裔《紐約時報》專欄作家湯瑪斯．佛里曼（Thomas Friedman），終身支持以色列，此時支持以色列有權報復哈瑪斯的「凶殘野蠻行徑」，但一再力促報復時盡量以「外科手術式」的方式「精準鎖定」激進分子，避免傷及無辜。在標題為「以色列就要犯下大錯」的專欄文章中，他說以國政府應把救回人質，而非把「動武一舉終結哈瑪斯」當成其主要目標，同時應該對加薩平民和哈瑪斯獨裁政權（作出）最清楚的區隔。

佛里曼要以色列收手的呼籲，以色列置若罔聞。十月二十七日，以色列發動全面入侵。據加薩衛生部的計算，至二〇二四、二〇二五年之交，已有兩萬一千名巴勒斯坦人遇害，而該部門的數據這時已廣被視為持之有據。由於入侵後頭幾星期的轟炸行動，有許多是鎖定居住區和民房，遇害者裡，六成四左右是女人或十八歲以下的小孩。隨著戰事進行，婦孺占遇害者的比例逐漸下降，但聯合國估計二〇二四年三月時高達六成八。[11]以色列軍方官員主張，這一前所未見的攻擊，矛頭指向哈瑪斯，而且是實現納坦雅胡後來所常稱之為「摧毀」哈瑪斯、但以色列國防軍精準修正為解除哈瑪斯的軍力、翦除哈瑪斯在加薩之勢力這個較切合實際之目標所不可或缺。在大部分巴勒斯坦人看來，那像是對加薩和加薩居民的集體懲罰。

轟炸和入侵把數個城市的大片地區夷為平地。納坦雅胡一再把此戰爭稱作「文明」對付「野蠻」的戰爭，但不要忘了，十月七日之前，儘管經歷了十六年封鎖、四次戰爭、哈瑪斯入主之苦，加薩是個擁有四千年悠久文明的生機勃勃之地，教育和文化活動依舊活絡。至二〇二四、二〇二五年之交，以色列發出的共約三萬枚炸彈、飛彈、炮彈，已重創或摧毀七成的民房、學校、藝術中心、大學、清真寺（包括建於十世紀的歐瑪里清真大寺）、教堂、飯店、商場兼公寓大樓、工廠、辦公室，並且摧毀許多柑橘園、橄欖樹林和溫室。許多供水、供電和其他基礎設施毀損到無法修復。[12]

從十月八日起，對加薩全境的轟炸就沒停。根據CNN以加薩走廊衛星照為本所做的分析，頭一個月已有五百個寬超過十二公尺的炸坑。如此大的炸坑和美國所供給的兩千磅炸彈的彈著效果一致。這類炸彈比美國自己在敘利亞、伊拉克攻擊「伊斯蘭國」（ISIS）時所用的大部分重型炸彈還重三倍。[13]

十月三十一日起的兩波打擊，第一波打擊加薩北部，但第二波打擊加薩河谷的南邊，而以色列國防軍已力促加薩北部人越過該河谷南移。這兩波打擊說明了以色列空軍所動用的火力。第一輪的空中打擊，為期兩天，在賈巴利亞難民營至少打死五十名巴勒斯坦人，打傷另外一百五十人，死者包括哈瑪斯的一個指揮官易卜拉欣·畢亞里（Ibrahim Biari）。以色列國防軍說，轟炸目標是他們口中在籌畫十月七日攻擊上扮演重要角色的畢亞里，但此轟炸可能是為利於地面部隊包圍加薩市而展開的行動的一環。前美國國務院高級顧問拉里・劉易斯（Larry Lewis）告訴CNN，對賈巴利亞的打擊是「我們所絕不會看到美國做出的事」。[14]以色列國防軍說，呈現破壞景象的錄影畫面裡的某些炸坑是哈瑪斯戰士所使用的地道倒塌所造成，但武器專家說其中五個坑看來像是重達兩千磅的炸彈所直接導致。以色列國防軍第二天打擊該難民營時未確認打擊目標，而據位在附近拜特拉希亞的印尼醫院的外科主任穆罕默德・隆（Mohamed el-Ron）的說法，經過這一天的打擊，該院兩天所收到的死者和傷者達到四百人，包括一百二十名死者，其中大多是婦孺。當地居民徒手在瓦礫堆裡翻找屍體或倖存者時，無國界醫生組織引述了該組織護士穆罕默德・哈瓦吉雷（Mohammed Hawajreh）的話，說「年幼的小孩送到醫院，身上有深的傷口和嚴重燒傷，身邊沒有家人陪伴。許多小孩尖聲喊著要找他們的父母。我待在他們身邊，直到我們能找到容身之地為止，因為醫院裡病患人滿為患。」[15]

那一天，在賈巴利亞南邊十英里處，以軍對加薩中部努塞拉特難民營南邊不遠處一棟六層樓居住建築發動空中攻擊。七年前，在該難民營，我看過當地學生紀念莎士比亞逝世四百週年的表演。這棟樓歷來住著和工程業有關的人家，因此得名「工程師樓」。據人權觀察組織的說法，對這棟樓的攻擊奪走一百零六條平民性命，包括五十四個小孩，攻擊前沒有警告，前後共四次打擊，歷時不到約十秒。[16]經過這些打擊，這棟樓全毀。對於這次攻擊，人權觀察組織找不到任何軍事目標，以色列國防軍也說不出什麼軍事目標。人權觀察組織發函以色列軍方，概述其調查結果，以色列國防軍收到後未有回應。人權觀察組織引述了兩個兄弟的說法，說他們衝出他們在附近的家，尋找他們的兩個小孩和一個侄子。他們知道這三個小孩當時都在這棟樓外踢足球，結果三人全遇害。該組織還說：

其中一個男子說他找到他十一歲兒子時，兒子躺在瓦礫堆中的條狀混凝土塊下：「他的後腦勺破了個洞，一條腿似乎快和身體分離，臉部局部被燒過，但似乎還活著。我們迅速將他救出，但他死在救護車裡。同一天我們將他下葬。」[17]

平民遇害是軍事行動所不可避免這個辯解之詞，隨著以色列政治人物的某些較離譜的說法曝光而少了說服力。南非政府在國際法庭上表示以色列在加薩的軍事行動違反種族滅絕公約並尋求國際法院裁定以色列應停止該行動時，就引述了其中某些說法。以色列國會副議長尼西姆．瓦圖里（Nissim Vaturi）在推特上發文說，「如今我們都有一個共同目標，就是把加薩走廊從地表抹除」，此說可以說就針對十月七日的攻擊行動而發。[18] 遺產部長（Heritage minister）阿米海．埃利雅胡（Amichai Eliyahu）在十一月上旬說，「在加薩沒有所謂的不相干的平民一回事」，並且同意丟核彈或許是消除此威脅的「一個辦法」一說。納坦雅胡立即暫時中止他出席內閣會議，但未將他革職。

這些政治人物都屬於極右派。但曾任工黨黨魁且屬於以色列政治主流一員的以色列總統伊薩克・赫佐格（Isaac Herzog），既堅稱以色列所為「清楚無誤」符合國際法，也嚴正表示：

> 該為此負責的是那裡的所有人民。平民不知情、不相干之說不實。完全不實。他們本可以揭竿而起，本可以反抗在政變中接管加薩的那個邪惡政權。
>
> 但我們現在處於戰爭狀態，我們在保衛自己的家園，在保護自己的家園，那才是事實；國家保護自己的家園時，就是打仗，我們會打到他們站不起來為止。[19]

證據卻不支持此說法。哈瑪斯二〇〇七年完全掌控加薩一事，的確非某些人所樂見，但把此事說成「政變」根本不實。而撇開此說的不實不談，哈瑪斯打消內部威脅的本事很厲害。多年來哈瑪斯趕走一些製造麻煩的部落軍閥和提倡比哈瑪斯本身更激進抵抗的薩拉菲派團體，用武力壓下抗議活動；手無寸鐵的大多數平民要「揭竿而起」推翻哈瑪斯，機會微乎其微。

不願把十月七日犯下戰爭罪的人和加薩平民大眾分別看待者，不只赫佐格。某外國政府官員向與他對話的以色列官員示警說，二〇二四年的加薩會成為全球人記憶裡一個無法抹除的污點，就和以色列未能阻止一九八二年貝魯特的薩卜拉、夏提拉兩難民營的巴勒斯坦人遭屠殺一事一樣，結果，該以色列官員回道，「但你可看到他們對我們的小孩做了什麼？」

大部分猶太裔以色列人不知情加薩境內生靈塗炭和遭嚴重破壞之事，至少在戰爭開打頭幾個月是如此，因為這類事情鮮少在希伯來語電視上播出。相對的，巴勒斯坦人驚呆於半島電視台之類電視頻道上的報導：孩童被人從遭夷平之建築的瓦礫堆裡拉出、大群加薩人拚命爭搶少得可憐的援助卡車所帶來的稀少食物、草草埋葬全家人、仍可運行的醫院少之又少。

就連加薩市裡某些最有錢的人家，都苦惱於究竟該留下，還是該南奔。撤離令下達時，見識了前一星期的「恐怖轟炸」，熱衷於收藏骨董的六十三歲前營造大亨焦達特・霍達里，開車載著家人去了他位在代爾拜拉赫的公司辦公室，包括他的八個孫子女。隔天他隻身回到加薩，來到舊城區裡另一棟沒人住但有十二個房間的大房子。隔天，他的長子、長媳、長子的兩個分別是四歲、兩歲的孩子前來和他會合，他開始改善這個離希臘東正教教堂很近的房子的居住環境，備好廚房，貯存了食物和水。「兩天後，我的兄弟打電話來，哭了起來。他的房子位在南里馬爾區，那個區很危險，而他不知道該去哪裡。我說：『過來』。」

霍達里家住滿人，有他的一個姊妹、她姊妹的家人，還有愈來愈多的友人，最後，儘管有撤離令，他家總共住了七十五個男女小孩。但霍達里說，以色列空中打擊所導致的「巨大爆炸」離他們愈來愈近。十月十七日，其中一次巨大爆炸吞噬了附近的奧利（Al Auli）醫院。這幾乎是戰爭開打十一個月來唯一一樁責任歸屬有爭議的重大轟炸事件。死亡人數估計也各家差異極大，哈瑪斯掌理的衛生部估算的數字最高，達四百七十一人，而大部分獨立機構認為此數字極不可能。

美國情報機構估計在一百至三百人之間，而且比較可能落在那個區間的「較低那端」。可以確定的是，有枚飛彈落在正有數百個巴勒斯坦人避難的該醫院院區的某個院子裡，造成許多人死亡、受重傷。主要爭議在於這樁慘劇究竟是如以色列所堅稱的，伊斯蘭聖戰組織誤射火箭所致，還是如哈瑪斯所堅稱的，以色列空中打擊所致。人權觀察組織對可以任意取用的證據做了遠距離但仔細的檢查，十一月推斷伊斯蘭聖戰組織所為一說較可信——大部分西方情報機關也這麼推斷——但也說需要更充分許多的調查。

兩天後的一次大規模打擊，動手者的身分則沒有爭議。從加薩市宰屯區人滿為患的霍達里家房子，也聽到該打擊的聲響。以色列的一次空中攻擊打中五世紀的聖波斐利教堂，避難於該教堂院區裡的四百五十個平民，十八人因此喪命，其中既有基督徒，也有穆斯林。以色列國防軍承認鎖定附近哈瑪斯「指管」中心的一次打擊損傷了該教堂的一面牆；但國際特赦組織指控以軍拿下先前貼出的一則該攻擊的影片，且未能提供進一步的資訊。在此次攻擊中失去三個孩子和十個親戚的拉梅茲·蘇里（Ramez al-Sury）告訴國際特赦組織：

> 我的小孩全部喪命：馬吉德，十一歲，茱莉，十二歲，蘇海爾，十四歲。我什麼都沒了。我本該和我的孩子一起死的。我兩分鐘前才離開他們。那時我的姊妹叫我下樓到地下室，幫自中風後一直臥病在床的我父親……我的三個孩子則和我的堂兄弟和他們的

妻小留在那房間裡。就在那時，打擊上門，殺了所有人……我們祈求和平，但我們很傷心。

這些和其他事故緊挨著發生，加上愈來愈擔心包括加薩市在內的加薩北部藥物會短缺，有些棲身於霍達里家的人決定往南去代爾拜拉赫。霍達里本人不想離開，另一個暫時棲身於他家的人，國際敬重的記者貝拉爾・賈達拉赫（Belal Jadallah），亦然。賈達拉赫是巴勒斯坦新聞社（Press House–Palestine）的社長，該新聞社則是非營利組織，一心要實現新聞自由的理想——在哈瑪斯所控制的加薩不是易事——（往往在歐洲國家政府資助下）培訓、協助加薩本地記者和攝影師，有時提供設備給他們。他才四十五歲，但已被視為加薩境內大部分獨立作業的巴勒斯坦籍記者眼中父親般的人物。賈達拉赫已把妻子送到南方，然後在該新聞社位在里馬爾區的辦事處被打中隔壁巴勒斯坦電信公司（PalTel）大樓的以色列炸彈碎片損傷後，十月九日不情不願的關掉該新聞社。

十一月十九日，他打電話告訴他妻子，說他會過去和她會合。然後，他開車載著他的姻兄弟走在薩拉丁街，還未開出城，一發以色列坦克炮彈打中該車，他隨之喪命。這只是無數悲劇裡的一樁，但具體而微的點出許多巴勒斯坦籍記者和其他媒體工作者——在以色列不准外籍記者進入加薩的情況下，全世界媒體倚賴的消息來源——會如何遇害和已如何遇害：據總部設在美國的保護記者委員會（Committee to Protect Journalists）所述，至二〇二四年十二月中旬為止，已有一百三十七人遇害。[20]

* * *

加薩境內遇害的巴勒斯坦人，大多死於空炸或炮擊；但有頗可觀——但為數尚不詳——的死者死於地面部隊之手，不管地面部隊作戰時有無空中掩護。具有奪命威力的地面軍事行動，從出於戰略考量的行動，到相對較孤立、乃至似乎無計畫的隨意行動，形形色色。二〇二四年三月針對席法醫院為期兩週的地面軍事行動，屬於前一類。

在這一軍事行動之前，以軍於二〇二三年十一月已襲擊過該醫院。該次襲擊預示了日後還會有類似的致命攻擊癱瘓加薩走廊全境的其他醫院。第一次襲擊招來各界批評，原因有二。原因之一，一如《華盛頓郵報》所說「美國的一個盟邦鎖定一個有數百名病患和垂死病人、數千名被迫離開家園者棲身的大院攻擊，乃是晚近幾十年所未見。」[21]第二次襲擊與以軍針對前次軍事行動的辯解之詞——該醫院是哈瑪斯的「指管中心」——有關。過去有哈瑪斯的部眾部署於該醫院內和周邊——包括該醫院下方的地道裡——一說，幾乎無可置疑；例如，國際特赦組織就指控，二〇一四年時有些廢棄的門診病房被哈瑪斯用於訊問遭指控和以色列合作的巴勒斯坦人，以及有時用來拷問、處決這類人。[22]但二〇二三年十一月，獨立的觀察家，包括被帶去該醫院的以軍隨軍記者，未能找到明確證據證明以色列國防軍所謂的「指管中心」、醫院的五棟建築用於軍事活動、可從醫院病房進入的地道屬實。[23]

二〇二四年三月，針對席法醫院的第二次襲擊，為期兩週，使該醫院大半淪為廢墟。此襲擊是在哈瑪斯激進分子已開始在以色列國防軍先前聲稱已肅清的加薩北部部分區域——以軍說包括在席法醫院——重新部署後發動。死傷人數依舊不詳。以色列國防軍說此次襲擊殺死了兩百名「恐怖分子」——哈瑪斯說死了四百人——並羈押了五百人。襲擊結束時，世界衛生組織說二十一名病人死亡，另有多達百名病人陷入無人照料的困境；巴勒斯坦紅新月會說，該會有些職員「遇害，還有人遭拷打，有人遭羈押，最重要的，他們已被圍攻兩星期，那期間沒有藥物進來，甚至沒有食物或水」。[24]遭羈押的二十七歲平民穆罕默德・蘇卡爾（Muhammad Sukkar）說，他和包括記者在內的他人被剝光衣服、腳踢、毆打、上手銬、辱罵，在寒冷天氣裡被銬了四天，沒吃沒喝——然後，就他本人來說，終於在光著身子的情況下被丟在某軍事檢查站，要他去南方。[25]加薩民防部門說，已在席法醫院院區找到至少七十九具埋葬的屍體。[26]

但以色列國防軍再怎麼言之鑿鑿說席法醫院是哈瑪斯「指管」中心，也必須遵照國際人道法讓醫院享有戰時保護，除非醫院被「用於從事有害於敵人的作為」，[27]尤其「如果不確定一民用目標是否還保有其保護地位，攻擊方就必須假設該目標受到保護」。[28]以色列國防軍說軍事行動前該醫院裡有武裝的激進分子——幾可百分之百確定屬實——藉此合理化三月這次襲擊，但公約規定，「只有在已發出應有的示警，（且）有合理時限的情況下，才可以停止保護……。」事實上以色列國防軍把其「成功」歸因於以「奇襲」方式和「欺敵戰術」襲擊該醫院。[29]

但沒有顯而易見的軍事目標，可據以在法理上或其他方面合理化二月二十九日的攻擊所造成一百一十二名巴勒斯坦人死亡、七百六十人受傷的慘劇。那天，這些人在加薩市西南部圍著一列難得出現的援助卡車車隊，急欲領到些許麵粉時，遭遇攻擊。此事激起國際社會憤慨，尤其是法國總統馬克宏的憤慨。事後，以色列國防軍說，「數十名」巴勒斯坦人因過度擁擠而喪命，有些人當場遭巴勒斯坦人的卡車輾過。以色列國防軍發言人，海軍少將達尼埃爾．哈加里（Daniel Hagari），否認士兵向領取救助品的居民開槍，但承認朝「暴民」開了槍，士兵認為那些暴民「危及」部隊安全。但穆罕默德．薩爾哈（Mohammed Salha）醫生，加薩北部奧達（al-Awda）醫院的代理院長，說送進該院的一百七十六名傷者中，一百四十二人有槍傷，其他三十四人帶有人員擠踏所造成的傷勢。聯合國小組的說詞進一步強化薩爾哈說法的可信度。該小組去了收到別的傷患和死者的席法醫院，說看到「大量槍傷」。育有四個孩子的穆罕默德．錫姆里（Mohamed Al-Simry）告訴半島電視台，他原本拿不定主意要不要和堂兄弟冒險去援助卡車那兒，後來「因為我們快活不下」，還是去了。他在人群裡和堂兄弟走散，後來找到堂兄弟的屍體。「我不只餓著肚子離開車隊，而且離開時還失去一個摯愛的、只想吃一口麵包的家族成員。」[30]

我們知道這些點點滴滴，因為這麼多人死傷，沒法視而不見。有多少巴勒斯坦籍平民在規模更小許多的事故裡死於或傷殘於以色列地面部隊之手，算不出來。六歲的辛德．拉賈卜（Hind Rajab）的遭遇，贏得全球人的關注。她被困在一輛汽車裡三個半小時，身邊是她叔伯、嬸嬸、堂兄弟姊妹的屍體，被困期間她對著手機向巴勒斯坦籍救護車派遣員驚恐求救的呼喊被自動錄了下來。此事激起巴勒斯坦籍平民遇害究竟該歸咎於誰這個令人苦惱的問題。拉賈卜家這家人幾乎在過了十月七日後就立即離開位於里馬爾區的家，前往較偏西南邊的加薩市泰勒哈瓦區。但經過二十八至二十九日那一夜猛烈的槍彈攻擊和空中打擊，以色列向加薩市西部的居民發布了撤離令。辛德的叔伯巴希爾．哈馬達（Bashir Hamada）於是開自家的起亞Picanto車載妻子和五個小孩回里馬爾的家；上路後才走約四百公尺就出事。

下午一點左右，辛德的十五歲堂姊拉揚打電話給某個叔伯，告訴他以軍朝他們遭包圍的車子開火，這時只剩她和辛德還活著。巴勒斯坦紅新月會的一名救護車派遣員，下午兩點半左右終於聯絡上拉揚，獲拉揚告知她們躲在車子裡，「我旁邊有輛坦克」，「他們在朝我們開火」。電話裡能聽到開火聲，拉揚開始尖叫，通話隨之中斷。另一個派遣員拉瑪．法基赫（Rama Faqih）立即回撥，赫然發現拉揚已死。他聽到辛德說「坦克在我旁邊……它在移動……從車子的前面」。派遣員問坦克是否離得很近，她說「很近，很近」。她一度說，「我很害怕，拜託過來，拜託叫人來接我」。巴勒斯坦紅新月會說他們花了些時間和以色列國防軍的民事部門協調，找到可行辦法，然後，兩位護理人員尤塞夫．宰諾（Yousef Zeino）和艾哈邁德．馬杜恩（Ahmed al-

Madhoun）於下午五點四十分左右啟程前去解救辛德——只有兩英里的距離，但需要小繞一點路以避開撤離區。他們未能抵達辛德處，下午六點左右他們和控制室失去聯繫。辛德的手機不久後就停機。

以軍於十二天後撤出該區域，巴勒斯坦民防部門一組人得以抵達現場，據辛德的另一個叔伯薩米爾的說法，他們找到那輛彈孔累累的車，車裡有七具已腐爛的乘客屍體，包括辛德。遭燒毀的救護車離該車約五十公尺，兩名救護車人員的遺體幾乎無法辨認。以色列國防軍說初步調查斷定其部隊當時「不在（該家族）那輛車附近或能射到（它）的範圍內」，而且沒有人要求以軍提供該救護車進入該區域的許可（《華盛頓郵報》也引述美國國務院的說法，說以色列當局承認以軍部隊當時在該區域，但與此事故無關或不知情該事故）。

但《華盛頓郵報》的一份詳盡的調查報告，四月[31]刊出，使用了衛星影像和視訊、音訊和照片方面的證據，並經過多位軍事、軍火、視訊方面的專家檢查，推斷那天下午以色列裝甲車在該區域，推斷辛德和其堂姊講電話時電話中傳出的開火速度和聲音與以色列坦克或裝甲車的七・六二釐米機槍射擊特性相符，彈著孔可能是一枚坦克炮彈所造成。辛德・拉賈卜死於以色列國防軍開火的可能性，大到讓人難以忽視，不管那開火得到上級授權與否。

巴勒斯坦籍平民死傷如此多的原因之一，似乎和規範以軍士兵行為的管理制度脫離不了關係。八月時，反占領的以色列退伍軍人團體「打破沉默」，已從數十名二〇二三至二〇二四年間在加薩服役的軍人那兒收集到證詞。「打破沉默」的執行總監納達夫・魏曼（Nadav Weiman），曾服役於狙擊隊，包括在加薩。他說，十月七日後以色列國防軍的反應明顯體現了兩個彼此密不可分的原則。一個是先前已討論過的「達希亞原則」；另一個是「本國軍人零死傷」的目標。這兩個原則當然無法解釋每個案例。此外，第二個原則依舊是可望而不可及的想望，因為至二〇二四年九月中旬為止，已有三百四十六名以色列軍人喪命於加薩（在包括黎巴嫩在內的各個戰線和在十月七日當天和那之後不久，則共有七百二十六名以色列軍人喪命[32]）。但二十年前問世的一個原則的擴大應用，倒是局部解釋了以色列人、巴勒斯坦人兩方死亡人數差距為何如此大，該原則就是不該再把「敵人」性命看得比本國軍人性命重要。*魏曼引述了地面部隊軍人的證詞，說指揮官告訴他們，在撤離令所涵蓋區域執行軍事行動時，「碰到役齡男子一律格殺」。魏曼還說，「為什麼要這樣？因為我們要他們離開，他們沒照做。何謂役齡？十六、十七歲？七十五、七十六歲？軍人證詞告訴我們，我們槍殺了他們。他們喪命。因此他們被列為恐怖分子……不管他們是不是恐怖分子」。[33]

魏曼認為不把巴勒斯坦籍平民性命擺在第一位的原則，不只適用於大規模空中攻擊，也適用於大規模炮擊，包括為「軟化」戰場以利於地面部隊作戰而發動的炮擊。他引用了以色列國防軍在十月七日後的六個星期裡所發射的九萬發炮彈的數據：[34]

在開闊場域，每發一五五釐米炮彈的奪命、重傷半徑分別是五十、一百五十公尺。在護刃行動五十二天的戰事中，我們發射了三萬五千發炮彈，在二〇〇九年的鑄鉛行動中發射了七千發炮彈。因此，每次的情況並不是人人所喜歡說的暴力循環。那不是循環，而是螺旋……因為需要發出更多火力，讓對方蒙受更多死傷，好讓他們知道我們控制他們。而那不管用。

＊　＊　＊

以色列始終堅稱其行動合法，堅稱有律師在場告知軍人打擊行動和目標選定符合國際法。[35]但根據魏曼的說法：

> 如果以色列國防軍的律師真的認可這所有行動，那他們就不盡職，而且我認為他們並未認可所有行動。只消看看死傷人數。在這場戰爭中，遭無辜波及的平民死傷高到極點。如果幾（年）前你告訴我，我們會發動遭無辜波及的平民死傷人數達三位數的軍事行動，我會說你瘋了，瘋了。

＊見第九章頁二四〇—二四二。

魏曼相信平民死傷人數違反了國際人道法，因為那些數字和據認將它們合理化的軍事獲益不成「比例」，而抱持這想法的人不只魏曼。事實上，美籍律師暨人權觀察組織的前行政總監肯尼思．羅斯（Kenneth Roth）主張，拜登於二〇二三年十二月冒著可能讓人覺得他對這些暴力行動難辭咬使之責的風險，公開抱怨以色列在加薩不分青紅皂白「濫炸」。「濫炸是戰爭罪」，羅斯還說「那就讓人納悶美國政府為何在以色列犯戰爭罪時，繼續供應軍火給以色列」。

西方國家政府愈來愈常把國際戰爭法的問題束諸高閣，尤以二〇〇三年美國——和英國——在伊拉克違反該法以來為然。但此現象在這場加薩戰爭期間得到前所未有的突顯，主要出於兩個原因。一個是國際法院的積極介入。南非政府明知難以如願仍要求國際法院調查以色列的種族滅絕罪行。南非政府使以色列的戰爭行為受到全球矚目，卻收到一個有些含糊（而且毫不具約束力）的回覆。但國際刑事法院首席檢察官卡里姆．汗不只針對哈瑪斯的領導人，還針對納坦雅胡、加蘭特，申請逮捕令一事，現實上較可能得到支持；二〇二四年十一月國際刑事法院終於發出逮捕令，隨之，令納坦雅胡和力挺以色列的美國國會議員大為光火的，這兩個領導人如果來到國際刑事法院一百二十四個成員國（包括英國但不包括美國）國內，這些國家的政府都必須依法予以逮捕。第二個原因是在西方疾呼停止軍售的人——六成一的美國人、七成的英國人支持此舉[36]——主張，軍售助以色列違反國際法。

這場戰爭的大半時期，以色列的盟友受到公開壓力仍不改其對以國的力挺，儘管以色列有權自衛反擊哈瑪斯，但以色列不因此可以免除其法定義務。人人，尤其欲將這兩人逮捕歸案的卡里姆・汗，都知道並同意規範戰爭行為的國際法不是零和遊戲。哈瑪斯等武裝派系在基布茨和「超新星」音樂節所犯下的暴行，以及劫持人質和後來殺害某些人質之舉，也未因為自二十世紀中期以來巴勒斯坦人所受到的有計畫的壓迫，而變得正當合理。以色列違反國際人道法的作為，同樣未因為十月七日毋庸置疑的駭人暴行而變得正當合理。這些看法或許令某些巴勒斯坦人和以色列人難以認同。但法律規定得清清楚楚；一方蒙受了戰爭罪行，不代表該方加諸加害者的戰爭罪行就正當合理。

但面對外界以以色列所造成的平民死傷已違反國際法為由，要求西方諸國政府取消或減少對以國的軍售時，大部分西方政府，尤其美國，置之不理。三月白宮的一份檢討報告實際上已承認，有「合理的根據」讓人相信美國的武器被以色列用於違反國際人道法，但也承認囿於戰時情況，無法具體說明詳情。[37]於是，拜登繼續供應武器；甚至五月上旬他終於擱置交付兩千五百件軍需品（包括一千八百枚兩千磅炸彈）時，都是因為他擔心以色列會對他勿進入拉法的呼籲置之不理——擔心得沒錯——而非因為法律方面的考量。[38]

九月，英國工黨政府暫時吊銷其發給以色列的兩百五十個軍火出口許可證裡的三十個。[39]英國的軍售占外國對以色列的軍售不到百分之一，涉及的軍火數量因此微乎其微（不只與其他國家對以色列的軍售相比是如此，與英國對同樣程度不遵守國際法的沙烏地阿拉伯數量更多許多且也引發極大爭議的軍火出口相比亦然）。但此舉還是激怒納坦雅胡。[40]此決定意義重大，不是因為其實際造成的衝擊，而因為作出此決定所依據的法律理由。

英國吊銷出口許可證的兩個理由很清楚，清楚到讓人不由得深深納悶為何美國——或先前的英國保守黨政府——未動用這兩個理由：以色列虐待遭其羈押者和以色列在確保受苦的加薩居民分配到應有的援助物資上做得不夠。[41]八月，內蓋夫的斯德泰曼（Sde Teiman）營的十名軍人終於因為涉及輪姦一名巴勒斯坦籍囚犯被捕時，虐待、拷打被羈押的加薩人一事在以色列政壇引發軒然大波。該男囚受此侵害後，腸道、肛門等處受重創。這些人被捕之前，有人揭露以色列國防軍已開始對據控涉及三十六名被囚者死亡之事展開刑事調查。逮捕這些軍人之舉受到數名右派內閣閣員譴責，導致極右派行動主義者和國會議員鬧事，強行闖入該營以表達力挺這些被捕軍人之意。以色列國內外的人權組織、外國主流媒體和一些以色列媒體，已用詳盡的文件證明被羈押在斯德泰曼營的人受到普遍、乃至有計畫的虐待和拷問，[42]在那之前和之後也有以色列吹哨人證實這些事。

八月時，已有四千多名來自加薩的巴勒斯坦人被關在該營四個半月。以色列國會於十月七日後通過非法戰鬥人員羈押法（Detention of Unlawful Combatants Law），根據該法成立了包括該營在內的三個羈押營。這道法律使以色列得以在不讓被羈押者享有戰俘權、不得與外人接觸、未經指控的情況下羈押他們——違反國際人道法之舉。早在四月時，就有一名在該羈押營的野戰醫院工作的以色列醫生，向當局報告由於手腳全遭鐐銬導致的傷害而頻頻有被囚者遭截肢之事，有些被囚者被迫穿紙尿布、戴眼罩、透過吸管進食，從而導致體重減輕。該醫生說醫療設施不符合這道新法裡關於被羈押者健康的「一條」規定。[43]

在該醫生的信之後發出的許多虐待報告，描述了更慘不忍睹的情事，提到對被羈押者，包括經訊問後判定和巴勒斯坦武裝派系沒有瓜葛而最終獲釋者，施以電擊、把異物插入許多被囚者的直腸裡、威脅強姦女囚、定期毆打、不讓睡覺等不人道之舉。國際特赦組織說有個十四歲男孩在一月一日被從位於賈巴利亞的家中帶走，關了二十四小時。他說在那期間他遭毆打、被香菸燙傷，國際特赦組織說他獲釋後受訪時，燙傷仍清楚可見。有個女人——在羈押營被關超過五十天的五個女人之一——說她被捕後被迫和她的兩個四歲大、九個月大的孩子分開，在羈押期間遭毆打，不得戴面罩。

> 羈押第三天，他們把我們放進一條溝裡，開始往裡頭抛沙。有個軍人對空鳴放了兩槍，說他們處決了我的丈夫，我垮掉，乞求他也殺了我，讓我免除這夢魘。[44]

瓦立德·哈利利（Walid Khalili），巴勒斯坦醫療救濟會（Palestinian Medical Relief Society）的護理人員暨救護車駕駛，沒來由在斯德泰曼營被羈押了二十天。他告訴人權觀察組織，他被迫穿上紙尿布，被放進一個像倉庫的建築裡，建築裡有鏈子從天花板垂下。他說他被用鏈條綁住，穿著連了電線的衣服和頭巾通電，受到毆打。「每次訊問，我都被電擊，以把我叫醒。他告訴我，只要坦白，就不會再拷問我。」他說他每隔一天就被電擊、受水刑、被迫以肢體的小部位承受全身重量。訊問前他被迫服用一種不明的藥，使他出現幻覺、分不清東南西北。他被人用輪椅轉移到第二個處所，在那裡又被關了三十天，然後放回加薩。獲釋時他的體重比初被捕時少了二十公斤，肋骨斷掉，常做惡夢，與家人分開，仍待在加薩北部，而且因為以色列已關閉拉法口岸，五月時無法得到世界衛生組織的轉赴埃及就醫的許可。[45]

與英國政府不同的，華府樂於在必要時漠視被羈押者所受到的非法不當對待，保留其對以色列大增的軍火供應。但更引人注目的，就連以色列部隊阻撓人道援助，美國依然不改其立場。五月十日，美國國務卿布林肯告訴美國國會：「目前我們不認為以色列政府阻止或以其他方式限制美國人道援助物資的運送或送交」。但那時，美國國際開發署（USAID）這個負責送交這類援助物資且由老練的外交官薩曼莎·鮑爾（Samantha Power）領導的機構所發出的一份十七頁的備忘錄，已做出截然相反的結論，指責以色列在該機構所謂的「世上最嚴重人道浩劫之一」發生之際，「任意否決、限制、阻礙美國人道援助」。該備忘錄毫不含糊的提議，只要以色列繼續這樣幹，美國就該停止加碼軍售。

結果布林肯反倒選擇聽信美國駐特拉維夫大使傑克·盧（Jack Lew）發來的電報。根據其他的外洩通信內容，他建議繼續軍援以色列，說以色列常提出反對允許援助巴勒斯坦人的「壓倒性以色列負面民意」，「尤以哈瑪斯拿走部分援助和人質仍在加薩時」該如此（盧似乎未表達此看法，但「負面民意」大體上可見於幾個月來試圖阻止援助卡車駛往加薩——但往往未果——的以色列極右派示威者身上）。[46]

美國國際開發署的備忘錄承認這次的人道危機哈瑪斯難辭其咎，但挑明指責以色列殺害援助工作人員、夷平農業設施、轟炸救護車和醫院、壓制補給站、頻頻趕走滿載食物和藥品的卡車。該備忘錄也抱怨官員延遲放行特定項目的物資，而且「以色列未（針對為何延遲）提出正當的理由，或者全盤拒絕放行，或援引不合情理的因素作為否決某些項目物資的依據」。[47]布林肯向美國國會掛保證的三星期後，以色列國防軍已加劇其在拉法的軍事行動並已控制藉以進入埃及的拉法口岸時，鮑爾本人在推特上說「我們在加薩工作的人道工作夥伴告訴我們，如今的情況比以往任何時候還糟。以色列軍事行動和關閉諸口岸，使分配援助物資變得極難……。」[48]

接下來幾個月，此危機的統計數據變得更嚴峻。糧食安全階段綜合分類（Integrated-foodsecurity-phase-classification，簡稱ＩＰＣ）是得到國際（包括美國國際開發署）接受的跨組織性飢餓等級標準。統計數據顯示，二〇二四年五月中旬至六月中旬，兩百一十五萬人口中九成五攝取的食物不足，兩成九面臨食物極度不足、嚴重營養不良、太高的疾病水平，一成五面臨挨餓、死亡、明顯赤貧。[49]

與此同時，援助卡車的數量持續減少。四月美國國際開發署的備忘錄送出時，聯合國人道事務協調廳的數據顯示，共有四千九百五十二輛進入加薩——這是超過自二〇二三年十一月以來每月至少兩千五百輛的一個峰值。但九月頭三個星期，降到一千一百四十九輛——一天五十輛卡車左右，相對的，十月七日前每天有五百輛。此外，人道事務協調廳說，至九月二十六日時，需要以色列協調才能辦成的南北加薩間七十九次援助物資送交任務，已有六十九次遭以色列「阻止或否決」。換句話，就在困頓加劇時，物資的供應反倒似乎減少。*

最後，人道事務協調廳披露，至七月七日——九月時所能取得的最新數據——已有九十九萬五千名加薩人苦於急性呼吸道感染，五十七萬七千人苦於急性腹瀉，十萬七千人苦於急性黃疸。需要緊急送出加薩的一萬四千四百六十九名重症病患中，至八月二十六日時只有四成一得到放行，只有三成五被送出境就醫。

九月下旬，聯合國兒童基金會發言人詹姆斯．埃爾德（James Elder），以感性口吻從加薩描述了上述之中的某些冷冰冰的統計數據——以及它們背後的大環境，包括空中打擊和炮擊：

> 兩百萬人裡已有大半被迫離開家園，但這塊土地上只有一小片地方可供他們生存。下雨時，那裡就淹水。所以心情是絕望再絕望……如今我仍無法相信……會有一些小孩躺在地板上，身上有著……會危及生命的傷口，等著醫療照護。他們需要外送就醫。有個

六歲小男孩……有著這類嚴重燒傷，當時我不知道有四級燒傷，四級燒傷，但他沒剩下皮膚可供移植。我看到約十二個需要醫療後送的孩子在某醫院待了五個小時，就是沒拿到出國許可。年幼的孩子，拿不到出國許可。

我認為我們始終不夠用心探究的問題，係為何阻撓外國新聞媒體報導實際情況，為何我們得倚賴援助工作者？……問題不只在於卡車被擋住，問題肯定還在於只有凱雷姆夏洛姆這麼一個入境點。拉法是遂行人道援助所不可或缺……我們只有一條幹道可用，我們需要更多許多的入口，而以色列占領軍當然能在這方面幫上忙，但他們未這麼做。缺乏入口，問題出在以色列拒絕給予，出在拖延。八月，聯合國所送進來的人道援助，比這行動開始以來的任何一個月都少，而且外界的關注減少……常聽到定點攻擊之事，但這些攻擊都鎖定家戶，鎖定難民營區。這些地方全都塞滿小孩……就在這些地方，他們最終被壓在瓦礫堆下……加薩境內不再有可供彌補身體缺損的假體，它們已被毀。於是，那些小孩……全都截了肢……和那些小孩坐在一塊時，頭一個月，他們全都不看被截掉的部位。他們想要忘掉它，不想讓醫生看它。他們自己不想看它。他們也有深深的心理創傷，以及巨大的身體疼痛，有了假體，這些全都可以解決。50

＊聯合國能追蹤進入加薩的民間卡車，但自五月以迄那時，每月進入的民間卡車從未超過七百五十輛。

＊　＊　＊

英國政府斷定以色列在對待被羈押者和援助上違反了國際人道法，卻未叫停出售其為以色列F－35戰機提供的零件。英國政府也未引用其可據以拒給武器的第三個理由——即以色列在此衝突中的作為，也就是大量平民死傷本身，違反了其在國際法下應履行的義務。為解釋為何如此，英國政府提出「加薩境內不透明、受到質疑的資訊情況」，提到要從以色列取得具體且敏感的必要資訊的困難，例如刻意鎖定的目標和預期的平民傷害方面的資訊，還提到哈瑪斯讓自己「混跡」於人口稠密區這個「可信」說法。

就上述最後一個理由來說，以色列政府的確指出哈瑪斯從平民眾多的區域出擊，藉此一再合理化平民死傷。哈瑪斯的作法包括使用可能有平民避難其中的學校來存放軍火或設立指揮中心，使用民宅作為地道入口，乃至有時要其戰士一身平民打扮，藉此把非戰鬥性質的巴勒斯坦人當「人肉盾牌」用。

哈瑪斯運用這類游擊戰術，幾乎是毋可置疑的事；加薩境內已有一些巴勒斯坦人譴責哈瑪斯這麼做。[51]但在國際人道法裡，不管是使用這類戰術，還是下令要可能有哈瑪斯作為基地或在其中作戰的特定區域的居民撤離，都不能打消平民受保護的權利。[52]此外，人權觀察組織的計畫主任薩里·巴希（Sari Bashi）在二〇二三年以色列於加薩北部發出第一道居民撤離令後警告道：

撤離警告發出後仍留在原地的平民，包括擔心前往南方的路程危險和到了那裡後處境不好的人，並未失去國際人道法的保護。不管加薩境內的人家作出怎樣讓人無法相信的選擇，以軍基於義務，絕不可以平民或民用基礎設施為打擊目標，必須竭盡所能將平民和民宅、學校、醫院之類民用設施所會受到的傷害降到最低。[53]

隨著加薩境內未被納入撤離令的面積愈來愈小，那變得更加緊要。根據聯合國兒童基金會的埃爾德的說法，二〇二四年九月下旬，加薩走廊八成五的區域屬於撤離令範圍。但不管國際人道法怎麼規定，誠如前面已提過的，以色列早在二〇〇五年就已改寫其軍人守則，言明在對付非國家性質的行為者的戰爭時，在「軍民混合」場域（激進分子可能混在平民中作戰的場域），保護平民的義務的履行，和在國與國間的衝突裡這類義務的履行不一樣。此原則在道德上、法律上很可能招來質疑，但十月七日後似已被落實到前所未有的程度。

鐵劍行動中任何一方的作為，不因指出非國家性質的行為者在城鎮戰裡使用民用場所是常態而非例外這個事實，就得到開脫。以色列人從自己的歷史認識到這點，以色列境內有數十面固定在建築上且寫有文字的飾板，以肯定的口吻宣說在英國託管巴勒斯坦時，巴勒斯坦境內的三個猶太人準軍事組織伊爾貢、萊希、哈加納，如何將武器庫或指揮所隱藏在民用建築裡，甚至在民用建築裡偷偷訓練其戰士。以色列的國際法教授內維·戈登（Neve Gordon）特別著墨於此，舉了特拉維夫的「猶太大會堂」（Great Synagogue）、附近拉馬特甘（Ramat Gan）的一所學校、內塔尼亞（Netanya）的一所醫學中心為例，但也說「以色列諸城市裡，另外五十多座建築上，有紀念一九四八年前它們如何被用於隱藏戰鬥人員和武器的飾板」。[54]

而就使用人肉盾牌來說，誠如多位軍人所證實的，以色列部隊在二〇二三至二〇二四年加薩境內攻擊行動期間的作為也未能免於批評。把巴勒斯坦籍非戰鬥人員當人肉盾牌來用，並非這時才有。二〇〇九年一月，我採訪過立場極反對哈瑪斯的馬吉迪・阿貝德・拉博（Majdi Abed Rabbo）。鑄鉛行動期間，他被以色列士兵逼迫，冒生命危險進入一間嚴重受損的房子，以勸說一群哈瑪斯槍手投降，未能成功。[55]但二〇二四年八月《國土報》的一份詳細調查報導，表示這作法此時更有計畫有步驟，包括要人肉盾牌進入可能布有餌雷的哈瑪斯地道。以色列國防軍一再否認其部隊使用人肉盾牌，但根據該報所採訪的軍人的說法——其中某些軍人也向「打破沉默」組織證實——部隊裡的軍人覺得此作法頗為不妥時，有個指揮官告訴他們：「你們不同意你們的朋友的性命比他們的性命重要得多？我們的朋友會活著，不會被爆炸裝置炸飛，而是他們被爆炸裝置炸飛，那不是比較好？」

這些軍人說他們會要一個巴勒斯坦人身穿以色列國防軍的制服進入地道等地點，把他雙手綁在身後，在他身上繫上一台攝影機；這種事「一再」發生。某次突擊查抄某建築時，有個身穿白色工作服的加薩人，被「當成某種調解人」派進去說服裡面的武裝人員出來，結果遭那些人槍殺。有個青少年被當成人肉盾牌用了「兩三天」，然後被帶到一個以軍檢查站，要他往南走。「然後我們終於理解這些人其實不是恐怖分子，而是為了這些軍事行動而特別被帶來的平民」，有個軍人說。

這些軍人說，以色列國防軍使用未成年人，也使用老人。據某個戰鬥軍人的說法，「有時要真的很老的人進屋」。[56]

瑪莉亞姆．道瓦斯的八十七歲祖父易卜拉欣．阿布．庫姆桑（Ibrahim Abu al-Qumsan），就是這樣一個「真的很老」的人。阿布．庫姆桑是一九四八年「納克巴」期間逃離巴勒斯坦代爾斯內德村的難民。瑪莉亞姆．道瓦斯說，他在十一月二十五日的電話中告訴他們，他沿著薩拉丁路撤離路線走往加薩南部時被以色列軍人攔住，然後被迫走在一輛坦克前面走了幾小時才獲釋。他原以為自己性命不保。她說，「他哭了起來，那哭樣我從沒見過」。

瑪莉亞姆．道瓦斯是在她祖父打電話給她，表達他對她父親二〇二三年十一月去世之事的慰問之意時，才得知她祖父受過這番苦難。她的大家族於此戰爭期間死了十五人。身為我友人、同事暨翻譯員的穆罕默德．道瓦斯，未死於轟炸或槍擊，卻還是成為這場戰爭的另一個亡魂。他於五年前因中風而局部癱瘓，此戰爭早期他再度中風，據他的家人所說，係壓力所致。他呼吸愈來愈困難。他的家人把他帶離加薩市，不得不拋下用以舒緩他病情的特製床和空調設備，本要把他送進位在代爾拜拉赫的醫院，但該醫院塞滿傷者，接納不了。

瑪莉亞姆・道瓦斯「感謝主」給了她好心接納他們的親戚。他們很幸運，有個沒許可證的井可打水，雖然燃料極度短缺，但燃料夠驅動幫浦時，可從井裡打水上來。她說物價很快就漲了一倍，接著漲了兩倍，而隨著百業——大部分雇員按日領薪——歇業，人們手裡的錢當然很少。他們主要靠番茄、名叫札阿塔爾（za'atar）的香料、自己就著柴火烘焙的麵包填肚子。代爾拜拉赫老早就以其棕櫚樹而聞名；這時，棕櫚樹被砍去當柴燒。她時時在擔心不停的轟炸對五歲女兒蘇菲的影響。

法蒂・薩巴赫已開車載他的家人到他老婆吉罕位在汗尤尼斯的娘家。她娘家那時已擠滿親戚和其他被迫離開家園的人，包括，好巧不巧，出於戰時奇妙的機緣，瑪哈・達雅、她的丈夫和小孩。過去，在加薩市，莉瑪・薩巴赫有時和瑪哈・達雅的孩子一起玩耍，但瑪哈和這對家長不熟。天生內斂的瑪哈，碰到不認識的人，最初總會覺得不自在，但她說：

> 這家人人很好，我們彼此熟悉起來……我們全都坐在屋頂，屋後有地，地上有棵橙樹。我整頓、清理了這地方，大部分時候坐在那裡。那期間難入睡。我們住在第一間房子的一個緊閉的房間裡，席地而睡，而非睡在床上。我已把房間角落一處整理成地板上的小廚房。

汗尤尼斯並不平靜。早在十月二十六日，針對該市難民營的一次多番的空中打擊就奪走四十九條人命，其中三十六人是加達・阿吉爾（Ghada Ageel）的親戚。阿吉爾於二〇〇〇至二〇〇六年是《衛報》的翻譯員，這時是加拿大的政治學教授。他描述了這次轟炸，情景令人揪心：

> 兩歲的茱莉亞・阿布・侯賽因，我的甥孫女，那時在我老家的客廳，熱切等待我的甥女拉夏回來，好帶她去店裡買甜食。第一批炸彈落下時，茱莉亞的母親拉萬一把抓起她女兒，和家族裡其他人一起跑進廚房。但一塊炸彈碎片飛進廚房，殺死被母親抱在懷裡的茱莉亞。[57]

法蒂・薩巴赫最放心不下的事，係莉瑪的白血病用藥十月底就要吃完。此戰爭爆發前，她一直以門診病人的身分在耶路撒冷的哈達薩（Hadassah）醫院接受治療。這時，附近專治腫瘤的土耳其醫院已因為沒有燃料而停擺，該院七十名癌症病患因此有四人生命垂危。[58]有些癌症患者會被送去阿拉伯聯合大公國、卡達、土耳其治療，薩巴赫很想讓他的女兒也名列其中，但拿不到必要的轉診證明，因為戰事已使該區沒有醫生。

吉罕・薩巴赫娘家的年輕男子和男孩，擠在蓋在屋頂上的一間小房間睡覺。一星期的停火期間，哈瑪斯拿一百零五名人質換回兩百四十名被囚於以色列的巴勒斯坦人。十二月一日停火期結束，以色列國防軍大舉升高轟炸規模，以為針對汗尤尼斯的地面攻擊作準備。以軍和來自哈瑪斯、伊斯蘭聖戰組織的激進分子的這場戰爭，有一部分最激烈的交戰，就出現在這場地面攻擊中。十二月十二日，該市裡戰事正烈時，一枚似乎從偵察機發出的飛彈，打傷該屋頂上的七個年輕男子。薩巴赫的兒子加桑腿部被炮彈碎片打中，「情況很麻煩」。瑪哈・達雅的侄子不得不截掉一條腿。她原以為爆炸發生在隔壁，因為這屋裡沒有被通緝的人。這整個房子裡沒有人和政治有瓜葛，而且這個區域此前始終平安無事，即使在先前幾次戰爭裡亦然。

避難於該屋裡的人四散。這會是自首度離開加薩北部後，薩巴赫家第一次離開落腳地，但不會是最後一次。他們往更南邊走，來到法蒂・薩巴赫位於拉法的老家。拉法緊鄰埃及邊界，係受迫於轟炸和裝甲地面部隊掃蕩而不斷往南逃的數十萬——至二月時已達一百四十萬左右——巴勒斯坦人的最後一個避難地。對大部分加薩人來說，這時似乎已無他處可去。

理解到這點後，美國警告以色列，表明其反對作勢要入侵拉法之舉，至少在沒有周全的計畫確保擠進加薩最南邊城市的巴勒斯坦人安全無虞的情況下，反對入侵拉法。喬・拜登本人則似乎更鮮明表態反對：既重申以色列有權「自衛」，也說平民傷亡人數「對以色列弊大於利」，在他眼中拉法是不得逾越的「紅線」。[59]但誠如薩巴赫家等數萬人日後會發現的，這會是條極有彈性的紅線。

回拉法的好處之一，係法蒂・薩巴赫終於能為他女兒莉瑪拿到拉法的納賈爾（Al Najjar）醫院的阿拉伯聯合大公國轉診證明（他受傷的兒子加桑日後也會得益於他堅持不懈的精神，被送到卡達就醫）。

但，五月六日，哈瑪斯接受而以色列拒絕埃及－卡達的停火提議時——以色列拒絕的原因之一，係該提議不只規定交換囚犯／人質，還規定停止此戰爭——以色列以預備性轟炸展開其拉法攻勢，派地面部隊進入該市郊區，命令該市東部一些居住區的巴勒斯坦平民撤離，奪下這個埃及－加薩邊境口岸。住了許多人的薩巴赫老家三層樓房子不在撤離區，但五月九日早上，兩發坦克炮彈打中他的一個兄弟的公寓，另一發打中另一個兄弟的公寓。薩巴赫說，兩公寓裡的廚房被毀，但「感謝主，沒人傷亡」。

隔天，以色列的戰爭內閣在聲稱其已殺掉五十名哈瑪斯槍手後決定擴大此軍事行動，這一家人隨之搬到薩巴赫的姊妹在拉法市西部泰勒蘇丹區（Tel El Sultan）的房子。五月二十七日，對該區的轟炸已變猛烈；一次空中打擊精準除掉兩名哈瑪斯激進分子，並引發大火，大火奪走四十五條平民性命，包括避難於附近帳篷和臨時棚屋的年幼小孩。趕去救人的穆罕默德·阿布埃薩（Mohammed Abuessa），在現場告訴美聯社記者：「我們拉出情況慘不忍睹的人……肢離破碎的小孩。拉出年輕人、老人。營裡的火詭異得讓人難以相信。」燒焦、斷手斷腳的人體被人拍攝下來，在社交媒體上流傳。國際社會的憤慨，包括法國總統馬克宏要求立即停火並說「這些軍事行動得停」，使納坦雅胡——一改平日作風——說這些人的死肇因於一個「悲慘的錯誤」。但停火是他最不想做的事。

薩巴赫說，隨著裝甲地面部隊於次日夜裡（五月二十八至二十九日）進入泰勒蘇丹區，出現特別猛烈的坦克炮擊和閃光彈射擊，「人們因此在沒有官方宣告下奔逃」。這個居住區的大部分居民，包括薩巴赫一家人，這時出門前往以色列劃定的「人道」區或「安全」區馬瓦西（Al-Mawasi）。這是一公里寬、十四公里長的條狀沙質農地區，從拉法的西北部延伸到代爾拜拉赫的南部。國際組織堅稱這裡既不安全，也欠缺逃到該地的數十萬人所需的設施。詹姆斯·埃爾德提到一名七歲巴勒斯坦籍男孩，最近於馬瓦西出外替家人找吃的時候頭部中槍身亡之事，在五月上旬示警道，擠進太多人的拉法，八百五十人才有一間廁所可用，三千五百人才有一個淋浴間可用，在這些劃定的安全區裡，情況「更糟許多」。[60]

法蒂·薩巴赫認為他們一家人「走運」，因為他們在馬瓦西拉法的帳篷*裡只住了十天，就回去位於汗尤尼斯、只稍稍受損的他老婆娘家房子。對他八十歲的老母來說，這已經太遲。他們來到馬瓦西時，她「對情勢和這個地方很沮喪」，已經病倒。六月四日，薩巴赫向她保證他們會搬到汗尤尼斯——但令他終生遺憾的，未立即搬。六月六日，他母親病情惡化，他帶她到醫院。

我告訴她，明天星期五，我們會去汗尤尼斯，但令人遺憾的，抵達醫院的十分鐘後，她過世，我在此戰爭中失去母親，因為戰爭對老人很殘酷。

薩巴赫在馬瓦西的短暫停留，讓他深刻認識了帳篷生活。他說被迫離開家園的日子始終很苦，不知道自己的家還在不在（有人告訴他，他的家只受損，這消息讓他「懷有希望」）。但在帳篷裡：

這十天抵得上十年。身為記者，我就帳篷居住的難受採訪過許多人，但未想過那會有多難受。食物裡和床上都有沙子，於是沙子變成像是食物裡的鹽和基本的炊煮要件，而且眼睛、鼻孔、耳裡都是沙，還有蒼蠅。由於這區域本身的性質，加上垃圾堆積又沒（可清理垃圾的）市政當局，蒼蠅到處都是……有時我們上廁所，廁所裡沒水可沖。很難受，不管帳篷內外都很熱，我覺得帳篷是集各種折磨於一身。

對瑪哈．達雅和她的家人來說，十二月十二日以色列對汗尤尼斯的攻擊也是個轉捩點。這次攻擊後，情況變得很糟。我認為我們深感屈辱。這一家人決定去馬瓦西（汗尤尼斯）「人道區」；但她八十六歲的老父和她的兄弟去拉法。他們的頭一個棲身之所是一間蓋了一半、有著塑膠頂棚的小清真寺，夜裡那裡變得寒冷刺骨。由於沒有瓦斯，他們和道瓦斯家一樣在柴火上烘焙

＊「馬瓦西拉法」、「馬瓦西汗尤尼斯」這兩個詞通常被用來指稱馬瓦西這條狹長沿海地帶上的地點：前者位在該地帶的南端，後者位在更北邊。

麵包。與此同時，瑪哈的八十六歲父親已病倒，感染壞疽，然後被無國界醫生組織的醫生在醫院裡截了一條腿，但他陷入昏迷，然後死去。兩個月後，以軍炮擊旁邊的阿克薩大學，他們決定改住帳篷（艾曼費了番工夫從慈善組織弄到一頂）。一如薩巴赫家所感受到的，住帳篷會是「很難受」的經歷，而且住的時間久了許多。

以色列當局在二〇二三年十二月上旬就鼓勵巴勒斯坦人遷居馬瓦西「人道」區或「安全」區。但最早聽信這呼籲的人，到了那裡卻發現幾無棲身之所、人道援助、乃至基本設施。[61]甚至那裡也不安全。零星的槍擊、炮擊從二〇二四年一月起沒斷過。[62]用瑪哈的話說，這頂三×三公尺的帳篷「相對較寬敞」，但沒有地布，「到處是沙土」。附近某房子裡有間浴室，能用該浴室時，這家人就去用，「最難的事是提供水和馬桶……」。

食物的稀少（和因此導致物價的飆漲）加劇生活的困苦，瑪哈被迫離開家園期間，體重因此掉了約二十公斤（艾曼和她兒子阿丹各掉了二十七公斤）。她記得在汗尤尼斯排領麵包「痛苦且可怕」。黑市價格的敲竹槓和黑幫趁著戰後沒有警察維護治安強奪商品轉售，加劇援助物資的長期短缺。由於主要食品的價格高漲，營養不良和普遍掉體重稀鬆平常。在拉法的市場，三月時，一公斤洋蔥已要價八．六三英鎊，而十月七日前只要二十一便士；檸檬從一公斤二十一便士漲為六．四八英鎊，菠菜從二十一便士漲為四．三二英鎊，油炸豆餅（加薩人主食之一，三片夾成如三明治般食用）從十一便士漲為八十六便士，綠豆和草莓（後者是加薩的傳統農產品）從六十四便士漲為九．七一英鎊，一包六十四個尿布從五．三二英鎊漲為三〇．八六英鎊，諸如此類。在加薩北部，物價上漲驚人——一包二十五公斤的麵粉要價兩百一十五．八六英鎊（戰前是七．四五英鎊），這有助於說明二月二十九日在加薩市為何有那麼多人不要命擠在援助卡車旁。63

瑪哈覺得缺乏隱私始終令她很困擾。她甚至在帳篷門簾上寫上布告，懇請來訪者「先敲門再進入」。

一如在先前幾次戰爭裡，她覺得無法定下心作畫。在汗尤尼斯，她買了一本素描冊，除了在其中畫了幾張，她也讓自己小孩和別的小孩用那本冊子作畫。在那間未完工的清真寺裡，她操心於她久病不癒的父親和受傷的侄子——而且太冷——因而沒心思作畫。但在帳篷營地，她利用自己的作畫才華裝飾了他們的家，儘管畫出的東西具諷刺意味。「我在升火後拿起木炭，在帳篷上畫了一個馬桶。我在帳篷各面作畫，在後面畫了一棵仙人掌，在側面畫了一棟建築，浴室成了夢想。」

瑪哈一直放心不下她的四個孩子，二十歲的薩爾瑪、十七歲的阿丹、十四歲的莉瑪、八歲生病的雅法，但特別憂心年紀較小的莉瑪和雅法。

那時我每天查看我小孩的狀況，以確認他們是否受感染，或是否出現哪種疾病的症狀，尤其肝炎的症狀。這些小孩大體來講處於恐懼狀態，恐懼明顯寫在他們臉上。心理狀況很糟。戰爭期間，我們會活著，會死，會死於意外、飛彈或炸彈爆炸？在馬瓦西區，小孩的恐懼最深。偵察機的聲音和它們的射擊聲嚇人，夜裡尤其嚇人，偵察機如果走了，阿帕契直升機就會來。

許多加薩人，甚至說不定大部分加薩人，已開始想著逃離這些危險。瑪哈和艾曼，身為受到國際肯定的成功畫家，經過「六個月無法形容的折磨和苦難，用水、通信、食物方面的折磨，各種十足離譜的事」，四月時排除萬難離開了加薩。西岸巴勒斯坦人和在歐洲或美國支持巴勒斯坦人獨立大業的人，嚴正表達他們對堅守家園的加薩人的「韌性」或「堅定不移精神」的欽敬，卻未看到該地令人痛苦萬分的複雜情況。首先，絕大部分人沒得選擇——有些人已開始用加薩人一貫的冷嘲式幽默說道，「我們堅定不移，儘管我們並不想這樣」。[64]甚至在此戰爭開打前，加薩就已被說成地球上最大的監獄。有些加薩人可能認為基於愛國精神，他們該留下來抵抗第二次納克巴，但即使如此，犧牲自家兒孫的性命仍是他們所不願付出的沉重代價。以色列發動前所未見的軍事攻擊，其用意，或許如斯莫特里赫和本·格維爾所表明的，要把巴勒斯坦人強行趕離他們的家園，但除了逃走——如果逃得掉的話——或許沒別的活路可走。

對六十三歲的焦達特·霍達里來說，逃走不無可能。他的妻子有埃及護照，十一月二十日帶著他的祝福前往了開羅。在這的三個星期前，埃及開放拉法口岸，允許一些受傷的巴勒斯坦人和持有外國護照的巴勒斯坦人離開加薩。他在以色列展開地面入侵後在加薩待了一個多月，儘管與數十萬加薩人不同的，憑藉他的財力，他能走人，但他還是極不願這麼做。這時，他也留下來的長子懇求他離開。他憶道，當時他在想，「我要聽誰的：我的感性還是理性？」

> 我說：「這是我的家鄉。你可以帶著你妻子走，別管我。沒必要留在這裡。你自己帶著你的妻子走」。他說，「不行。要留一起留，要走一起走。我知道你很愛這些孩子，我想問你，如果其中一個孩子身體出問題，我們去哪裡弄到藥？去哪裡找到醫生？」他讓我很為難，於是我說：「好的，別再說了。我們去埃及」。埃及之行猶如我人生裡的黯淡日子，我人生裡最黯淡的日子。我離開加薩前往埃及時，自覺像是被拔離土地的一棵七十歲橄欖樹。你無法想像我在這期間哭得多厲害，哭了多少天。

穆罕默德死後，道瓦斯家三代人——這時有瑪莉亞姆、她的兩個姊妹、她的女兒、她曾是聯合國學校老師的母親——也決定離開加薩。對她母親來說，想到自己將和故鄉永別，就讓人心碎。除了得保護好小蘇菲，讓她不要再受到數十萬加薩小孩所正在承受的那種改變一生的創傷，[65]瑪莉亞姆的么妹，十八歲的哈拉，亟需動手術。此戰爭前，她已排定好動骨盆重傷手術。她是在四歲時出車禍，被汽車輾過，而有此傷。這時她也因為喝了受污染的水而受感染，而且眼下弄不到抗生素。

決定離開不難，難的是找到離開的辦法，更難的是找到離開後可去的地方。亞絲敏．道瓦斯（Yasmin Dawwas），現年三十二歲，在土耳其行醫為業，被瑪莉亞姆說成是「這個家族的支柱」。她決定盡力解決這兩個難題。得知澳洲政府有個讓身陷加薩戰爭的巴勒斯坦人入境的小計畫，亞絲敏提出申請──這絕非易事，因為她需要在網路多半停擺時從代爾拜拉赫送出必要的文件。

申請後的漫長等待讓人心焦，但比起籌錢一事，算不得什麼。向見不得人的埃及籍中間人送「協調費」──也就是賄賂──以順利進入埃及，並不是新鮮事。但這時，他們趁著戰時坐地起價，索要的賄款一直在漲。為讓她的三個姊妹、她的母親、侄子越過邊界，她需要籌到兩萬五千美元這個看來籌不了的金額。她設了一個眾籌網頁，把它發給她所能想到的每個人（後來，為了把這家人弄到澳洲，會有另一個眾籌網頁）。經過痛苦的五個星期，她有了簽證和錢。十二月底，他們全都已出境，二月中旬終於抵達雪梨。

關於離開加薩，瑪莉亞姆．道瓦斯內心沒霍達里那麼掙扎。「我只想有個安全的地方把我的女兒養大」，抵達開羅後不久她如此告訴我。她知道許多年紀較大的人擔心自己會在「另一次納克巴」中被推入西奈半島。「但我想要去西奈半島，好讓蘇菲和我都安全。我三十歲，經歷了所有戰爭。我完全不想回加薩那個過一分鐘一切就會變樣的地方。」她承認她深深感激收容她的那個大家族和友人，同時又滿懷愧疚。「我們在一塊三個月，但我能離開，他們離開不了。他們仍在受苦，受比以前更大的苦。」越過邊界進入埃及拉法後，她止不住脫困後的淚水，帶五歲的蘇菲去了一家店：

> 她說她想要六包洋芋片和所有巧克力，我說「妳怎麼想要這麼多？」她說「接下來會怎樣不曉得，能拿到手裡的，就該全拿到手裡」。我不得不告訴她我們現在已安全。

對焦達特．霍達里來說，這場戰爭的衝擊未隨著他離開加薩而結束。「壞消息開始傳來，日復一日。」首先，他十月十三日前往代爾拜拉赫時離開的那間房子，已連同它的大庭園被推土機夷平。「他們不留一棵植物，把什麼都除掉，都毀掉。」第二個壞消息和他在加薩走廊北部的農場有關。那個農場有兩英畝的園子，園子裡種了很多形形色色的本土、進口植物，還有霍達里所收藏的許多仙人掌——八年前他開車載我沿海岸北上去看的那些仙人掌。最初他感到如釋重負，因為以軍把該房子和庭園當成軍事基地用，拍成影片發表在抖音上。「我說，沒關係，房子安好。他們沒毀了它，不是嗎？然後，他們離開那房子後，把它拆了。」梅塔夫（al Methaf）飯店暨博物館建築群遭嚴重破壞，淪為瓦礫堆，同樣令他心痛。梅塔夫，我也很熟，收藏了珍貴古文物，他原設想透過這些古文物讓加薩的中小學生認識加薩的文明史。霍達里說，下一個令他「吃驚的事」，係生意最好時有約五十個工人的泡綿床墊工廠也已被毀——哈佛大學學者莎拉．羅伊所謂的「經濟滅絕」（econicide）的一個小例子而已。加薩長年受害於「經濟滅絕」，但從未像這場戰爭時受創那麼嚴重。最後他得知他位在代爾拜拉赫的公司辦公室已淪為廢墟。唯一倖存的是位在加薩市宰屯區的那間老房子，至少在七月前是如此。

霍達里是加薩古手工藝品的最大收藏家，三月時以色列國防軍民政部門「以色列占領區官方活動協調處」來電，說他們手裡有屬於他的東西，他「可以」來拿走，令他大吃一驚。他說以軍給的物品清單「很可笑」，詳細開列了幾無或毫無價值的東西。「最不幸的事」是他當初（「犯了個大錯」）把他一部分最有價值的東西——包括來自加薩和阿什凱隆、鑄造於羅馬、拜占庭、伊斯蘭時期的金幣——存在巴勒斯坦銀行（Bank of Palestine）的保險箱裡。「那些保險箱怎麼了？沒人知道。你能想像？你能相信？」這很容易就被人當成不值一顧的有錢人的問題，但說到守護加薩豐富的遺產，大概沒人比霍達里更積極用心。

法蒂．薩巴赫未離開加薩；從經濟上看，他似乎走不了，即使他有心離開亦然。有人力促他離開時，他再度說起這場戰爭對他的衝擊，比起「別人的遭遇」，小了許多——他試圖以寥寥數語總結他所受到的影響，言語中表露令人讚賞的克制。他已失去其馬斯達爾新聞網站總編的工作（但身為具有新聞直覺的終身新聞工作者，他忍不住想要傾聽別人的故事，其中有些人，據他所說，已被迫離開家園「十或十五次」）。他受傷的兒子已兩個月無法行走，炮彈碎片仍在他的背和雙腿裡；他所經營的菸草店，店內貨品估計值五萬美元，已被以色列國防軍洗劫、毀掉。除了這些「物質損失」，他也和他在阿拉伯聯合大公國的生病女兒聯繫不上。

法蒂・薩巴赫思索十月七日和其後續效應時，承認加薩大部分人，「或許和我、其他人一樣」，最初樂見十月七日的局勢。那一天，哈瑪斯等激進分子入侵內蓋夫西部，表現得就像「好萊塢動作片」。但他也說，他那時就說這是「宣戰」，巴勒斯坦人會為此付出代價。

我再怎麼往壞的方面想都沒想過會發生這樣的事，沒料到納坦雅胡政府和本・格維爾、斯莫特里赫這兩個極端分子的那幫人的反應、大舉破壞、許多人殉難。我們被從北邊驅離到南邊，然後他們要加薩走廊各區域的人都去拉法，因為拉法被認為是安全區。然後，他們進入拉法。

但薩巴赫認為加薩遭逢此劫，既要怪罪於以色列，也要怪罪於哈瑪斯。巴勒斯坦人第一次起事時，年輕的他活躍於巴勒斯坦解放人民陣線，如今他仍是十足愛國的巴勒斯坦人，「贊成抵抗占領」，但他說他會支持綁架四或五個人，但不會支持殺掉、綁架數百人。

我反對這種軍事行動。抵抗總有得有失，我們必須計算行動得失。抵抗當然是所有受占領的民族的權利，我們有這權利，因為我們是受占領的民族……但我們必須計算得失。加薩走廊已被毀。

這個軍事行動取名「阿克薩洪水」，但在這次軍事行動中我們為阿克薩清真寺做了什麼？實情正好相反。以色列在那裡做了它想做的事。如果我們為了被囚的人而取那名字，過去有五千個被囚者，如今關在獄中者有一萬人。為了解放阿克薩的五千名被囚者，而付出四萬多名巴勒斯坦人被殺、約九萬巴勒斯坦人受傷的代價，值得嗎？而且以色列摧毀了加薩境內七成多的公寓和建築，以色列使我們倒退到約一百年前，就經濟和社會層面來說，我們輸了。已有約兩百萬巴勒斯坦人苦於心理病、害怕和恐怖。社會已解體。我們付出我們所本不該付出的高昂代價，如此規模的軍事行動和這樣的反應本不該有……那反應比二次大戰時同盟國對付德國的作為還要猛烈。我相信此戰爭結束後哈瑪斯不會再掌權……

我相信加薩會變成和西岸一樣的情況，坦克會想進來就進來。我相信以色列、美國、乃至埃及和約旦之類的阿拉伯國家不會同意讓哈瑪斯繼續掌權，加薩走廊九成居民，甚至更多居民，當然更不想讓哈瑪斯繼續掌權，加薩這麼多人喪命全要怪在哈瑪斯頭上。他們的小孩被殺，被迫離開家園，他們認為那要怪哈瑪斯。

薩巴赫的直率或許少見，但他的看法幾可確定沒那麼少見。哈瑪斯贏得許多巴勒斯坦人、尤其加薩境外的巴勒斯坦人支持，贏得聚集於歐美街頭和校園裡居少數但發聲力挺巴勒斯坦人的示威者支持，係因為哈瑪斯抵抗十月七日以來以色列的攻擊和那之前數十年的壓迫。加薩人本身對哈瑪斯的看法則比較複雜。民調顯示大部分巴勒斯坦人支持哈瑪斯的十月攻擊，但這不表示認同哈瑪斯對平民所犯下的許多暴行，原因很簡單，絕大多數巴勒斯坦人不願相信哈瑪斯竟會犯下這些暴行。然後，隨著時日推移，民心改變，變得沒那麼單純，尤以在加薩為然。薩巴赫所謂戰後「九成」加薩人不想讓哈瑪斯繼續掌權或許高估，但儘管二〇二四年九月的民調顯示，五成八的巴勒斯坦人較中意於讓哈瑪斯繼續掌管加薩，加薩和西岸兩地間的民意差距極大，加薩境內只有三成六的人贊成。同樣的，在西岸，七成人滿意亞希亞·辛瓦爾，但在加薩只有兩成九。[66]

外面的人或許難以理解為何許多加薩人既對以色列在加薩所幹下的事感到非常驚駭且憤怒，同時又批評哈瑪斯。說起痛斥以色列那種所到之處盡成廢墟的戰爭作風，就屬以色列的偉大左派記者阿米拉·哈斯（Amira Hass）批評得最為起勁且始終如一。但說得一口流利的阿拉伯語、原住在加薩、後來搬到拉馬拉、對加薩人民有深刻瞭解的哈斯，偶爾的確探索這些複雜的現象，曾在《國土報》一篇文章的末尾引述一名那時住在拉馬拉的加薩人的話：「似乎離加薩愈遠，就愈堅定支持哈瑪斯以戰到最後一人的精神打擊以色列殖民統治的權利和理由。」[67]

馬赫穆德·巴赫提提，先前那個開朗和善的引擎修理小店的老闆，二〇〇三年時我在加薩遇到的第一個巴勒斯坦人，十三年後與我有過一番長談，然後，十月七日攻擊爆發時，他正在埃及接受醫療，七十一歲高齡時為了照顧家人，盡快趕回到加薩。他是個不易理解的人，這時住在汗尤尼斯某帳篷裡，不想久談。但他對以色列和哈瑪斯同樣生氣。

> 我們像狗一樣被丟到街上，阿拉伯世界裡沒人保護我們，連我們的領導人都不保護我們。很不幸的，我們只是等著給人拿去燒的燃料和木炭。我們沒有父親來保護我們。一杯茶的價格已變得比一條人命貴。到處是不公不義的事。（哈瑪斯）說他們會帶給我們改變和改革，但如今擺在眼前的只有破壞和荒蕪。伊斯蘭沒說那個。如果它說那個，告訴我，以便我改信別的教。
>
> 在阿布·阿瑪爾的時代，有個會搞些許貪污的巴勒斯坦人政府，但情勢穩定，人吃飽、能吃到東西，但自從這個伊斯蘭主義政府上台，日子苦不堪言。我們完全沒得到好處。他們（哈瑪斯成員）過去穿平底人字拖鞋，如今穿很好的鞋子，而他們統治我們。他們搭飛機，我們出門坐獸拉車。

反倒，有些原本長年激烈反對哈瑪斯、非常瞭解以色列、戰前一直極願意考慮並接受和以色列恢復關係的人，這時覺得那事想都別想。六月，焦達特·霍達里從開羅告訴我：

我們和以色列之間的仇恨太深。就我個人來說，我不想看到以色列人，不想看到以色列國防軍軍人，不想和他們任何人講話，不想和他們有任何瓜葛。我希望納坦雅胡切斷與我們的關係。我們希望以色列撤出加薩，蓋大型隔離牆，如此一來我們（只）和埃及、大海接壤。我們不想看到他們。相信我，我們再也看不到他們。

霍達里描述了此戰爭開打五個月後他和他認識的一個以色列前將領的電話交談，那人曾掌管埃雷茲口岸。

我說：看看加薩現在的情況，太過分了。我們沒必要經受這個。你知道他問我什麼？他問我：「焦達特，在加薩，人們體重平均掉了多少？」我說，或許十五至二十公斤？他說：「如果是十五至二十公斤，那他們還有體重可掉」。這就是他的回應。

哈瑪斯的確犯了一個大錯，但我們日復一日覺得以色列利用這錯誤摧毀我們。看看歐瑪里清真寺？加薩境內的漂亮東西？街道？所以他們拿它當藉口來大肆破壞。

幾年前霍達里告訴我，已把加薩經濟搞垮的漫長封鎖「懲罰錯了人」。如今他說：「他們殺錯了人」。他提到那時不久前以色列國防軍士兵逐一槍殺三姊妹的事，她們全都八十幾歲且都是加萊伊尼這個有錢人家的成員，就死在她們家裡，其中一人曾在法塔赫所主導的巴勒斯坦自治政府裡身居要職。「他們只為破壞而破壞」，霍達里補充說，「只為殺人而殺人」。

至二〇二四年十月初，據加薩衛生部的說法，死亡人數的確已達到至少四萬一千六百八十九個巴勒斯坦人，也就是加薩人口百分之二左右。這樣的死亡比例不輸一九四八年阿以戰爭。那次戰爭共死了一萬五千人左右，猶太人和巴勒斯坦人各有約百分之一的人喪命（猶太方約六千人）。總死亡人數在二十一世紀的戰爭裡或許排不到前頭，但從奪去這些人命所花的時間和加薩的領土面積、人口數量的角度來說，肯定名列前茅。據《國土報》和全球戰爭專家共同完成的一份調查報告，這個比例絲毫不輸在伊拉克、前南斯拉夫、烏克蘭的百分之一人口或不到百分之一的死亡比例——而在這三個例子裡，都花上更長許多的時間。在敘利亞，自人民起事、巴夏爾·阿塞德殘酷鎮壓以來，百分之二的人口（也就是四十萬五千人）遇害，但那經歷了長達十三年時間。[68]而且上述加薩死亡人數未把加薩境內因戰爭而餓死或病死的尚不詳的人數算進去。這就產生一個不可免的疑問：以色列最親密的盟友暨主要的境外武器供應來源美國怎麼任由這一切發生？

* * *

誠如先前已提過的，拜登政府在加薩戰爭開打頭幾星期關切以色列的作為，包括平民死亡人數高和不讓人道援助入境。湯姆斯·佛里曼力促以色列推遲或放棄地面軍事行動——猛烈轟炸和炮擊是此軍事行動的準備動作之一——而發出此呼聲者不只他一人。除了來自拜登本人的警告，三位有伊拉克作戰經驗的美國將領被派去以色列勸其打消地面入侵。十二月上旬，美國國防部長四星上將勞埃德．奧斯汀（Lloyd Austin），在加州一場安全事務論壇上說，在伊拉克統兵作戰和領導美軍對付伊斯蘭國的歷練，使他對城鎮戰「略知一二」。

> 一如哈瑪斯，伊斯蘭國在城鎮扎根又深又牢。國際反伊斯蘭國聯盟為保護平民和打造人道走廊費了很大心力，即使在苦戰時亦然。因此，我們得到的教訓不是藉由保護平民可以打贏城鎮戰，而是**只有**藉由保護平民，才能打贏城鎮戰。如果把（加薩的平民）趕進敵人懷抱，就是棄戰術勝利而追求戰略失敗。[69]（粗體為作者所添加）

加薩戰爭初期，拜登的確說服以色列允許一些燃料進入加薩，修正了加蘭特使「一切」停擺的嚴酷決定，提醒勿全面攻擊黎巴嫩境內的真主黨以免擴大戰爭，力促以色列談成十一月長達一週的停火。由於此停火協議，哈瑪斯釋放一百零五名人質，換回一百八十名左右被囚的巴勒斯坦人，其中大多是婦孺。[70]拜登政府也一反前例制裁二十七名極右派西岸屯墾民和屯墾團體。但隨著加薩戰爭久打不停，這個總統對戰爭行為的影響似乎愈來愈弱。十二月下旬，在特拉維夫一場會議上，以色列國防軍高階將領告訴國務卿布林肯，此戰爭或許會再打幾個月，布林肯隨之厲聲回道，「你們沒那麼多信用貸款」。[71]事實上，十月七日過了一年後，信用貸款似乎仍源源不絕。

美國政府的大員，包括拜登本人，對巴勒斯坦籍平民死傷慘重和送到加薩人手上的人道救援物資稀少表達了關切，但巴勒斯坦人和其他人，尤其全球南方的人，認為這徒然顯露漂亮話和現實間愈來愈大的差距。聯合國祕書長古特雷斯[72]和當時的愛爾蘭總理萊奧・瓦拉卡（Leo Varadkar）[73]等人，指出西方在搞雙重標準。西方因俄羅斯入侵烏克蘭而維持其對烏克蘭的物力支援並制裁俄羅斯，一派正氣凜然，卻不覺自己同樣得出手緩和以色列對加薩的攻擊。美國在二〇二三年十、十二月和二〇二四年二月三度否決聯合國安理會的停火決議，反對國際法院受理南非向其提出的訴訟案；三月時美國才終於決定不否決聯合國要求立即停火以讓人質獲釋的決議。但拜登政府繼續供應、資助使加薩平民受苦的許多武器。

美國總統歐巴馬簽署的一份二〇一六年諒解備忘錄，使美國必須在十年間給予以色列價值三百八十億美元的武器。二〇二四年四月，總統拜登簽署一攬子援助計畫，增撥一百五十億美元給以色列。[74]美國所運交的數萬件武器，包括制導、非制導的兩千磅炸彈。這類炸彈在加薩之類人口稠密區破壞性極大，因為殺傷半徑達三百六十五公尺。[75]

要弄清楚美國為何給予以色列大體上毫不吝惜的支持並不容易。畢竟，在選舉年，政治是把雙刃劍。民調的確顯示十月七日攻擊後那個月，已有六成三的美國民主黨支持者不贊成以色列在加薩的軍事行動；三月時更上升至七成五，[76]儘管這當然未必表示那會決定他們的選票。但其他民調顯示，阿拉伯裔選民（包括在密西根之類這類選民勢力很大的搖擺州裡的阿裔選民）和左傾民主黨人，對拜登支持以色列一事普遍憂心的心理，可能拉低該黨的支持度。密西根州民主黨重要黨員安迪・勒文（Andy Levin），（猶太裔）前國會議員，說該黨領袖「完全不相信」這個，並對他說「這些人會幹什麼？待在家裡？」勒文回道：「沒錯，他們會待在家裡」。[77]證據顯示許多人果然在投票日待在家裡——或把票投給綠黨候選人吉爾・斯坦（Jill Stein）。[78]亞歷山德里亞・奧卡西奧－科特斯（Alexandria Ocasio-Cortez）之類進步派民主黨人對賀錦麗的強力背書，或許可能緩和了此問題，但消除不了這問題。但川普這個自封為「歷史上最挺以色列的總統」，[79]會熱切留意拜登政府和以色列之間的任何失和，以趁虛而入。

錢，尤其用於打國會議員選戰的錢，以及具體的說，美國以色列公共事務委員會（American Israel Public Affairs Committee）放在其戰爭基金裡的四千萬美元，或許起了某種作用。美國以色列公共事務委員會有時被人稱作「猶太人遊說團體」，其實大錯特錯。絕大部分美國猶太人總是把票投給民主黨，而且令川普惱火的，往往是自由派。美國以色列公共事務委員會始終是個挺以色列的遊說團體——大概是活躍於美國政壇、基本上為外國政府的利益服務、資金最雄厚且最屹立不搖的組織。該組織立場偏右，其支持納坦雅胡是已知的事實；支持到被自由派報紙《國土報》稱作「挺納坦雅胡，反以色列」的遊說團體。[80]過去，它努力保持和兩黨都交好的立場，支持與它理念相契或願意認同它的理念的候選人，示意捐款人支持他們。但這個組織愈來愈偏向共和黨右派，因此在二〇二二年期中選舉時支持一百個跟著川普否定二〇二〇年總統大選結果的共和黨候選人。一年前，該組織不安於進步派民主黨人在國會裡取得的影響力會危及兩黨對以色列的支持，於是成立「超級政治行動委員會」（Super-PAC），用以直接資助選戰。二〇二四年頭幾個月，該委員會大部分資金投向民主黨黨內初選，力挺身陷苦戰的挺以色列的候選人，並在花了兩千多萬美元拉下兩個激烈批評以色列之加薩戰爭作為的現任國會議員賈瑪爾・鮑曼（Jamaal Bowman）和科里・布希（Cory Bush）時，拿下兩個引人注目的勝利。

但美國猶太人公共事務委員會的積極作風，儘管可能會使人更加擔心若在大選時再度祭出該作風，會成為使民主黨國會議員人數變少的幫凶，那卻未說明拜登的立場，尤以該組織的干預矛頭主要並非指向總統大選時為然。對拜登來說，那是針對特定個人而為。

拜登當然想要履行其十月十八日訪以時在特拉維夫許下的承諾：「只要美國屹立——我們會永遠屹立——我們就不會讓你們有片刻的孤單。」因此，在十月七日攻擊給以色列施加了慘痛創傷後，任何人當美國總統都肯定會有同樣的作為。但儘管川普自稱是最挺以色列的美國總統，拜登才是一九四八年以來骨子裡最支持以色列的總統，而且肯定是第一個——一再——自稱是（非猶太裔）「猶太復國主義者」的總統。引用拜登當副總統時的以色列駐美大使麥可・歐倫（Michael Oren）的話，「他心中繫念著以色列」。[81]他常提——而且在十月十八日再度提到——他年輕當聯邦參議員時，在一九七三年贖罪日戰爭前不久，首度訪問以色列——他一生去了以色列多次——見了當時的以色列總理戈爾妲・梅爾，梅爾談到她的國家的未來時，要他不必擔心，說以色列有個「祕密武器」可對付與其為敵的阿拉伯人。「他們沒別的地方可去」。

九年後的一九八二年六月，梅爾的接班人之一，梅納海姆・比金，受到美國參議院對外關係委員會成員盤問。這些人認為以色列在對付巴解組織的黎巴嫩戰爭中使用武力過當。據比金描述，拜登當時表現搶眼，為以色列的入侵行動熱烈鼓掌叫好，還說「如果有人從加拿大攻入美國，這裡的每個人都會說『攻打加拿大所有城市，我們不在乎所有平民是否都會喪命』。」[82]比金說他已否認自己和這些言論有關係，言語間顯露他的聯合黨接班人納坦雅胡所不可能發出的氣勢。「我告訴他：不是的，先生……」比金說。「根據我們的價值觀，不得傷害女人和小孩，即使戰時亦然……有時平民也會有傷亡，但不得有這麼做的念頭。不傷害平民，這是人類文明的尺度。」[83]

拜登曾勸比金勿在占領地擴大猶太人屯墾區，揚言如果繼續那麼做會提議切斷美國金援。比金在氣氛火爆的交談中激烈反對此舉。但四年後拜登告訴聯邦參議院，不該再為援助以色列而「道歉」，說「那是我們所做出的（年度）最佳的三十億美元投資。若非有以色列，美國得創造出一個以色列來保護其在該地區的利益。」[84]

但拜登所「繫念」的一九六七、一九七三年戰爭時的以色列，不同於以國歷史上最右派的政府——納坦雅胡二〇二二年十二月重新執政時成立的政府。該政府的核心是（已因為他本人所聲稱冤枉的三個貪污指控而受到刑事審訊的）納坦雅胡和伊塔馬爾・本・格維爾、貝札萊爾・斯莫特里赫這兩個極右派「宗教復國主義」極端民族主義者所談成的一個浮士德式的交易。本・格維爾和斯莫特里赫領導兩個相對較小*但公開走種族主義路線的政黨，使納坦雅胡得以在國會拿下過半數的六十四個席位，繼續執政。納坦雅胡在此交易中所要履行的職責，係攻擊以色列最高法院（以色列體制裡制衡行政權的唯一機構）的權力，以使現在很有權力的本·格維爾、斯莫特里赫兩位部長得以不受掣肘的實現其遠大抱負，即藉由在西岸不斷且往往動用暴力的擴張屯墾區，打造從約旦綿延至地中海的「大以色列」（拜登質疑比金時，西岸有兩萬五千個屯墾民；二〇二四年時有五十萬個屯墾民，†而斯莫特里赫已公開表示要使屯墾民增加一倍，達到一百萬人）。[85]最高法院跛腳，以色列就失去了防止自身成為更威權、更神權統治國家的一股極重要力量；數十萬以色列人見到這一危險，於是每週一次上街示威，直到十月七日後，這類示威才停止——至少規模不如以往。拜登批評以色列二〇二三年夏所謂的司法「改革」「導致分裂」，堅稱這種改變應靠共識來達成。[86]

但納坦雅胡打此戰爭的方式，一如司法整頓，會因為本·格維爾和斯莫特里赫存在於政府裡而受到制約。這兩人都公開表示要在夏龍撤走全部八千五百個屯墾民的十九年後，在加薩走廊重建猶太人屯墾區。本·格維爾在二〇二四年七月的一場極右派會議上說，政府「矢志返回加薩」，重新屯墾區「必須搭配以鼓勵外移」。斯莫特里赫講得更具體，說經過他所委婉稱之為「自願遷移」的行動後，兩百二十二萬巴勒斯坦人裡，留下來的人數以約十萬或二十萬為理想。納坦雅胡既未批准清空加薩的居民——至少眼下未批准——也未批准重建屯墾區，但他在此戰爭內閣最親信的心腹隆·德梅爾，已在十月七日後支持這類想法。[87]但他表明不拿下「全勝」不停止此戰爭，從而他和他所挑選的聯合政府夥伴意見一致。他的國防部長尤阿夫·加蘭特二〇二四年八月中旬時已公開嘲笑追求「全勝」之舉，但斯莫特里赫、本·格維爾和他們的支持者認為完成此目標是實現他們的加薩夢想的基本先決條件之一。

關於納坦雅胡為何反對停火，在以色列，眾所接受的看法認為係因為斯莫特里赫和本·格維爾會辭職抗議，從而使他所賴以保住其政治生命的聯合政府垮掉。此說有待商榷。斯莫特里赫和本·格維爾真會放棄他們的部長權力，沒人說得準——如果加薩戰爭結束，斯莫特里赫會掌管屯墾區擴張之事，本·格維爾會掌管警力。許多人說他早該結束此戰爭卻還打不停，係為了在他受到刑事審訊且民心憤慨於十月七日前他的失政的情況下保住他的政治生命。埃胡德·奧爾默特，納坦雅胡上台前最後一個聯合黨籍總理，始終主張停火以讓一百零九名被擄為人質的以色列人獲釋，就抱持這樣的批評觀點。他堅稱「就納坦雅胡本人來說，只有一個東西事關重大且有意義，那就是他的政治生涯」。[88]至八月下旬，隨著以色列與真主黨的戰事在以國北界的另一邊升高，加薩戰爭儼然要席捲這個地區，奧爾默特進一步表示納坦雅胡反對停火，主要不是擔心失去其聯

＊這兩個黨拿下國會一百二十個席次中的十四席。

† 這不包括住在以色列所占領的東耶路撒冷的二十五萬人。

合政府夥伴，而是因為他本身懷有要把國際社會很大一部分拖進亂局的幻想。

他認為，在追求西方世界之自由與進步者——包括他（自認）被指派去領導的美國和歐洲——與他所能擊敗的狂熱、原教旨主義伊斯蘭的代表的對抗過程中，（此亂局）是一個極重要的階段。[89]

話說二〇二四年三月時，奧爾默特已表示「拜登該是時候和比比（Bibi，納坦雅胡的外號）進房間，關上門，向他說明哪些事需要解釋，直到他聽懂為止，如有必要，用球棒打到他懂」。[90]但在拜登本人已開始對納坦雅胡失去耐心後，美國依舊支持以色列，只在作法上有些較不重要的修改。同月，拜登的盟友恰克．舒默（Chuck Schumer），參議院多數黨領袖暨美國最資深的猶太裔政治人物，發出震撼美國政壇的驚人之語，嚴正表示以色列得在新選舉中撤換掉納坦雅胡，加薩人死亡之多可能使以色列成為國際社會的「棄民」。拜登說舒默發表了「漂亮演說」，但武器依舊送往以色列。有個善體人意的說法，說藉由「擁抱」以色列領導階層，拜登相信他較有機會施加影響。但事實表明正好相反。他勸誡以色列收斂其對加薩平民之攻擊的殺傷程度，同時提供可用於達成那種殺傷程度的武器，結果是他再怎麼發自肺腑的勸誡，都只是讓納坦雅胡得以有機會大幹一場後不受懲罰，同時可以向作為其選票基礎的右翼人士吹噓他頂住美國的施壓。

針對如何收拾加薩戰爭後的「爛攤子」，拜登公開表達了長遠的構想，但納坦雅胡始終不接受。拜登決意燒旺看來已成冷灶的兩國方案構想，欲把這場再怎麼讓生靈塗炭民生凋敝的戰爭，轉化為實現戰後更廣大和平的機會。不管這想法的實現，在以色列人和巴勒斯坦人的互信已於戰時煙消雲散後，有多微乎其微，它不無道理。二〇二三年後期起在西方諸國首都（包括華盛頓）和中東進行的外交討論，設想由阿拉伯聯合大公國和沙烏地阿拉伯之類國家擔下戰後加薩龐大重建費用的大半＊——早在二〇二四年五月時聯合國就估計未來至少十六年要花五百億英鎊。91 參與討論的人士同樣認為，他們的政府會需要以色列承諾採行某種政治解決方案以茲回報，而且這個方案包括建立一個由重現活力（且最好得到民主化）的巴勒斯坦自治政府管理的國家。並非波斯灣諸國統治者，尤其沙烏地阿拉伯王儲穆罕默德·賓·薩爾曼，對巴勒斯坦人有什麼感情，更別提對哈瑪斯有什麼感情，而是因為這些國家的人民對巴勒斯坦人有感情，尤以以色列摧毀加薩後為然。92

如果巴解組織——不包括哈瑪斯——自一九八八年以來一直願意接受的在西岸、加薩、東耶路撒冷建立巴勒斯坦人國家一事真有望得到進展，哈瑪斯會大失其存在的理由。誠如現為奧斐克

＊聯合國開發計畫署於二〇二四年五月時估計，如果以和二〇〇八至二〇〇九、二〇一四年戰爭後一樣的速度重建，重建要花上八十年。

（Ofek，致力於實現兩國方案的以色列智庫）共同主任的耶胡達·夏烏爾於二〇二三年十二月所說的：

> 哈瑪斯最不樂見的事是疆域得到國際認可的巴勒斯坦人國家的誕生。用炸彈把巴勒斯坦人炸到屈服一說背離了現實。哈瑪斯得益於我們所加諸加薩的平民死傷，（我們）正把巴勒斯坦人推向更激進化。[93]

但納坦雅胡想方設法要打掉任何進展勢頭。他把自己打造為以色列右派心目中會阻止巴勒斯坦人在戰後建國的英雄人物（還說華府幾次力促他勿派地面部隊入侵加薩，阻止軍方對席法醫院發動奪走人命、大受批評的入侵，他都置之不理）。

二〇二四年一月的某個時候，他表現出他一輩子改不了的拖延時間、對不同人說不同話的習性，似乎真讓拜登相信他願意一改他一輩子反對巴勒斯坦人建國的立場，其實骨子裡無意如此。[94]但拜登繼續挺以之舉未因此變得正當合理。用舒默的話說，他想必已認識到：

> 沒人認為總理納坦雅胡會做為了打破暴力循環、保住以色列在世界舞台上的公信力、推動兩國方案所必須做的事。

二〇〇一年，巴勒斯坦人第二次起事期間，納坦雅胡對自己與美國之關係的看法，就透露出端倪。那時，第一次當過總理的他淪為在野，在某個私下錄下的影片中告訴西岸一戶喪失親人的屯墾人家，和巴勒斯坦人打交道的方式，就是「痛擊他們」，使他們必須付出「無法承受」的代價。有個和他對話的人問他是否擔心世人的負面反應，他說「他們想怎麼說悉聽尊便……尤其美國……美國是個你能非常輕易擺布，使其往正確方向移動的東西……」。95

那當然是二十三年前說的話。但在二〇二三年十月七日後的幾個月裡，他的說法似乎出奇精準道出以美關係的本質，不管以美關係多緊繃皆然。一年多後仍未能讓一百零一名身陷加薩的以色列籍人質獲釋，以及和黎巴嫩開戰，代表以色列外交政策走到新低點。而美國在去年和接下來的時日不願拂逆其中東地區盟友的意思，已為以色列貫徹其決定助了一臂之力。

第十九章
國際社會和人質：拜登「心中繫念著以色列」

二〇二四年八月十日，耶路撒冷城雷哈維亞（Rehavia）居住區裡，納坦雅胡家附近，每週一次的示威活動現場，示威者要求他談成立即停火和從加薩釋放人質的協議。示威人數不多，頂多千人左右，但群情激昂。在令人難忘的希伯萊語押韻口號「Rotzim otan chayot velo bearonot」（「我們要他們活著回來，而非躺在棺材裡回來」）已在那晚漸漸遠去的許久以後，有兩個人的演說特別扣動人心。

其中一人是埃拉娜·卡敏卡（Elana Kaminka）。她的軍人兒子亞奈（Yanai）在十月七日哈瑪斯入侵時，為了保護邊境基布茨吉基姆（Zikim）的居民而在作戰時喪命。她說，「眼下，巴勒斯坦人和以色列人都在輸，大輸。我們不會有什麼進展，他們也是。哪天如果我們真的贏了，那會是共贏，因為我們全都值得擁有更美好的未來。（亞奈）為政府的失職付出他的生命。希望不要走到以色列國付出其生命那一刻。」

另一位是雅海爾·奧倫（Yahel Oren），被巴勒斯坦籍激進分子從納霍爾奧茲的軍事基地擄走的四名年輕女監視員的同事暨代表。這些激進分子也殺了她們的十四個同事。她憶起她們被上司漠視而釀成大禍的監視工作，說「她們每分每秒盯著外面的動靜，不是因為怕被革職，而是因為她們恪盡職守。眼睛沒盯著螢幕，就是失職。她們已被以色列政府拋棄了三百零九天。我們希望達成一個會讓我們的姐妹回來的協議。」

卡敏卡的精彩演說得到群眾熱烈鼓掌肯定，她把以色列人的命運和巴勒斯坦人的命運掛鉤一事，儘管是不證自明，卻和以色列猶太人的共識不合拍。許多以色列猶太人仍執著於二〇二三年十月七日發生的事，未用心思考那之前或之後發生的事。但她並不孤單。四月時，為讓人質獲釋鍥而不捨奔走的美裔以色列人瑞秋・戈德伯格－波林（Rachel Goldberg-Polin），其兒子赫什被從音樂節會場擄走，在CNN呼籲停火以達成人質協議。她說停火不只是為了「人質」，還為了「正在苦難深淵裡的數十萬無辜加薩人」。

但雅海爾・奧倫的呼籲反映了大半以色列人的心聲。民調顯示如今有五成三的以色列人贊成以釋放巴勒斯坦籍囚犯交換人質為基礎的人質協議、永久停火、從加薩撤出以色列國防軍。[1]奧倫和卡敏卡的演說說明政府和保安部隊十月七日前的失職，係擄人行動得以得逞的推手。

後一看法契合許多人質家屬的心聲。人質家屬每夜聚集於特拉維夫博物館外，以表達同聲共氣的立場。二〇二三年十一月，在該處，我和奧爾莉・薩萊米（Orli Salemi）談了話。她所深愛的二十二歲表兄弟奧梅爾・溫克特（Omer Wenkert）——他「很愛下廚」——和赫什・戈德伯格－波林一樣被從音樂節會場擄走，最後一次露出的身影是在照片中身穿內褲、戴著手銬。奧梅爾傳給他家人的最後一個訊息，說他「非常、非常害怕」。薩萊米說，「我不想牽扯進政治……但我對此不得不生氣。這本不該發生。他去那裡只是想樂一樂。我們獲告知我們有世上最強的陸軍，那時它在哪裡？」

不管政治立場為何，還有一個族群－宗教性質的問題。十月七日後不到一星期，米海爾．馬內金（Mikhael Manekin）在《紐約時報》寫了一篇令人信服的文章。他是以色列人，赫什．戈德伯格－波林家的朋友暨「忠誠左派」（Faithful Left）的領導人之一。他悲嘆道，「過去幾天令以色列人極度痛苦，以色列人腦海浮現來自我們過去的可怕畫面」，但救出被俘者始終是以色列人的「中心」理念和立場之一。他從「許多例子」裡舉了兩個：二〇一一年（納坦雅胡本人）釋放一千多名巴勒斯坦籍囚犯，換回一名軍人吉拉德．夏利特；二〇〇四年（阿里埃爾．夏龍執政時）以色列釋放將近四百五十名囚犯，換回被真主黨扣押在黎巴嫩的以色列公民埃爾哈南．泰嫩鮑姆（Elhanan Tennenbaum）和三具以色列軍人遺體。他援引一連數個受敬重的拉比的權威為自己的看法背書，這些拉比都把解救或贖回被抓走的以色列人視為最高職責。[2]

如果納坦雅胡曾那麼看待人質問題，接下來幾個月他似乎不再如此。隨著一個月又一個月過去，死亡的人質增加（以色列國防軍說八月底時為三十六人，但有些估計認為遠不只如此）。人質家屬、美國人、以色列在野黨、最後整個防務部門，向納坦雅胡說明為何需要談成釋放人質的協議和談成該協議所不可或缺的停火。從為此得釋放的巴勒斯坦籍囚犯的人數的角度來看，代價或許很大，但以前已付過這樣的代價——尤其二〇一一年納坦雅胡本人就付出過這樣的代價。

拜登政府從一開始就關心人質，原因之一是其中至少十一人是美國公民。來自拜登的壓力，來自人質家屬的壓力，以及幾可確定的，來自加迪．埃森科特（Gadi Eisenkot）的壓力，使納坦雅胡終於同意——或者用曾是他助手的阿維夫．布辛斯利（Aviv Bushinsly）的話說，「被迫」同意[3]——在二〇二三年十一月長達一星期的停火裡換囚。埃森科特是前以色列國防軍參謀總長，戰爭內閣一員，該內閣裡最公開主張人質協議的人。美國、埃及官員一直積極於促成停火，但關鍵斡旋者之一是總理穆罕默德．賓．阿卜杜勒拉赫曼．賓．賈西姆．阿爾薩尼（Mohammed bin Abdulrahman bin Jassim Al Thani）所領導的卡達。這個波斯灣國家既是美軍中央司令部中東總部的所在地，也是哈瑪斯的境外政治領導班子的所在地。這次停火對卡達人來說是成功的外交作為，但納坦雅胡一再堅稱「軍事壓力」已促使哈瑪斯同意十一月協議，進一步施壓會使哈瑪斯進一步讓步。但後來經過九個月更不間斷的軍事施壓，並未有另一個協議問世。

辛瓦爾的要求當然令許多以色列人難以接受。十月二十八日他提議釋放所有人質，以色列則把被其關押的五千兩百人全部釋放作為交換；以軍把此提議斥為「利用恐懼來操縱人心的技倆」，某個未透露姓名的以色列官員則把它斥為旨在防止地面入侵的詭計。[4]雙方的主要差異在更根本的層面，難以泯除：辛瓦爾想要一個結束戰爭的協議，或至少為結束戰爭打造一個可靠的開端，納坦雅胡眼見他所頻頻聲稱要在加薩實現的「全勝」目標有所進展，並不想中途收手。

雙方大體上都不在乎巴勒斯坦人的驚人死傷或以色列人質的困境——這些人質大多是猶太人，但也包括少許貝都因族阿拉伯人。除了想要促成遭囚的許多巴勒斯坦人獲釋，辛瓦爾還希望哈瑪斯繼續以戰鬥團體的形態存世。納坦雅胡則有急迫的政治考量。早在十二月時，前以色列空軍少將暨以色列航太工業公司（Israel Aerospace Industries）執行長尼姆羅德・謝菲爾（Nimrod Sheffer）就斷言，極不得人心的納坦雅胡，因（他本人否認的）貪污罪名受審，眼見戰後可能成立調查委員會調查十月七日前保安部門的失職，不會提出可行的停火／釋放人質協議，因為他想要「延長此戰爭」以保住他的職位。謝菲爾主張，根據民調結果，大部分以色列人想要納坦雅胡下台，但「其中（約）一半的人說不要他在戰爭結束前下台」。此後幾個月，反對派政治人物、時事評論員、愈來愈多的人質家屬，會幾乎每日重述此看法。

此外，斯莫特里赫和本・格維爾依舊反對任何協議。二〇二三年十一月，本・格維爾在內閣裡投票反對停火，說那立下一個「危險的先例」。九個月後，斯莫特里赫建議，解救人質的「正辦」是把加薩居民餓到人質獲釋為止，哀嘆國際社會不「允許我們這麼做」。二〇二四年七月，已有八成的左派猶太裔以色列人和六成的中間派猶太裔以色列人贊成這樣的協議，但只有三分之一的右派贊成此舉。

七十二歲人質阿迪娜・摩西（Adina Moshe），來自尼爾奧茲（Nir Oz）這個基布茨，十一月停火時獲釋，其丈夫被巴勒斯坦籍槍手當著她的面殺害。接受電視台採訪時，她說，她和其他獲釋人質示威，要求進一步釋放人質時，有個路過的騎士大喊道，「婊子，他們放了妳，真是讓人失望。」[5]對人質家屬的辱罵，使人更加懷疑極端分子鐵石心腸，因為那些被從這個基布茨（和通宵音樂節會場）擄走的人，很可能是世俗化且抱持自由主義理念者。有個以色列高官說，如果那些人質是像本·格維爾、斯莫特里赫和他們的大部分支持者那樣的西岸屯墾區居民，談成協議的前景會更光明許多。[6]

被囚期間，阿迪娜·摩西與她七十九歲的尼爾奧茲鄰居哈伊姆·佩里（Chaim Peri）講過話。佩里是藝術館館長，定期從加薩、西岸的檢查站把巴勒斯坦人載去以色列治療的志工。阿迪娜說救出他們要花上兩個月。

「哈伊姆·佩里告訴我會花上兩年。我告訴他，『你為何這麼悲觀？』我們甚至爭執起來。我告訴他，『我們有國家』。他說，『我們有比比，我們屬於左派』。」以色列國防軍證實，他已於二〇二四年七月死於被囚期間。

納坦雅胡一直表明他想要「全勝」。十一月換囚前不久，他把「外頭所謂的這次停火以釋放人質後、我們會停戰的胡說八道」斥為不值一顧。

納坦雅胡所公開表達的「全勝」哈瑪斯的目標有可能達成？如果達成，能兼顧到仍被扣留在加薩的一百多名人質獲釋一事？前以色列國防軍副參謀總長亞伊爾·戈蘭（Yair Golan）是最早敢於斬釘截鐵答以「不可能」的以色列政治人物之一。十月七日早上，戈蘭帶上一把M16步槍，開著他的豐田Yaris小轎車往南，把參加了通宵音樂節、滿臉驚恐的年輕人，從死傷狼籍的會場救出，從而成為著名的英雄人物。後來他選上民主黨黨魁，該黨是新成立的中間偏左政黨，由工黨和梅雷茨黨（Meretz）合併而成。十二月，他告訴我：

> 這些人是以色列政治失敗、軍事失敗的受害者。救出他們是我們絕對應盡的職責。徹底消滅哈瑪斯這個目標背離現實。我認為沒有辦法能在短期內達成這個目標，同時救出所有人質。打仗和釋放人質不可能同時進行。[7]

戈蘭很有先見之明。不到一個月，戰爭內閣內部就有人力促達成協議，加迪．埃森科特說只有和哈瑪斯談成協議，才能確保人質獲釋。二〇二四年一月下旬，美國中情局局長威廉．伯恩斯（William Burns）率領美國小組，連同卡達人和埃及人，針對達成人質協議進行談判。經過三個月毫無突破性進展，且納坦雅胡無視拜登畫下的紅線，發動長達三星期的拉法攻勢，拜登隨之對談判活動開啟他最引人注目的介入。在二〇二四年五月三十一日的演說中，他揭露人質釋放三階段計畫，要求在第一階段短暫但「徹底且完全」停火至少六星期，在第二階段永久停火。

照該計畫，在第一階段會有「一些人質」獲釋，包括女人、老人、傷者（和一些死者的遺體），以方則釋放「數百名」被囚的巴勒斯坦人作為回報。巴勒斯坦人能返家——或他們家原本所在的地方。人道援助會暴增至每天六百輛卡車，國際社會會送來「數十萬」個暫時的棲身之所和住房。這一切會立即展開。

到了第二階段，還倖存的人質，包括男軍人，會獲釋，以色列國防軍會撤出加薩，前提是哈瑪斯「履行」其永久「中止敵對行為」的「承諾」。

在第三階段，重建加薩的龐大工程會開始，仍在加薩境內的死亡人質的遺體會交還。[8]這一提議由以色列、美國私下共同擬出且已告知哈瑪斯——五月二十七日文件。此提議的發布，事先未知會以色列。[9]拜登說此提議會把巴勒斯坦人從「不折不扣的地獄」中救出，但他最有說服力的論點是此提議符合以色列的利益（儘管他承認以色列政府裡「某些人」不會贊成此議）。以色列已把哈瑪斯打殘，使其再也無法發動十月七日那樣的攻擊；以色列將會把人質帶回國；這個協議將會為旨在解決以色列和真主黨間更為激烈的衝突的外交作為提供空間；也將會為能穩定該地區局勢的條約的簽訂創造有利條件。這樣的條約若成真，以色列將得以和沙烏地阿拉伯簽署其已在努力的具重大歷史意義的協定。

拜登的倡議為結束加薩人民苦難（和人質家屬的痛苦），提供了一個早該提供的機會。但這個倡議未提及如果協議未落實，會祭出什麼制裁。就此計畫展開的細節性談判進展緩慢，一直談到六月底，而哈瑪斯極力要求國際在第一階段前就針對永久停火給予可靠的保證。[10]但七月上旬，美國官員和以色列防務部門裡的消息人士看到一個「非常重大的突破」——哈瑪斯不再極力要求在人質獲釋的第一階段完成前「永久」結束戰爭。[11]以色列的第十二頻道電視台報導，國防部長尤阿夫．加蘭特告訴淪為人質的尼爾奧茲監視員的家屬：「協議達成無望時，我告訴過你們。眼下，在這裡，我要說：這是最接近達成協議的時刻。」[12]他說陸軍和情報機關都認為就國家安全考量這個協議沒問題。

加蘭特未考慮到納坦雅胡的想法。納坦雅胡自稱「高階的安全事務消息提供者」，堅稱哈瑪斯仍在「根本」層面唱反調，從而傳達了與他的談判人員相左的看法。三天後，他命令以色列談判人員堅持「不可談判的」條件，包括以色列會繼續戰爭，直到「其戰爭目標實現」為止。因此，即使人質協議談成後，也不保證永久停火。納坦雅胡知道哈瑪斯不會接受此條件。他堅稱加薩－埃及邊界底下的武器走私將會「停擺」，這意味著他堅持戰後以色列繼續駐軍於加薩－埃及邊界——所謂的「費城走廊」——而連他自己底下的高階將領都認為此舉沒必要。各談判小組，包括他自己的談判小組，推斷納坦雅胡無意讓人質獲釋。[13]

納坦雅胡所宣稱的理由，係若沒有以軍駐紮，那些地道會被哈瑪斯再度用於輸入武器。但埃及，三個國際調解者之一，不接受以色列所謂的可能出現武器走私的說法，主張自從並不欣賞哈瑪斯作風、實行威權統治的埃及總統阿卜杜勒．法塔赫．西西二〇一四年上台以來，埃及一直嚴厲取締邊境走私，有計畫的灌水、折除地道。前辛貝特首腦納達夫．阿格拉曼（Nadav

Agraman）告訴以色列的第十二頻道電視台，自從埃及出手取締以來，只有「非常少量的武器」被偷偷帶進加薩，還說「加薩境內武器和費城走廊之間沒有關連性」。[14] 埃及反對以色列在邊界駐軍，主張此舉違反自一九七九年在大衛營和以色列簽了條約以來以埃兩國所達成的諸多安全協議。[15]

以色列軍事、情報首腦認為，救回人質比遲遲才取締儘管未戰敗但已被打殘的哈瑪斯所輸入的據稱存在的武器還要重要。以埃兩國情報官員已討論過要以科技辦法查緝武器走私，並可能如以色列二〇〇五年撤出加薩後不久所短暫出現的，以歐盟之類外國勢力進駐，強化查緝。[16] 以色列國防軍和加蘭特主張，如果停火因某種原因而失效，他們能在必要時回到邊界。

對美國人來說，納坦雅胡的要求使雙方較難上談判桌，但情勢發展使談判更為迫切。二〇二四年七月二十七日，一枚真主黨火箭落在以色列所占領的戈蘭高地上，德魯茲派城鎮邁季代勒舍姆斯（Majdal Shams）裡的足球場上，打死十二個孩童和少年。二〇二三年十月八日起，真主黨就展現和哈瑪斯休戚與共的精神，每天從黎巴嫩南部朝以色列北部發射火箭，約六萬名以色列人因此離開他們位在以黎邊界附近的家。邁季代勒舍姆斯慘案幾可確定是誤射所致，該火箭的攻擊目標應是軍事目標；但以色列決意報復，二〇二四年七月三十日，在貝魯特暗殺了真主黨的參謀總長法德・舒克爾（Fuad Shukr）。隔天，時為哈瑪斯政治局主席的伊斯瑪儀・哈尼耶遇害於德黑蘭，伊朗隨之揚言報復。當時他從他在卡達的基地去到德黑蘭，以出席伊朗新總統馬蘇德・裴澤斯基安（Masoud Pezeshkian）的就職典禮。卡達總理阿爾薩尼在X上發文道：「一方暗殺另一方的談判人，調解怎可能成功？」

二〇二四年四月，伊朗對以色列發動前所未有的無人機、飛彈攻擊（以回應兩星期前伊朗兩名將領和其他官員在伊朗駐大馬士革領事館遇害之事）。此攻擊大體上受挫於得到美、英、法、約旦協助的反飛彈防禦系統，但伊朗的威脅得到拜登政府認真看待。真主黨表明，加薩停火就足以使其取消跨邊界的火箭攻擊，華府則把加薩停火視為不僅是加薩所需，還是防止戰火席捲中東、乃至美國本身所需。停火未成，長久以來外界一直擔心的，把真主黨和伊朗都捲進來的中東戰爭的爆發，開始長達一個月的倒數計時。

二〇二四年八月二十四日早上，大部分以色列人一度以為這樣的戰爭已開打。約一百架以色列戰機已摧毀了數千具真主黨火箭發射器，情報顯示真主黨計畫於凌晨五點攻擊位於特拉維夫區域的重要情報總部。美國國務卿布林肯飛到以色列，向納坦雅胡提出美國的「橋接提案」（bridging proposal），欲在納坦雅胡決意繼續在費城走廊上駐軍和哈瑪斯挑明不接受之間，找到一個折衷辦法。布林肯的提案似乎是以色列國防軍在加薩－埃及邊界上的駐紮兵力會減少，但不撤走。他未交待提案內容，但宣布納坦雅胡已接受此「橋接」計畫，哈瑪斯也該如此。哈瑪斯不接受，重申其想要回到七月上旬時其已接受的條件。誠如智庫「歐洲外交關係協會」（European Council of Foreign Relations）的中東事務專家休．洛瓦特（Hugh Lovatt）所說的，「這個（提案）基本上在橋接美國和以色列，而非橋接以色列和哈瑪斯。」[17]

要納坦雅胡談成協議的國內壓力變得更大，施壓者既有人質家屬，也有安全事務部門。加蘭特已公開嘲笑納坦雅胡「全勝」觀的愚蠢。[18]據可靠報導，華府認為以色列已透過軍事手段達成其想要在加薩達成的所有目標，進一步轟炸只可能奪走更多平民的性命。[19]在以色列內部，隨著八月二十九日深夜納坦雅胡否決加蘭特的意見，要他在其他方面消極怠惰的內閣正式批准他的費城走廊駐軍條件，這些緊張情勢升高到不迅速處理不行的程度。在內閣會議上，只有加蘭特一人投票反對此決定，會中以色列國防軍參謀總長黑爾茨·哈列維和摩薩德局長大衛·巴爾內亞也表達了憂心。納坦雅胡在內閣裡的最親密盟友隆·德梅爾告訴加蘭特，「總理可以想做什麼就做什麼」時，加蘭特提高音量反駁道：「總理的確能做所有決定，也能決定殺害所有人質。」[20]

接下來的星期六晚上，特拉維夫、耶路撒冷城裡支持立即停火的示威活動，比起一段時間以來的這類示威，規模更大，怒氣更大。在特拉維夫，一個又一個上台講話的人，包括亞伊爾·戈蘭和幾個人質親戚，一再痛斥費城決定。但這些上台講話者還不知道以色列國防軍正從拉法某地道找回另外六具死亡人質的遺體。這個消息，連同以色列軍方的初步評估意見——擄走他們的人，在以色列士兵包圍這些人質所被關押的拉法一地道時，近距離將人質槍殺，然後逃走，大概是他們的遺體被人發現之前幾天或更早的事——於星期日早上突然傳開。這意味著，如果大部分以色列人所想要且納坦雅胡不願給而使他受到指責的人質協議和永久停火如果成真，他們本可能獲釋。事實上，其中四名死者已被列入此協議第一階段的釋放名單。

那個星期日，以色列境內民憤炸開；至晚上，已有約三十萬示威者聚集於特拉維夫中心區，人數之多為十月七日以來所僅見。加蘭特挑明違抗納坦雅胡，要求收回星期四的決定。以色列總工會（Histadrut）呼籲展開一日「大罷工」。但納坦雅胡在宣布發現這些遺體後幾小時所發表的一份聲明中立場更為強硬，堅稱「凡是殺了人質的人，都不想要協議」，同時聲稱自己為達成協議而努力。代表人質家屬發聲的論壇，要求他為「存心破壞」協議、「拋棄」人質、最近的謀殺事件，「負起責任」。

在兩場咄咄逼人的記者會中，納坦雅胡堅持費城條件。事後來看，或許就在這時候，人質家屬打輸了要讓他們被拘禁在加薩地道裡的孩子、父母、兄弟姊妹的性命成為他最優先考量的戰役。[21]

這六人遇害一事，說明哈瑪斯這時會在其如果察覺以色列國防軍可能就要動武救人時殺掉人質。哈瑪斯的卡桑旅的發言人「阿布．奧貝達」（Abu Obeida）證實這點，說此政策在四名被拘禁在努塞拉特的人質於六月九日，兩百七十四名巴勒斯坦人喪命的代價下，被以色列國防軍救走後，就已定下。以色列國防軍質疑此喪命人數。據當地某醫院院長的說法，一百五十二人死，四百五十人傷，位在另一家醫院的無國界醫生組織的一名外科醫師說，大部分傷者受到壓傷或炸傷，年齡在八至五十九歲間。[22]這時，情況顯示這場軍事行動似乎也已危及剩下的以色列人質的性命。《國土報》的國防事務評論員阿莫斯·哈雷爾（Amos Harel）寫道，納坦雅胡主張「軍事壓力」會使人質獲釋，而人質遇害一事已「打破」此說法。以色列國防軍的首長一再向政府示警道，擴大在加薩的軍事行動會使倖存的人質性命可能不保。[23]

死亡的人質包括美國公民赫什·戈德伯格－波林。他在被綁架之前不久，左臂自手肘以下遭一枚手榴彈炸掉，因此已被列入任何人質協議的第一個「人道」階段的釋放名單。他的父母為停火而奔走，即使在為失去愛子而哀痛時依舊致力於此。[24]見過他們的喬·拜登，以顯而易見的真誠，聲稱自己為他的死而感到「震驚且憤慨」。[25]找回這些屍體的隔日，有個記者問拜登，納坦雅胡在談成人質協議上努力得夠不夠，他很不客氣的簡短回道「不夠」。但此事突顯了拜登政府面對納坦雅胡的不從，未能如願達成拜登幾個月來一直想要的協議。如果拜登原以為他持續在物力上支持以色列，會使納坦雅胡就此對他言聽計從，那麼，這個策略已再度失敗。

有些評論家猜測納坦雅胡想要一個「全勝」的象徵，例如殺掉辛瓦爾，儘管即使在這方面如願，是否就會加快人質協議的簽訂，仍說不準。加迪·埃森科特的么子，十二月在加薩參與以色列國防軍的作戰行動時遇害，埃森科特本人曾任以色列國防軍參謀總長，么子遇害時，他也是戰爭內閣一員。二〇二四年一月時，埃森科特公開表示簽訂協議是救出剩下人質的唯一辦法。在納坦雅胡再度保證會拿下對哈瑪斯的「全勝」，聲稱只有他一人在談的「軍事壓力」必會使人質獲釋後，埃森科特接受採訪，被問到即使簽訂協議意味著會錯失掉「幹掉」辛瓦爾的機會，都應把協議簽訂當成優先事項時，他回道：「沒錯」。[26]

十個月後，加薩境內的十月七日人質已至少三十三人死亡，六十四人據認還活著，只是情況如何不得而知，在此情況下，納坦雅胡似乎採取了和埃森科特背道而馳的看法。由於在國會裡擁有過半席次，納坦雅胡可以放手打這場愈來愈可能成為「永久戰爭」的戰爭，而且不只在加薩，還在更大地區這麼幹。

以色列國防軍繼續在加薩作戰——光是二〇二四年十月第一個星期裡的兩天，就會有九十九個巴勒斯坦人遇害——但國際外交、國際媒體的焦點迅速轉移到以色列北部邊界。眼見自邁季代勒舍姆斯慘案發生以來，與真主黨的衝突顯著升高，納坦雅胡九月十七日宣布新的戰爭目標：讓以色列北部被迫離開家園的人安然返家。同一天，以色列使出震驚世人的一招，同時引爆黎巴嫩各地的呼叫器（和次日引爆對講機）。由於手機很容易被竊聽，此前真主黨的諸指揮官下令內部通信使用呼叫器。據報導，四十二人喪命，另有數百人受傷（摩薩德似乎在布達佩斯的BAC顧問公司〔BAC Consulting〕製造這些呼叫器期間和製成之後，對它們動了手腳。該公司把呼叫器掛上台灣金阿波羅公司的牌子，而金阿波羅表明對此產品的製造毫不知情或完全未涉入）。[27]

二〇二四年九月二十二日，真主黨加劇其火箭攻擊，把火箭打入以色列北部更深處，隔天，以色列開始大舉轟炸黎巴嫩南部。黎國政府說已有七百人遇害，該國南部將近五十萬人正往北逃或甚至逃入敘利亞。[28]九月二十五日，納坦雅胡正準備飛到紐約在聯合國大會上講話時，極擔心此衝突失控的美國官員宣布以色列－真主黨停火二十一天的提案。這個提案若成真，將使美國有機會居中促成雙方談判如何以外交手段解決此衝突，也將為重啟關於加薩停火和人質－囚犯交換的談判提供折衝的空檔。真主黨領袖哈桑．納斯拉赫（Hassan Nasrallah）仍堅稱，只要做到加薩停火和人質－囚犯交換，就足以結束目前的戰事。[29]

這個提案的宣布得到以色列同意，但在飛往紐約途中，飛機上的記者獲告知，納坦雅胡無意追求停火，落地時，納坦雅胡說：「我們繼續全力攻打真主黨……」。[30]

對拜登來說，這是又一次的打臉。但他繼續供應武器給以色列，強化為保衛這個國家所已派去的已然可觀的軍力，儘管該國政府存心無視他要該國收斂的籲求。美國派駐中東的兵力，目前共四萬人左右，還有幾支戰鬥機中隊，第二個航母戰鬥群則在前去途中。[31]

當以色列又一次展現高明的情報蒐集本事，發動包括一枚美製兩千磅炸彈的空中突擊，炸掉深在地下的真主黨總部，突破納斯拉赫周邊的安全防護，在貝魯特暗殺掉這個真主黨領袖，這些美國軍力獲動用的可能性隨之大增。以軍接著會在對貝魯特、黎巴嫩南部、黎國其他地方的空中打擊中，除掉真主黨的許多高層領導人，很可能除掉大部分高層領導人，從九月十七日至十月三日，據估計殺死一千三百人，使據估一百萬人被迫離開家園。[32]

以色列未事先告知拜登其將襲擊納斯拉赫。拜登只能為過去真主黨的手下亡魂，包括他口中的數百名美國人，表示樂見「這個討回公道之舉」。但他繼續力促戰事降級，力促透過外交結束戰事。九月三十日，以色列發兵入侵黎南，是為自二〇〇六年黎巴嫩戰爭以來對黎南的首次地面入侵。

然後，有個讓人覺得不妙的國家加入戰局。十月一日，伊朗發動比四月時更大許多的攻擊，發射將近兩百枚彈道飛彈，使數百萬以色列人躲入防空設施。這些飛彈落入以色列和西岸的許多地方，使以色列的反飛彈防禦體系受到嚴厲考驗。美國事先掌握此攻擊情報，已動用自己的反飛彈體系強化以色列的空防。以色列國防軍說，大部分飛彈遭攔截，但有些建築受損。說來讓人覺得諷刺又難過的，唯一的遇害者是十月七日時在以色列工作、這時是在西岸城市耶律哥避難的七百人之一的一名加薩籍工人。此人遭飛彈碎片擊中身亡。[33]

納坦雅胡示警道，德黑蘭已犯了一個「大錯」，保證伊朗會「為此付出代價」。美國國防部長勞埃德·奧斯汀迅即將此攻擊說成「離譜的侵略行徑」。伊朗說它認為這輪交手已經「結束」，但如果以色列反擊，伊朗會跟著報復。在十月四日星期五可以預見的充滿好戰氣息的布道中，伊朗最高領袖阿亞托拉·哈梅內說，以色列「撐不了多久」，誓言伊朗不會「退讓」。

納坦雅胡——眼下——相對較趾高氣昂。民心怨憤的根源的確還未消失，但以色列人相對來講較團結支持以色列對付真主黨的成功，尤以伊朗所要以色列付出的代價——至目前為止——並未得逞之後為然，以色列所付出的代價並不算太大。許多以色列人都意識到當前的軍事成就是情報機構和以色列國防軍首長的成就，而當初納坦雅胡想把未能挫敗十月七日攻擊的責任甩鍋給別人時，就是想甩給這些首長。但他在國內的地位，比八月時所予人的感覺，還更為強固。由於美國不到一個月後就要選舉，美國似乎認可以色列在黎巴嫩繼續用兵，認可其有權向伊朗報復。

以色列國防軍的報復——十月二十五、二十六日那一夜鎖定伊朗軍事設施攻擊——使以色列人疑惑伊朗會如何、會在何時執行其所揚言的反報復。這時，以色列國防軍的一次例行巡邏，已終於在十天前在拉法殺掉已負傷的亞希亞·辛瓦爾，以及其他兩個與他一同和以色列士兵交火的哈瑪斯激進分子。他被認為在加薩戰爭的大半期間都藏身於地道裡，但以色列國防軍所拍的影片顯示他隻身一人，而且身在地面上一棟嚴重受損的公寓大樓裡，在生前的最後時刻，朝以色列無人機丟擲一件木頭製品。在以色列許多地方，人們慶祝他的死，但哈瑪斯的支持者和阿拉伯世界裡的其他人，在社交媒體貼出這影像，以表示他以英雄之姿赴死。[34]

納坦雅胡這時覺得他有底氣將其國防部長革職，於是在十一月五日——美國總統大選日——這麼做。格蘭特未不吭聲走人，說了許多話，包括說以色列社會如果不做出救出人質所需的「痛苦妥協」，會被烙上「殺人者的印記」。據多方的報導，他在一場歡送會上告訴人質家屬，納坦雅胡要在毫無正當的安全理由下把士兵留駐在加薩——包括費城走廊——說他本人、以色列國防軍參謀總長、辛貝特首腦都認為七月以來本有可能談成人質協議。[35]入侵黎巴嫩之前，外交界的傳統看法，係停止加薩境內戰爭是中止與真主黨之戰爭的關鍵。但後來這兩個議題脫鉤；十一月下旬以色列開始同意黎巴嫩戰事停火時，種種跡象顯示納坦雅胡要以色列國防軍繼續於加薩境內用兵。

為納坦雅胡說句公道話——如果公道話一詞恰當的話——他執著於在費城走廊，以及在他較少談到的，從以色列邊界延伸至海、把加薩走廊一分為二的內察里姆（Netzarim）線上，維持駐軍，不只是為了阻止停火協議。納坦雅胡考驗拜登耐心的諸多方式之一，係拒絕討論如何收拾加薩戰爭後的爛攤子。他曾好幾個月禁止其內閣談戰後的未來。拜登始終不願運用其巨大的影響力促成此事，但知道如果設想好戰爭結束時的政治目標，才能贏得戰爭。因此，十月七日後不久，他就令人吃驚的開始提議此戰爭結束後施行兩國方案。在此方案裡，數百萬巴勒斯坦人將終於擁有他們因為五十七年的占領而一直無緣享有的那些權利裡的一部分，需要數百億美元且或許需要數十年歲月重建的殘破加薩，將會交給「重獲活力」的巴勒斯坦自治政府治理，而非交給哈瑪斯治理。而納坦雅胡一再把這一切斥為「給恐怖主義的獎賞」。

這個總理想要占領費城走廊和內察里姆走廊，以及加薩東部與以色列接壤處的一個「緩衝區」。經過一年來大幅削弱但未能完全「消滅」哈瑪斯，情勢開始讓人覺得似乎不會有「爛攤子」要操心。反倒，納坦雅胡似乎設想要永久重新占領加薩走廊。不會有巴勒斯坦人第一次起事前一直統治加薩的那種軍事行政長官，甚至不會有士兵駐紮在尚存的加薩市裡。但已能在加薩的空域和領海暢行無阻的以色列，會保持在加薩邊界旁的裝甲部隊，使其得以控制由北往南的移動，得以不時發動襲擊以壓下未平息的叛亂。還會有以色列士兵喪命，肯定會有更多許多的巴勒斯坦人喪命。由於民間秩序蕩然無存，加薩人受害於去年裡開始出現的黑幫和犯罪宗族的情況會與日俱增。二〇二四年後期，在以色列，商議了一個更嚴厲的構想，即花錢僱用自有保安隊的民間業者，把加薩內部控制的工作外包給他們。欲用這樣的做法填補以色列國防軍不願擔下加薩民政——包括援助物資的送交——的責任和納坦雅胡不願讓巴勒斯坦自治政府扮演任何角色所留下的真空，風險會非常大。[36]

如果此事如以色列所願，聯合國難民救濟和工程處也將不會履行其七十五年來為一九四八年戰爭時逃離今日以色列疆域的難民和他們的後代（占加薩人口七成）的福利救濟和教育的責任。十月二十九日，以色列國會不顧國際社會各界的批評，立法禁止這個聯合國機構（負責將援助物資送交巴勒斯坦人的最大組織）在以色列境內運作，並且切斷該機構和以色列當局的聯繫，從而打擊了該機構在加薩、西岸境內的援助作業，可能使該作業就此停擺。表面上的理由是哈瑪斯「滲入」。[37]該年更早時，以色列已聲稱該機構在加薩的一萬三千名員工（其中至少兩百三十九人遇害於此戰爭期間），有十九人涉入十月七日攻擊行動。法國前外長卡特琳·科洛納（Catherine Colonna）所主持的調查，找到不利於九個員工的證據。其中七人已被開除，另外兩人立即被開除。[38]

以色列國會這個決定的不尋常之處，不只在於聯合國難民救濟和工程處一直以來通常將其員工名單告知以色列——從而告知以色列情報單位——或科洛納的調查表明該機構擁有同類機構裡最強固的「中立架構」。這個決定也直接打臉美國的以下書面聲明：「這樣的法案會在這個緊要關頭嚴重破壞加薩的人道救援回應。」這個書面聲明出現在美國國務卿布林肯和國防部長奧斯汀的一封二〇二四年十月十三日信中，該信以歷來最明確的口吻示警道，以色列若不在十一月十二日前做到美國為減輕這個「愈來愈嚴重」的人道危機所提出的一系列具體要求，美國可能會擱置對以國的軍售。[39]這個主張和規定接收美國出口武器者必須遵守國際法的美國法令相一致。過了此期限後，在加薩境內運作的各大援助性質非政府組織，包括總部設在美國的前四大這類組織，判定該信所列出的十九個要求，十五個未做到，另外四個則只得到「局部落實或不連貫的落實」。[40]但過了期限後，拜登政府還是未中止、乃至限制對以國的武器供應——在沒有更多證據下若無其事的解釋說，「此時，我們未斷定以色列人違反美國法律。」[41]由於美國總統大選這時已結束，這或許是說明拜登之所以容忍以色列不聽話，主要源於個人好惡、而非源於國內政治考量的鐵證。

布林肯－奧斯汀信中的一個要求，係「以色列政府不得有強迫平民從北加薩撤離到南加薩的政策」。事實上，以色列已在大舉進行旨在清空加薩最北部三個城鎮拜特哈農、賈巴利亞、拜特拉希亞的剩餘居民的行動——約日外長等多人把此舉稱作「族群清洗」。[42]在這個強制遷移的過程中，平均每日有數十人遇害：光是十一月二十日夜就有多達六十六人死於對拜特拉希亞的空中打擊。[43]以色列國防軍在該區域的高級軍官，准將伊齊克·柯恩（Itzik Cohen），表明，「無意讓加薩走廊北部居民返回他們的家園」。新任以色列外長吉迪恩・薩爾（Gideon Saar）後來試圖改變柯恩的聲明，而且此軍事行動表面上看來是為了替消滅該區域的哈瑪斯鋪路，但，比如，以色列的反占領退伍軍人團體「打破沉默」，把這解讀為為日後猶太人可能在加薩北部重新屯墾打基礎。

納坦雅胡的聯合政府自二〇二二年十二月以來一直靠本・格維爾、斯莫特里赫這兩個極端民族主義分子維繫，而且納坦雅胡始終看重這兩人的意見甚於美國總統拜登的意見。這兩人要在加薩走廊北部部分地區重建屯墾區的夢想，的確會因此大有可能成真。[44]如果真走到那一步，阿里埃爾・夏龍十九年前從加薩撤走屯墾民之舉將一夕反轉，將需要更多士兵來保護新來的以色列人。由於沒有令人厭煩的「政治解決方案」作梗，本・格維爾和斯莫特里赫將可以不受約束的領導在西岸不斷的且往往動用暴力的屯墾區擴張，無視國際法和整個西方世界所表明但未落實的想望，打造一個法理上不存在但實際上存在的從地中海綿延到約旦的猶太人國家？

這樣的未來或許太黯淡。但在十月七日事件過了一年多後，仍難以看到納坦雅胡在處理「巴勒斯坦問題」時，除了祭出粗暴武力，還想到別的辦法。他不願「給恐怖主義獎賞」一事，無疑和十月七日恐怖攻擊後許多以色列民眾的想法相契合，儘管他在剛開始從政時就反對讓巴勒斯坦人建國。

體認到只有揭示讓巴勒斯坦人享有尊嚴和自由這個願景，才能真的把哈瑪斯邊緣化，並不代表要人遺忘或原諒十月七日的暴行。如果納坦雅胡和他之前的諸位領導人表示不願「獎賞恐怖主義」，我們該謹記以色列領導階層也始終未積極獎賞「良好行為」。馬赫穆德・阿巴斯或許是個受到唾棄的人物，但他在當上巴勒斯坦自治政府主席之前和之後公開棄絕暴力之舉，未讓他從以色列領導階層那兒贏得些許尊敬。巴勒斯坦人求助於聯合國或國際法庭時，遭到嚴厲批評或阻撓，或兩者兼而有之。誠如美國猶太裔評論家彼得・貝納特（Peter Beinart）所寫的，「有美國當幫手」的以色列「一再給想要透過談判或非暴力性的壓力結束以色列占領的巴勒斯坦人扯後腿」。45

一九九五年，海達・阿卜杜勒・夏斐，最有遠見的巴勒斯坦人領袖之一，說哈瑪斯不「敢」打斷「有可能成功的和平進程」。他在大不相同的幾個場合這麼說，但他所要表達的隱而不顯的以下事實仍然很有道理：巴勒斯坦人愈是認為未來無緣享有我們所視為理所當然的那些權利，哈瑪斯的民意支持度和權力就會愈高。當巴勒斯坦人真有另外的政治道路可走，只有居少數的伊斯蘭主義者作為權力基礎的哈瑪斯，從其他巴勒斯坦人那兒所得到的支持，就會減少。但巴勒斯坦人想要享有公民權、醫療和教育機會、經濟發展和基本政治自由的想望不會改變。

在不同的時空裡，納坦雅胡或許會冒險放掉斯莫特里赫和本・格維爾，聽進拜登要他同意停火的勸告。或許他本可能釋放馬爾萬・巴古提這個法塔赫領袖。巴古提因為在巴勒斯坦人第二次起事裡所扮演的角色而被捕，已在牢裡蹲了二十二年，如今仍在獄中，但他是有潛力實現協議並開始代表重現活力的巴勒斯坦自治政府談判的少許巴勒斯坦人之一。即使納坦雅胡的聯合政府垮掉，納坦雅胡還是可能憑藉他與沙烏地阿拉伯談成的協議所營造的形勢，冒險打選戰。與沙國的協議是他長年想要的東西，且他肯定會在得到這突破後追求更多的突破。納坦雅胡行事是否純粹出於想保住個人政治生命的念頭，還是出於意識形態，還是兩者兼而有之，沒人說得準。但即使走此路線的條件，在十月七日事件剛發生後不久時，比現在更為有利，他也始終無意採行該路線。

反倒，斯莫特里赫／本．格維爾欲把加薩境內大部分居民趕走的野心已開始實現，儘管至目前為止，實現的規模比他們所希望的小了許多。據估計已有十二萬加薩人去到開羅或更遠的地方，其中大多數人心裡百般不願意而且排除萬難才做到。他們往往是為了自己小孩和摯愛之人的安全而逃出加薩。一如在戰爭時所常見的，這些新難民包括加薩的一些——但絕非全部——攸關加薩走廊未來復原能否成功的創業家、學界人士、公民領袖和專業人士。在以色列，類似的過程也在發生，但出於大不相同的理由，其中大部分理由在十月七日前就存在。世俗性以色列人外移，不只因為經濟愈來愈差，還因為極端正統派猶太教徒和支持屯墾民的「宗教性猶太復國主義」運動日益得勢。那些出走的人擔心以色列就要成為神權統治獨裁國家。畢竟，納坦雅胡施行了把以色列的最高法院去勢的政策——最高法院是唯一能制衡行政機關和在聯合政府勢力占多數的國會裡制衡為行政機關助勢者的機構——而且把警力交給本．格維爾這個被定罪的罪犯且是（當時）被禁止活動的種族主義者梅爾．卡哈內（Meir Kahane）拉比的弟子單獨掌管。巴勒斯坦裔以色列人目前會因為在社交媒體貼文遭拘留，針對半島電視台的禁令，軍方已在執行。

另一個令以色列主流社會裡的某些人感到焦慮的事，係該國在世界上的地位顯著下降。哈瑪斯對以色列人施以暴行後，全球湧現一波對以色列人的同情。但根據民調機構「晨間諮詢」（Morning Consult），到了二〇二三年十二月，四十三個國家對以色列的「好感度」平均下滑了十八・五％。英國「外交政策團體」（UK Foreign Policy Group）二〇二四年十月的民調發現，六成二的英國人不相信以色列在國際上的行事有責任感——在其他國家也出現類似的民調結果。[46]強烈挺以的美國聯邦參議院多數黨領袖恰克・舒默二〇二四年三月說納坦雅胡在冒使他的國家成為國際社會「棄民」的風險時，並非隨口說說。

好感度下滑的主因，當然是加薩受到無情破壞，維繫正常生活所不可或缺的基礎設施大量被毀，數萬平民喪命一事。這些作為可能使以色列的形象多年翻不了身。納坦雅胡和以色列軍方或許為了想要扳回十月七日前他失職的顏面而這麼做，而以軍攻擊的凶猛最初的確甚得廣大受創民心的肯定。但外國政府的表現，尤其美國政府的表現，卻讓人難以原諒。美國政府嘴巴上力促以色列節制，卻容忍如此程度的摧毀。

美國等國任由以色列為所欲為，國際社會看在眼裡，而美國等國這樣的作風茲事體大，因為沒有強烈的國際壓力，以色列人和巴勒斯坦人所想要的正義和安全都不可能得到。

十月七日的攻擊讓以色列人驚恐可能會迎來現代猶太人歷史上最黑暗的時刻，但長達的一年多的二次大戰以來最猛烈的炮擊絕非正當的因應之道。我們不該忘記，受到創傷者，不只加薩境內兩百萬巴勒斯坦人，還有加薩境外的許多巴勒斯坦人，包括，但不限於，有親人遇害或直接遭波及的巴勒斯坦人。兒子在那個星期六遇害的埃拉娜・卡敏卡，八月時展現不凡的勇氣和見識，向耶路撒冷示威群眾說，以色列人和巴勒斯坦人的命運永遠密不可分，說「哪天如果我們贏了，那會是共贏。」到處都有人在說，把和解的種籽植入隔閡之深如今來到前所未有之程度的兩個民族之間，即使不花上數十年，也可能要花上許多年。但經過一年的加薩戰爭，世人比以往任何時候更清楚一件事，即一年多來可悲的一直未能阻止加薩生靈塗炭、民生凋敝的美國政府，必須開始利用其巨大的影響力，與國際社會的其他成員，一同努力將以色列帶上唯一能保障其本身未來和巴勒斯坦人之未來的道路。川普當選總統未給此事帶來多大希望。拜登至少懂得以色列強硬右派政府給西岸巴勒斯坦人帶來的威脅——二〇二四年十一月拜登決定制裁阿馬納（Amana）一事，就表明這點。那些最強勢奪取土地以供非法屯墾的作為，就有一部分出自該組織之手。[47]相對的，儘管川普據傳想要結束加薩戰爭——他就職已過了幾星期，他要如何結束該戰爭仍不清楚——他最親信的那些中東事務顧問裡，有數人支持「大以色列」計畫和作為該計畫之支柱的屯墾區擴張。[48]

最重要的，這場加薩衝突在二〇二四年外溢到更廣大地區一事，讓人認識到以色列人和巴勒斯坦人若未走上合乎正義的和平，這個地區不可能有長久的安定。而要獲致那樣的和平，就得結東五十七年的占領——而非延長或加固占領。經過一年多來加薩境內慘不忍睹的生靈塗炭，欠缺這樣的解決辦法一事，可能給其他地方居心不良的非國家性質的行為者生事的新藉口，可能使西方諸民主國家的國內政治受到愈來愈大的波及，可能進一步壓低以色列盟邦的全球地位。這場戰爭不解決，其所可能帶來的後果，會波及到加薩、以色列、西岸之外的遠處。我們所有人可能都無法倖免。

誌謝

首先要感謝我從加薩發出報導這十四年裡，一再撥冗殷勤接待我的加薩人。我深深感謝 Sami Abdel Shafi 和 Fares Akram 這兩位加薩籍好友，多年來與我分享他們的深刻見解和知識。也要感謝過去十年裡讓我受益良多的以下諸君：Jawdat al-Khodary、Raji Sourani、已故的 Eyad Sarraj、Mahmoud Daher、John Ging、Chris Gunness、Omar Shaban、Hamdi Shakkura，以及較晚近——包括和他們家人一同爽快歡迎我登門叨擾的——Mohammed Sabbah 和其兄弟 Fathi。Mohammed Dawwas、他勇氣過人的兩個女兒 Yasmin 和 Mariam，以及，尤其二〇一六年的幾個月期間，Hazem Balousha，幫我翻譯和替我擺平麻煩，他們給我的幫助，我想遠超乎他們所理解的，至少在助我瞭解一個錯綜複雜遠超乎初聞乍看的社會上是如此。Munir Dweik、Ashraf al-Masri、Abeer Ayyoub 給我的幫助亦然。

本書許多內容發軔於我在二〇〇四年被 Simon Kelner 任命為全職耶路撒冷通訊員後的八年裡，我為《獨立報》所做的報導。Kelner 對以巴故事——尤其對加薩——的興趣始終不減。

我能在牛津大學聖安東尼學院當上兩期的訪問學者，這要感謝院長 Margaret MacMillan 和包括該學院中東中心主任 Eugene Rogan 教授在內的諸研究員，而且特別要感謝 Avi Shlaim。Shlaim 的鼓勵、建議和大方分享其無人能及的知識和一些重要文件，讓我受益良多。我也要感謝 Tareq Baconi 博士閱讀原稿，提出許多有益的建議。在此，也不能免俗的鄭重聲明，我書中的誤失或錯誤結論，錯不在以上諸君。

針對多年來在加薩境外的討論，我要感謝 Tony Lawrence、Antonia Caccia、Karen Kaufman、Sarah Helm、Michael Neuwirth、Rami Dajani、Daniel Levy、Shai Grunberg、Sari Bashi、已故的Eric Silver、Ross Allen、Sir Vincent Fean、Tim Williams、John Edwards、Sir John Jenkins、Sir Tom Phillips、Harriet Matthews、Kim Sengupta、Fuad Bateh，以及，感謝鼓舞人心的 Yehuda Shaul 讓我瞭解這個行業對巴勒斯坦人和以色列所代表的意義。

也該感謝《獨立報》四位外籍編輯 Katherine Butler、Archie Bland、Alistair Dawber、David Wastell，以及我傑出的前《獨立報》同事 Robert Fisk 和 Patrick Cockburn，不斷的支持和鼓勵。二〇〇三年來我在加薩共事過的諸位通訊員的知識和同志情誼，我受益良多。在二〇〇六年以色列不讓以色列、東耶路撒冷的巴勒斯坦籍記者進入加薩之前，這些通訊員包括我的兩位至交、恩師暨《獨立報》同事，Quique Kierszenbaum 和 Said Ghazali。還有，來自其他組織的通訊員，Chris McGreal、Stephen Farrell、Heidi Levine、Rory McCarthy、Harvey Morris、Alan Johnston、Ben Lynfield、Ruth Pollard、（第一個建議我寫本書談加薩的）Tobias Buck、Nicholas Pelham、

Ana Carbajosa、Alberto Stabile、Conal Urquhart、David Blair、Tim Butcher、Catrina Stewart、Adrian Blomfield、Harriet Sherwood。對於 Harriet，我要特別感謝她大展其曾是《衛報》外籍編輯所具有的身手，仔細拆解厚重難纏到可怕的原稿，將其瘦身到合適的大小，在整個出書計畫期間大大加油打氣。也要由衷感謝 Scarlett McGwire 不只閱讀了原稿，提出許多有益的建議（和刪減），還在此任務似乎無望達成時給予大大鼓勵。感謝我半世紀的友人 Nigel Williams，對初稿提出饒有見地的意見。

針對寶貴的研究成果，以及將採訪錄音轉成文字本這個往往艱難的工作，我要特別感謝 Misha McGwire 和 Jack Saville；但也要感謝 Roba Salibi、Lawrence Speelman、James Macintyre。

我已盡可能在書末注釋的合適之處標出出處。未提到出處的段落和引言，通常來自我當時親眼目睹的事件或親自進行的訪談。我查了許多書並將它們列在參考書目裡，其中我特別推薦值得進一步閱讀的加薩相關書籍如下：Jean-Pierre Filiu 和 Gerald Butt 各自談加薩歷史的書、Beverley Milton-Edwards 和 Stephen Farrell 談哈瑪斯的合著、Sara Roy 精彩講述加薩「去發展」的著作、Atef Abu Saif 描述巴勒斯坦人如何捱過二〇一四年戰爭的傑作、Amira Hass 講述一九九〇年代加薩生活情況的著作。Hass 這部無人能及的著作，如今讀來扣動人心，一如它二〇〇〇年出版時。

我要特別感謝我的出版商 Oneworld 和該公司精明且長期吃苦頭的非虛構類編輯 Sam Carter 和其助理 Joanthan Bentley-Smith，Carter 的許多建議全是出於求好的念頭；也要感謝我的經紀人

Gordon Wise 為此出書計畫的完成提供了不可或缺的幫助。

針對此書新版，Hazem Balousha 於採訪方面提供了寶貴的協助，Lochlan Rycott 則在進一步的研究上提供了同樣寶貴的協助。

gaza/00000191-7477-d7fc-ab93-f67774cb0000.

45. Peter Beinart, 'There Is a Jewish Hope for Palestinian Liberation. It Must Survive,' *New York Times*, 14 October 2023: https://www.nytimes.com/2023/10/14/opinion/palestinian-ethical-resistance-answers-grief-and-rage.html.
46. Patrick Wintour, 'Israel was told "you are not alone"–but year of war has left it isolated,' *Guardian*, 4 October 2024: https://www.theguardian.com/world/ng-interactive/2024/oct/04/israel-told-not-alone-but-year-war-isolated?CMP=Share_iOSApp_Other.
47. 將近九十位民主黨聯邦參議員，極力要求採取這個在美國總統大選後採行的作為。他們說阿馬納在建立屯墾區方面扮演了很重要的角色，包括資助即使就以色列法律來說都屬非法的邊遠居民點和農場，而就其中的非法農場來說，「包括有利於屯墾民施暴巴勒斯坦人的農場」。

    Ben Samuels, Amir Tibon, 'U.S. Announces Sanctions Against West Bank Settlement Organization Amana,' *Haaretz*, 18 November 2024: https://www.haaretz.com/us-news/2024-11-18/ty-article/.premium/u-s-announces-sanctions-against-west-bank-settlement-organization-amana/00000193-3ff9-d8aa-a3b3-3ffd61b70000.
48. 川普上任後首度任命的中東職務人選具指標意義。針對駐以色列大使，他選擇曾是電視福音布道家、沒有外交經驗的前阿肯色州長麥克・哈克比（Mike Huckabee）。此人支持屯墾、吞併西岸，否認有占領之事。川普也提名伊莉絲・史特法尼克（Elise Stefanik）為駐聯合國大使、史蒂夫・韋特科夫（Steve Witkoff）為他的中東事務特使。兩人都堅定支持以色列和以色列在加薩的戰爭。

    Kit Maher, Kevin Liptak, 'Trump picks Mike Huckabee to serve as US ambassador to Israel,' *CNN Politics*, 13 November 2024: https://edition.cnn.com/2024/11/12/politics/mike-huckabee-israel/index.html.

world/2024/10/20/yahya-sinwar-gaza-hamas-isarel-drone/.

35. 'After his firing, Gallant tells hostage families Netanyahu needlessly keeping IDF in Gaza,' *Times of Israel*, 7 November 2024: https://www.timesofisrael.com/after-firing-gallant-tells-hostage-families-netanyahu-needlessly-keeping-troops-in-gaza/.
這時——二〇二四年十一月五日——官方的加薩境內遇害巴勒斯坦人數，總計已達四萬三三九一人，共一百九十萬人被迫離開家園（其中許多人多次搬遷），還有三百六十八名以色列軍人喪命於加薩。喪命的黎巴嫩人已達三千人，被迫離開家園的黎巴嫩人達一百二十萬人，並已有七十二名以色列人喪命於這場真主黨衝突，包括三十名軍人）。
36. Noa Landau, 'Netanyahu Is Selling Gaza to Private Militias,' Haaretz, 22 October 2024: https://www.haaretz.com/opinion/2024-10-22/ty-article-opinion/.premium/netanyahu-is-selling-gaza-to-private-militias/00000192-b563-dcbd-ab92-b5fb6c5a0000.
37. Sam Sokol, Jacob Magid, 'Knesset approves laws barring UNRWA from Israel, limiting it in Gaza and West Bank,' *Times of Israel*, 29 October 2024: https://www.timesofisrael.com/knesset-approves-laws-barring-unrwa-from-israel-limiting-it-in-gaza-and-west.
38. 'Nine Unrwa staff members 'may have been involved' in 7 October attack,' *Guardian*, 5 August 2024: https://www.theguardian.com/world/article/2024/aug/05/nine-unrwa-staff-members-may-have-been-involved-in-7-october-attack#:~:text=Israel%20accused%2019%20Unrwa%20staffers,13%2C000%20of%20them%20in%20Gaza.
39. Barak Ravid (@BarakRavid) on X: https://x.com/BarakRavid/status/1846182689222664471.
40. *The Gaza Scorecard: Israel Fails to Comply with U.S. Humanitarian Access Demands in Gaza*, November 2024: https://d3jwam0i5codb7.cloudfront.net/wp-content/uploads/2024/11/Gaza-Scorecard-V2.pdf See also Michelle Nichols, Emily Rose, 'Did Israel meet US Gaza aid requirements? Israel, UN respond,' *Reuters*, 13 November 2024: https://www.reuters.com/world/middle-east/did-israel-meet-us-gaza-aid-requirements-israel-un-respond-2024-11-13/.
41. Julia Frankel, Matthew Lee, Samy Magdy, 'US says it will not limit Israel arms transfers after some improvements in flow of aid to Gaza,' *Associated Press*, 12 November 2024: https://apnews.com/article/israel-palestinians-hamas-war-aid-us-48cd09c1c007cacd6d7a309589490320.
42. 'Safadi calls for immediate stop to 'ethnic cleansing' in Gaza during talks with Blinken,' *Jordan Times*, 26 October 2024: https://www.jordantimes.com/news/local/safadi-calls-immediate-stop-%E2%80%98ethnic-cleansing%E2%80%99-gaza-during-talks-blinken.
43. Yolande Knell, Jaroslav Lukiv, 'Dozens reportedly killed in Israeli strikes on northern Gaza,' *BBC News*, 21 November 2024: https://www.bbc.co.uk/news/articles/cvg7zyr8p15o.
44. Aluf Benn, 'Netanyahu's War Goal Is Not the Hostages' Return. It's the Occupation of Gaza,' *Haaretz*, 21 August 2024: https://www.haaretz.com/israel-news/2024-08-21/ty-article/.premium/netanyahus-war-goal-is-not-the-hostages-return-its-the-occupation-of-

en/middle-east/israeli-army-warns-any-big-operation-in-gaza-without-deal-with-hamas-will-endanger-hostages-report/3320636.

24. Chantal Da Silva, 'Final Hamas video of slain hostage Hersh Goldberg-Polin should be a 'wake-up call,' parents say,' NBC News, 6 September 2024: https://www.nbcnews.com/news/world/hamas-hostage-video-hersh-goldberg-polin-wake-up-call-parents-rcna169888.
25. JTA staff, 'Joe Biden: I am devastated and outraged by murder of American-Israeli Goldberg-Polin,' *New Jersey Jewish News*, 5 September 2024: https://njjewishnews.timesofisrael.com/joe-biden-i-am-devastated-and-outraged-by-murder-of-american-israeli-goldberg-polin/.
26. *Reuters*, 'Gadi Eisenkot says deal needed to free hostages, rescue raid unlikely,' *Jerusalem Post*, 19 January 2024: https://www.jpost.com/israel-hamas-war/article-782898.
27. Alisha Rahaman Sarkar, 'Taiwan provides update on its investigation into Lebanon's exploding pagers,' *Independent*, 26 September 2024: https://www.independent.co.uk/news/world/middle-east/hezbollah-pagers-explosion-taiwan-lebanon-b2619173.html.
28. '"We're already at war", Lebanese minister says–as he warns of "catastrophic" number of casualties from Israeli airstrikes,' *Sky News*, 25 September 2024: https://news.sky.com/story/were-already-at-war-lebanese-minister-says-as-he-warns-of-catastrophic-number-of-casualties-from-israeli-airstrikes-13221832.
29. 'Netanyahu's backtracking on ceasefire plan 'shatters' relations with Biden, report claims, setting out how effort collapsed,' *Times of Israel*, 26 September 2024: https://www.timesofisrael.com/liveblog_entry/netanyahus-backtracking-on-ceasefire-plan-shatters-relations-with-biden-report-claims-setting-out-how-effort-collapsed/.
30. Barak Ravid, 'Netanyahu distances himself from U.S.-led proposal for ceasefire in Lebanon,' *Axios*, 26 September 2024: https://www.axios.com/2024/09/26/lebanon-israel-ceasefire-deal-netanyahu.
31. Tara Copp, Lolita C. Baldor, 'The US is sending a few thousand more troops to the Middle East to boost security,' *Associated Press*, 30 September 2024: https://apnews.com/article/us-troops-middle-east-israel-hezbollah-e37e2dbef573e33c0f8fb6a8103f27f1.
32. Kathleen Magramo, Antoinette Radford, Adrienne Vogt, Elise Hammond, 'October 3, 2024–Israel strikes on Hezbollah targets continue in Beirut, Lebanon,' *CNN World*, 4 October 2024: https://edition.cnn.com/world/live-news/israel-iran-attack-war-lebanon-10-03-24-intl-hnk/index.html.
33. Adam Rasgon, 'Laborer From Gaza Is First Reported Fatality of Iran's Missile Attack,' *New York Times*, 1 October 2024: https://www.nytimes.com/2024/10/01/world/middleeast/gaza-palestinian-dead-iran-attack.html.
34. Steve Hendrix, 'Propaganda war: Israel, Hamas battle over final images of Yahya Sinwar,' *Washington Post*, 20 October 2024: https://www.washingtonpost.com/

systematically-foiled-talks-to-release-hostages-from-hamas-captivity/00000190-9b91-d591-a7ff-fff341120000; ToI Staff, Jacob Magid, 'Netanyahu issues list of 4 "nonnegotiable" demands as hostage talks slated to restart,' *Times of Israel*, 7 July 2024: https://www.timesofisrael.com/netanyahu-issues-list-of-non-negotiable-demands-as-hostage-talks-slated-to-restart/.

14. Vivian Yee, Adam Rasgon, Ronen Bergman, 'The Fight for Control Over the Philadelphi Corridor,' *New York Times*, 13 September 2024: https://www.nytimes.com/2024/09/13/world/middleeast/philadelphi-corridor-israel-gaza-egypt.html.
15. Matthew Mpoke Bigg, 'How a Corridor Separating Gaza and Egypt May Thwart Cease-Fire Talks,' *New York Times*, 4 September 2024: https://www.nytimes.com/article/what-is-philadelphi-corridor-gaza.html.
16. Amos Harel, 'Israel's Defense Officials Push for Gaza Deal as Netanyahu Continues to Fire Off Mixed Signals,' *Haaretz*, 22 July 2024: https://www.haaretz.com/israel-news/2024-07-22/ty-article/.premium/israeli-security-officials-press-for-hostage-deal-within-weeks-as-pm-sends-mixed-signals/00000190-d65e-d548-a3ba-fede58710000.
17. Mat Nashed, 'What is the Gaza ceasefire 'bridging proposal' and will it work?', *Al Jazeera*, 20 August 2024: https://www.aljazeera.com/news/2024/8/20/explainer-what-does-the-bridging-ceasefire-proposal-consist-of.
18. Eliav Breuer, 'Defense Minister Gallant: Netanyahu's "total victory" is nonsense,' *Jerusalem Post*, 12 August 2024: https://www.jpost.com/israel-news/politics-and-diplomacy/article-814414.
19. Helene Cooper, Julian E. Barnes, Eric Schmitt, Adam Rasgon, 'In Gaza, Israel's Military Has Reached the End of the Line, U.S. Officials Say,' *New York Times*, 14 August 2024: https://www.nytimes.com/2024/08/14/us/politics/israel-military-gaza-war.html.
20. Yossi Verter, 'Overruling Israel's Defense Chiefs, Netanyahu Seals the Hostages' Fate,' *Haaretz*, 31 August 2024: https://www.haaretz.com/israel-news/2024-08-31/ty-article/.premium/overruling-israels-defense-chiefs-netanyahu-seals-the-hostages-fate/00000191-a9b3-d3dd-a991-a9bfe3120000.
21. 二〇二四年九月八日，納坦雅胡反擊人質問題引發的批評時，引用了德國八卦報《圖片報》（*Bild*）的一篇報導。該報導以以色列軍方所取得的一份哈瑪斯文件為本，而該文件據稱顯示哈斯正試圖操縱人質家屬施壓於他，以使他接受較不利於以色列的條件。那份文件已出現在辛貝特針對納坦雅胡的助手是否將非法洩露——且扭曲不實——的情報資料交給媒體所進行的調查中。
22. Imogen Piper, Evan Hill, Sarah Cahlan, Hajar Harb, Hazem Balousha, Miriam Berger, Loveday Morris, Brian Monroe, 'How an Israeli hostage rescue that left scores of Palestinians dead unfolded,' *Washington Post*, 13 August 2024: https://www.washingtonpost.com/world/2024/08/13/israel-hostage-rescue-palestinian-deaths-analysis/.
23. Zein Khalil, 'Israeli army warns any big operation in Gaza without deal with Hamas will endanger hostages,' *Anadolu Agency*, 4 September 2024: https://www.aa.com.tr/

'Tricky Bibi,' *Haaretz*, 15 July 2010: https://www.haaretz.com/2010-07-15/ty-article/tricky-bibi/0000017f-dc84-d3a5-af7f-feae8a9e0000.

第十九章

1. Prof. Tamar Hermann, Dr. Lior Yohanani, Yaron Kaplan, 'Most Israelis Support Deal to Release All Hostages and End the War in Gaza; Israelis Divided on How to Handle the Northern Front,' *Israeli Voice Index June 2024*, 10 July 2024: https://en.idi.org.il/articles/55018.
2. Mikhael Manekin, 'Securing Captives' Freedom Is a Higher Jewish Value Than Revenge,' *New York Times*, 15 October 2023: https://www.nytimes.com/2023/10/15/opinion/gaza-israel-hostages-freedom.html.
3. Donald Macintyre, 'Who is running Israel's war in Gaza?' *Tortoise*, 4 December 2023: https://www.tortoisemedia.com/2023/12/04/whos-running-israels-war-in-gaza/.
4. Einav Halabi, Itamar Eichner, Meir Turgeman, 'Hamas chief: all Israeli hostages for all Palestinian prisoners,' *Ynet*, 28 October 2023: https://www.ynetnews.com/article/hjv5rrqz6.
5. Dahlia Scheindlin, '"Smash Hamas" vs. "Bring Them Home": How Israeli Hostages Became Pawns in an Ugly Political Game,' *Haaretz*, 22 August 2024: https://www.haaretz.com/israel-news/2024-08-22/ty-article/.premium/how-israeli-hostages-became-pawns-in-an-ugly-political-game/00000191-75a1-d189-adbb-7dad718a0000.
6. Private author interview.
7. Donald Macintyre, 'Who will lead Israel and Palestine to peace?', *Prospect*, 12 January 2024: https://www.prospectmagazine.co.uk/world/israel/64472/who-will-lead-israel-and-palestine-to-peace.
8. The White House, 'Remarks by President Biden on the Middle East,' 31 May 2024; https://www.whitehouse.gov/briefing-room/speeches-remarks/2024/05/31/remarks-by-president-biden-on-the-middle-east-2/.
9. Humeyra Pamuk, Steve Holland, 'Biden's airing of Gaza ceasefire proposal pushes Netanyahu toward a deal,' *Reuters*, 5 June 2024: https://www.reuters.com/world/us/with-gaza-ceasefire-announcement-biden-pushes-netanyahu-toward-deal-2024-06-05/.
10. Private diplomatic source.
11. Sebastian Usher, '"Breakthrough" heightens hopes of Gaza ceasefire deal,' *BBC News*, 5 July 2024: https://www.bbc.co.uk/news/articles/cllyz4y6979o.
12. Rachel Fink, 'Report: Defense Minister Gallant Told Hostage Families "Israel Is Closest It Has Ever Been to a Deal,"' Haaretz, 15 July 2024: https://www.haaretz.com/israel-news/2024-07-15/ty-article/.premium/israels-defense-minister-this-is-the-closest-we-have-ever-been-to-a-deal/00000190-b7e9-db81-a3f7-f7fda3ae0000.
13. Michael Hauser Tov, 'How Netanyahu Has Systematically Foiled Talks to Release Hostages From Hamas Captivity,' *Haaretz*, 10 July 2024: https://www.haaretz.com/israel-news/2024-07-10/ty-article-timeline/.premium/how-netanyahu-has-

longtime-friend-israel-critic-of-settlements-may-be-at-odds-over-iran/.

82. First reported in *Yedioth Aharonot*: https://drive.google.com/file/d/1V4tUzg_yHOT171725owgXX_iOnQUxW46/view. Republished in Ben Burgis, 'In the '80s, Joe Biden Speculated to Israel's PM About Wiping Out Canadians,' *Jacobin*, 22 October 2023: https://jacobin.com/2023/10/joe-biden-menachem-begin-israel-lebanon-war-civilian-casualties-canada-gaza.
83. Raphael Ahren, 'Biden a veteran friend of Israel, settlement critic, may be at odds over Iran,' *Times of Israel*, 7 November 2020: https://www.timesofisrael.com/biden-a-longtime-friend-israel-critic-of-settlements-may-be-at-odds-over-iran/.
84. Chris McGreal, '"Israel in his heart": why Biden ignores growing anger over the Gaza offensive,' *Guardian*, 8 March 2024: https://www.theguardian.com/us-news/2024/mar/08/why-joe-biden-support-israel-relationship-history.
85. Yaniv Kubovich, Ben Samuels, 'Far-right Israeli Minister Lays Groundwork for Doubling West Bank Settler Population,' *Haaretz*, 18 May 2023: https://www.haaretz.com/israel-news/2023-05-18/ty-article/.premium/far-right-israeli-minister-lays-groundwork-for-doubling-west-bank-settler-population/00000188-2de6-d6e4-ab9d-ede74a3e0000.
86. Jacob Magid, 'Biden: Israeli leaders should find consensus, not rush 'divisive' judicial overhaul,' *Times of Israel*, 24 July 2023: https://www.timesofisrael.com/biden-israeli-leaders-should-find-consensus-not-rush-divisive-judicial-overhaul/.
87. Private diplomatic source.
88. 'The State of Netanyahu,' episode 3, Tortoise Media.
89. Ehud Olmert, 'Netanyahu Wants an All-out War in the North, South and Center,' *Haaretz*, 25 August 2024: https://www.haaretz.com/opinion/2024-08-25/ty-article-opinion/.premium/netanyahu-wants-an-all-out-war-in-the-north-south-and-center/00000191-8583-d632-add9-b5f3c6950000.
90. 'The State of Netanyahu,' episode 3, Tortoise Media.
91. Margaret Besheer, 'UN: Reconstructing Gaza could cost $50 billion,' *VOA*, 2 May 2024: https://www.voanews.com/a/un-reconstructing-gaza-could-cost-50-billion/7595519.html.
92. Thomas L. Friedman, 'What Worries Me About the Gaza War After My Trip to Arab States,' *New York Times*, 12 December 2023: https://www.nytimes.com/2023/12/12/opinion/israel-gaza-saudi-arabia.html; Donald Macintyre, 'Who will lead Israel and Palestine to peace?', *Prospect*, 12 January 2024: https://www.prospectmagazine.co.uk/world/israel/64472/who-will-lead-israel-and-palestine-to-peace.
93. Donald Macintyre, ibid.
94. Jason Burke, 'Biden says two-state solution still possible after call with Netanyahu,' *Guardian*, 20 January 2024: https://www.theguardian.com/us-news/2024/jan/19/biden-netanyahu-two-state-solution-israel-palestine
95. First broadcast on 'This week with Miki Rosenthal,' 9 July 2010. See Gideon Levy,

69. AFP, ToI Staff, Jacob Magid, 'US defense chief says Israel will only win in Gaza if civilians are protected,' *Times of Israel*, 3 December 2023: https://www.timesofisrael.com/us-defense-chief-says-israel-will-only-win-in-gaza-if-civilians-are-protected.
70. Steven Simon, Aaron David Miller, 'Grading Biden on the Israel-Hamas War,' *Foreign Policy*, 1 December 2023: https://foreignpolicy.com/2023/12/01/biden-israel-hamas-war-policy-approach-response-criticism/.
71. Amos Harel, 'Hamas Needed to Prolong the Cease-fire, but Refused to Pay the Price,' *Haaretz*, 3 December 2023: https://www.haaretz.com/israel-news/2023-12-03/ty-article/.premium/hamas-needed-to-prolong-the-cease-fire-but-refused-to-pay-the-price/0000018c-2c42-db3a-a1be-3ddf319d0000.
72. Lorne Cook, 'UN chief urges the EU to avoid 'double standards' over Gaza and Ukraine,' *Associated Press*, 21 March 2024: https://apnews.com/article/eu-un-palestinians-israel-gaza-ukraine-support-f39d88f1308204b099f0e5b84c83b4ff.
73. Grinne N. Aodha, 'Varadkar raises concerns about EU "double standards" on Israel and Palestine,' *Independent*, 19 November 2023: https://www.independent.co.uk/news/uk/leo-varadkar-israel-irish-palestine-ukraine-b2449992.html.
74. Emma Bubola, 'What We Know About the Weapons the U.S. Sends to Israel,' *New York Times*, 8 May 2024: https://www.nytimes.com/2024/05/08/world/middleeast/us-israel-weapons.html.
75. Tamara Qiblawi, Allegra Goodwin, Gianluca Mezzofiore and Nima Elbagir, 'Not seen since Vietnam': Israel dropped hundreds of 2,000-pound bombs on Gaza, analysis shows,' *CNN World*, 22 December 2023: https://edition.cnn.com/gaza-israel-big-bombs/index.html.
76. Jeffrey M. Jones, 'Majority in U.S. Now Disapprove of Israeli Action in Gaza,' *Gallup*, 27 March 2024: https://news.gallup.com/poll/642695/majority-disapprove-israeli-action-gaza.aspx.
77. Andrew Marantz, 'Among the Gaza Protest Voters,' The New Yorker, 23 September 2024: https://www.newyorker.com/magazine/2024/09/30/uncommitted-voters-gaza-election-michigan-harris-trump.
78. Michael Traugott, 'Voters in Arab American strongholds likely tipped Michigan in Trump's favor,' *Conversation*, 9 November 2024: https://theconversation.com/voters-in-arab-american-strongholds-likely-tipped-michigan-in-trumps-favor-242854.
79. Eytan Gilboa, 'Trump: The most pro-Israel president in American history,' *Clingendael Spectator*, 8 July 2024: https://spectator.clingendael.org/en/publication/trump-most-pro-israel-president-american-history.
80. *Haaretz* Editorial, 'AIPAC Is the pro-Netanyahu, anti-Israel Lobby,' *Haaretz*, 14 August 2023: https://www.haaretz.com/opinion/editorial/2023-08-14/ty-article-opinion/aipac-is-the-pro-netanyahu-anti-israel-lobby/00000189-f4dc-d975-a9cf-ffdf38d80000.
81. Raphael Ahren, 'Biden a veteran friend of Israel, settlement critic, may be at odds over Iran,' *Times of Israel*, 7 November 2020: https://www.timesofisrael.com/biden-a-

family members are dead,' *Guardian*, 1 November 2023: https://www.theguardian.com/commentisfree/2023/nov/01/israel-bombing-khan-yunis-refugee-camp-gaza-palestinians.

58. Abdeljabbar Aburas, '4 patients die after Gaza Strip's only cancer hospital goes out of service,' *Anadolu Agency*, 3 November 2023: https://www.aa.com.tr/en/middle-east/4-patients-die-after-gaza-strip-s-only-cancer-hospital-goes-out-of-service/3041888.
59. Carlo Martuscelli, 'Biden warns of 'red line' for Israel over Rafah,' *Politico*, 10 March 2024: https://www.politico.eu/article/us-biden-warns-red-line-israel-rafah-cyprus-aid-ship-gets-ready-open-humanitarian-sea-corridor-gaza/.
60. 'Negotiators Arrive in Cairo as Israel Seizes Rafah Crossing,' *New York Times*, 7 May 2024: https://www.nytimes.com/live/2024/05/07/world/israel-gaza-war-hamas-rafah#the-so-called-safe-zones-for-rafah-evacuees-have-staggeringly-bad-conditions-officials-say.
61. Liam Stack, Yara Bayoumy, 'Gazans Find Scant Aid at Village Where They Were Advised to Relocate,' *New York Times*, 6 December 2023: https://www.nytimes.com/2023/12/06/world/middleeast/gaza-al-mawasi.html.
62. Maziar Motamedi, 'Israel's war on Gaza updates: "Extreme hunger" in Gaza as Ramadan begins,' *Al Jazeera*, 10 March 2024: www.aljazeera.com/news/liveblog/2024/3/10/israels-war-on-gaza-live-israel-is-restricting-lifesaving-aid-unrwa?update=2761979. BETTER END NOTE DESIRABLE
63. Christian Aid, 'Food prices skyrocket as Gaza on the brink of famine': https://mediacentre.christianaid.org.uk/food-prices-skyrocket-as-gaza-on-the-brink-of-famine/.
64. Amira Hass, 'A Gazan Dilemma: When Saving Your Life Is Expulsion by Israel,' *Haaretz*, 11 December 2023: https://www.haaretz.com/israel-news/2023-12-11/ty-article/.premium/a-gazan-dilemma-when-saving-your-life-is-expulsion-by-israel/0000018c-58f0-df2f-adac-fefdc40a0000.
65. Save the Children, '"Complete psychological destruction": Children in Gaza have suffered "relentless mental harm" during five months of war–Save the Children,' 12 March 2024: https://www.savethechildren.net/news/complete-psychological-destruction-children-gaza-have-suffered-relentless-mental-harm-during.
66. 'Press Release: Public Opinion Poll No (93),' *Palestinian Center for Policy and Survey Research*, 3–7 September 2024: http://www.pcpsr.org/en/node/991.
67. https://www.haaretz.com/opinion/2024-01-08/ty-article-opinion/.premium/can-gazans-freely-say-what-they-think-about-hamas-and-the-october-7-attack/0000018c-e4c0-d249-a1ce-efc59aeb0000.
68. Amira Hass, 'Can Gazans Freely Say What They Think About Hamas and the October 7 Attack?', *Haaretz*, 8 January 2024: https://www.haaretz.com/middle-east-news/palestinians/2024-08-14/ty-article-magazine/.premium/the-death-toll-in-gaza-is-bad-even-compared-to-the-wars-in-ukraine-iraq-and-myanmar/00000191-50c6-d6a2-a7dd-d1decf340000.

press-releases/israel-palestinians-gaza-held-secret-detention-describe-torture-new-testimonies#:~:text=Said%20Maarouf%20%2D%20a%2057%2Dyear,detention%2C%20and%20he%20described%20being.

45. Milena Ansari, A Palestinian Paramedic's Ordeal in Israeli Detention, *Human Rights Watch*, 26 August 2024: https://www.hrw.org/news/2024/08/26/palestinian-paramedics-ordeal-israeli-detention.
46. John Sparks, '"Don't give them anything, they're murderers": Israeli protesters block aid going into Gaza,' *Sky News*, 14 May 2024: https://news.sky.com/story/dont-give-them-anything-theyre-murderers-israeli-protesters-block-aid-going-into-gaza-13136043.
47. Brett Murphy, 'Israel Deliberately Blocked Humanitarian Aid to Gaza, Two Government Bodies Concluded. Antony Blinken Rejected Them,' *ProPublica*, 24 September 2024: https://www.propublica.org/article/gaza-palestine-israel-blocked-humanitarian-aid-blinken.
48. Samantha Power (@PowerUSAID) on X, 30 May 2024: https://x.com/PowerUSAID/status/1795992166755361104.
49. 'Gaza Strip: Acute Food Insecurity Situation for 1 May–15 June and Projection for 16 June–30 September 2024,' *integrated Food Security Phase Classification*: https://www.ipcinfo.org/ipc-country-analysis/details-map/en/c/1157065/?iso3=PSE.
50. https://www.bbc.co.uk/sounds/play/m00237m3
51. Julian E. Barnes, Adam Rasgon, Adam Goldman, Ronen Bergman, 'How Hamas Uses Brutality to Maintain Power,' *New York Times*, 13 September 2024: https://www.nytimes.com/2024/09/13/us/politics/hamas-power-gaza-violence-israel.html.
52. 'The presence of human shields in or around a legitimate military objective does not relieve military commanders of their duty of distinction, precaution and proportionality towards these human shields as civilians or otherwise protected persons.' Medecins Sans Frontieres, 'Human Shields', *The Practical Guide to Humanitarian Law*, https://guide-humanitarian-law.org/content/article/3/human-shields/.
53. Sari Bashi, 'Why Israel's Gaza Evacuation Order is So Alarming,' *Human Rights Watch*: https://www.hrw.org/news/2023/10/16/why-israels-gaza-evacuation-order-so-alarming.
54. Neve Gordon, 'On Human Shields,' *London Review of Books*, 1 December 2023L https://www.lrb.co.uk/blog/2023/december/on-human-shields.
55. Donald Macintyre, 'My terror as a human shield: The story of Majdi Abed Rabbo,' *Independent*, 30 January 2024: https://www.independent.co.uk/news/world/middle-east/my-terror-as-a-human-shield-the-story-of-majdi-abed-rabbo-1520420.html.
56. Yaniv Kubovich, Michael Hauser Tov, '*Haaretz* Investigation: Israeli Army Uses Palestinian Civilians to Inspect Potentially Booby-trapped Tunnels in Gaza,' *Haaretz*, 13 August 2024: https://www.haaretz.com/israel-news/2024-08-13/ty-article-magazine/.premium/idf-uses-gazan-civilians-as-human-shields-to-inspect-potentially-booby-trapped-tunnels/00000191-4c84-d7fd-a7f5-7db6b99e0000.
57. Ghada Ageel, 'From my hometown in Gaza, the unthinkable news: 36 of my

35. 'Israel, Hamas, and International Law: What You Need to Know,' *AJC*, 18 October 2023: https://www.ajc.org/news/israel-hamas-and-international-law-what-you-need-to-know.
36. '*CBS News* Poll–June 5–7, 2024,' *YouGov*: https://www.scribd.com/document/740568401/Cbsnews-20240609-SUN-NAT; Matthew Smith, 'British attitudes to the Israel-Gaza conflict: May 2024 update,' *YouGov*, 10 May 2024: https://yougov.co.uk/politics/articles/49366-british-attitudes-to-the-israel-gaza-conflict-may-2024-update.
37. Ellen Knickmeyer, Aamer Madhani, Matthew Lee, 'US says Israel's use of US arms likely violated international law, but evidence is incomplete,' Associated Press, 11 May 2024: https://apnews.com/article/us-israel-gaza-war-nsm-international-law-c83b6f39ce2799e5d2c473a337e2f857.
38. Peter Baker, 'Biden Puts Arms Shipment to Israel on Hold Amid Dispute Over Rafah Attack,' *New York Times*, 7 May 2024: https://www.nytimes.com/2024/05/07/us/politics/israel-biden-arms.html.
39. Michael Holden, William James, 'UK suspends 30 of its 350 arms export licences to Israel,' *Reuters*, 3 September 2024: https://www.reuters.com/world/uk/uk-says-it-is-suspending-30-its-350-arms-export-licences-israel-2024-09-02/.
40. Kaye O'Doherty, Arion McNicoll, '"Fury" as UK suspends some arms sales to Israel,' *The Week*, 3 September 2024: https://theweek.com/politics/fury-as-uk-suspends-some-arms-sales-to-israel.
41. British Foreign, Commonwealth & Development Office, 'Summary of the IHL process, decision and the factors taken into account,' 2 September 2024: https://www.gov.uk/government/publications/summary-of-the-international-humanitarian-law-ihl-process-decision-and-the-factors-taken-into-account/summary-of-the-ihl-process-decision-and-the-factors-taken-into-account#:~:text=The%20assessment%20concluded%20that%20Israel,level%20of%20aid%20remains%20insufficient%20.
42. Patrick Kingsley, Bilal Shbair, 'Inside the Base Where Israel Has Detained Thousands of Gazans', *New York Times*, 6 June 2024: https://www.nytimes.com/2024/06/06/world/middleeast/israel-gaza-detention-base.html; CNN's International Investigations, 'Strapped down, blindfolded, held in diapers: Israeli whistleblowers detail abuse of Palestinians in shadowy detention center,' *CNN World*, 11 May 2024: https://edition.cnn.com/2024/05/10/middleeast/israel-sde-teiman-detention-whistleblowers-intl-cmd/index.html.
43. Hagar Shezaf, Michael Hauser Tov, 'Doctor at Israeli Field Hospital for Detained Gazans: "We Are All Complicit in Breaking the Law,"' *Haaretz*, 4 April 2024: https://www.haaretz.com/israel-news/2024-04-04/ty-article/.premium/doctor-at-idf-field-hospital-for-detained-gazans-we-are-all-complicit-in-breaking-law/0000018e-a59c-dfed-ad9f-afdfb5ce0000.
44. Amnesty International, 'Israel: Palestinians from Gaza held in secret detention describe torture-new testimonies', 18 July 2024: https://www.amnesty.org.uk/

raid leaving facility in ruins,' *Guardian*, 1 April 2024: https://www.theguardian.com/world/2024/apr/01/israeli-forces-withdraw-from-gaza-al-shifa-hospital-after-two-week-raid.

25. Maram Humaid, 'As those fleeing al-Shifa get to south Gaza, they recount Israeli torture,' Al Jazeera, 1 April 2024: https://www.aljazeera.com/news/2024/4/1/as-those-fleeing-al-shifa-get-to-south-gaza-they-recount-israeli-torture.
26. Medical Aid for Palestinians, 'A month after mass graves discovered at Gaza hospitals, international investigations and accountability are essential,'10 June 2024: https://www.map.org.uk/news/archive/post/1593-a-month-after-mass-graves-discovered-at-gaza-hospitals-international-iestigations-and-accountability-are-essential.
巴勒斯坦人醫療援助組織（MAP）也報導說，在汗尤尼斯的納瑟醫院找回三百九十二具屍體，包括老人、女人、小孩的屍體。該醫院院長四月說，其中兩百五十具，醫院員工已予以下葬，其中大多是因以色列攻擊而死或被以色列攻擊直接打死的病人。
27. 'Geneva Convention relative to the Protection of Civilian Persons in Time of War,' United Nations Human Rights: Office of the High Commissioner: https://www.ohchr.org/en/instruments-mechanisms/instruments/geneva-convention-relative-protection-civilian-persons-time-war#:~:text=from%20such%20objectives.-,Article%2019,acts%20harmful%20to%20the%20enemy.
28. Karim Khan, 'We are witnessing a pandemic of inhumanity: to halt the spread, we must cling to the law,' *Guardian*, 10 November 2023: https://www.theguardian.com/commentisfree/2023/nov/10/law-israel-hamas-international-criminal-court-icc.
29. 'Press Briefing by IDF Spokesperson, Rear Admiral Daniel Hagari, March 21, 2024,' *Israel at War*, 21 March 2024: https://www.idf.il/en/mini-sites/israel-at-war/briefings-by-idf-spokesperson-rear-admiral-daniel-hagari/march-24-press-briefings/press-briefing-by-idf-spokesperson-rear-admiral-daniel-hagari-march-21-2024/.
30. Harriet Sherwood, Emma Graham-Harrison, Julian Borger, 'Israel faces mounting pressure to investigate Gaza food aid deaths,' *Guardian*, 2 March 2024: https://www.theguardian.com/world/2024/mar/01/france-demands-investigation-palestinians-killed-aid-delivery-gaza.
31. Meg Kelly, Hajar Harb, Louisa Loveluck, Miriam Berger, Cate Brown, 'Palestinian paramedics said Israel gave them safe passage to save a 6-year-old girl in Gaza. They were all killed,' *Washington Post*, 16 April 2024: https://www.washingtonpost.com/world/interactive/2024/hind-rajab-israel-gaza-killing-timeline/.
32. 'Two soldiers killed in Hezbollah attacks, bringing IDF toll to 715,' *Jewish News Syndicate*, 19 September 2024: https://www.jns.org/two-soldiers-killed-in-hezbollah-attacks-bringing-idf-toll-to-715/.
33. See pp. TK–TK [pp. 167–170 in original].
34. Yonah Jeremy Bob, 'IDF fires 100,000 shells in Israel-Hamas War,' *Jerusalem Post*, 28 November 2023: https://www.jpost.com/israel-news/defense-news/article-775523.

16. 從事調查報導的記者暨行動主義者 Yuval Abraham，為受到敬重的以色列左派新聞網站 *+972*，寫了兩篇以以色列國防軍使用人工智慧為題的文章，經由英國《衛報》轉載，這兩篇文章得到更多人的關注。根據他為寫這兩篇文章而採訪的情報人士的說法，以色列認為趁著哈瑪斯特工待在家裡時予以定點攻擊更為可取，因為，藉由人稱「老爸在哪」（where's daddy）的自動追蹤系統之助，較容易標定他們的位置。由於這種攻擊必然可能導致多人「附帶死亡」，以色列根據被鎖定的激進分子的地位高低，對附帶死亡人數的總數定了相應的許可值——在加薩戰爭的不同時候此數值變動不居——而據某消息人士的說法，這個許可值前所未有的「寬鬆」。幾個消息人士說，最小、最大許可值可能相差甚大，最大者，針對一名高階哈瑪斯官員而定，可容許百人左右的附帶死亡，還說偶爾會在轟炸後發現，鎖定的目標當時根本不在家裡。

Yuval Abraham, '"A mass assassination factory": Inside Israel's calculated bombing of Gaza,' *+972 Magazine*, 30 November 2023: https://www.972mag.com/mass-assassination-factory-israel-calculated-bombing-gaza/; Yuval Abraham, '"Lavender": The AI machine directing Israel's bombing spree in Gaza,' *+972 Magazine*, 3 April 2024: https://www.972mag.com/lavender-ai-israeli-army-gaza/.

17. David Gritten. 'Jabalia: Israel air strike reportedly kills dozens at Gaza refugee camp', *BBC Online*, 31 October 2023: https://www.bbc.co.uk/news/world-middle-east-6727682.
18. Natalie Merzougui, Maria Rashed, 'Has Israel taken enough action to prevent alleged incitement to genocide?', *BBC News*, 27 August 2024: https://www.bbc.co.uk/news/articles/cze5w2wd4x0o.
19. Rageh Omaar, 'Israeli president Isaac Herzog says Gazans could have risen up to fight "evil" Hamas,' *ITV News*, 13 October 2023: https://www.itv.com/news/2023-10-13/israeli-president-says-gazans-could-have-risen-up-to-fight-hamas.
20. 'Journalist casualties in the Israel-Gaza war,' *Committee to Protect Journalists*, 16 December 2024: https://cpj.org/2024/09/journalist-casualties-in-the-israel-gaza-conflict/.
21. Louisa Loveluck, Evan Hill, Jonathan Baran, Jarrett Ley, Ellen Nakashima, 'The case of al-Shifa: Investigating the assault on Gaza's largest hospital,' *Washington Post*, 21 December 2023: https://www.washingtonpost.com/world/2023/12/21/al-shifa-hospital-gaza-hamas-israel/.
22. Amnesty International, 'Gaza: Palestinians tortured, summarily killed by Hamas forces during 2014 conflict,' 27 May 2015: https://www.amnesty.org/en/latest/news/2015/05/gaza-palestinians-tortured-summarily-killed-by-hamas-forces-during-2014-conflict/.
23. Louisa Loveluck, Evan Hill, Jonathan Baran, Jarrett Ley, Ellen Nakashima, 'The case of al-Shifa: Investigating the assault on Gaza's largest hospital,' *Washington Post*, 21 December 2023: https://www.washingtonpost.com/world/2023/12/21/al-shifa-hospital-gaza-hamas-israel/; Jeremy Bowen, 'Bowen: Ceasefire demands will grow without proof of Hamas HQ at al-Shifa,' *BBC News*, 17 November 2023: https://www.bbc.co.uk/news/world-middle-east-67453105
24. Lorenzo Tondo, 'Israeli forces withdraw from Gaza's al-Shifa hospital after two-week

這套計算方法已變得「未必不可靠，但不如最初時可靠」。但加薩衛生部發表一份列出死者姓名且完整交待身分證號碼、年齡、性別的三萬五千多人名單後，Spagat 評斷，這些定期發表的數據很可能低估了，真實數據很可能更高。

但加薩衛生部的數據未區分戰鬥人員和平民。不過，有件事從一開始就很清楚，即平民死亡人數極高──加薩戰爭頭六個月期間占比超過一半甚多。聯合國人道事務協調廳（OCHA）承認它頗沒必要的高估了遇害婦孺所占的比例，承認至五月為止遇害比例是五十二%，而非它先前所聲稱的六十九%，從而一時之間給了以色列政府一個宣戰利器。問題在於該機構倚賴加薩媒體局（Gaza Media Office）所提出的數據，而非倚賴對加薩衛生部數據可核實的組成部分的詳細分析。Spagat 和美聯社所進行的這類詳細分析──兩者的數據相差無幾──表明，就在累計的死亡人數（包括平民死亡人數）隨著加薩戰爭繼續進行而逐月有增無減時，平民所占比例從十月二十六日為止的六十四．四%降為三月底為止的五〇%多一點。鑑於轟炸攻擊，包括加薩戰爭頭三個星期裡，以色列地面部隊開始橫掃加薩走廊之前，對民房的轟炸，規模巨大且不分青紅皂白的濫炸，這樣的結果可以理解。但二〇二四年十一月聯合國人權事務高級專員辦事處針對其至三月為止所核實的死亡人數發出的詳細報告，認為婦孺占遇害者的比例高了許多，達六十八%。

Iain Overton, 'Gaza War: UN revises death toll for women and children,' *Reliefweb*, 17 May 2024: https://reliefweb.int/report/occupied-palestinian-territory/gaza-war-un-revises-death-toll-women-and-children; Josef Federman, Larry Fenn, 'Women and children of Gaza are killed less frequently as war's toll rises, *AP* data analysis finds,' *Associated Press*, 10 June 2024: https://apnews.com/article/israel-palestinians-hamas-war-casualties-toll-65e18f3362674245356c539e4bc0b67a; Michael Spagat, 'Gaza Ministry of Health releases detailed new casualty data amidst confusion of UN's death numbers in Gaza,' *Action on Armed Violence*, 28 May 2024: https://aoav.org.uk/2024/gaza-ministry-of-health-releases-detailed-new-casualty-amidst-confusion-of-uns-death-numbers-in-gaza/.

12. Jared Malsin, Saeed Shah, 'The Ruined Landscape of Gaza After Nearly Three Months of Bombing,' *Wall Street Journal*, 30 December 2023: https://www.wsj.com/world/middle-east/gaza-destruction-bombing-israel-aa528542.
13. Tamara Qiblawi, Allegra Goodwin, Gianluca Mezzofiore and Nima Elbagir, '"Not seen since Vietnam": Israel dropped hundreds of 2,000-pound bombs on Gaza, analysis shows,' *CNN News*, 22 December 2023: https://edition.cnn.com/gaza-israel-big-bombs/index.html.
14. Emma Graham-Harrison, Manisha Ganguly, Elena Morresi, 'Cratered ground and destroyed lives: piecing together the Jabalia camp airstrike,' Guardian, 1 November 2023: https://www.theguardian.com/world/2023/nov/01/jabalia-camp-airstrike-gaza.
15. 'Gaza: Israeli Strike Killing 106 Civilians an Apparent War Crime,' *Human Rights Watch*, 4 April 2024: https://www.hrw.org/news/2024/04/04/gaza-israeli-strike-killing-106-civilians-apparent-war-crime.

5. 'Smotrich: 1.8 million Gazans should be encouraged to emigrate to change facts on the ground after war,' *Times of Israel*, 31 December 2023: https://www.timesofisrael.com/liveblog_entry/smotrich-1-8-million-gazans-should-be-encouraged-to-emigrate-to-change-facts-on-the-ground-after-war/.
6. Amira Hass, 'Want Out of Gaza? Pay Us $10,000,' *Haaretz*, 29 January 2024: https://www.haaretz.com/middle-east-news/palestinians/2024-01-29/ty-article-magazine/.premium/want-out-of-gaza-pay-us-10-000/0000018d-54ee-df5c-a1ad-54ff690e0000.
7. Matthew, Mpoke Bigg, 'How a Corridor Separating Gaza and Egypt May Thwart Cease-Fire Talks,' *New York Times*, 4 September 2024: https://www.nytimes.com/article/what-is-philadelphi-corridor-gaza.html.
8. Peter Andringa, Sam Joiner, Mehul Srivastava, 'Did Israel bomb a civilian evacuation route in Gaza?', *Financial Times*, 15 October 2023: https://www.ft.com/content/95c5fcf1-c756-415f-85b8-1e4bbff24736.
9. Issam Adwan, 'Unprecedented Israeli bombardment lays waste to upscale Rimal, the beating heart of Gaza City,' *Associated Press*, 11 October 2023: https://apnews.com/article/gaza-rimal-israel-hamas-incursion-war-0411aa82d51fc801c117213e508a1a1d.
10. Julian Borger, 'Biden tells Israel not to 'repeat mistakes' made by US after 9/11,' *Guardian*, 18 October 2023: https://www.theguardian.com/world/2023/oct/18/joe-biden-urges-israel-not-be-consumed-by-rage-pledges-support-netanyahu-gaza-hamas.
11. 參見 Michael Spagat 談總死亡人數和對平民、激進分子死亡人數的分析：Michael Spagat, 'The breakdown of casualty recording in Gaza since October 2023,' *Every Casualty Counts*, 30 July 2024: https://everycasualty.org/the-breakdown-of-casualty-recording-in-gaza-since-october-2023/; Michael Spagat, 'Tracking Gaza's war death toll: Ministry of Health improves accuracy in latest casualty report,' *Reliefweb*, 24 September 2024: https://reliefweb.int/report/occupied-palestinian-territory/tracking-gazas-war-death-toll-ministry-health-improves-accuracy-latest-casualty-report#:~:text=oPt-.Sarah Johnson '"Almost unparalleled suffering" in Gaza as UN says nearly 70% of those killed are women and children' *Guardian* 6 November 2024 https://www.theguardian.com/global-development/2024/nov/08/gaza-unparalleled-suffering-jan-egeland-norwegian-refugee-council-aid-ceasefire-hostages-peace-process。

    根據加薩衛生部的說法，至二〇二四年九月第一個星期結束為止，死亡人數已達到至少四萬一六九一個巴勒斯坦人，也就是加薩人口百分之二左右（相對的，一九四八年以阿戰爭，死亡了一萬五千人左右，其中猶太人和巴勒斯坦人各有約百分之一遇害。猶太人死了約六千人）。

    倫敦大學教授 Michael Spagat —— 國際公認這個主題方面的權威，也是「每個死者都重要」（ Every Casualty Counts）的主席 —— 已指出，這一年裡死亡人數的計算愈來愈粗陋，主要因為，誠如加薩衛生部所承認的，醫院遭關閉，它們的停屍間所經手的屍體因此變少。於是，該衛生部以其他來源補強其先前的死亡人數計算方法，這些來源，包括，但不限於，上報家人死訊者所填寫的表格。某些計算存在顯而易見 —— 且或許不可避免 —— 的缺陷，而且 Spagat 於七月時推斷，

israel.
22. WALLA!, 'Yahya Sinwar's 1989 interrogation reveals Hamas leader's cruelty, ruthlessness,' *Jerusalem Post*, 19 November 2023: https://www.jpost.com/arab-israeli-conflict/gaza-news/article-773987
23. Jo Becker, Adam Sella, 'The Hamas Chief and the Israeli Who Saved His Life,' *New York Times*, 26 May 2024: https://www.nytimes.com/2024/05/26/world/middleeast/hamas-sinwar-israel-doctor-prison-swap.html.
24. See Farrell Milton Edwards, p. 38, 2024 edition.
25. Ibid, p. 232.
26. Adam Rasgon, David D. Kirkpatrick, 'What Was Hamas Thinking?', *The New Yorker*, 13 October 2023: https://www.newyorker.com/news/news-desk/what-was-hamas-thinking.
27. Farrell and Milton Edwards, op cit, p. 39.
28. 私人資訊。

    哈瑪斯內部較偏重政治路線者，二〇二一年四月遭遇另一次挫折。當時，巴勒斯坦自治政府主席馬赫穆德・阿巴斯取消了十五年來巴勒斯坦人的第一場國會議員選舉。至少表面上聲稱的理由是以色列不願講明其是否會允許巴勒斯坦人在東耶路撒冷投票。
29. 'Hamas Official Ghazi Hamad: We Will Repeat The October 7 Attack, Time And Again, Until Israel Is Annihilated; We Are Victims–Everything We Do Is Justified,' MEMRI TV, 24 October 2023: https://www.memri.org/tv/hamas-official-ghazi-hamad-we-will-repeat-october-seven-until-israel-annihilated-victims-everything-we-do-justified.
30. Donald Macintyre, 'Salam Fayyad: "We have never been more marginalised",' *Independent*, 26 July 2012: https://www.independent.co.uk/news/people/profiles/salam-fayyad-we-have-never-been-more-marginalised-7976731.html.
31. Summer Said, Rory Jones, 'Gaza Chief's Brutal Calculation: Civilian Bloodshed Will Help Hamas,' Wall Street Journal, 10 June 2024: https://www.wsj.com/world/middle-east/gaza-chiefs-brutal-calculation-civilian-bloodshed-will-help-hamas-626720e7.

第十八章

1. See pages TK–TK.
2. 'Order of 26 January 2024,' *192–Application of the Convention on the Prevention and Punishment of the Crime of Genocide in the Gaza Strip (South Africa v. Israel)*, International Court of Justice: https://www.icj-cij.org/node/203447.
3. Raja Abdulrahim, 'Thousands Flee Gaza After Israel Orders Mass Evacuation,' *New York Times*, 13 October 2023: https://www.nytimes.com/2023/10/13/world/middleeast/gaza-strip-evacuation-israel-hamas-war.html.
4. Chantal Da Silva, '"Nakba 2023": Israel right-wing ministers' comments add fuel to Palestinian fears,' *NBC News*, 13 November 2023: https://www.nbcnews.com/news/world/gaza-nakba-israels-far-right-palestinian-fears-hamas-war-rcna123909.

Alexander Cardia, Ainara Tiefenthäler, Sheera Frenkel, 'On Oct. 7, Hamas terrorists made attacking Israel look easy,' *New York Times*, 30 December 2023: https://www.nytimes.com/2023/12/30/world/middleeast/israeli-military-hamas-failures.html.

8. Ronen Bergman, Adam Goldman, 'Israel Knew Hamas's Attack Plan More Than a Year Ago,' *New York* Times, 30 November 2023: https://www.nytimes.com/2023/11/30/world/middleeast/israel-hamas-attack-intelligence.html.
9. Alice Cuddy, 'They were Israel's "eyes on the border"–but their Hamas warnings went unheard,' *BBC News*, 15 January 2024: https://www.bbc.com/news/world-middle-east-67958260.
10. Amnon Sofrin, 'The Intelligence Failure of October 7–Roots and Lessons,' *Jerusalem Strategic* Tribune, November 2023: https://jstribune.com/sofrim-the-intelligence-failure-of-october-7-roots-and-lessons/.
11. The World Bank, *Racing Against Time: World Bank Economic Monitoring Report to the Ad Hoc Liaison Committee*, September 2023: https://documents1.worldbank.org/curated/en/099638209132320721/pdf/IDU0e8b2e87e098b004a7a09dcb07634eb9548f4.pdf?_gl=1*5bz1ow*_gcl_au*OTMzOTY4MDMwLjE3MjUwMjU0OTI.
12. Ben Hubbard, Maria Abi-Habib, 'Behind Hamas's Bloody Gambit to Create a "Permanent" State of War,' *New York Times*, 8 November 2023: https://www.nytimes.com/2023/11/08/world/middleeast/hamas-israel-gaza-war.html?login=email&auth=login-email.
13. Hamas, p. 253.
14. Interview with Ehud Olmert, Donald Macintyre and Chloe Hadjimatheou, 'The State of Netanyahu', three-part podcast for Tortoise Media.
15. Mark Mazzetti, Ronen Bergman, '"Buying Quiet": Inside the Israeli Plan That Propped Up Hamas', *New York Times*, 10 December 2023: https://www.nytimes.com/2023/12/10/world/middleeast/israel-qatar-money-prop-up-hamas.html.
16. Ibid.
17. Tal Schneider, 'For years, Netanyahu propped up Hamas. Now it's blown up in our faces,' *Times of Israel*, 8 October 2023: https://www.timesofisrael.com/for-years-netanyahu-propped-up-hamas-now-its-blown-up-in-our-faces/.
18. Katie Rogers, 'Jake Sullivan's 'Quieter' Middle East Comments Did Not Age Well', *New York* Times, 26 October 2023: https://www.nytimes.com/2023/10/26/us/politics/jake-sullivan-foreign-affairs-israel-middle-east.html.
19. 'Misconception 1: The Conflict Can Be Managed', *Dangerous Delusions: The Misconceptions that Led to the Catastrophe of October 7* eds. Yonatan Levi, Eviatar Oren, Dr. Ayala Panievsky, Tal Weintraub: https://www.conception2023.co.il/conflict-en/.
20. Author's own diplomatic source.
21. David Remnick, 'Notes From Underground,' *The New Yorker*, 3 August 2024: https://www.newyorker.com/magazine/2024/08/12/yahya-sinwar-profile-hamas-gaza-war-

結語

1. Interview with Mahmoud al-Bahtiti, 29 September 2016.
2. 'Bridging the Dangerous Gap between the West and the Muslim World', speech by Paul Wolfowitz, 3 May 2002. Available at http://www.au.af.mil/au/awc/awcgate/dod/s20020503-depsecdef.htm.
3. *Journal* of *Palestine Studies*, Vol. 25, No. 1 (Autumn 1995), pp. 76-8.
4. Lazar Berman, 'Ex-US general: We pay a price for backing Israel', *Times of Israel*, 25 July 2013.
5. Zeev Sternhell, 'Europe is beginning to tire of Israel', *Haaretz*, 5 May 2017.
6. Hugh Lovatt and Mattia Toaldo, 'EU Differentiation and Israeli settlements', European Council on Foreign Relations, 22 July 2015, available from http://www.ecfr.eu/publications/summary/eu_differentiation_and_israeli_settlements3076.
7. Edward Said, *The Politics of Dispossession*, p.169.
8. Interview with Avraham Burg in Macintyre, 'Israel's New Prophet', *Independent*, 1 November 2008.
9. Giora Eiland interview in http://fathomjournal.org/the-situation-today-ismuch-worse-than-prior-to-the-war-in-2014-an-interview-with-giora-eiland/.
10. Nathan Thrall, 'Hamas's Chances', *London Review of Books*, 21 August 2014.
11. Hass, *Drinking the Sea at Gaza*, p. 9.

第十七章

1. Mission Report, *Office of Special Representative of the Secretary-General on Sexual Violence in Conflict*, March 2023: https://www.un.org/sexualviolenceinconflict/wp-content/uploads/2024/03/report/mission-report-official-visit-of-the-office-of-the-srsg-svc-to-israel-and-the-occupied-west-bank-29-january-14-february-2024/20240304-Israel-oWB-CRSV-report.pdf.
2. Human Rights Watch report, 'I can't erase all the blood from my mind', 17 July 2024: https://www.hrw.org/report/2024/07/17/i-cant-erase-all-blood-my-mind/palestinian-armed-groups-october-7-assault-israel.
3. Ibid.
4. Oren Ziv and Yotam Ronen, 'Carrying the pain of loss on October 7, these families are pleading for peace', *+972*, 22 November 2023: https://www.972mag.com/october-7-families-victims-hostages-peace/.
5. Patrick Kingsley, Aaron Boxerman, Natan Odenheimer, Ronen Bergman and Marco Hernandez, 'The Day Hamas Came', *New York Times*, 23 December 2023: https://www.nytimes.com/interactive/2023/12/22/world/europe/beeri-massacre.html.
6. Ibid
7. Yonah Jeremy Bob, 'Insider accounts of what went wrong in IDF intel before Oct. 7–analysis,*Jerusalem Post*, 28 November 2023: https://www.jpost.com/israel-news/defense-news/article-775597; Adam Goldman, Ronen Bergman, Mark Mazzetti,

17. Interview with Mohammed al-Tilbani, 7 January 2016.

第十六章

1. 'The Arc: A Formal Structure for a Palestinian State', RAND Corporation, 1 December 2005. Accessible at http://www.rand.org/pubs/research_briefs/RB9119.html.
2. *Church Times*, 15 November 1918.
3. Butt, *op. cit.*, p. 159.
4. Interviews with Work Without Borders, 25 June 2016.
5. 這個估計或許流於保守；據巴勒斯坦中央統治局的說法，大學學歷的巴勒斯坦人失業率是五成一，加薩居民的失業率——二〇一六年四成二——比西岸（一成八）高了一倍多。
6. Interview Maha al-Daya, 20 January 2016.
7. Interview Sami Efrangi, 20 August 2016.
8. Khaled Alashqar, 'Gaza cinema struggles amid post-war ruins', *Al Jazeera English*, 13 December 2014.
9. Interview with Sara Akel, 30 August 2016.
10. Accessible at www.rand.org/content/dam/rand/pubs/monographs/2007/RAND_MG146-1.pdf.
11. 'Arafat Hails Big Gas Find Off the Coast of Gaza Strip', *New York Times*, 28 September 2000.
12. Palestine Investment Fund annual report 2012 cited in Simon Henderson, 'Natural Gas in the Palestinian Authority: The Potential of the Gaza Marine Offshore Field', German Marshall fund of the United States *Policy Brief*.
13. See Victor Kattan, 'The Gas Fields off Gaza: A Gift or a Curse?', *Al-Shabaka*, 24 April 2012.
14. Simon Henderson, *op. cit*.
15. Ibid.
16. Unpublished letter to Robert Piper from Maj. Gen Yoav (Poli) Mordechai, Co-ordinator of Government Activities in the Territories, 13 April 2017 (in author's possession).
17. Ziyaad Lunat, 'The "Economic Peace" Model in the Palestinian Water Sector', cited in Roy, *op. cit.*, p. lv.
18. Munther Shiblak, head of the Coastal Muncipalities Water Utility, quoted in *Al-Monitor*, 31 May 2015.
19. J. Selby, 'Cooperation, domination and colonisation: The Israeli–Palestinian Joint Water Committee', *Water Alternatives*, Vol. 6, No. 1 (February 2013), pp. 1–24.
20. Interview with Bo Schack, Operations director, UNRWA, 22 November 2015.
21. 'IDF intel chief warns despair in Gaza could explode toward Israel', *Times of Israel*, 24 February 2016.
22. Interview with Basil Eleiwa, 24 June 2016.

Strategy, Vol. 51, No. 4 (August–September 2009).

第十四章

1. Ghassan Kanafani, 'Letter from Gaza' (1966), London, Tricontinental Society, 1980 (English). Available online at https://kanan48.wordpress.com/ghassan-kanafani/letter-from-gaza/.
2. Interview with Jihad Saftawi, 23 July 2016.
3. Interview with Yasmin Dawwas, 28 August 2016.
4. Macintyre, 'Hamas admits its gunmen shot betrothed woman in "honour killing"', *Independent*, 13 April 2005.
5. Interview with Aya al-Wakil, 21 August 2016.
6. 4:34 in N. J. Dawood (trans.), *The Koran*, p. 370.
7. 'A Question of Security: Violence against Palestinian Women and Girls', Human Rights Watch, November 2006.
8. Atef Abu Saif, 'A Journey in the Opposite Direction', in *The Book of Gaza*.

第十五章

1. Interviews at Al Jawad Equestrian Club, August 2016.
2. Interviews with Zorob residents, 23 August 2016.
3. Jean Zaru, 'Occupied with Non-Violence: A Palestinian woman speaks', quoted in Timothy Seidel chapter 'Development as Peacebuilding and Resistance: Alternative Narratives of Nonviolence in Palestine-Israel' in *Non-Violent resistance in the Second Intifada: Activism and Advocacy*.
4. Mohammed Omer, ' "The smell of death hangs everywhere": Blockade drives Gazans to suicide', *Middle East Eye*, April 2016.
5. Interviews with al-Burim family, 5 May 2016.
6. 貝利先生於二〇一六年四月加薩人民精神健康計畫中心主辦的會議上透露這些數字。
7. Interview with Mohammed al-Hindi, 12 June 2016.
8. Unpublished Gaza Power and Energy Resources Authority letter to European diplomatic missions, 2 May 2017 (in author's possession).
9. Private conversation with PLO executive member, 23 April 2017.
10. WHO, Occupied Palestinian Territory, *Monthly Report*, May 2017.
11. Medical Aid for Palestinians, 'Gaza in Darkness', July 2017.
12. UN News Centre, 11 July 2017, accessible at http://www.un.org/apps/news/story.asp?NewsID=57157#.WWoj71GEbIU.
13. See Chapter Six.
14. Interviews at the Aziz factory, 29 June 2016.
15. Interview with Basil Abu Qamer, 23 June 2016.
16. Gisha, 'Gaza in numbers', December 2016.

sentence was deleted', *Haaretz*, 3 May 2013.

3. Hamas, 'A Document of General Principles and Policies', accessible on http://hamas.ps/en/post/678/a-document-of-general-principles-and-policies.
4. ' "The situation in Gaza is much worse than prior to the war in 2014": an interview with Giora Eiland', *Fathom*, May 2017, accessible at http://fathomjournal.org/the-situation-today-is-much-worse-than-prior-to-the-war-in-2014-an-interview-with-giora-eiland/.
5. Milton-Edwards and Farrell, *op. cit.*, p. 82.
6. In author's possession.
7. 此文件闡述此「願景」如下：「哈瑪斯是只在巴勒斯坦疆域裡進行其活動的民族解放團體。
   一、哈瑪斯具有伊斯蘭教背景和溫和的意識形態，堅信不同文明間該進行正面對話，不訴諸暴力或壓迫。
   二、哈瑪斯與中東地區的任何教派性、族群性或政治性衝突毫無關係。
   三、哈瑪斯高度尊重所有宗教和信仰，相信巴勒斯坦人的抗爭是在反抗以色列占領，而非反抗猶太教本身。
   四、我們致力於恢復未讓渡的巴勒斯坦人權利，相信如果這條政治路達成此目標，那會是最好的。
   五、哈瑪斯相信民主和權力的和平轉移，尊重人權和女權。
   六、過去幾個月裡，哈瑪斯已為和解採取所有必要措施，做出必要讓步。
8. Lally Weymouth's interview with Ismail Haniyeh, 'We do not wish to throw them into the sea', *Washington Post*, 26 February 2006.
9. Interview with Mahmoud Zahar, 29 and 30 August 2016.
10. Interview with Ayman Aloul, 12 March 2016.
11. Filiu, *op. cit.*, pp. 334–5.
12. PCHR: http://pchrgaza.org/en/?cat=45.
13. Fares Akram and Isabel Kershner, 'Gaza Killing of Italian Activist Deals a Blow to Hamas', *New York Times*, 15 April 2011.
14. Interview with Ahmed Yousef, 30 August 2016.
15. Erlanger, 'From Hamas Figure, an Unusual Self-Criticism', *New York Times*, 26 August 2008.
16. Eldar, 'Sinwar and Dahlan's Cairo face-to-face', *Al-Monitor*, 14 June 2017.
17. Interview with Mohammed El-Emadi, 16 June 2016.
18. Tony Blair speech to Herzliya conference, 21 June 2017.
19. Benjamin Netanyahu speech to the UN General Assembly, 29 September 2014. 引文全文是「伊斯蘭國和哈瑪斯是同一棵毒樹的分枝。就他們的共同目標來說，哈瑪斯就是伊斯蘭國，伊斯蘭國就是哈瑪斯。他們所共有的東西，就是所有激進的伊斯蘭主義者所共有的」。
20. 'Islamic State threatens to topple Hamas in Gaza Strip in video statement', *Reuters* report in *Guardian*, 30 June 2013.
21. Barak Mendelsohn, 'Al-Qaeda's Palestinian Problem', *Survival: Global Politics and*

17. Available from https://www.youtube.com/watch?v=uw5z4an-Nhw.
18. B'Tselem, 'Black Flag: The legal and moral implications of the policy of attacking residential buildings in the Gaza Strip, summer 2014', accessible on http://www.btselem.org/publications/summaries/201501_black_flag.
19. See Nathan Thrall, 'Hamas's Chances', *London Review of Books*, 21 August 2014.
20. 我在從加薩發給《新政治家》（*New Statesman*）的一篇談此戰爭的報導長文中，順帶提到穆罕默德・巴德蘭，因此被挺以色列的社交媒體用戶大肆批評。該文誤稱他全家遇害於努塞拉特轟炸中，幾天後我和他在席法醫院找到他母親和受傷的姊姊，隨即在網路上貼文修正，藉此通知這些用戶此一誤失。但其中一人，英國籍部落客湯姆・格羅斯曼（Tom Grossman），錯怪我——和其他西方記者——「倚賴哈瑪斯的不實資訊和遭扭曲的死傷數字」，也錯怪了醫生。這篇報導以加桑・阿布・西塔好意轉告的資訊為本寫成，阿布・西塔是住在貝魯特、響譽國際的整形外科醫生，對哈瑪斯無所忌憚；他在亂哄哄的席法醫院急診室檢查穆罕默德傷勢時，這個男孩身邊沒有該家族的人。他在混亂中搞錯狀況或被告知不實消息，事後才弄清楚該家族其他受傷的成員已被送去代爾拜拉赫醫院。我後來也因為未在他死亡那天報導尼達爾・巴德蘭是卡桑旅成員一事受批評。當時我不知此事，但得知後也已予以更正。
21. *New Statesman*, 22 July 2014.
22. Christopher F. Schuetze and Anne Barnard, 'Resisting Nazis, He Saw Need for Israel. Now He Is Its Critic', *New York Times*, 14 August 2014.
23. See https://www.youtube.com/watch?v=ACgwr2Nj_GQ.
24. Interview with Mohammed Bakr, 2016.
25. Beaumont, 'Witness to a shelling: first-hand account of deadly strike on Gaza wall', *Guardian*, 16 July 2014.
26. IDF Military Advocate General, 'Operation Protective Edge: Investigation of exceptional incidents', update 4 accessible on http://mfa.gov.il/MFA/ForeignPolicy/IsraelGaza2014/Pages/Operation-Protective-Edge-Investigation-of-exceptional-incidents-Update-4.aspx.
27. Geneva convention Arts 50 (1) and 52 (1), Additional Protocol I, quoted in Report of the Independent Commission of Inquiry on the 2014 Gaza Conflict, UN Human Rights Council.
28. Beaumont, 'Israel exonerates itself over Gaza beach killings of four children last year', *Guardian*, 11 June 2015.
29. Landau, 'The moral case for Israel's Ground Invasion', *Haaretz*, 21 July 2014.
30. 以色列堅決否認是其所為。我在事發約三十分鐘後抵達，但此攻擊後立即目睹現場者，看到激進分子進去清理瓦礫。

第十三章

1. *Washington Post*, table updated 20 September 2016, available from https://www.washingtonpostcom/graphics/world/israel-palestine-deaths/.
2. 記者 Amira Hass 首度注意到此事 : see Hass, 'Somebody in Hamas got scared and this

第十二章

1. Interview with Mohammed al-Rifi , 10 August 2016.
2. Interview with Tareq al-Rifi , 12 August 2016.
3. 護刃行動死亡人數，可見於 http://www.btselem.org/statistics/fatalities/during-cast-lead/by-date-of-event. 卜采萊姆提到非戰鬥人員的傷亡時，未以「平民的」一詞稱之，而是用「未參與戰鬥的」稱之。
4. UN OCHA, 'Gaza: One Year On': http://gaza.ochaopt.org/2015/06/key-figures-on-the-2014-hostilities/_ft n15.
5. UN OCHA, Monthly Humanitarian bulletin, November 2016.
6. US NGO American Near East Refugee Aid (ANERA), 'Rebuilding Gaza', Vol. 6, August 2016: http://www.anera.org/wp-content/uploads/2015/07/Rebuilding-Gaza-Humanitarian-and-Reconstruction-needs.pdf.
7. Assaf Sharon, 'Failure in Gaza', *New York Review of Books*, 25 September 2014. See also Nathan Thrall, 'Hamas's Chances', *London Review of Books*, 21 August 2014. 這個段落大幅倚賴他們的分析結果。
8. See Shlomi Eldar（以色列評論家暨哈瑪斯事務專家）, 'Accused Kidnappers Are Rogue Hamas Branch', *Al-Monitor*, 29 June 2014. Also see Amos Harel and Chaim Levinson, 'One Year After West Bank Murderkidnapping: What Israel's Security Forces Got Wrong', *Haaretz*, 12 June 2015。後一文論及人在土耳其的哈瑪斯高階人物薩列赫・阿魯里（Saleh Arouri）的說法：此案是該派系的軍事組織所為。根據此報告的說法，以色列國防部門，經過徹底且有時殘酷訊問當地哈瑪斯特工後，認為阿魯里此說是「空洞的吹噓之言」。
9. Eldar, 'Has Israel recognized link between Gaza blockade, security threat?', *Al-Monitor*, 1 March 2017. Available from http://www.al-monitor.com/pulse/originals/2017/03/israel-gaza-war-2014-state-comptroller-report-blockade.html.
10. Norman Finkelstein (*Method and Madness*, pp. 138–9) 主張，納坦雅胡刻意將地面入侵發動時間選在馬來西亞客機遭擊落後，以盡可能降低國際的關注。若是如此，那他就有點失算，因為這次的加薩軍事行動招來廣泛報導，尤以歐洲境內為然。此外，與二〇〇八至二〇〇九年不同的，外籍記者和電視台人員未被拒於加薩門外。
11. Roy, *op. cit.* (2016 edition), p. 396.
12. Mohammed Daraghmeh and Karin Laub, 'Hamas claims "victory for the resistance" as long-term truce is agreed with Israel', Associated Press, 26 August 2014.
13. Herb Keinon, 'Netanyahu: Hamas suffered its greatest blow since it was founded', *Jerusalem Post*, 27 August 2014.
14. July 2014 Peace Index, Israel Democracy Institute. Available at https://en.idi.org.il/press-releases/12790.
15. 'IDF official: Gaza underground wall should be done in months', *Times of Israel*, 25 September 2016.
16. See Sharon, *op. cit*.

色列前進黨籍（暨前聯合黨籍）環境部長 Gideon Ezra，也發出同樣呼籲。
25. 有人將這簡明扼要陳述如下：「幾乎每天有大多由不屬哈瑪斯的巴勒斯坦籍激進分子發動的迫擊炮或火箭攻擊，每週一次的以色列人入侵，以及對進入以色列所強行設立的三百至一千五百公尺寬的『緩衝區』的巴勒斯坦人更頻繁的機槍掃射，海軍開火攻擊越出三海浬限制線的巴勒斯坦籍漁民，對加薩—以色列邊界附近區域的炮擊和對加薩激進分子的空中打擊」；'Israel and Hamas: fire and ceasefire in a new Middle East', International Crisis Group, 22 November 2012.
26. Aluf Benn, 'Israel Killed Its Subcontractor in Gaza', *Haaretz*, 14 November 2012.
27. *Times of Israel*, 29 May 2012.
28. *Economic Monitoring Report to Ad Hoc Liaison Committee*, World Bank, March 2013.
29. *An Analysis of the Economic Restrictions Confronting the West Bank and Gaza*, World Bank, September 2008, cited in Roy, *op. cit.*, p. xxvi.

第十一章

1. Gisha, 'Gaza Up Close', December 2016.
2. Interview with Nabil Shurafa, 25 April 2016.
3. Alan Johnston, 'Years of delays at Gaza airport', *BBC News*, 15 April 2005.
4. Gisha report on Rafah crossing, 2 June 2016.
5. Joseph Federman, 'Israel increases interrogations of Gazan travellers', Associated Press, 22 September 2016.
6. Barak Ravid, 'Israel Should Reduce Use of Administrative Detentions for Palestinians, Top Official Says', *Haaretz*, 3 May 2012.
7. Gisha factsheet, ' "Security blocks" restricting exit from the Gaza Strip disrupt the lives of thousands', December 2016.
8. Interview with Ayed Abu Ramadan, 6 February 2016.
9. Interview with Bilal Abu Daher, 16 August 2016.
10. See Gisha, *op. cit.*
11. Interview with Mariam Dawwas, 17 August 2016.
12. Palestinian Public Opinion Poll No. (62), *Palestinian Center for Policy and Survey Research*, 13 December 2016.
13. Peter Beaumont and Patrick Kingsley, 'Devil and the deep blue sea: how Mediterranean migrant disaster unfolded', *Guardian*, 1 October 2014.
14. Fishman, 'Gaza: a human time bomb', *Yedhiot Ahronot*, 8 February 2016.
15. 'Fatal shooting of Palestinian man caught on video', Al Jazeera, 27 December 2015. Available online: http://www.aljazeera.com/news/2015/12/fatal-shooting-palestinian-man-caught-video-151226132048015.html.
16. Interview with Amna Hassan and family members, 7 May 2016.
17. Interview with Bilal al-Amar, 8 May 2016.

by Chris Gunness, Director of Communications, UNRWA, 2009. 以色列國防軍說動用了白燐彈，以提供煙幕保護其坦克，使免遭哈瑪斯反坦克武器攻擊；聯合國難民救濟和工程處官員質疑當時該區是否有反坦克攻擊。
26. Gabi Siboni, 'Disproportionate Force: Israel's Concept of Response in Light of the Second Lebanon War', *Israel Institute for National Security Studies*, 2 October 2008.

第十章

1. Hass, '2,279 Calories per Person: How Israel Made Sure Gaza Didn't Starve', *Haaretz*, 12 October 2012.
2. Nicholas Pelham, *Palestine Speaks*, appendix. Pelham 的著作最詳細分析了地道產業的成長。
3. UN World Food Programme, *Economic and Food Security Survey, West Bank and Gaza Strip, occupied Palestinian territory 2010.*
4. Portland Trust, *The Private Sector in Gaza*, December 2010.
5. 'Assessment Of Restrictions On Palestinian Water Sector Development', World Bank, April 2009.
6. 'Let it Flow', *Ewash*, March 2016.
7. 'Protecting children from unsafe water in Gaza', UNICEF, March 2011.
8. *Ewash*, *op. cit*.
9. Gisha, 'Hand on the Switch–Who's responsible for Gaza's infrastructure crisis?', 26 January 2017. Available from http://gisha.org/publication/5780.
10. World Bank, *op. cit*.
11. Roy, *The Gaza Strip*, 1995, (p. 162 in 2016 edition).
12. See Zafrir Rinat, 'Mekorot launches program to save the coastal aquifer', *Haaretz*, 31 July 2009.
13. C. Messerschmid, 'Water in Gaza–Problems & Prospects', Birzeit University, Birzeit, 2013, quoted in Elisabeth Koek, 'Water For One People Only', Al-Haq, 2013.
14. Roy, *op. cit.*, p. l.
15. British proposal: 'Lifting Gaza's closure'.（感謝 Nicolas Pelham 提供了這份文件）
16. 'Dashed Hopes–Continuation of the Gaza Blockade', survey by twenty two aid agencies.
17. Clyde Haberman, *New York Times*, 4 July 1994.
18. Roy, *op. cit.*, (p. 233 in 2016 edition).
19. Ibid., p. li.
20. Interview with Ayed Abu Ramadan, 23 January 2016.
21. Filiu, *op. cit.*, p. 337.
22. Interview with Assad Saft awi.
23. Filiu, *op. cit.*, p. 322.
24. See Mazal Muslem, 'Ben-Eliezer: Israel Should Free Barghouti, He Is Next PA Leader', *Haaretz*, 25 September 2007. 當時的勞動基礎設施部長 Benjamin Ben Eliezer，呼籲釋放因為謀殺和其他據稱由法塔赫民兵犯下的罪行而正在服五年刑的巴古提，以

7. Ben Lynfi eld, ' "We are going wild," says Foreign Minister', *Independent*, 13 January 2009.
8. Mohammed Dawwas, 'Life in Gaza: "Hungry, freezing, and terrifying"', *Independent*, 4 January 2009.
9. Fares Akram, 'The death and life of my father', *Independent*, 5 January 2009.
10. Maysaa Samouni testimony accessible at http://www.btselem.org/testimonies/20090108_soldiers_kill_and_wound_members_of_a_Samuni_family.
11. MAG Legal Opinion: Al-Samouni Family Incident, accessible online at http://www.law.idf.il/163-5080-en/Patzar.aspx.
12. Report of the United Nations Fact-Finding Mission on the Gaza Conflict, 5 September 2009.
13. Richard Goldstone, 'Reconsidering the Goldstone Report on Israel and War Crimes', 1 April 2011.
14. Norman Finkelstein, *Method and Madness*, pp. 62–3.
15. Yoram Dinstein, 'The Conduct of Hostilities Under the Law of International Armed Conflict', p. 117 (quoted in Finkelstein, *op. cit.*, p. 63).
16. Breaking the Silence, *Breaking the Silence: Soldiers' Testimonies from Operation Cast Lead, Gaza 2009*, p. 46.
17. 'White Flag Deaths Killings of Palestinian Civilians during Operation Cast Lead', Human Rights Watch, July 2009.
18. 'The Spirit of the IDF', accessible at https://www.idfb log.com/2011/11/02/the-spirit-of-the-idf/.
19. Moshe Halbertal, 'The Goldstone illusion', *New Republic*, 6 November 2009.
20. Asa Kasher and Amos Yadlin, 'Military Ethics of Fighting Terror: An Israeli Perspective', *Journal of Military Ethics*, Vol. 4, Issue 1, 2005. Available from http://www.tandfonline.com/toc/smil20/4/1.
21. Avishai Margalit and Michael Walzer, 'Israel: Combatants and Civilians', *New York Review of Books*, 14 May 2009.
22. Amos Harel, 'The philosopher who gave the IDF moral justification in Gaza', *Haaretz*, 6 February 2009.
23. Margalit and Walzer, *op. cit.*
24. MAG, 'IDF Military Advocate General Takes Disciplinary Action, Indicts Soldiers Following Investigations into Incidents during Operation Cast Lead', 6 July 2010. 關於朱爾迪克村事件，以色列國防軍說，軍人談到一月五日的一個事故，巴勒斯坦人談到一月四日的一件事故。該事故發生於地面入侵的第一天，不是這家人所可能會記不起來的。以色列軍法總長報告二〇一一年發布後，我回到朱爾迪克村，馬吉達的兩個兄弟說，紀錄會顯示他們曾在一月四日打電話給國際紅十字會，想要叫來一部救護車。對這些女人遇害一事的調查從未重啟；那個軍人——或據稱遇害於一月五日那個神祕的「不明個人」的身分——也始終未查明。
25. Recorded testimony of Jodie Clark in a play, *I Am a Warehouse*, written and performed

about this period I am greatly indebted to Professor Avi Shlaim, Emeritus Professor of International Relations, Oxford University.

8. 'Summary of rocket fire and mortar shelling in 2008', Meir Amit Intelligence and Terrorism Information Center (Israel).
9. Meir Amit Center, *op. cit.* 在拉法，二〇〇七年前半年期間，平均每天有兩百七十九個巴勒斯坦人離開，二〇〇八年六月至十月，每天離開人數，按月計，依序是七、十四、一〇八、八十四、一。
10. See 'IDF Operation in Gaza: Cast Lead', Israel Ministry of Foreign Affairs, 21 January 2009: http://www.mfa.gov.il/mfa/foreignpolicy/terrorism/palestinian/pages/aerial_strike_weapon_development_center%20_gaza_28-dec-2008.aspx.
11. Meir Amit Center, *op. cit.*
12. Shlaim, *op. cit.*, p. 801.
13. Pastor memo to R. J. Goldstone, 6 December 2009.（這份備忘錄被送去給法官理查·戈德史東）。帕斯特筆下哈瑪斯拿給他看的二〇〇八年六月停火協議，說：
    一、雙方同意自二〇〇八年六月十九日星期四早上六點起停止所有軍事活動。
    二、根據在埃及支持下諸政黨所同意的時間，停火期六個月。
    三、停火會在全民共識和埃及支持下執行。
    四、開始停火七十二小時後，口岸會開放，進入加薩走廊的貨物會增加三成。
    五、十天後，所有先前被禁／被限制的貨物（質和量）都會獲准進入加薩。
    六、埃及會在更晚時致力於將停火範圍擴及西岸。
14. WikiLeaks, US Consulate General, Jerusalem cable, 16 December 2008.
15. See Macintyre, 'Chronic malnutrition in Gaza blamed on Israel', *Independent*, 15 November 2008.
16. Quartet Statement, 24 June 2008.
17. WikiLeaks, US Consulate General, Jerusalem cable, 2 December 2008.
18. Israel Ministry of Foreign Affairs, 'EU ministers vote to upgrade diplomatic dialogue with Israel', Statement, 9 December 2008.
19. Wikileaks, US embassy Tel Aviv 'Secret' cable, 22 December 2008.

第九章

1. PCHR, 'Weekly Report on Israeli Human Rights Violations in the Occupied Palestinian Territory', 7 May 2008.
2. Breaking the Silence, *Our Harsh Logic: Israeli Soldiers' Testimonies from the Occupied Territories, 2000–2010*, testimony catalogue number: 188758.
3. See Macintyre, 'Israel should be proud of the open criticism democracy provokes', *Independent*, 21 December 2015, and Peter Beaumont, 'Israel sunk in "incremental tyranny", say former Shin Bet chiefs', *Guardian*, 6 April 2017.
4. Accessible online at http://www.breakingthesilence.org.il/about/organization.
5. UN letters in author's possession.
6. B'Tselem, 1 January 2011: http://www.btselem.org/gaza_strip/castlead_operation.

9. Milton-Edwards and Farrell, *op. cit.*, p. 288. 六月戰事期間以色列不讓外籍記者進入加薩，但這些作者生動重現了當地情況。
10. Ibid., p. 290.
11. David Rose, 'The Gaza Bombshell', *Vanity Fair*, March 2008.
12. See Macintyre, 'How "national unity" has been soured by suspicions about outside interference', *Independent*, 18 May 2007.
13. Milton-Edwards and Farrell, *op. cit.*, pp. 285–6.
14. Palestine Papers (leaked to Al Jazeera), 'Palestinian security plan–United Kingdom Project Synopsis', Military Liaison Office Jerusalem, 2 May 2005.
15. Milton-Edwards and Farrell, *op. cit.*, p. 287.
16. Abrams, *op. cit.*, p. 229.
17. Ibid., pp. 229–30.
18. Milton-Edwards and Farrell, *op. cit.*, p. 285.
19. WikiLeaks, Tel Aviv cable, 22 May 2006.
20. *Evening Standard*, 4 July 2007.
21. Private conversation with UK diplomat.
22. Cam Wilson, 'What If Israel Talked to Hamas?', *Wall Street Journal*, 1 August 2007.
23. *Jerusalem Post*, 19 July 2007.
24. WikiLeaks, cable, US Embassy, Tel Aviv, 13 June 2007.
25. Jean-Pierre Filiu, *op. cit.*, p. 343.
26. Interview with Ghazi Hamad.
27. Amnesty International report: 'Occupied Palestinian Territories: Torn apart by factional strife', 24 October 2007.
28. PCHR statement: 'PCHR Condemns Excessive and Lethal Use of Force against Civilians in Gaza', 13 November 2007.

第八章

1. 'As Rice arrives, Israel calls Gaza "hostile territory"', *New York Times*, 19 September 2007.
2. *Economic Monitoring Report to the Ad Hoc Liaison Committee*, World Bank, May 2008.
3. UNRWA report: 'Prolonged crisis in the occupied Palestinian territory: Socio-economic developments in 2007', July 2008.
4. 'Israeli "Economic Warfare" to Include Electricity Cuts in Gaza', *Washington Post*, 28 January 2008.
5. Macintyre, 'A fight for life in a power struggle', *Independent*, 30 January 2008.
6. B'Tselem statistics accessible at http://www.btselem.org/statistics/fatalities/before-cast-lead/by-date-of-event. 這些人據稱遇害時並未「參與戰鬥」；他們包括七十五名未成年者和十七個女人。
7. Robert Pastor, *Memorandum of Conversation March 17–18, 2008, 11:30 pm–3:30 am–Damascus, Syria*. For copies of these and all other documents written by Robert Pastor

mainmenu/ehud-olmert-interviewjune-6-2006. 奧爾默特也在此訪談中頗強調該文件所提的一九四八年難民和其家人的「返鄉權」。

27. See Macintyre, 'Hospital casts doubt on Israel's version of attack that killed seven Palestinians', *Independent*, 17 June 2006, and McGreal, 'The battle of Huda Ghalia–who really killed girl's family on Gaza beach?', *Guardian*, 17 June 2006. 確切原因不詳。以色列調查單位說，這家人遇害時，以色列國防軍已停止炮擊，但醫院紀錄和第一個被叫去現場的救護車人員的證詞未證實此說法。有個可能情況，即炮擊對地面的衝擊引爆了躺在沙地裡的一枚未爆彈。
28. Filiu, *op. cit.*, p. 295.
29. Gershon Baskin, *Th e Negotiator: Freeing Gilad Shalit from Hamas*.
30. Ibid., p. 296.
31. Ibid.
32. *West Bank and Gaza Update*, World Bank, March 2007.
33. Filiu, *op. cit.*, pp. 296–7.
34. Wolfensohn, *op. cit.*, pp. 437–8.
35. Interview with Souad al-Quraya, 12 May 2016.
36. Alex Fishman, *Yedhiot Ahronot*, 9 November 2006.
37. For a fuller account, see Macintyre, 'Gaza children cannot escape as Israel mounts its bloodiest attack in months', *Independent*, 9 November 2006; and 'Immersed in grief and unable to move on', *Independent*, 11 November 2006.
38. B'Tselem Fatalities before Cast Lead accessible on http://www.btselem.org/statistics/fatalities/before-cast-lead/by-date-of-event.
39. Milton-Edwards and Farrell, *op. cit.*, p. 224.
40. Ibid., p. 266.
41. Eric Westervelt, 'Abbas gets money, Support–and Distrust', National Public Radio, 19 January 2007.

第七章

1. See International Crisis Group, 'Inside Gaza: The Challenge of Clans and Families', 20 December 2007.
2. Interview with Alan Johnston, 11 July 2016.
3. Alan Johnston, *Kidnapped and Other Dispatches*.
4. Interview with Alan Johnston, 11 July 2016.
5. Abrams, *op. cit.*, p. 219.
6. Interview with Ghazi Hamad, 6 June 2016.
7. Amnesty International, 'Occupied Palestinian Territories: Torn apart by factional strife', 24 October 2007. See the report for a detailed account of the atrocities committed in the intra-Palestinian fighting, accessible at https://www.amnesty.org/en/documents/mde21/020/2007/en/.
8. Interview with Ahmed Yousef, 12 September 2016.

示「哈瑪斯和以色列將需要找到一個合作的辦法」，指出在市政層級，他們已找到合作辦法。該文件表示，要哈瑪斯聲明放棄「其對破壞以色列一事的堅強信念和其對恐怖主義的支持」，「短期內」會「不容易」。這份文件也根據公共資訊公開規定公諸於眾，但刪掉甚多敏感資訊，因而無法確切掌握其真正的意向，但在似乎呼籲國際社會採取較漸進主義作法的段落中，該文件說，「最重要的，哈瑪斯擔起實際的政治責任一事，或許會促使哈瑪斯轉型為政治組織，而非恐怖主義組織」。

5. Alvaro de Soto's 'End of Mission Report', available via Rory McCarthy and Ian Williams, 'UN was pummelled into submission says outgoing Middle East special envoy', *Guardian*, 13 June 2007: https://www.theguardian.com/world/2007/jun/13/usa.israel1.
6. Private exchange with EU diplomat, June 2017.
7. Condoleezza Rice, *No Higher Honor*, p. 419.
8. See Alvaro de Soto valedictory.
9. Steven Erlanger, 'US, Israelis are said to talk of Hamas ouster', *New York Times*, 14 February 2006.
10. See Khaled Hroub, ' "A New Hamas" through Its New Documents', *Journal of Palestine Studies*, Vol. 35, No. 4 (Summer 2006), pp. 6–27. 這個段落大幅使用了 Hroub 對哈尼耶講話的分析。
11. Ibid.
12. Interview with Omar Shaban, 3 May 2016.
13. Interview with Ahmed Yousef, 30 August 2016.
14. Interview with Ghazi Hamad, 9 May 2016.
15. Interview with Sami Abdel Shafi , 28 September 2016.
16. John Burns, 'Britain resumes talking with Hezbollah', *New York Times*, 5 March 2009.
17. Jack Straw, *Last Man Standing*, p. 461.
18. Foreign Office minute released under FOI.
19. Straw, *op. cit.*, p. 461.
20. Interview with Tony Blair, 16 January 2017. 布萊爾未詳細說明這些非正式接觸的情形，但話中所指幾可確定是從艾倫．強斯頓遭綁架那段期間起英國情報機關和哈瑪斯官員的有限且未公開的接觸。
21. Interview with Jonathan Powell, 19 February 2017.
22. Harry S. Truman Research Institute for the Advancement of Peace at the Hebrew University of Jerusalem and the Palestinian Center for Policy and Survey Research in Ramallah, September 2006.
23. Abrams, *op. cit.*, p. 167.
24. Interview with Mahmoud Zahar, 29 August 2016.
25. Abrams, *op. cit.*, p. 176.
26. See Macintyre, 'Ehud Olmert: "I can't afford to make mistakes"', *Independent*, 9 June 2006. Full transcript of Macintyre/Morris interview at http://www.geneva-accord.org/

3. WikiLeaks, Tel Aviv Political Officer Cable on 27 January meeting with Palestinian contacts, 1 February 2005.
4. Landau, *op. cit.*, p. 453.
5. Abrams, *op. cit.*, p. 164.
6. Milton-Edwards and Farrell, *op. cit.*, p. 255.
7. Private interview with EU diplomat, June 2016.
8. Morris, *op. cit.*, p. 171.
9. Interview with Mahmoud Zahar, 28 August 2016.
10. 這是「增額」制，大體上類似德國境內採用和為蘇格蘭議會設立的制度。在此制下，選民有兩張票可投，一票投給屬意的政黨，一票投給屬意的自己選區的議員候選人。
11. Unpublished report Kevin Lee and Scarlett MccGwire, *Palestinian Election Campaign Visit 15–20 January 2006*.
12. Graham Usher, 'The Democratic Resistance: Hamas, Fatah, and the Palestinian Elections', *Journal of Palestine Studies*, Vol. 35, No. 3 (Spring 2006), pp. 20–36.
13. WikiLeaks, cable, US Embassy, Tel Aviv, 9 January 2005.
14. Lee and MccGwire, *op. cit.*
15. Milton-Edwards and Farrell, *op. cit.*, p. 251.
16. Quoted in Usher, *op. cit.*
17. WikiLeaks, cable US Embassy, Tel Aviv, 13 January 2006.
18. Abrams, *op. cit.*, p. 152.
19. See Aburish, *op. cit.*, p. 155.
20. Milton-Edwards and Farrell, *op. cit.*, p. 254.
21. Interview with Bassem Naim, 4 June 2016.
22. Interview with Mahmoud Zahar, 29 August 2016.
23. Macintyre, 'United by courage, Palestinian women seize opportunity to assert their rights', *Independent*, 5 January 2005.
24. See Milton-Edwards and Farrell, *op. cit.*, pp. 254–5.
25. See Aburish, *op. cit.*
26. WikiLeaks, cable, Jacob Walles US Consul General, Jerusalem, 26 January 2006.
27. Usher, *op. cit.*
28. Macintyre, 'Hamas scores stunning win, but what now?', *Independent*, 27 January 2006.

第六章

1. Abrams, *op. cit.*, p. 163.
2. Ibid., p. 166.
3. Minute from the UK Representative to EU Office e-gram 1837/06, 27 January 2006, (redacted) released to author under Freedom of Information Act 2016.
4. E-gram from Jerusalem Consulate General, 27 January 2006, released to author under FOI 2016. 英國國際開發部一月二十七日的會議紀錄，也 —— 有點樂觀的 —— 表

22. Ibid., p. 453.
23. Interview with Sir John Jenkins, 23 June 2016.

第四章

1. Landau, *op. cit.*, p. 520.
2. Milton-Edwards and Farrell, *op. cit.*
3. Gideon Levy, *The Punishment of Gaza*, p. viii.
4. 要不是二〇一四年的護刃行動，二〇〇五年後的數字會更低許多。這一百四十人包括在此戰爭中遇害的六十七名以色列軍人和五個平民。Avishay Ben Sasson-Gordis, 'The Strategic Balance of Israel's Withdrawal from Gaza (2005–16)', *Molad: The Center for the Renewal of Israeli Democracy*, p. 10.
5. *Disengagement, the Palestinian Economy and the Settlements*, 13 June 2004,and *Stagnation or Revival? Israeli disengagement and Palestinian Economic Prospects*, World Bank, 1 December 2004.
6. Ora Cohen, 'Eiland: Full Economic Disengagement, Too', *Haaretz*, 1 November 2004.
7. James Wolfensohn, *A Global Life*, Chapter 7.
8. Steven Erlanger, 'Israeli Settlers Demolish Greenhouses and Gaza Jobs', *New York Times*, 15 July 2005.
9. See Abrams, *op. cit.*, p. 140.
10. Interview with Ayed Abu Ramadan, 23 January 2016.
11. Interview with Omar Shaban, 3 May 2016.
12. Wolfensohn, *op. cit.*, p. 419. 據估計，四千座溫室裡，有八百座因這次劫掠而就此無法使用。See https://www.jewishvirtuallibrary.org/israel-transfers-gush-katif-hothouses-to-palestinians-september-2005.
13. Wikileaks 'Secret' cable from US Embassy Tel Aviv, 14 June 2006.
14. Abrams, *op. cit.*, p. 149.
15. Ibid., p. 148.
16. Wolfensohn, *op. cit.*, p. 427.
17. Ibid., p. 450.
18. Interview with Raji Sourani, 24 November 2015.
19. 'the Agreement on Movement and Access: One Year On', UN Office for Co-Ordination of Humanitarian Affairs, November 2003.
20. Macintyre, 'Palestinian talks put on hold after suicide attack', *Independent*, 9 December 2005.

第五章

1. Macintyre, 'Hamas plays on its welfare credentials in historic elections', *Independent*, 25 January 2005.
2. Molly Moore, 'In Gaza, New Hamas-Dominated Council Attends to Basics', *Washington Post*, 16 May 2005.

lead/by-date-of-event. 但如果採用二〇〇〇年九月至二〇〇八年十二月間的數字，以色列、巴勒斯坦兩方死亡人數的差距會更大得多。在那段期間，四千九百零六名巴勒斯坦人、一千零六十三名以色列人遇害。所有遇害的巴勒斯坦人中——遇害人數是以色列方的將近五倍之多——光是加薩境內就有三千零二人，而且都遇害於二〇〇八年十二月前和以軍在加薩三大軍事行動的第一次發動之前。
40. Palestinian Centre for Human Rights (PCHR) letter to B'Tselem, 9 September 2001.
41. Interview with Noam Hayut, member of *Combatants for Peace*, 5 April 2006.
42. Charlotte Halle, 'She isn't just another statistic', *Haaretz*, 13 August 2001.

第三章

1. Ariel Sharon, 'By the end of 2005 there will not be a single Jew left in the Gaza Strip', Knesset Foreign Affairs and Defense Committee Meeting, 2 June 2004.
2. Shlaim, *The Iron Wall*, p. 777.
3. See Jewish Virtual Library, accessible on http://www.jewishvirtuallibrary.org/compensation-for-jews-who-lost-homes-in-disengagement.
4. Landau, *op. cit.*, pp. 456–7.
5. Ibid.
6. Ibid.
7. Elliott Abrams, *Tested by Zion*, p. 88.
8. Ibid., p. 778.
9. Ari Shavit, 'The Big Freeze', *Haaretz*, 8 October 2004.
10. Landau, *op. cit.*, p. 467.
11. Ibid., p. 486.
12. Ex-Mossad chief Ephraim Halevy quoted in Associated Press, 14 March 2004.
13. Shlomi Eldar, *Getting to Know Hamas* (Hebrew), pp. 62–3, cited by Shlaim, *op. cit.*, pp. 772–3.
14. Steve Weizman, 'Latest losses fuel Israeli calls to get out of Gaza', Associated Press, 14 May 2004.
15. 'Razing Rafah: Mass demolitions in the Gaza Strip', Human Rights Watch, 14 October 2004.
16. David Shearer and Anushka Myer, 'The dilemma of aid under occupation', in *Aid, Diplomacy and Facts on the Ground: The Case of Palestine*.
17. Abrams, *op. cit.*, p. 124.
18. 聯合國計算出，去年七月之前的十二個月裡，聯合國加薩學校共少了將近五萬個教學日，由於在阿布．胡利檢查站的延擱，損失將近一百萬美元。*Report of the Commissoner General United Nations Refugee and Works Agency in the Near East*, General Assembly, 59th session, Supplement No. 13.
19. Palestinian Centre for Human Rights, 12 September 2005.
20. McGreal, *Guardian*, 13 September 2005.
21. Landau, *op. cit.*, p. 526.

一：一的比例交換領土；包含承認以色列對難民問題負有責任且以色列願意接納兩萬至三萬難民在內的某種方案。在這整個過程中……係軍情局的評估意見認為，他必須得到某種不會把他說成已放棄這個、但願意在必要時予以很小幅落實的聲明」。

10. See Shlaim, *op. cit.*, p. 696, and Morris, *One State, Two States*, pp. 145–6.
11. See Ahron Bregman, *Cursed Victory*, pp. 248ff.
12. Israel Radio, November 1998.
13. See Bregman, *op. cit.*, pp. 246–7.
14. Ibid., p. 250.
15. David Landau, *Arik: The Life of Ariel Sharon*, p. 344.
16. Email to Cindy Corrie, 27 February 2003, available on the website of the Rachel Corrie Foundation: http://rachelcorriefoundation.org/rachel/emails.
17. Associated Press, 29 January 2006.
18. Israel insider, 30 January 2006, quoted in Milton-Edwards and Farrell, *op. cit.*
19. Landau, *op. cit.*, p. 445.
20. Ibid., p. 421.
21. Ibid., p. 443.
22. Ibid., p. 446.
23. Private conversation with Israeli diplomat, June 2003. See also Ethan Bronner, *New York Times*, 30 May 2003.
24. Martin Gilbert, *Israel: A History*, p. 212.
25. Amos Harel, *Haaretz*, 15 August.
26. Suzanne Goldenberg, *Guardian*, 22 August 2003.
27. Associated Press, 21 August 2003.
28. Vered Levy-Barzilai, interview with Dan Halutz, *Haaretz* magazine, 22 August 2002.
29. PCHR, *Weekly Report on Israeli Human Rights Violations in the Occupied Palestinian Territories*, 4 September 2003.
30. Chris McGreal, *Guardian*, 22 August 2003.
31. Landau, *op. cit.*, pp. 402–3.
32. Ibid. p. 452.
33. Private conversation with senior Fatah adviser to Abbas, January 2005.
34. Kurtzer and Lazensky, *op. cit*, p. 63.
35. See Macintyre, 'Hamas exacts revenge as suicide bombs kill 14 in Jerusalem and Tel Aviv', *Independent*, 10 September 2003.
36. *Intifada, Closures and Economic Crisis*, World Bank, May 2003.
37. See Macintyre, 'Dramatic split in Fatah blamed on Arafat's "follied" PA leadership', *Independent*, 16 December 2005.
38. See John Daniszewski, 'Remarks on Terror Become Fighting Words in Israel', *LA Times*, 11 March 1998.
39. B'Tselem *Fatalities Statistics*: http://www.btselem.org/statistics/fatalities/before-cast-

23. Interview with Mohammed Kardash, June 2007.
24. Interview with Fathi Sabbah, 26 January 2016.
25. Shlaim, *op. cit.*, pp. 711–12.
26. Morris, *op. cit.*, p. 256.
27. Interview with Theodor Meron, April 2007. See *Independent Magazine*, 26 May 2007.
28. Butt, *op. cit.*, p. 218.
29. Beverley Milton-Edwards and Stephen Farrell, *Hamas: The Islamic Resistance Movement*, p. 45.
30. Sara Roy, *Hamas and Civil Society in Gaza*, pp. 27–8.
31. Alexander Haig, *The Atlantic*, 26 April 2011.
32. 海達・阿卜杜勒・夏斐在馬德里的開幕致詞，可見於 http://www.pac-usa.org/speech-madrid.html.
33. See Shlaim, *op. cit.*, p. 529.
34. 但對喀土木高峰會更精闢入微的看法，見 Shlaim, *op. cit.*, pp. 276–7.
35. 阿拉法特宣布，「不久後，巴勒斯坦旗會飄揚在每座宣禮塔和教堂的頂上」。Said K. Aburish, *Arafat: From Defender to Dictator*, p. 261.
36. Interview with Mahmoud Zahar, 29 August 2016.
37. Aburish, *op. cit.*, p. 256.
38. Ibid.
39. Interview with Haidar Abdel Shafi , 'The Oslo agreement', *Journal of Palestine Studies*, Vol. 23, No. 1, Autumn 1993.

第二章

1. See Shlaim, *op. cit.*, p. 577.
2. Ibid.
3. See Amira Hass, *Drinking the Sea at Gaza*, p. 77.
4. Interview in Donald Macintyre, *Independent on Sunday*, 10 June 2007：「加齊特將軍曾協助重畫了以色列邊界。他說這個和平路線圖是騙人東西」。
5. Jimmy Carter, 'Don't Give Up on Mideast Peace', *New York Times*, 12 April, 2012.
6. See Shlaim, *op. cit.*, p. 686.
7. 關於大衛營和後續談判的文獻甚多，欲瞭解支持柯林頓／巴拉克歸咎於阿拉法特之說的標準說法，參見 Dennis Ross, *The Missing Peace*。但另類看法，參見 Robert Malley's review of Ross, *New York Review of Books*, 7 October 2004; Daniel C. Kurtzer and Scott B. Lasensky, *Negotiating Arab-Israeli Peace*; and Aaron David Miller, *The Much Too Promised Land.*
8. Dennis Ross at Soref Syposium 2001, the Washington Institute. See also Shlaim, *op. cit.*, p. 681.
9. Amos Malka in Akiva Eldar, 'Popular Misconceptions', *Haaretz*, 11 June 2004：「我們認為在下列條件下有可能和阿拉法特達成協議：以耶路撒冷為首都並擁有對聖殿山之主權的一個巴勒斯坦人國家；九成七的西岸領土，至於剩餘的領土，以

注釋

第一章

1. Eugene Rogan, *The Fall of the Ottomans*, p. 350.
2. Quoted in Natasha Gill, 'The Original "No": Why the Arabs Rejected Zionism, and Why it Matters', *Middle East Policy Council*, 19 June 2013. Gill 完整闡述了阿拉伯人拒絕接受一九四七年分割決議的理由。
3. Rogan, *The Arabs*, p. 253.
4. Mustafa Abdel Shafi , *Would They Ever Learn?*, p. 118.
5. Reuters, 28 October 2011. Accessible on http://www.reuters.com/article/us-palestinians-israel-abbas-idUSTRE79R64320111028. 阿巴斯在以色列第二頻道受訪時說，「我知道，我知道。那是我們的錯……那是所有阿拉伯人的錯。但為何他們為這個錯懲罰我們六十四年？」他的看法打破禁忌，在巴勒斯坦人裡引發爭議。
6. Abdel Shafi , *op. cit.*, p. 397.
7. Uri Avnery, *Gush Shalom* journal, 10 May 2008.
8. Ibid.
9. Interview with Uri Avnery, April 2008.
10. Benny Morris, *The Birth of the Palestinian Refugee Problem Revisited*, p. 467.
11. Interview with Attia Hijazi, April 2008.
12. US diplomat quoted in Morris, *op. cit.*, p. 468.
13. Gerald Butt, *Life at the Crossroads*, p. 181.
14. Abdel Shafi , *op. cit.*, p. 230.
15. D. C. Stevens quoted in Butt, *op. cit.*
16. See Avi Shlaim, *The Iron Wall*, p. 135.
17. Ibid. See also Jean-Pierre Filiu, *Gaza: A History*, p. 90.
18. 聯合國指控以軍士兵，在此軍事行動期間，執行最初意在「根除」巴勒斯坦游擊隊的大掃蕩時，在汗尤尼斯集攏十五歲以上男性，然後執行了兩次集體處決。後來，聯合國難民救濟和工程處提出一份兩百七十五人的名單，這些人若非在該鎮的中央廣場遭用機槍射死，就是在難民營裡遭槍殺。九天後，在拉法，發生又一起集體槍殺事件，以色列聲稱遭槍殺者是受埃及人煽動生事的暴民；聯合國又提出一份名單，列出一百一十一個遇害者的姓名。Filiu, *op. cit.*, pp. 97–9. See also Joe Sacco, *Footnotes in Gaza*, 2009.
19. See Yezid Sayigh, *Armed struggle and the Search for State*, pp. 116–18.
20. See Filiu, *op. cit.*, p. 117.
21. Shlaim, *op. cit.*, p. 252.
22. Ibid., p. 258.

歷史與現場 374

加薩：從圍困到浩劫，戰火未熄的古城

Gaza: Preparing for Dawn

作者　唐納德．麥金泰爾（Donald Macintyre）
譯者　黃中憲
主編　王育涵
責任企畫　林欣梅
美術設計　許晉維
內頁排版　張靜怡

總編輯　胡金倫
董事長　趙政岷
出版者　時報文化出版企業股份有限公司
108019 臺北市和平西路三段 240 號 7 樓
發行專線｜02-2306-6842
讀者服務專線｜0800-231-705｜02-2304-7103
讀者服務傳真｜02-2302-7844
郵撥｜1934-4724 時報文化出版公司
信箱｜10899 臺北華江橋郵政第 99 信箱
時報悅讀網　www.readingtimes.com.tw
人文科學線臉書　http://www.facebook.com/humanities.science
法律顧問　理律法律事務所｜陳長文律師、李念祖律師
印刷　家佑印刷有限公司
初版一刷　2025 年 7 月 11 日
定價　新臺幣 780 元

版權所有　翻印必究（缺頁或破損的書，請寄回更換）

Gaza: Preparing for Dawn
Copyright © Donald Macintyre 2017, 2018
This translation of Gaza: Preparing for Dawn is published by China Times Publishing Company by arrangement with Oneworld Publications Limited through Peony Literary Agency
All rights reserved.

ISBN 978-626-419-625-3｜Printed in Taiwan

加薩：從圍困到浩劫，戰火未熄的古城／唐納德．麥金泰爾（Donald Macintyre）著；黃中憲譯．
-- 初版．-- 臺北市：時報文化出版企業股份有限公司｜2025.07｜592 面；14.8×21 公分．
譯自：Gaza: Preparing for Dawn｜ISBN 978-626-419-625-3（平裝）
1. CST：中東問題　2. CST：國際衝突　3. CST：政治發展　4. CST：巴勒斯坦　5. CST：以色列
735｜114008231

時報文化出版公司成立於一九七五年，並於一九九九年股票上櫃公開發行，於二〇〇八年脫離中時集團非屬旺中，以「尊重智慧與創意的文化事業」為信念。